特色文化城市研究丛书

主编　张鸿雁

“十三五”国家重点出版物出版规划项目

特 色 文 化 城 市 研 究 丛 书

城市文化资本与文化软实力

——特色文化城市研究

张鸿雁 著

江蘇鳳凰教育出版社
Phoenix Education Publishing, Ltd

图书在版编目(CIP)数据

城市文化资本与文化软实力 ：特色文化城市研究 / 张鸿雁著. —南京 ：江苏凤凰教育出版社，2019.3
ISBN 978-7-5499-7987-5

Ⅰ. ①城… Ⅱ. ①张… Ⅲ. ①城市文化—研究—中国 Ⅳ. ①C912.81

中国版本图书馆 CIP 数据核字(2019)第 057241 号

书　　名	**城市文化资本与文化软实力——特色文化城市研究**
著　　者	张鸿雁
责任编辑	严明瑗
装帧设计	李广玹
责任监制	杨赤民
出版发行	江苏凤凰教育出版社(南京市湖南路 1 号 A 楼　邮编 210009)
苏教网址	http://www.1088.com.cn
照　　排	江苏凤凰制版有限公司
印　　刷	江苏凤凰新华印务有限公司
厂　　址	江苏省南京经济技术开发区尧新大道 399 号(邮编 210038)
开　　本	787 mm×1092 mm　1/16
印　　张	22.5
版　　次	2019 年 4 月第 1 版 2019 年 4 月第 1 次印刷
书　　号	ISBN 978-7-5499-7987-5
定　　价	90.00元
网店地址	http://jsfhjycbs.tmall.com
公 众 号	苏教服务(微信号:jsfhjyfw)
邮购电话	025-85406265,025-85400774,短信 02585420909
盗版举报	025-83658579

一个值得认同的“城市记忆”，应该是人类共同的记忆。而在现实的城市发展中，很多“城市记忆”物化为现存的城市景观，成为具有城市文化特色的“历史地段”。正如故宫、天坛对于北京，西湖、灵隐寺对于杭州，外滩、豫园对于上海，中山陵、夫子庙对于南京，瘦西湖和“烟花三月”的概念对于扬州一样，城市创造的历史积淀，既是城市本身的记忆，也是中国人的“集体记忆”，赋予城市以个性化的鲜活生命力。

——张鸿雁

目　录

从“城市文化自觉”到“城市文化自为”（总序）

城市是文化的容器，是人类社会、经济、文化进化、发展的“动力因”。人类自从走进城市，社会就进入了加速度状态，5 000～8 000 年的人类文明史，演绎了人类城市进化和城市化的过程。亚里士多德说过：“为了生活，我们来到城市，为了更好地生活，我们留在了城市。”从城市产生那天开始就有了城乡差别，就存在着农村人口向城市流动的现象，而且这种城乡流动一直延续了数千年。最近的 40 年来，中国广袤的大地上呈现了人类历史上最壮观、最伟大、最悲怆、最生动的城乡人口流动场景——6 亿多农业人口从乡村来到了城市，城市化率从 1949 年的 10.6%，到 1978 年的 17.8%，再到 2018 年的接近 60%，我们用 40 年走完了西方城市化一两百年的发展过程。在这历史性的城市变革之中，城市在发展进化，一些乡村在衰落，另一些乡村以新的面貌在发展……中国城市社会来临了。这一社会巨变，为中国从传统型社会转化为现代型社会奠定了基础。但是，城市化的高速发展也必然带来相应的社会问题，急功近利的城市建设和“千城一面”的发展方式，使整个社会都在反问和反省：我们城市的特色哪去了？不同区域城市的“味道”哪去了？中国式的本土化城市形态哪去了？特色文化城市建设不仅被提升到了现代社会创新发展和现代性建设的高度，也同时被提升到了国际竞争的高度——特色文化已经成为全球城市竞争的必备条件。从城市社会学、城市规划学与城市文化学的三重视角看，特色文化城市研究与建构是现代社会创新发展的一种新需要。

“特色文化城市研究”是国家哲学社会科学重大招标课题的指定题目，也是我以往一直在研究的问题之一。我在城市文化学的理论研究与实践中发现，中国城市发展的特色文化建设几乎被所有的城市所忽视，而发达国家的城市文化特色建设伴随经济的发展，特色文化越来越显性化。将中国置于全球竞争中，越发能感觉到特色文化城市研究和建设的重要性。简而言之，没有特色文化的城市就等于没有生命和灵魂的城市；城市没有特色文化也就没有了“身份识别度”，也就没有了城市能级提升的动力和可持续发展的“文化软实力”。

一、走出城市“特色”危机[1]——打造特色文化城市资本

当下，城市文化发展面临的已经不再是“有”与“无”、“大”与“小”、“多”与“少”的问题，而是品质高不高、特色强不强、创新能力有没有的问题。推动城市建设从外延式扩张向内涵式发展转变，必须走特色文化发展、文化错位发展、文化个性创新发展的道路。那么，如何理解城市特色文化发展的内涵？应当如何推动并建构特色文化城市？

历史性和民族性文化是特色文化城市的核心表达，是特色文化城市打造的基础和前提。城市的“特”应该“特”在哪儿？顾名思义，“特色”就是与众不同，有突出的特点，或是特定的、唯一的城市文化特质和文化模式。根据《辞海》的解释，特色就是一个事物从本质上区别于其他事物的外显特征。特色是某种事物所固有的、独特的属

① 张鸿雁.走出城市的特色危机.群众，2016(5)

性，人们可以根据该种属性来区分和识别这种事物。城市特色文化就是城市的与众不同之处，其在某一方面或某一领域或某一文化要素上表现为具有垄断性、唯一性、可识别性和资本性的文化属性，具有大众文化认同的、历史性的集体记忆价值。历史久远的城市往往都有其固有的特色，或者是因其久远而积淀为特色，或者是因地域空间文化影响演变为结构化特色，或者是两种文化基因碰撞、冲击、融合、叠加形成新的特色文化……这样的文化特色必然成为城市发展的强劲动力。罗马城，一个人人熟知的世界性集体记忆："条条大路通罗马”(All Roads Lead to Rome)，这本是一句出自《罗马典故》的谚语，而作为一种特色，它给罗马以永恒的光环和特色。号称世界四大古都的特色文化的表达有："不朽之城市西安”“永恒之城市罗马”“众神之城市雅典”和“金字塔之城开罗”。显然，其特色的光芒不仅非常耀眼，而且具有唯一性和可识别性。从最直接的诉求来讲，建构“特色”就是为了追求永恒，追求永恒的城市发展动力。正是这样，追求特色也必然成为形形色色、大大小小不同类型城市的生存和发展之道。一个伟大的城市，一定不是仅仅因为规模大而强大，而是因特色文化的存在而强大。特别是在竞争激烈的全球化城市发展中，特色文化城市建构已经成为城市发展的前提条件。佛罗伦萨是中世纪西方文艺复兴的一个源起城市，芒福德对这个城市评价说："佛罗伦萨只有 40 万人，但比起那些有几百万人的城市更有力量也更伟大。”之所以这样说，是因为这个城市的建筑文化、文学艺术文化、城市雕塑文化、商业贸易文化以及思想价值文化都具有唯一性、独立性和创新性，引领了一个时代的潮流。

城市特色文化可以从多样态、多角度、多层次加以分类，这也是我们需要解决的问题之一，即提供城市特色分类的文化学、社会学研究视角和方法。第一，城市主体的历史文化特色，这是城市特色的基本要素和底色，是尊重和延续城市历史价值的一种视角。第二，城市自然山水特色，如草原城市、山地城市、滨海城市等，这是尊重城市的自然存在，也是敬畏自然与赞美城市的一种表达。第三，城市风土人情与风俗民情等文化特色，这是具有地方性和地点精神的文化特质，是尊重地方文化习俗的一种方式。除此之外，还有城市的产业特色、制度特色、发展模式特色、生活方式特色、价值取向特色及建筑空间特色，等等，特别是现代化发展中创新形成并具有时代特征的“文化质性意义”，也是必须把握和重点创建的，既要尊重历史，更要把握现实和未来。

城市特色文化是可以建构的。在不同种类的特色中，城市历史文化特色是最基本的，在研究与挖掘、创新与发展中应该放在第一位。在全球城市现代化历史潮流中，很多城市的地方性、民族性文化被荡涤殆尽，我们经常说城市特色文化的丧失，在很大程度上说的就是历史文化特色的丧失，历史文化特色是城市特色的核心表达，现代城市文化特色应该是在继承传统上的创新。当代有一个新词叫“城愁”，它是与“乡愁”对应的。在全球化的进程中，城市的历史文化特色很容易被湮没、被替代甚至被消亡，很多城市难以保留历史中积淀形成的民族性文化，如建筑风格、空间形态及日常生活方式……如今，城市中随处可见的是大面积高密度的西方化建筑群、大面积的水泥玻璃幕墙、大体量相似的街区空间结构……甚至有些空间已经成为很难亲近的“城市水泥森林”……强调城市文化特色，既要加强对历史文化特色的保护与保存，又要注重对历史文化特色的延续和创新。我们都知道，为了保护好、利用好城市的历史地段和文化遗存，现在很多地方进行了一些历史街区的改造和重建，强调空间的历史文化传承。但是，在我看来，在这方面还存在着很严重的问题和历史价值观分歧。一些城市，几乎清一色的仿明清建筑，几乎每座城市都有一定规模的“仿明清一条街”，这也是一个时代符号化的存在，但是显然有些过度了。恢复某些历史文化及建筑是必要的，但不应该仅仅是大规模恢复明清建筑文化，而是要在恢复某些历史文化建筑及空间的基础上，有所创新和发展，这在城市社会学、城市规划学、城市史学和建筑学界等被称为“城市更新与更替”，就是在本土化的意义上，创造出新时代的民族化产品和空间形式。我们要问的是：我们这个时代在城市规划和城市建设上建构、创新了什么样的具有时代意义的特色文化城市？当代城市建设有没有形成民族的、地方的文化特色？我们现在的城市规划、建设的城市空间形态，能不能成为人们未来历史的、民族的集体记忆？我们强调城市历史文化特色与现代创新文化特色相结合，就是一定要在保护、传承、发展中实现创新，在传统城市特色文化基础上进行现代性建构，从而体现具有历史特色的时代性价值。100 年后，人们在分析这个时代城市文化特质的时候会不会这样说：这个时代是一个恢复、模仿明清城市建筑的时代。当然，我们不希望这样，而是希望我们能够创造属于这个时代的城市特色文化，恢复和创新本土化的城市空间形态，创新有时代特色的本土化建筑和景观，在全球城市发展中，能够创造具有人类文化共同意义的多样化、民族化的城市样板和城市空间的集体记忆。

全球工业化以来，几乎所有国家都经历了乡村城市化的过程。现实的经验和城市化的历史规律已经告诉我们，未来的世界将是城市的世界，城市化和城市现代化将是一个世界性主题。当城市已经成为人类生活和生产的主要载体、城市人口超过乡村人口时，世界范围的竞争在本质上就是以城市为主体的经济、文化竞争，世界各国之间的各种竞争，已经从以往的以企业为主体的竞争，转变为以城市为主体、载体的世界性竞争。城市在世界范围内的竞争又直接表现为国家间的竞争，城市是国家地域生产力的集中表现形式，所以才有"全球城市"和"世界城市"概念的提出，才有世界级城市文化影响力霸权的存在。

城市必须有自己的特色竞争力，要么是有综合竞争力，要么是有核心竞争力，要么是有特色竞争力。发展中的城市，至少必须三者有其一。当然，三者皆备，则无疑是"世界性城市"或如萨森所论的"全球城市"。这其中展示给世界的城市特色文化竞争力的创新与提升，就是这一课题所要解决的本质问题之一：如何挖掘城市资源，创造城市自己独有的文化内核与独有的 IP，创造特定的国际化政治、经济和文化结构化形式，使城市形成广泛的有市民社会属性的创新文化土壤。如是，城市才会具有永恒的创新能力。

对从"文化转向"到"社会转向"的后现代意义的文化解释是：未来的城市化并不是像有些人认为的那样，所有的人都要到城市里去，到大城市去。丹尼尔·贝尔在《后工业社会的来临》中引用过这样一句话——“未来的城市无底、无形、无边”，社会发展会出现无边界城市和无边界的城市生活方式区域，原农村地带和城市会形成同样的生活方式——城市生活方式、城市文明和市民社会契约型价值取向。无论居住在哪里，人们都会以新型的现代工作方式、新型的现代网络型通信方式、新型的以私家车为主的交通方式、新型的以现代物流媒介为载体的消费方式、新型的以共享经济合作为平台的交往方式、新型的以智慧物联技术支撑的综合互动方式……在空间再生产的意义上，实现城市生活方式的无边界。城市化就是在传播、普及城市生活方式与城市文明，其本质和结果是市民社会的契约型生活方式的普及。

特色文化城市建设和规划不能过度政治化和权力化。近些年来，不少学者疾呼：中国城市已陷入“特色危机”之中，最为人所诟病的就是城市之间的相互抄袭和克隆，这不仅导致城市风格的丧失，而且还过度地进行了非民族化符号的表达。这些问题的出现，首先是因为在现代化进程中，城市建设丧失了对特色文化的把握，城市发展缺少了文化的主心骨。其次，地方政府政绩考核风向标使得城市发展出现偏差，导致城市决策者过度重视工业，盲目追求 GDP 增速，以及过度依赖土地财政形成的城市发展模式。土地财政不仅影响了城市特色文化的生成，也影响了整个城市地方性和民族性的文化建设。再次，部分城市管理者对城市历史文化的把握能力十分欠缺，对城市文化、历史和发展规律缺乏深入了解，盲目照抄西方的城市建设。值得注意的是，在城市空间规划上普遍存在一种文化认识误区，即“洋规划”才是好规划，因此，很多城市以“洋规划”和“洋人”规划为荣。长期以来，我们把西方文化置入中国城市的建设当中，套用了很多西方的城市规划理论和文化理念，没有形成中国化的、个性化的、具有特色文化的城市规划体系，无论在城市历史风貌上，还是在城市空间肌理上，都是用“洋人”的眼光来思考和衡量，缺少了本土化、民族化的文化意识。有西方学者说，很多城市问题是被规划出来的。至今还有些人没有搞清楚谁才是城市的建造者。房地产商号称是“造城运动"的开拓者,他们大规模圈地,使得经济利益成为城市建设的驱动力。开发商在建造城市的过程中很少考虑建筑与城市空间的结构关系,很少考虑城市服务体系和城市社会福利问题,他们主要考虑的是企业效益如何最大化,如何使楼盘的容积率提得更高,如何快速拿地、快速赚钱。这不仅导致一些城市成为"鬼城""睡城""单纯的住区楼盘",而且使城市体系缺少了就业空间、生态空间和公共空间,既占用了大量土地资源,又降低了城市生活品质,同时把城市的一些优质空间变为少数个人财富增值的价值空间。

西方城市规划已经有一套完整的法律规程、责任和评价体系,而我们更多的是"长官意志",使得规划过度政治化、权力化和政绩化。世界上有很多城市是值得我们学习的,如巴黎、伦敦、罗马、米兰、佛罗伦萨、京都和奈良,等等,其中最值得学习的是把城市特色规划作为城市进化的制度性手段,在城市规划中明确城市历史空间、公共空间、生态空间及建筑特色、城市色彩、景观风格、创意产业空间和就业空间等要素的文化价值,通过制订城市特色文化建设的专项发展规划,保证城市的有机风格、风貌和历史的延续。同时,很多城市颁布了城市特色建设的法律法规、保护纲领及行动计划,用各种各样的制度指标来确保城市的特色发展。在中国,虽然很多城市也有类似的针对历史文化空间和遗迹的保护性规划,但是这些规划执行力不足,实施过程中缺少监督,因为没有严格的法律程序,很多城市历史文化空间随意被改变,甚至被消除了。为了保护城市的历史与特色文化,必须运用大数据方法全方位整理、记录、统计城市文化要素,把物化空间要素、非物质文化遗产和精神文化等百分之百地整理归档,对城市建筑、景观、街区、道路、小品、公共空间等所有要素进行跟踪管理,采取高科技手段达到"精准"保护、建设和开发的目的。这里强调的是合理推行"精准保护"与"精准开发"相结合的模式。

"城市文化资本"构成新的城市发展的"文化动力因"。城市文化资源如果具有了唯一性、垄断性、资本性、历史文化特色性和公共性等要素,就可以创造性地进行城市文化资本再生产。如西安的大雁塔、小雁塔和大唐芙蓉园,北京的故宫和"798",南京的中山陵和牛首山“地宫”……这里列举的城市文化资本要素都是一老一新，旨在强调城市特色文化的历史性和创新性所产生的资本性价值，既要挖掘历史文化，又要有现代城市文化创新。人类文化保存、延续与创新的主要载体是城市，城市里有各种各样的博物馆、历史建筑、文学艺术团体、高等学府、图书馆、工业集聚区、银行等，芒福德所论及的城市是“文化容器”就是在这个意义上所表达的概念。进一步说，人类财富与文脉传承的承担者主要是城市，当城市真正能够成为一种“文化容器”的时候，实际上这个城市已经成为人类思想、文化、人才、财富和创新的中心，这种中心性价值如果被毁坏了就很难重生。

“城市文化资本”概念的提出是从布尔迪厄“文化资本”一词衍生而来的。在我的《城市文化资本论》中，“城市文化资本”作为一种新的概念被提出，后被广泛应用。“城市文化资本”大体表现为10个方面的特点和属性：一是城市自然与人文文化资源的垄断性文化属性；二是城市自然和人文文化资源的唯一性文化属性；三是城市制度文化的创新性文化属性；四是城市符号化资源的“集体记忆”性文化属性；五是城市客观物化遗存资源的艺术性文化属性；六是城市优秀思想文化和创新文化的进步性文化属性；七是城市优秀行为文化和生活方式文化资源的样板性文化属性；八是城市公共资源的空间正义与公平性的文化属性；九是城市英雄主义和精英群体的引领性文化属性；十是城市历史文化资源刚性价值的文化属性。这里所强调的是，特色文化要素符号能够在某些条件下转换成城市文化资本价值。仅就中国城市而言，几千年中华文明积淀下来的以北京为代表的“京派”文化，近代中西文化冲突与融合而形成的以上海为代表的“海派”文化和以香港为代表的“港派”文化，均构成巨大的无形资产与“城市文化资本”形式，构成特色文化城市的“样本”，这三个城市的共性是规模大、人口多、文化容量大，而又有其区位上的、政治上的和文化上的特殊性。但是，那些众多的拥有几万人、十几万人和几十万人的中小城市、镇应该如何建构自己的特色文化呢？这就是本课题研究的重点所在。正因为城市等级、能级和规模大小不同，所以才不能仅仅拼规模、拼综合实力、拼人口数量来发展城市，而是要强调创造特色文化、创造特色竞争力来发展城市并参与全球竞争，即使很小的城市，在巨型城市面前，在"世界城市"面前，也能够有自己的话语权，也能够展现自己的"世界身份"。

城市文化资本也是一种公共财富。一些让人引以为豪的城市文化资本要素都是世界瞩目的公共财富，具有公共文化资本的属性。那么，一般意义上的城市文化资本对推动特色文化城市建设有哪些意义和价值呢？简单说，城市文化资本创新能够引起物品和服务的不断流动与增值，城市文化资本构成了城市发展新的"文化动力因"。

首先，城市文化资本积累的过程也是城市环境改造、城市更新和城市创新发展的过程。世界上形象良好、文化活力强的城市，无不具有特定的文化构成关系和城市文化特色。比如，巴黎是公认的"服装之都""文化艺术之都""浪漫之都"；维也纳的标签是"音乐之乡"；伦敦是"充满选择机会的城市"和"奢侈品品牌之都"；香港是"世界最自由和最安全的城市"……这些城市的整体形象为城市创造了无穷的魅力，这些要素本身构成了城市文化资本价值，既能够吸引人才，又能够吸引资本，还能够因为城市独有的魅力而成为世界旅游目的地。

其次，城市文化资本再生产本身就是在建构市民社会的文化场域。城市的作用在于改造人，缔造和改造人类自身，正是城市的主要功能。城市文化资本创新与"中国式城市文艺复兴"异曲同工，既能带来法律、规范和契约型社会的建设，形成市民社会的法理关系，又能表达市民社会文化价值观的普遍性，还能塑造新的城市文化和完成文化自觉的启蒙，如市民的举止风度、道德标准、服装文化、建筑风格、生活品位、健康生活方式等，在此基础上，还会有一个很好的社会文化选择机制。因为，在这样的城市里一定会有一个社会认同的样板阶层，他们是这个城市文化选择和创新的主体。在样板阶层的引导下，城市新文化、新变化最后彰显在市民身上，通过人的精神状态、文化素质表现出来。比如，城市创新能力的强弱，在本质上是由市民社会构成的城市文化土壤结构决定的。我常说"创新的土壤比创新本身更重要"，旨在说明社会文化环境的重要性。现在城市很多根源性问题的解决，都能在建构特色文化上找到相应的回答。

第三，城市文化资本创新铸造城市性和城市现代性。就现代城市文化的共性而言，首先是尊重人的主体地位和个性解放，城市空间要符合人体工学的要求，以人的尺度为尺度，而这恰恰是我们许多城市空间文化所欠缺的，许多城市甚至走向两极：要么过度平庸化，要么过度宏大化，两者都偏离了以人为核心价值的理念。特色文化城市建构与城市文化资本的再生产在本质上是一样的，建构城市文化特色是城市文化资本再生产的一个过程。当人类从工业社会走出来，社会与自然环境被人类多次“折腾”以后，人们开始思考社会良性发展的方式。城市社会空间集中了人类不同的生产形式，对自然的压力、破坏和消耗更大。而强调特色文化城市建设和把城市文化变成城市文化资本，就是推动城市社会发展驶入敬畏自然、尊重自然的轨道，寻找、创造出一条人类社会可持续发展的道路；就是“以文化魂”，把普遍存在的一般的文化资源转化为文化资本——创造特色文化城市，提升软实力，建构与自然和谐的、永续的发展方式。

从文化与自然哲学的角度看，城市也是一种生命体，表现着人类社会作为一种有机体的存在方式。既然是一个生命体，就要有生机和活力。人是城市的主体，所以城市也具有生命意义，也具有灵魂——城市主人的灵魂。每个城市都有自己的文化理念和灵魂，好的城市文化理念往往与民族的文化灵魂相关联。在西方城市与社会发展理论中，有学者将城市发展形态分为两种：一种是有规划的城镇，一种是没有规划的城镇。中国好多传统乡镇已存在上千年，它们不是由规划师规划的，而是由一些传统乡绅根据生活经验打造的。它们能够充分表现“天人合一”的空间形态，很自然地表达出自然和谐的纹理、肌理和空间关系。有了正式的规划学之后，我们都在追求秩序、追求功能、追求结构、追求价值、追求宏大、追求完善……当然也有人在追求与自然合一的规划理念。特色文化城市的研究，在理论与文化认知上提倡在尊重自然的前提下，寻找与自然契合的空间形式，包括城市空间肌理、城市植被、天际线、城市符号及建设材料的运用等，让城市成为“有机文化秩序空间形态”。日本的六本木以“城中城”“立体城”“艺术城”著称，其中最让人“惊艳”的就是屋顶、室内外打造的多样化的小体量园林和空中花园,还有小型稻田等,这在某种意义上表达了城市是自然的一部分的文化理念。

人类是从自然走出来的,城市的未来也必须回归自然。芒福德在《城市发展史——起源、演变和前景》一书中最推崇的就是中国宋代《清明上河图》中描绘的城市,因为这是一个"有机秩序城市"。虽然现在很难达到其中所呈现出的空间关系、有机秩序及与自然融合的状态,但是,我们可以在局部地区,一点点地建立现代意义上的有机花园城市、有机森林城市。回归自然可以有多种表达方式,比如城市立体绿化,把工厂、大型商业综合体、创业产业区等慢慢地变成同时又是综合文化型的生态公园,这也是霍华德"花园城市理论"的再现,把森林引进城市,把花园引进城市,把立体植栽引进城市,把清水引进城市,把田园风光引进城市……这样的城市才更有生命力。

创造特色文化城市与特色小镇建设的主张和理念是高度一致的。第一,都是以特色为先。特色小镇是"单打冠军",要有独立的IP,要创造特色文化。第二,都是以生态为要。特色小镇必须要"三生融合":生态、生活和生产融合。第三,都是以高质量生活为要点。特色小镇是一种城市生活方式的集中体现地。第四,都是以创业、就业空间为主题。特色小镇必须是产城融合,是一个特色产业或高新技术产业集聚的平台和空间。第五,都是以文化旅游景区建设为标准之一。特色小镇的建设有一个旅游文化发展标准,即一定具有一个有艺术感的幸福生活体系。但是,当前要注意的是,有的特色小镇成了房地产开发项目,成了单纯居住的地方,功能没有复合化、有机秩序化。

总体来说,特色文化城市的建设是化解各类城市发展面临的资源枯竭、产业同质、土地浪费、人口膨胀、交通拥挤和就业不充分等系列社会问题的有效方案之一。特色文化城市研究与建设提倡的文化价值主张主要体现在三个方面。第一,创造新的高端产业集聚模式,特别是文化类产业集聚的效应,提供充分的就业机会,提升城市区域文化功能,进而放大城市经济能级,形成文化治理模式,以参与全球竞争。第二,建立现代城市文化治理模式,创新现代产业、传统产业与生活社区相融合的社会精准治理新秩序空间，改善城市社区生活品质。第三，培育市民社会和城市文化的自觉。城市的主体是人，必须以人为中心，以人的价值为城市价值，使城市更适应创业、创新者居住和生活。

二、城市社会来临——构筑特色文化城市是历史责任①

文化从来都是强者的武器。特色文化城市建设是全球化竞争的一种文化被选择。正如我们在全世界范围内看到的那样，被誉为世界性大都市的城市都有自己的特色文化，这种特色成为一种文化场域，能够让人们更好地生活，更好地创造，更好地在城市里扎根，更好地实现生活的梦想。法国学者西蒙娜·薇依在《扎根——人类责任宣言绪论》一书中说："扎根也许是人类灵魂最重要也是最为人所忽视的一项需求。这是最难定义的事物之一。一个人通过真实、活跃且自然地参与某一集体的生存而拥有一个根，这集体活生生地保守着一些过去的宝藏和对未来的预感。"所谓自然地参与，指的就是地点、出生、职业、周遭环境所自动带来的参与。每个人都需要拥有多重的根。"每个人都需要，以他作为自然成员的环境为中介，接受其道德、理智、灵性生命的几乎全部内容"。② 是的，扎根是一个人生活稳定、工作稳定、心理稳定和努力向上创造美好生活的前提，更是社会稳定发展的前提。中国人的"根"——文化之根仍在农村，一到过年过节，中国有许多人都要从城市回农村，或见父母，或见爷爷奶奶，或寻根祭祖，或走亲访友，或寻找儿时的记忆……据"人民网"2018 年

① 张鸿雁主持的国家社科基金重大招标项目：特色文化城市研究(12&ZD029)

② 西蒙娜·薇依. 扎根——人类责任宣言绪论. 徐卫翔，译. 北京：生活·读书·新知三联书店，2003：33

2月16日报道:“2月15日除夕当天,也就是春节假期第一天,全国铁路、道路、水路、民航共发送旅客5 194.4万人次……春运前15日(2月1～15日),全国铁路、道路、水路、民航累计发送旅客11.12亿人次。”①改革开放40年来,城乡流动是社会整体变化、社会结构性转型、中国进入城市社会整体进化过程的经典写照。

中国现代化进程的特色之一是从“乡愁”到“城愁”的变迁,这也是中国城市的时代特点。一部分乡村人一方面带着“乡愁”过上了城里人的生活;另一方面,他们留着“乡愁”——在乡村里留下了大量的留守儿童、留守老人和留守妇女……社会在变革,全球化和城市化使得城乡人口大迁徙演绎了无数悲欢离合的故事。孟德拉斯在他的《农民的终结・导论》里批评当时的一些研究者说:“19世纪的社会科学表明,它们对乡村的事物的不了解令人惊讶。它们的分析和解释的努力都是针对工业经济和都市社会的。”②偌大的中国乡村,存在着多样化的情况,很多研究者仅就个体看到的乡村来描述中国,实际上,中国既有苏南地区的华西、永联这样的已经变成特色城镇的“乡村”,也有苏北地区已经工业化了的“乡村”,还有全国2 200多个已经商业化的“淘宝村”型“乡村”,因为,有很多乡村里传统农业生产已经消亡,多梯度的中国社会结构,呈现出多样化的乡村形态;有成千上万个已经成为旅游景点的美丽乡村,还有像湖北蕲春县那样有着100多万人口,仍然存在着9 900多个自然村,其中10户以下的自然村占40%的乡村;还有像浙江莫干山那样有大量“洋家乐”和高等级传统民宿的国际化“乡村”;亦有南京高淳国际慢城那样农民“就地城镇化”的“乡村”。当然,仍然还有遍布全国的大量的“空心村”;以及东北一些60年未曾有过变化的“乡村”……中国农村已经呈现了多样

① 王紫. 交通运输部:春运前15日全国共发送旅客11.12亿人次. 人民网. http://t.cn/RRmqHp2. 2018-02-16

② 张鸿雁. 农村人口都市化与社会结构变迁新论——孟德拉斯《农民的终结》带来的思考. 民族研究,2002(1)

化、多层次、差异化和多类型的发展状况。[①] 孟德拉斯在1964年出版的《农民的终结》一书开篇就说:"20亿农民站在工业文明的入口处:这就是20世纪下半叶当今世界向社会科学提出的主要问题。"[②]孟德拉斯在20世纪60年代就论证了法国都市化过程中的都市与乡村差异缩小的发展事实,到20世纪80年代,法国城乡社会结构的变迁证实了孟德拉斯的观点。他在《农民的终结》一书出版20年后的1984年,为该书写了一个《跋》,其中说道:"虽然法国还有农业劳动者,但是他们已不再是传统意义上的农民。"孟德拉斯认为,《农民的终结》一书是给在法国存续1 000多年的农业开出的"文明的死亡证明书"。他自己还很感慨地说:"对另一些人来说,我是农民的陈旧价值的怀旧歌手。宣告农民的终结在读者中引起怀旧的伤感:尽管作者努力做到像他自己希望的那样'科学',但他永远无法控制他在读者中激起的感情共鸣。"是的,法国农业已经挣脱了传统农业的羁绊,有农业,但是没有了传统意义上的农民,在农场里工作的是"农业工人""农场职员",以及高级工程师、农业技师、农业高级白领等。这样的职业农民变成市民,就会"接受其道德、理智、灵性生命的几乎全部内容",而使社会整体进入一个开放型的社会,一个典型的城市社会。在这里,我们应该清醒地认识到,城市化在本质上是让农民转化为市民,让他们有文化、有教养、有品位和有尊严地生活着。

孟德拉斯提及的农业发展出路就是我们提出的乡村振兴、新型城镇化的道路,让农民成为职业农民,在具体方式上就是建构"都市农业"和"都市人农业"。这与霍华德提倡的田园城市异曲同工,就是建立以城市人为主体的现代农业体系和规模农业。(在我的调查中,中国一些地方城镇管理者理解的"都市农业"是:农村将产品供给城市。这是一种典型的误读)孟德拉斯说:"最发达的国家,农业从业人员基本上分成三部分人:一是农场主——相当于中型企业经理;二是

① 张鸿雁.论当代中国城乡多梯度社会文化类型与社会结构变迁——依据"社会事实"对"二元结构"的重新认知.南京社会科学,2007(11)

② H.孟德拉斯.农民的终结.李培林,译.北京:中国社会科学出版社,1991:1

占有生产资料的‘自我雇佣’型的农业生产者——相当于典型的中产阶级；三是被雇用的农业机械科技人员——相当于技术工人。”这应该是中国未来“农村振兴”的发展方向，未来农业的从业者应该是城镇市民，即有文化、有学历、有知识、有技术、有契约精神的城市市民，让农民成为现代化农业体系和技术农业、规模农业、观光农业、精准农业、智慧农业中的一个职员和农业技工(农业白领)。如果仍然以传统小农经济为主体，靠天吃饭，既摆脱不了贫穷，更不能建立一个整体的具有现代性的社会。

能不能让市民“扎根”是特色文化城市建构的一个重要内涵。“拔根”与“扎根”是中国现代化、城市化发展中一个特有的社会现象。从1978年改革开放以来，从乡村到城市，至今已有5亿左右的农民涌进城市，成为“城市人”，或是“城乡候鸟人”，或是城市新市民，就如见诸报端的那些表达方式：“新昆山人”“新苏州人”“新深圳人”“新海南人”……无论是城市人还是城市中的外来人，面对城市社会的快速变迁，都不同程度地存在着“无根性”的文化心理结构和行为文化特质。① 作为民族传统文化习俗的集中表达，传统节日期间的人口大迁徙和“空间大挪移”，很好地诠释了“乡村的无根性”和“城市的无根性”。春节是中国文化在“空间折叠”与“时间折叠”上最充分、最彻底和最深刻的一种社会存在。一张纸可以折叠，在理论上有某种意义的平面物品都可以折叠。某种空间场域在“黑洞力”的作用下，“空间折叠”表现为空间扭曲和折变演绎。一旦某一巨大空间被折叠——两点被折扣一起，时间和空间便发生了特定变化——既没有了时间，也没有了距离，这既是一种理论假设，也是一种客观存在。

生活里的时间与空间“折叠”是一种文化隐喻、文化实证和文化符号象征。在一定时间和空间内，多类型与多样态文化和现代性与传统性文化，被现代性和现代化的手段重塑、重构，使之仪式化。这种文化和空间同时能够成为民族的集体记忆、集体行为和文化心理结构的集体烙印。在本质上，这个时间、空间在某种意义上就是被“折

---

① 张鸿雁.中国“非典型现代都市病”的社会病理学研究.社会科学，2010(10)

叠”了——现代和传统两点被“折叠”在一起，传统文化“穿越”现代性时空以表达过去的文化价值，现代文化“穿越”传统以表达对过去时间的尊重，“穿越”“折叠”使现代性与传统性被统一表达为过去的回归、重叠和新的开始。时间和空间在心理上、仪式上凝固成一种文化符号后，个体与群体的文化心理结构也因此演变为新的意识和文化。春节等民俗节日就是被“折叠”的空间和时间，在这个共时性的空间与时间里，旧的、新的，现代的、传统的，“有机团结”的和“机械团结”的……在心理上、空间上、时间上集聚和转换，特别是人流在空间上的转换，从城市到乡村，从乡村到城市，从城市到城市，文化时空被压缩、折叠、定格为共同的心理空间——春节，每一个人都把这个时间和空间当成弃旧换新的原点。这也是社会心理文化空间与时间“折叠”的一种隐喻，在新的开始之前，我们寻根、祭祖，寻找自己来到城市前的足迹，以满足人类本源性的怀旧文化需求。

几千年来，中国一直是以农业立国的传统农业生产型国家，城市是农业社会的附庸。从周宣王“不籍千亩”肇起，到近代社会以前，几乎所有的改良、变法和某种意义上的改革都集中在农业领域，或针对农业、农田和小农。譬如，商朝的“井田制”；春秋时代管仲的“相地而衰征”；战国时期李悝的“任贤重农”和商鞅变法中的“重农抑商”；西汉武帝时的“算缗令”“告缗令”，征收商人财产税来限制工商业以促进农业发展；北魏至唐朝前期的“均田制”的推行；宋代王安石变法措施之一的“青苗法”；明代张居正推广至全国的“一条鞭法”；还有清朝政府普遍实行的“摊丁入亩”，等等。历朝历代花费巨大精力在农业的“变法”上，且集中在“土地税”“人头税”及“服劳役”上。但是对老百姓来说，几千年的中国农业、农村发展总是千疮百孔——多数时间食不果腹，表现为“闹饥荒”的灾年多于丰年，以至于人们见面的第一句问候就是“吃饭没?”直到 20 世纪五六十年代，甚至 70 年代仍然如此，吃饭问题一直是中国的大问题，几千年来的多次变法和革新都未能真正解决农业和吃饭问题，当然也没能解决农业生产力解放的问题，而只是在国家税收、百姓服劳役等方面有变化。到了改革开放的 1978 年后，才真正解决了中国人的吃饭问题。显然，解决这一问题的途径之一就是发展现代化，而现代化的结果和形式就是城市化和城市现代化。

回过头来看，我们试问：中国的农村曾振兴过吗？“振兴”一词的内涵一是“整顿”，二是“恢复”。宋代田况在《儒林公议》中说：“范仲淹入参宰政，富弼继秉枢轴。二人以天下之务为己任，谓朝政因循日久，庶事隳敝，志欲划旧谋新，振兴时治，其气锐不可折。”中国历史上屈指可数的几代盛世如“文景之治”“贞观之治”“开元盛世”及“康乾盛世”，其真实的一面也都被后来的历史学家说破过，古代文人和正史所粉饰的盛世屈指可数，可见的更多是哀鸿遍野、饿殍遍野、断壁残垣、饥寒交迫、青黄不接、满目疮痍……中国长达 2 000 多年的封建社会，是凝固化的超经济强制集权体系，导致形成汪洋大海般的封建型传统小农经济，城市与乡村各持其短，长期停滞且未能变革，如费孝通先生所论：未能有文化自觉。直到 1848 年，中国的城市人口还只有 10.9%，而同时期(1850 年)的英国城市人口已经达到 50%以上，英国成为人类历史上城市人口第一次超过农业人口的国家。

在 1848 年以后的 100 多年时间里，中国社会烽火连年、军阀混战，天灾人祸不已。至 1949 年，中国近 90%的人都来自农村，据相关记载，当时是“4 万万同胞”，也就是说现在 70 岁左右的老人 90%生在农村。到了 1978 年，中国城市人口也只有 17.8%。20 世纪 50 年代、60 年代、70 年代，有 70%～80%的人是在农村出生的。到了 2000 年，中国城市化人口仍不到 30.1%，20 世纪 80 年代～90 年代出生的人仍然有 70%左右来自农村。2010 年以后，城市人口达到 50%以上，2018 年中国城市人口接近 60%，这一时期的城乡人口比例才发生了结构性的变化，但是，真正有城市户口的人口还不到 50%，大量没有户口的、长期居住在城市里的劳动者成了“新城市人”。可以这样说，2000 年前后出生的人，50%左右来自农村。2010 年中国城市人口第一次超过农村人口，中国已经进入城市社会，但仍然有 40%以上的人口来自农村。乡村是我们当代城市人的“根”之所在，“乡愁”是我们共同的感受与记忆。

“城市文化的无根性”，表现最典型的是深圳，目前深圳有 1 500

万人左右，有深圳市户籍的人口仅354.99万人，占常住人口的31.2%。[①] 一些沿海发达地区如上海、浙江、江苏、广州等，外来人口都超过50%。另外一个最典型的地方是东北，很多城市是人口流出的，据说东北有接近100万人在海南省生活，曾经背井离乡“闯关东”，现在却从大东北来到大海南——闯海南。理论上和实际生活上乡村都不再是生活的“根”，人们不愿意在传统乡村扎根，乡村只是“乡愁的根”。

城市文化的无根性。我们看到的是，居住在城市里的一部分人就像“无根浮萍”一样“漂在城市里”，或者像社会学家描述的那样，是一种“边际人”，总要回到乡下去找“乡愁”的“根”，寻找过往文化记忆的“根”。“不要忘本”是一种文化伦理，回乡探望是一种亲情。简单地说，现实生活的变迁与社会转型使每个个体很难确定生活地点和坐标。[②] 而曾经的农村“乡愁”并不是现在这样仅仅是拜见父母、回忆孩提时代的“乡愁”，那时的农村“乡愁”是：愁吃、愁穿、愁工作、愁生活……这也是我在那个时代真实而直接的感受。当代的“乡愁”和那个传统的“乡愁”已经有了本质的区别，现代的“乡愁”已经成为一种情感、一种情怀、一种生命的怀旧、一种爱的回归，是一种曾出生在农村的中国人的集体烙印。

为什么城市里没有你我的根？为什么当想到振兴乡村的时候，就会想到曾有过一个美好的乡村和农业？在中国历史上有过美好生活的乡村吗？奴隶社会有过吗？封建社会有过吗？近代社会有过吗？几千年的历史中，乡村对于城市而言是贫穷和落后的代名词。农民的生活曾经有过衣食无忧吗？不然，我们为什么努力建设“小康社会”？传统乡村是积贫积弱、被城市剥削的农村——所以梁漱溟才说“我所主张的乡村建设，乃是解决中国的整个问题，非仅止于乡村

① 2016年“北上广深”人口大数据分析：深圳户籍人口仅31.2%.中商情报网 http://www.askci.com/news/finance/20160829/14272357840.shtml

② 米歇尔·博德.资本主义史：1500—1988.吴艾美，等译.北京：东方出版社，1986：11

问题而已”，[1]“乡村运动正是民族自觉的开端”。[2] 很多仁人志士要想改变中国都是从改变中国贫穷、落后和愚昧的农村入手的。

三、从乡土文化之根到特色文化城市之根

我们的文化之根现在在哪？其未来在哪？在城市还是在乡村？能够让来自乡村的人在城市扎根、让从其他城市来的人在新的城市扎根是需要很多条件的，既要建构优质的城市市民生活空间和文化土壤，又要有已经优化的城市文化综合治理模式，还要“让城市充满选择机会”，更要让城市文化和生活空间具有宽容、公正、公平和正义的属性；不仅要满足如西蒙娜·薇依所说的人们生存的多种需要，还需要创造“灵魂的各种需要”，这些需要包括城市社会的“秩序”“自由”“责任”“平等”“荣誉”“惩罚”“言论自由”“安全”“风险”“私有财产”“集体财产”和“真理”等。让人们能感受到“有灵魂的生活”是其中核心的、最基本的需要，是一个人获得个人尊严的前提。社会整体意志的良知能够创造对个体的尊重，并将这种尊重推广为一种义务，这样的城市肯定是美好的，也是理性和科学的、民主与法制的，是城市社会的理想类型。

在现代城市社会的发展与变迁中，人口在流动，社会在转型，空间在变化，人们普遍存在着“无根”的感觉。虽然城市有时可以让人沉静下来，感受城市的文化和风情，但在社会转型中，这种感觉往往只是短暂的，甚至是稍纵即逝的，而现代生活中很多非典型性社会问题的表现形式之一就是人们都在“刷存在感”、寻找存在感，以至于演化成某些新的社会问题。

城市提供了乡村没有的个人价值增长的特殊环境，城市与个人

---

① 梁漱溟. 自述. 梁漱溟全集(第二卷). 济南：山东人民出版社，2005：31

② 梁漱溟. 乡村建设理论. 梁漱溟全集(第二卷). 济南：山东人民出版社，2005：486

发展有着本质联系，人们在城市中不自觉地创造着“自我文化”的“扎根”过程。考上大学，就是第一次“拔根”，这类“拔根”对于农村户口的人来说是社会流动中“向上流动”的起点和条件，然后就有了各种各样的“扎根”与“拔根”过程、类型和方式：打工、求学、就业和出国等。有的人从乡村走进城市求学，有的人从乡村出来打工，有的人从小城镇走进大城市，有的人从这个大城市走向另一个大城市；有的人成为临时工，有的人成为职员，有的人成为建筑工人，有的人成为大学教授，有的人成为公务员……人们从一个城市流向另一个城市，从一种行业换到另一种行业……人们不得不去思考，在什么时候、在哪座城市里能够“扎根”，哪个城市能够更好地让人们愿意扎根。

当社会发展出现新的生产方式和新技术后，人们越容易被分化为不同阶层的群体，特别当城市社会成为典型的“异质型社会”时，这是帕克对城市分析的最深刻的一部分——城市的“异质性”。在城市社会的变迁中，人们一次又一次地创造新的生活和体验，或许每个人都一直在试图“扎根”，但现实是必须应对如潮的社会变迁，一次又一次地被“拔根”——离开家乡，离开原单位，离开原来的行业，离开生活过的城市，去寻找新的“根”和城市……无论穷人还是富人，无论是高学历者还是低学历者，也无论是城市里人还是乡村人……面对瞬息万变的现代化发展和生活、生产的技术型变化，有时是束手无策的。产业结构的变化，新型业态的变化，新型消费方式的变化，新型交通方式的变化，新兴网络经济的变化以及智慧产业、3D打印产业、机器人产业的兴起等，使得所有社会阶层都面临新的挑战，所有不同类型的群体和个人都有可能“被拔根”。“无根性”所形成的不稳定性是现代风险社会非典型性社会问题产生的原因之一，即使在城市社会精英群体层面，虽然他们在外在形式上表现了城市人生活的“嵌入性结构”，甚至通过城市的“事本性”构成了“强关系”社会网络，但是，过快的变化也使得他们面临各种各样的“被拔根”境况。城市“无根性”更为深刻地表现了城市人的关系结构，人们渴望在这个城市所形成的“地点、出生、职业、周遭环境所自动带来的参与”。[①] 在这个意义上说，既要有生活“源文化的根”——“乡愁”与乡村的生活，还要有创业发展和个人价值理想实现之“根”，让人们能够在城市里形成“嵌入性的生活体系”，感觉到城市的关怀和温度。

城市社会被放大的“无根性”，使得任何个体都必须重新进行“社会再包装”和“社会个体再整饰”才能融入社会。[②] “一个十分清楚的逻辑关系是：中国实现现代化→首先必须改变80%的农业人口的文化心理结构→使更多农业人口走进现代化生活→让更多的农业人口实现文化心理结构的现代化转向→必须改变传统农业社会的社会结构和生产结构→推进经济转型良性发展与改变生产方式、生活方式→最终使‘乡村人’成为‘城市人’，成为有契约精神的市民，从而使中国从传统的乡村社会转化为城市文明社会”。[③]

正如孟德拉斯所说：“农民是相对于都市来限定自身的。如果没有都市，就无所谓农民，如果整个社会全部都市化了，也就没有农民了。”“当农业劳动者不再把自己作为生产者，并开始考虑自己的生产销路时，他的整个世界都改变了。种地养家的农民和满足消费者需求的农业生产者具有完全不同的视野。”为了简明描述我们应该思考的未来振兴后的乡村的生活，我们还是用孟德拉斯话来解释：20世纪80年代的法国，“乡下人享有都市生活的一切舒适，统计数字表明，在巴黎人、都市人、郊区人、小都市居民和乡下人之间，已经不像20年前那样具有系统的差异”，所有的家庭都有现代化电器和小汽车，而在某些方面在原乡村地区的居民还有优势，如住宅空间和冰柜比都市中心区居民的要大得多。他认为，“乡下人享有都市的一切物质条件和舒适，从这种意义上说，他们的生活方式都市化了。这种生活差距的消除是在70年代完成的。作为逆流，一些异型的生活形式

① 西蒙娜·薇依.扎根——人类责任宣言绪论.徐卫翔，译.北京：生活·读书·新知三联书店，2003:33

② 张鸿雁.中国“非典型现代都市病”的社会病理学研究.社会科学，2010(10)

③ 张鸿雁.社会经济形态转型条件下“结构性农业经济”的构建.社会科学，1996(1)

出现了”。[1] 因此我们可以试问：三代四代以后，我们的根在哪？答案肯定是不同的，理解也是不同的。不解决农民的问题，也就不能解决中国社会落后的本质问题，几千年的中国农业社会，直到现在很多社会问题都源于还在深化的城乡二元结构。中国老一代学者在研究社会问题的时候，都蕴含着一种个人价值理想与人文精神指向，具体表现为对劳苦大众的人文关怀——20 世纪二三十年代，有一批知识分子、文化人深入乡村开展实地研究，试图从根本上解决中国的贫穷问题，其解决之道的切入点是：对农民进行文化启蒙教育。从当代的世界潮流看，乡村振兴有三种思路：一种是关注、关心农民，让农民仍然像以前一样留在原来的土地上维持传统生活；一种是留在原来的土地上创造新的生活；一种是让农民变成市民，进入城镇生活体系并通过身份转换，重新以城市人的身份来改变乡村。我们的关注点应该是在乡村能否建构现代城市生活方式、现代城市文明和现代城市市民的生活体系，让传统乡村中的每个个体获得人性的解放，让每一个人活得有理想、有利他主义的价值取向。

我个人之所以关注乡村、关注乡村的“空心化”问题的解决，主要是因为在我多年的城市研究中得出这样一个结论：要想解决农民贫困问题，就必须减少农民，必须让农民转化为城市市民或者成为有知识的农业工人，其根本的方法之一就是积极推进科学的、适合本地情况的乡村城市化。同时在城市研究中我还看到，目前推进的乡村城市化不仅存在理论与认识上的误区，而且还存在着实践与操作上的错误，一些地方的城镇化建设不仅难以推动，而且还在走偏。合理的新型城镇化在把传统农民变成市民的同时，也应该创造现代新型的城镇科技农业，在“原农业地带”创造城镇生活方式，创造新的城市社会关系体和区域现代性——“城市性”，包括建构、培育契约精神、民主精神、集体良知、利他主义倾向等，这就需要对农民进行文化启蒙再教育。乡村城镇化也是在创造新的“地域生产力格局”，建设“财

---

① H. 孟德拉斯. 农民的终结. 李培林，译. 北京：中国社会科学出版社，1991：2，175，284，300，302

富积累中心”以及人文主义精神,要让“城市性”和“城市现代性”要素凝结成为农民的一种文化认知。进一步说,在全球一体化和全球城市化的今天,如何能在中国原来的农业地带进行有效的城市文明传播是一个十分迫切的问题,也是中国现代化需要解决的“短板问题”。

马克思在《资本主义生产以前各形态》中讲过,“近代的历史是乡村城市化的历史”,人类城市化的历史已经证明了马克思的观点。从更深层次的意义上说,我们在关注乡村问题、表达人文关怀和学者责任的时候,还应该有时代的担当。一个学者在探索现实与历史问题的同时,还需要直接参与城市和乡村文化的规划、建设实践,并把一般的责任担当转化为具体行动。我当过知识青年,下过乡,当过农民,20岁当农村生产队队长,东北农村里所有活儿都做过,还当过林业工人和建筑工人,应该说是十分了解农民生活的疾苦,也更了解农民没有文化知识的苦痛生活事实。我认为,不能让传统农民仅仅附着在原来的土地上,以传统的生产和生活方式继续着不能改变贫困的生活,而要在“原农业地带”创造一种“城镇人”的市民生活方式。

发达国家都曾出现过这样一种现象:社会精英群体带着知识和资本重返乡村去参与村镇的规划建设和治理工作。因专业需要和个人价值取向,我主持了多项城市规划、城乡一体化规划、县域“多规合一”规划、特色小镇规划、旅游景区规划以及村镇治理规划、村镇空间规划、村镇文化旅游规划、村镇农业科技园区规划和传统古村落“精准保护与开发”规划等。从20世纪20年代以来,在美国、英国、法国、德国、日本和韩国等经济较发达国家,很多知识分子都曾参与过乡村的改造、重建和新文化创造运动。特别需要类比的是,这一时期的中国(20世纪二三十年代),以晏阳初等学者为代表的人们正在办学校,开展平民启蒙教育。晏阳初认为,中国的大患主要是民众的“贫、愚、弱、私这‘四大病’”,要改变落后的中国,必须改变“少文化缺知识”的农民。但是,那个时代战火连年加之外患频仍,注定了他们不可能真正实现改变农民贫困生活的愿望,更不可能改变积贫积弱的社会。今天，中国处在一个改革开放、可以创新的时代，为学者介入乡村治理提供了良好的环境，让农民从仅仅是“活着”转而走向“生活着”的状态，并进入有文化价值追求的生活方式。这里强调“生活着”，意指个体人生终极价值的追求。要想达到此目的，必须去重构乡村的“文化根柢”。[①] 在这方面，日本、韩国和中国台湾等均有成功的案例，如日本古川町、中国台湾宜兰的社区治理模式等，都有大学教授、学者、规划师、建筑师等在乡村一做就是几年甚至十几年。在浙江德清莫干山一带正兴起的“洋家乐”就是乡村城镇生活方式化的一种发展模式，是城市精英下乡推广城市文明的一种成功案例。目前，已经出现大批城市精英重返乡村的热潮，他们在传统乡村或深山里建构新型的城市生活方式，创造类城市生活方式的空间体系及要素——新型的咖啡馆、民宿客栈、书院、乡村学院，使得新型的产业共享平台、社会交往方式、生活样态在乡村开始兴起。关键是，他们还带去了新型的城市市民生活体系、新的人生价值取向、新的创业经验等。这些都改善了当地人的生活质量和水平，构成了有地域文化特色的城镇生活型空间体系。

在中国城市化向乡村传播城市文明的过程中，可以看到已经具有显性化的“五种乡村文化重构与治理模式”：一是“无锡田园综合体”模式。二是浙江德清的“洋家乐”模式。一些外国人和上海、杭州等城市里的文化人、学者和新一代“文青”主动下乡建设乡村，在乡村经营发展创业。三是浙江“安吉美丽乡村建设”模式。它创造了完整的建设经验，并形成了以政府为主导、企业和村民共同参与的建设模式。四是我本人主持规划、设计和策划的“南京高淳桠溪国际慢城”模式，是以“福民富民”为核心，以农民就地城市化为外在特点的一种可持续发展的创新模式。五是安徽黟县的“碧山文化”模式，即通过老宅基地的流转，创造一种新型区域旅游和保护“乡愁”、保护老房子宅基地的流转模式。当下，城市里有投资能力的“文化资本家”正在

① “根柢”最早出自鲁迅在《致许寿裳》中的论述——“前曾言中国的‘根柢’全在道教，此说近颇流行。以此读史，有多种问题可迎刃而解”

乡村里四处寻找投资机会，在乡村不自觉地重构地域文化，如雨后春笋般兴起的乡村书院就是一例，其意义非常深远。

让农民变成市民是城市化的根本目的之一，也是特色文化城市建构的难点和重点。这不是一蹴而就的，而是一个漫长的教育和习得的过程。一个明显的事实是，如果不让农民进城，就永远没有改变他们命运的机会。在中国几千年的封建社会里，城市是皇族和达官显贵的居住地，农民没有成为城市市民的机会。而中世纪的欧洲则相反，逃亡到城镇里的农奴过上 101 天就有可能成为市民，所以马克思曾说，欧洲中世纪的城市是由逃亡的农奴建造的。改变传统农民生活方式的路径大体有二：一是让农民先到城里来，参与城市建设，接受城市文明，获得城市生活感受；一是城里人到乡村去，唤醒乡村，培育乡村的文化自觉，创造“城镇型农业”特色村镇，推进乡村城市文明建设运动，即创造乡村发展的内在“文化动力因”。

中国农村的短板问题之一就是“空心村”留守老人和儿童问题。这些被闲置的“空心村”不仅浪费了大量的土地和资源，而且使一些农村区域呈现经济和文化大面积双重沦陷的情况，那些断壁残垣述说着一种衰败和“乡愁”。因此，一些欠发达地区的乡村急需文化整治。新型城镇化形成了两道风景线：一道是鳞次栉比的高楼大厦构成的繁华城市，一道是空寂无人落后衰败的乡村。那些衰败的乡村成为低俗文化的滋生地，可以称之为“大面积文化坍塌”。因此，我们这一代知识分子有责任把农民带进现代社会。

与晏阳初和梁漱溟等老一辈学者亲自参与乡村治理相比，当代中国知识分子对乡村的文化重构有相同的一面，也有不同的一面。相同的是情怀，不同的是时代背景和工作内容。当代社会发展给我们提供了创造现实的基础。比如，早在 2011 年，在高淳桠溪国际慢城的规划与策划中，我们在文本中明确提出了“两年内农民收入倍增计划”，之后通过政府与农民的共同努力，根据规划要求按期实现了“福民富民”的目标。在湖北的蕲春县(一个山区贫困县)，我们提出“药旅联动战略”，政府决策并直接推动全民参与，做到家喻户晓，给全县的干部上课，培训农民和村主任，全县都被动员了起来，3 年左右，经济和社会发展发生了深刻变化。20 世纪的知识分子更多地强调文化知识教育；而我们是在进行文化知识教育的同时，为农民规划城镇，推进产业发展，为农民实实在在谋幸福。我在最近发表的《“社会精准治理”模式的现代性建构》(《探索与争鸣》2016 年第 1 期)中指出，江苏省已经是经济文化较发达省份了，仍然还有 300 多万文盲。南京这样一个人文荟萃的地方，还有 20 多万文盲。江苏尚且如此，那么全国的文盲群体应该是很庞大的。如果一个正在推进改革开放、进行现代化建设的国家还存在这样庞大的文盲群体，是很难使整个国家进入现代性发展体系之中的，这些关键性“社会短板”问题必须通过“社会精准治理”来解决。

我们深入乡村田野调查，深入每家每户精准调查、精准统计，以便达到“精准规划、精准治理、精准开发”的目的。我们在湖北蕲春做的田野调查，对 10 000 个自然村进行了统计和评估，走遍了全县 15 个乡镇的 500 个行政村，还对很多自然村进行了一家一户的入户调研，询问他们人在哪儿、老年人有几个、房子有多大、在哪里打工、就业收入情况、宅基地情况及土地流转情况等，即用“嵌入性”方法进入农村，到社会基层去了解农民。更重要的是，我们观察到，这些居住在深山里的人，是城市人，又是乡村人，可以称其为“城乡候鸟族”、城市“边际人”。他们中的一部分人在老家山里有房子，在镇上有房子，或在县城有房子，也有的在打工地如苏州、深圳等城市还有房子，这种现象对于我们理解当代农民的文化价值取向是有帮助的。江苏洪泽县龟山村基本上是一个“空心村”，共有 100 户人家，我们对每一户都进行了详细的摸底调查，包括房屋的年代、是否为古迹，经济来源，人口数量，在外地就业情况等，并进行了全面造册，提出了精准治理方案，应该说做到这种程度是很不容易的。之所以说我们和老一辈社会学家比，进入乡村的目的和目标是不一样的，是因为老一辈社会学家是希望唤醒和启蒙农民来改变中国，而我们是通过教育农民、重新规划乡村、建构特色产业来改变农村和农民。现在的中国农民多数是有一定文化的，我们希望让他们尽快转化为市民，以多样化、多渠道的方式让他们成为城镇市民,其中包括鼓励那些“乡村精英”回乡主动参与重构现代乡村建设,创造新的社会文化共同体,包括建构现代性的乡村文化——“集体良知”。

深入农村,了解城市和农村的差异,唤起农民的“文化自觉”①,让城乡社会全员成为市民社会结构中的“文化因子”,是我们追求的目标之一,从费孝通先生的“乡村文化自觉”,进而发展到现代意义上的“城镇文化自觉”。我们在江苏、浙江、湖北、安徽和东北地区开展的许多乡村实践,都是首先培训农民,包括一些乡镇干部,让他们懂得、理解如何建构乡村特色文化、乡村“地点精神”,保护“乡愁”文化和集体记忆。在一些农村地区,年轻人都出去打工了,好多行政村、自然村的村主任年龄比较大,我们曾经专门对他们进行相关培训。他们有很多人不懂电脑,也不会看地图,他们的乡音有些我们很难听懂,但我们克服困难,引导他们挖掘自己乡村的特色文化,让他们了解乡村变革的意义,特别是给他们以新概念启蒙,如民宿文化、农家乐文化、淘宝村文化、乡村旅游文化、农副产品特色文化、乡土品牌文化、农村电商文化、农业休闲观光文化和“产城一体”等知识。虽然简单的培训很难产生理想的效果,但是,毕竟他们是生活在现代社会的人,电视、多媒体演示对他们还是会起到一定作用的。以往很多乡村的农副产品多是“田头交易”,利润少,劳动强度大。我们强调,引导农民成为新一代“农业工人”,农副产品的初加工、二次加工和深加工的附加值的意识正在农村兴起。

在城市规划和乡村规划的研究中,我们运用大数据理论、现代网络管理理论、智慧旅游等理论与方法,对农村的文化、历史、相关资源进行梳理和创新,并且通过整合优秀的乡村文化使之转化为“城镇文化资本”“旅游文化资本”,进而形成保护、开发乡镇文化资本再生产的过程。比如可以进行乡村农副产品的营销推广,进行相关农业产业特色类型和价值链的建构,进行产业模式和营利模式的规划、策划等。我们规划设计过农业科技产业园、食品加工科技产业园、一村一

---

① 费孝通.关于“文化自觉”的一些自白.学术研究,2003(7)

品开发、乡村旅游节等，使之与城市生活、“产城一体”相结合，切切实实地改变了当地的经济和文化状况，达到了预设效果。鲁迅曾言要唤醒中国的“文化根柢”，这就是我们的唤醒方式。我们以学者身份“嵌入性”地进入乡村是有很多优势的，如以学术研究视角挖掘各种文献资料，找到当地人不知道的历史资料、本地故事、本地传承的口碑文化等。有时候，当我们把一些成果拿出来的时候，许多当地人甚至相关部门的管理者都很惊讶，有的成果甚至可以填补地方文化的空白。我的体会是，在这样现代性意义上的农村文化保护和建设中，我们这一代知识分子如果能够深入下去，是真的可以大有作为的。

我之所以愿意以回望的视角关注乡村文化还有另外一个原因：乡村是城市文化的根。保护好乡村文化，是城市特色文化建构的前提。乡村文化的保护与建设是一个长期的过程，因体制等原因，很多地方领导干部不可能长时间扎根农村，一般三五年任期满后就要走人或升官。回想当年巴黎市长奥斯曼，规划建设巴黎整整 18 年，现在巴黎的空间样态还是 160 多年前的形态。而中国的学者在乡村建构方面遇到的是“铁打的衙门流水的官”，有时候很多规划、设计与策划很难实现，主要是因为县市包括乡镇换官换届，很多建设规划往往半途而废。

重构乡村社会与文化生活空间还必须解决一个认识问题，即保护那些该保护的，拆掉那些不值得保留的、落后的甚至肮脏龌龊的建筑和村落。在保护乡村文化的认知方面，国内很多知识分子都在呼吁。我们必须面对现实，对现存的乡村村落加以区分并进行分类处置，保护传统文化中的那些优势的文化要素，而不是其他。我们现在做的乡村文化保护与重构，有一整套成功的经验，包括一整套可行的方法、程序，它们是规范而有效的。即用城市社会学的一般理论与方法、社会学和人类学的田野调查方法、城乡规划学的理论、区域经济理论、旅游经济产业规划理论、“城市文化资本”理论及产业经济理论等方面的知识，进行综合跨学科的规划与策划。我们特别强调通过特色文化城镇建设，在农村建构一种就业和创业的机制与文化土壤。

我们认为,建设特色文化村镇是中国乡村振兴的切入点。全世界有50多万个小城镇,发达国家60%的小镇都有特色文化和特色产业,而中国还不到20%。缺乏文化特色就必然缺乏就业机制,缺乏就业机制是中国一些农村凋敝的主要原因。我们可以看到,在经济发展较落后地区的一些乡镇、村落,几乎无业可就。没有就业机制,农村的可持续发展是不可能的。所以,给农民创造创业、就业的机会,是回归乡村、回归乡村建设的关键点,而要解决此类问题,必须走新型城镇化的道路,走都市农业的道路,走产城融合的道路,给农民以新生的文化土壤和机会。这其中的规定动作之一就是:必须把那些有传统特色的乡愁文化保留放在首位。我之前发表的一篇文章主题就是“‘精准保护’传统乡村”(《中国名城》2016年第1期),在这篇文章中,我首次提出了对优秀传统村落进行“精准保护与开发”的概念。我们必须清醒地认识到:有些落后乡村的生产模式和生活方式是不值得保留的。在原农业地带的大范围区域内,应该有新型的科技农业、现代型农业、智慧型农业、大数据农业、精准农业、设施农业、创意农业、观赏农业和传统村落形态多样化的新型旅游农业等,只有这样,才能真正创造多样化的乡村发展模式,改变乡村的本质并保留好“乡愁”。

四、从乡村社会到城市社会:“集体良知”与市民社会文化觉醒

在城市发展的方式上,特色文化城市建设是在创造城市社会的现代性,创造城市现代性的新文化价值主张。当下,一边是中国城镇化的高速发展,一边是一些传统农村深陷在旧文化的泥潭中。如果说城乡有鸿沟的话,用卡斯特的话说就是:现代社会人与人之间的差异主要表现为信息占有量差异所造成的鸿沟。必须运用多学科知识,必须打通规划学、地理学、经济学、社会学、旅游学、文化学、历史

学及农学等多种知识的边界，才能有效地进行乡村规划和建设，这实际上需要一个由拥有多学科知识的成员组成的团队。

在特色文化城市的研究中，我们重新看到了城乡在空间上的地理差别和变革，更深刻地了解了城市特色空间再生产的理论与变迁，看到了发达国家城乡之间发生的质变。就像在美国和欧洲国家所看到的那样："即便是一个人住在森林里、一个家庭住在农业地带并经营农业，但他们是传统农民。"即使住在很小的"村子"里面，他们也是现代"城市人"，是懂得契约精神的市民，因为他们享受和创造的是城市文明，他们以特有的工作方式和生活方式实践着城市市民社会的生活。

在这里，我个人认为并强调：重构乡村文化，不能简单地、单纯地依靠农民，一定要由社会文化精英来引导农民重构。因为，如果农民能够重构农村新文化的话，那么传统农村就不会有几千年来不变的传统落后文化了。重构乡村文化是城市文明对乡村文化的"接替与侵入"，在此意义上我们必须再一次强调：重构乡村文化不是保护落后。1949 年时，中国有 600 多万个自然村，当时中国有 4 亿人，到现在我们有近 14 亿人。而且，从 1848 年鸦片战争以来，很多美丽乡村被毁于战火，到 1949 年，"传统美丽村镇"屈指可数，而且好多美丽乡村经历几场运动又被人为地破坏了。从理论与现实的意义上看，那些值得我们记忆的特殊空间、有真正的传统"乡愁"和人文集体记忆的村落，即像乌镇、周庄、南浔、婺源那样的村庄本来就不多，1949 年后的一段时间里因某种原因又不能进行传统村落文化格局的建设，大量的自然村，即仅以居住功能为主的村落，多数是 1949 年后建造的，这样的村落多数仅仅能够居住而已，而不具有典型的历史文化特质和"地点精神"。因此，解决乡村文化重构问题的根本之道在于让大多数乡村人成为有文化的人，成为城市文明体系下有"市民意识"的人，成为"现代乡绅"，这样才能出现乡村的文化复兴。如果有那么一天，如美国、法国和德国那样，在乡村里生活的人主要是知识分子、高学历群体、高级白领和各种工程师……这样的乡村社会才能真正以重构城市文明的方式表现自己的文化自觉，这样，文化特色建设的土壤才会广阔而肥沃。

我曾经在意大利参观一个小镇,并深入调查了两个企业。一个企业有170年的历史,另一个企业有140年的历史,人们都把住在这个小镇视为一种荣耀,一种世代传承的文化荣耀。这个小镇不是传统的农民在生活而是原来的传统农民变成了城市的市民在生活、在创造,但是永久地保存了这里的文化和“乡愁”记忆。实际上,发达国家已经证明了这样一个事实:不是把农民留在那里就叫留住“乡愁”,而是要把那些文化、文脉和集体记忆保存好,并让农民过上现代文明生活,才能够真正保护好“乡愁”。现在也有些争议,很多人,包括一些作家、文艺人呼喊中国乡村都没有了,他们理解的是把农民留在那里就可以了,甚至有些教授也是这样理解的,可是,让他们自己回到原来的农村生活他们又不愿意回去。这才是现代版的叶公好龙。我在《社会学研究》2013年第3期专门谈到过这个问题,乡村是什么呢?孟德拉斯在《农民的终结》里谈到,在乡村,董事长就是农业经营者,打工的是高级白领,中层管理者和工作者是股东,企业是农业的托拉斯。欧美的一些传统小镇、小村,有的是巧克力小镇,有的是旧报纸旧书小镇,有的是老爷车小镇,有的是特色餐饮小镇,有的是博物馆小镇,等等,可谓形形色色,但它们都有自己的唯一性,其中有些特色小镇还不如中国的一个村庄人口多。特色产业不一定就是工业,更多的是文化类产业,是本地特色产品类甚至典型的怀旧产业。我们强调的乡村保护就是保护原文化、原空间样态、原文化肌理、原生态体系、原住民、原习俗、原风貌和原“地点精神”,但是,这里——传统乡村必须有就业,而相对充分的就业必须与城市经济相联系,无论什么样的小镇、小村,要想生存发展就必须成为大、中、小城镇的结构构成的一体化部分。

有资料说,美国60%以上的人住在中小城镇里,在洛杉矶周边有80多个城镇,它们构成了一个地域城镇生存体系。小城镇是最能够体现美国生活方式的地方。小城镇不是落后的农村,而是景色优美、设施齐全的“生活共同体”,去过美国的、对此有深入研究的人都有这种感觉。但是,在中国,很多落后的村落不仅生活方式不完全,而且污染还较为严重：一是河水和饮用水污染，二是生活垃圾污染，三是农药污染，四是乡镇工业污染。特别是，落后的生活习惯与生活方式是各种疾病频发的重要原因，几乎每个省都有一些比我们想象的还要落后的地方，而这些落后村落的贫困、污染、陋习等地方性问题长期得不到改变。另外，还有文化和伦理上的问题，如经常看到某媒体说，高速公路上运输水果或运输其他物品的车翻了，很多农民一起哄抢货物，这种落后的集体文化行为就是传统乡村脱离现代城市文明的一种结果，也是在空间上远离城市文明的结果。因此，要想改变农民，必须让农民成为有“契约精神”的、遵循现代文明规则的市民社会的成员。如何让一些落后地方的农民有利他主义文化倾向？最重要的是让他们具有由现代文化认知所构成的“集体良知”。在那些传统乡村，因为经济和文化的落后，加上缺乏文化教育，很难形成有人文主义内涵的群体认知，这样的群体在某种意义上说很难建构起爱国主义文化和情操，中国近代历史的一些事实已经证明了这一点。所以说，要实现中国现代化，就必须解决底层社会、特别是乡村社会的文化缺失问题。特色文化城市建设还担负着城市文明与城市文化传播、呼唤乡村文化自觉的任务和历史责任。

特色文化城市再建构还要寻找那些优秀的城市与村落空间、优秀的地方精神和地方文化，寻找那些值得传承的、向上的优秀集体记忆，来重构特色文化。有时候我们很着急，因为人们对城市生活方式和市民社会的关系理解相差甚远，有很多人认为把农民留在乡村就可以了，可是他们不知道，好多传统的乡村连下水道、化粪池都没有，晴天还好，一到阴雨天污水流到井里、流到河里……这种情况非常非常多。必须通过新型城镇化、现代科技、现代文明、现代城镇系统和现代科技农业，把小城镇、传统村落纳入大中城市的网状地域结构中来，像上海、苏州、无锡的郊区那样，让城市文明普及乡村，让特色文化成为全社会的文化资本，这样农民的现代生活空间体系才能建构起来。在中国一些落后的村落，特别是那些“空心村”，虽然房子坍塌了，农民亦弃之不顾，但是房子的宅基地产权还在农民手中,农民到城市打工之后,往往会在乡镇、县城或是大城市郊区购房,收入较高者又重新回到村里,在交通好的地方再盖房子,因此,一户多基、一户多宅的现象在一些地区比较普遍。如果不解决此类问题,新型城镇化的发展就会有很大阻力。我们反复强调,传统乡村文化重构的本质就是让农民市民化,让他们受到良好教育而有“集体良知”。我们之所以反复强调从“乡村文化自觉”到“城市文化自觉”的转化,是因为,这是现代乡村文化建设的必由之路,而且也是中国特色文化城市创新的“文化根柢”重构。

“原农业地带”这一概念是非常重要的。我们可以看到大城市区域中的一些小镇和村落,会散散落落地形成一个有机性的区域空间,在美国、澳大利亚、法国、英国、德国、日本和加拿大的大部分地区就是这样:有的人住在森林里,有的人住在湖边,有的人住在自己的农场里,有的人住在山里,有的人住在乡下……去哪都要开车或者依赖公共交通,住在“农业地带”怎么就是农村人呢?这个概念需要改变。城市生活方式的普及,让每个人得以住在不同的空间里享受和实践着现代文明,如前所述,主要是通过“交通方式”“交往方式”“通信方式”“工作方式”和“消费方式”形成的“城市生活方式”的变革,形成城市文明的高普及率,住在哪里都是有教养、有契约精神的市民。我 1986 年参加苏州建城 2 500 年的学术会议,那时我就提出,迟早有那么一天,苏州和上海要连在一起,当时引起很大的争论,很多人并不同意我的想法。现实是苏州和上海基本上连在一起了,所以我现在还要说:迟早有一天,上海、苏州、无锡、常州要连在一起,成为大都市“连统区”或称“大都市联合统计区”,这种趋势不是靠政策就可以阻挡的,因为它是通过公共交通、市场关系、土地级差、网络化梯度、社会结构变迁等因素形成的差序化社会空间格局的必然结果。当下,网络社会形成的“自媒体”文化和经济能够从一个侧面说明现代性和城市生活方式的这种无边无界无形的特征和意义。

那么,在城市化进程中农民在哪呢?首先,从身份讲,农民要成为市民，从这一点上说，在哪都可以。其次，从空间上讲，农民应该在城镇生活体系内，中小城镇应该成为大中城市的区域网状结构化的组成部分。第三，从分类上讲，农民可以在城市里，也可以在“原农业地带”，还可以在深山里……但更希望有更多的农民就地成为城市市民。

五、特色文化城市发展与创新：建构在世界民族之林占有一席之地的城市

人类社会的城市化有其自身发展规律，但是，因各个国家的经济结构、文化结构和政治结构不同，城市化发展的阶段也不同。1848 年时中国的城市化率是 10.9%，美国也只是 10.6%左右。可是过了 100 年后的 1949 年，中国城市化率仍然是 10%左右，而美国已经接近 70%，也就是说在 100 多年的时间里，中国的城市化没有任何发展，而西方发达国家基本完成了城市化过程而进入城市社会。中国近代社会仍然是传统农业社会，这也是当代中国城市化任重道远的原因之一。假如按照近代西方发达国家城市人口每 25 年翻一番这一规律发展的话，就中国目前城市化率已经达到 58%左右的情况看其结果是可想而知的。未来 25 年左右，中国将会全部完成城市化发展过程。一个国家城市化水平如果达到 85%左右，也就等于完成了城市化，这其中有一个经常被人们忽视的理论，即“城市文明普及率”理论——如果城市化率是 10%的话，只有 30%的人可以享受城市文明；如果有 30%的城市化率，就会有 50%的人享受城市文明；如果有 50%的城市化率，就会有 70%的人享受城市文明；如果城市化率达到 75%或 85%的话，就会有 95%以上的人享受城市文明，也就等于完成了城市化这一过程。不言而喻，城市化和城市现代化不是所有的人都要到城市里生活，而是城市生活方式和城市文明普及所表现出的城市性与现代性。

进一步解剖还可以看到,如果城市化率达到85%左右,城乡人口流动就基本停滞了,或者说流动方式被改变了,主要体现在城市(镇)之间的人口流动,发达国家如美国、德国、英国及日本已经证实了这个结果。从理论与实践的双重视角看,城市化率达到50%以上时,在一般情况下(在不出现巨大社会动荡的前提下),社会经济发展会进入较高速发展状态,全球城市化已经证明这一点。如果城市化率达到85%以上的话,城市化人口红利就会失去,中国特有的房地产市场也会出现质性改变。在人类社会发展史上,1850年英国首次完成了城市人口超过农村人口的社会变迁,并在第二年创办了人类历史上第一届世界博览会。无独有偶,2010年,中国城市化率第一次达到了50%,这一年,上海举办了人类历史上第41届世界博览会。相似的历史说明了同一个问题:城市化率达到50%的时候,表明社会财富已经集聚到了一定程度,城市经济到了可以反哺农村的水平。农村的基础建设、环境改造、生态补偿、空间规划、产业发展等都可以得到城市的反哺和辐射。我们已经看到,大城市郊区农业、发达城市的县属农业发展得都比较好,其原因就在这里。这也进一步证明了这样一个概念:城市是地域生产力的集中表现形式,凡是经济繁荣的地区,也必然都是城市繁荣的地区,反之亦然。上海、北京、南京、杭州、深圳、苏州的农业和农村发展都比较好,也是城市化和城市现代化的一个结果。实际上,深圳和上海是中国最早宣布没有农民的城市。

只有现代化建构过程形成现代性社会结构,并在社会整体财富增加达到一定程度时,才有可能形成现代型城市社会。否则,外不能抵御列强侵略,内不能创新发展,游民四起、哀鸿遍野的时代,民众温饱都不能解决,面对大好河山,只能抱残守缺,眼望东流水而束手无策,近百年来的中国,无数城市和乡村在列强的炮火下,多成为断壁残垣……我研究城市近40年,十分清楚城市的内在价值:城市是社会发展的中心,城市是社会发展的动力,城市是社会发展的创新地,城市是人才集聚的高地,城市是人类的财富中心,城市是新兴阶层崛起的文化场域(如佛罗里达在《创意阶层的崛起》中所说),城市是市民社会的舞台和新历史的出发点……所以说，58%的城市化率，至少表明了社会财富增长进入了快车道，特别是中国新兴中产阶级正在成长，城市已经有能力对农村进行经济与文化反哺。我们可以看到，发达地区美丽乡村建设大多比落后地区要强很多，比如浙江省和江苏省的"美丽乡村"建设，政府不仅补贴大量资金，而且村民的文化自觉意识也普遍比较高。相反，一些经济较为落后地区的政府则很难对乡村建设有较多的补贴，村民因缺乏文化知识而缺乏文化自觉。

传统农业社会的特点之一是：农业劳动者的劳动时间和闲暇时间是不能明确划分的，往往是日出而作，日落而息。城市社会的特点之一是：人们的工作时间和闲暇时间是可以明确分离的，而且闲暇时间具有某种法律保障，这也是划分城市生活方式和传统农村生活方式的界标之一。其实，我们完全可以从词义上区分城市生活和乡村生活，如农民的生产我们一般称之为"劳动"，而城市人的劳动我们一般称之为"工作"。通过这些分析我们可以想象传统农村变成现代城市生活的聚居点、现代生活的小镇应该是什么样。其实发达国家已经有标杆和样板，比如发达国家的工程师小镇、白领小镇、企业总部小镇和特色家族企业小镇等。这样的"原农业地带"的小城镇和居住点是城市生活方式的延伸，有人称之为"逆城市化现象"，而我称之为"城市生活方式的再深化现象"。如莫干山里山村、桠溪国际慢城的乡村，这些原来传统落后的小镇、小村已经直接跨入国际生活的范畴，那里的一些外国人、城里人、本地人、外出打工回来的人，正在实践着乡村城市化的过程，正在创造山村里的城市生活方式。无论是外地人还是本地人，他们的生活质量和收入已经远远超出了原来的农民和一般的城市居民。正如孟德拉斯所说，那样的乡村里，农民的房子比城里人的房子大，农民的冰箱也比城里人的冰箱大，但他们已不是传统农民，他们在敲响传统农业的丧钟。这也是一种必然的趋势：中国面临着传统农业终结的考验。

最后，我们要重复这样一句话：乡村与城市的本质区别是生活方式。推进社会整体的现代化，必须走城市化和城市现代化创新发展的道路,而发展健康的现代化城市一定要建构有特色文化的城市。

《特色文化城市研究丛书》来自国家社会科学基金重大项目,本书作为其主报告的一部分,大体结构和研究内容有:

(一)分析了特色文化城市的基本理论和框架,并提出特色文化城市建设的必要性和历史意义。在建构市民社会的意义上,提出了特色文化城市建设本身是一种现代性的建构过程,具有城市发展方式的选择意义,即我们强调的“发展方式比发展本身更重要”。

(二)提出了特色文化城市建构的重要目的之一是参与“全球新文化产业分工”。创造城市的核心竞争力和特色竞争力,以求在城市化和全球城市体系的发展中,能够参与全球范围的竞争,并介入全球城市文化价值链的高端环节。

(三)提出了特色文化城市的研究范畴与范式。其包括的新观点和文化逻辑有:“地点精神”“集体良知”“城市文化自觉”“‘文化根柢’建构”“特色文化竞争力”“城市独立文化 IP”“城市文化唯一性”“城市文化资本再生产”“全球新文化劳动分工”“有机文化秩序城市”“城市文化动力因”“城市文化软实力”“全球城市文化价值链”……它们构成系列的“概念的类”和范畴逻辑,为后期的特色文化城市研究提供理论与思想及认知基础。

(四)对特色文化城市的“特色”进行了基础分类。汲取了类型学、文化类型学和社会类型学的一般理念,归结了特色文化城市的一般分类方式和方法,为特色文化城市提供了一个可观察的视角。

(五)说明了从“功能型城市”到“文化特色型城市”的演变意义。对此,本书强调城市作为文化容器的功能,如教育和改造人的功能、文化与经济创新功能、财富与人才集聚功能和“文化+”要素的集聚功能等。对从器物文化到理念文化,再到市民的行为文化,这个全方位的建构过程进行了相关的再解读和再分析。

(六)提出了城市空间公平与正义的城市文化价值体系。空间是时间的切面,空间是文化的载体和创造发展的基础,必须赋予空间以一定的文化价值和公平正义,让市民能够成为空间的主人,并在空间的文化创造中让城市文化空间以多元化、多层次、多类型的方式还给市民，特别是在特色文化建设和融合发展中形成城市某种唯一性文化，以提升城市的文化能级和文化软实力。

（七）提出了特色文化城市的指标体系。虽然这只是一种尝试，但是我们进行了相关的比较研究，以验证其合理性和功能。事实证明，这一指标体系对引导特色文化城市研究和规范城市特色文化建设是有裨益的。

（八）提出了全球文化中的本土化"文化场域精神"问题，同时也研究了城市文化作为一种特色表现，如何在"全球定制文化"中找到自我（城市）生存的文化价值。这一问题具有普遍性，几乎全世界都受到西方文化的冲击，因而守住自己的文化和传统成为世界性课题。因此，各城市更应该认识到本土化城市文化觉醒和自为的重要性，否则，在不知不觉中本土文化会被外来文化侵入而替代。

（九）在研究理论与实践关系的同时，运用大数据的方法对城市文化进行了专项研究，特别是对特色文化城市中的城市美誉度、城市知名度和城市文化价值进行了数据分析，并从时代感的意义上，对苏南城市的特色文化等进行了研究和比较分析。

（十）从新型城镇化角度，研究了城市化、城市文化建设与战略模式。这一研究成果受到关注，特别是我们提出的中国城市建设和规划的"六要素"及相关理论，产生了较广泛的影响。①

（十一）以苏州为例，专门进行了特色文化城市建构和发展过程的分析。苏州是中国最有文化和历史底蕴的城市之一，研究苏州，从中探寻出其创新发展的过程，可为其他特色文化城市建设提供某一种特色类型的样本。

（十二）注重应用研究，研究的范围既有省域特色文化城市的文化自觉研究，也有单体城市的特色文化建构研究；既有特色小镇的特

---

① 张鸿雁.新型城镇化理论与实践创新.社会学研究，2013(3).此文被评为江苏政府省评哲学社会科学二等奖。截至2018年CNKI被引166次，下载8 594次

色文化研究,也有特色村落、村镇特色文化的研究,已自成一个多层次的研究系列和体系,即针对不同层面城市的特色文化如何建构,提出了相对完整的研究方法,包括在特色文化建构方面提出了具体的建设策略、建设理念、建设创新和具体特色文化建构模式等。从宏观到微观,我们的特色文化研究涉及不同层面,更重要的是在特色文化建设方面提供了具体的成功案例。

(十三)研究了特色文化建设的“文化治理模式”问题,在特色文化建设中如何建构“集体良知”,如何建构城市的现代性,是决定特色文化城市建构成功与否的前提。

特色文化城市研究的学术价值与应用价值必须放在一个基本的背景框架下进行审视,即便在改革开放之后经历了长时间的城市化变革,长久以来存在的城乡二元结构及其衍生制度、产业经济结构、政治文化生态等依然是当下许多社会问题的根源所在。要解决这个问题,就必须着力实现农村、农业和农民的现代化,也就是积极推进科学的、适合本地情况的乡村城市化。而在这个过程之中,城市文化建设尤其是城市特色文化作为城市永续化发展的动力和生产资本,历史性地成为创新城镇化发展方式、构建城市核心竞争力的有效途径,也因此成为突破城乡二元结构困境的新可能。

回应多重的时代变革挑战,探寻中国城市“文化驱动”的创新突破路径。全球化进入新阶段、城市软实力竞争、中国文化崛起等新时代变迁的到来,使得寻求城市发展的差异化、特色化、可持续化动力显得愈加迫切。在这种情况下,特色文化城市实际上成为一种以“文化驱动”为核心动力的城市发展新可能。也正因为如此,特色文化城市才能够为中国的城市化和现代化提供一种创新的模式和范式,从而驱动城市化的稳定永续发展。

创造全球竞争背景下“特色文化城市”发展的中国研究范式。特色文化城市的创建在西方发达国家和地区已有相当成熟的模式与路径,但对于中国的城镇化来说,直接搬用与移植显然不能成为一个合理的选择,因此通过特色文化城市的课题研究,尝试构建特色文化城市发展的中国样板和中国路径，从而为中国的城市文化模式的个性化发展提供参照体系与指导就显得尤为重要。

建构一种中国本土城市现代化发展的理论思考范式。中国城镇化的发展规模、发展速度与当下所呈现出来的发展态势已经成为影响全球经济社会发展的重大社会现象，必须配套以相应的本土化理论话语体系。在这种情况下，本丛书以特色文化城市为切入口，积极回应中国城市社会来临之际出现的发展趋势，重构、重组、重建、重缀中国本土化的城市文化发展理论，并提出新的与时俱进的中国特色文化城市发展战略。

为区域特色文化城市的分类差异创建提供理论指导。中国的城市化发展呈现出典型的区域梯度差异性，因此如何做到因地制宜地有效引导就显得格外重要。本丛书通过对中国各区域特色文化城市要素内涵以及建构方式的研究，结合类型学的划分和不同城市所处发展阶段的差异化，谋求对区域性的特色文化城市创建、特色城市定位、城市文化品位完善等相关环节的分类指导。

守望中国的民族地方文化乡愁，鼓励城乡一体的“文化自觉”与“文化自信”。城市不仅仅是文化的容器，而且更重要的是人类文化创新的平台，人类社会先进的思想文化和科学技术大体都产生在城市里。中国悠久的民族传统文化与现代创新文化都值得彰显与继承，特色文化城市研究不仅可以让城市凸显自身文化特色，更可以赋予城乡以同样的“文化自觉”与“文化自信”，从而充分激发城乡发展活力。

《特色文化城市研究丛书》来自国家社会科学基金重大项目，参与成员先后发表了署名国家课题编号的学术论文 51 篇，其中，发表在中文核心期刊上的论文 32 篇。

下面这段话是我在《城市文化资本论》前言里的一段话，我仍然想用这段话作为这套丛书总序的结尾——

托马斯在《名言集锦评注》一书中有一句话说得真好：“为了人类

社会能够变得和谐完美,我们当中需要有些人去过无用的沉思默想的生活。”①城市研究也必须要过沉思默想的生活。无独有偶,中国学者王国维《人间词话》中的第26则“人生三境界”也道出了做学问人生的辛苦与乐趣:“古今之成大事业、大学问者,必经过三种之境界:‘昨夜西风凋碧树。独上高楼,望尽天涯路’,此第一境也。‘衣带渐宽终不悔,为伊消得人憔悴’,此第二境也。‘众里寻他千百度,蓦然回首,那人却在,灯火阑珊处’,此第三境也。此等语皆非大词人不能道。然遽以此意解释诸词,恐为晏、欧诸公所不许也。”显然这三境界是多数人所不能为也,关键是,其意境与乐趣是自己所得,只有个人在其真心追求的空间境界才能看到。也许是从20世纪70年代到河南登封告成镇挖掘夏代城市遗址开始,我就对城市的产生与发展产生了兴趣,并开始进行相关的研究,1980年发表第一篇学术论文。几十年的城市研究既需要沉思默想,又需要走到实地考察研究。虽然凡勃伦的书我曾读过几遍,但是,我从来没有感受过凡勃伦所说的“有闲的感觉”,对他所描述的所谓有闲阶级,作为一个学者很难与之对上号,因为,从读研究生时开始,就没有感觉到什么时候是“闲”,或许是专门做学问这行当不属于有闲阶级,至少我是这样。似乎从研究生时代起,就感觉一直在与时间赛跑,总感觉时间不够用,当过了知天命的年龄时,就已知来日不多;当在接近六十耳顺的年龄时,知道以后岁月唯追求比生命长久的符号而已!一切只是一个过程,生命是有限的,如果能够让生命延续,只有那可贵的让社会认同的思想而已!

在《柏拉图全集》第一卷里苏格拉底和卡利克勒在辩论满足欲望与美德时说:“你所描述的生命真是一件奇怪的事。你知道的,欧里庇得斯说过:‘有谁知道,死就是生,生就是死?’如果他说得对,那么我也不会感到奇怪。我们也许真的已经死了,因为我听说过有位聪明人说过我们是死人,我们的身体是一个坟墓,往往在里头的灵魂的

---

① 约瑟夫·皮珀.闲暇文化的基础.刘森尧,译.北京:新星出版社,2005:7

性质是摇摆不定的。”[①]是的，人生以来，有过无数次的摇摆不定，无数次的寻寻觅觅，或许我的灵魂已经死过，或许想通过研究城市获得再生！虽然这是一种极其难以实现的奢望，但是，我还是要追求这样的奢望！

特色文化城市研究，我们在路上！

我以我的方式追求、延续生命的价值！

张鸿雁

于慎独斋

2018年08月08日

① 柏拉图. 柏拉图全集. 王晓朝，译. 北京：人民出版社，2003：380

第一章
中国本土化特色文化城市理论建构与实践创新

> 社会学家把城市形成的历史当作社会进化的一个形式来研究。城市作为“改造人类的主要场所”，能够“化力为形，化能量为文化，化死的东西为活的艺术形象，化生物的繁衍为社会创造力”，城市成为人们理想与价值的实现地。①我们必须学会用理性的科学的方法来研究、探索中国城镇化的规律，而不是“设计”人类城镇化的规律。
>
> ——张鸿雁

特色文化城市研究对于以往的城市研究来说是一个全新的命题和视角。虽然古今中外一直有人在研究与城市文化相关的问题，而且近年来人们也越来越重视特色文化城市研究，甚至很多城市都提出了建构特色文化，但是，从纯粹学术和学理的认知层面，以“特色文化城市”为主旨的专门研究还刚刚开始，这是当代中国城市社会来临和社会转型亟须建构城市现代化的一个新的社会发展动力理论。②2009 年 7 月国家发布了第一部《文化产业振兴规划》，标志着中国第一次将文化产业发展上升为国家级战略。2012 年 2 月，文化部发布

---

① 托马·科斯纳. 资本之城(序言). 万丹，译. 北京：中信出版社，2004

② 张鸿雁. 中国特色文化城市的理论与模式研究. 南京社会科学，2012(6)

了《“十二五”时期文化产业倍增计划》，提出文化产业年均增速要高于20％、5年翻一番的目标，这一战略决策显然是为适应经济全球化和中国现代社会转型发展需要而提出的。2016年以后，国家又密集出台了一系列与城市文化发展、建设有关的政策和法规。纵观中国40年来的发展，中国社会结构整体转型集中体现在城镇化、城市现代化和城市文化的发展建设上，而作为社会整体现代化的核心——城市现代化的发展又集中体现在城市化动力结构、城市经济结构、城市社会结构和城市文化结构转型等方面的发展上，特色文化城市研究的核心就是建构城市化、城市现代化发展新的“动力源”与新的“文化动力因”。① 显然，当代中国既需要社会发展动力的转型与创新，又需要社会整体和谐并建构良好的社会创新土壤，而特色文化建设从本质上说，就是构建社会创新发展的土壤。因此，中国式特色文化城市理论、方法、体系、结构和操作建设方案等方面的研究与创新，既是推进国家文化综合治理和文化产业发展战略的需要，又是参与全球城市化和城市竞争的需要，更是当代中国经济社会发展转型、推进中国全面实现现代化的需要。

一、特色文化城市理论的价值属性及其发展与背景

现代化与城市化的发展动力，正在从新兴工业经济、服务经济转向以智慧经济为特质的文化产业经济，这是全球经济发展的新格局、新潮流和新结构。与以往的理论研究有所不同的是，特色文化城市研究体系除了学术理论研究之外，还包括可操作性战略和实施方案

① 约瑟夫·奈. 软力量：世界政坛成功之道. 吴晓辉，钱程，译. 北京：东方出版社，2005：5. 参见：花建. 文化软实力——全球化背景下的强国之道. 上海：上海人民出版社，2013：37

的研究。以往相关研究多是从城市文化理论、城市文化产业、城市文化事业和城市文化景观生态等视角出发，而本研究专门以“特色文化城市”整体为研究对象，研究特色文化城市属性下的城市文化核心价值、文化产业网链、文化进化系统逻辑及人的现代性、文化行为塑造等问题，从中寻找、建构特色文化城市的发展规律和创新路径。

（一）城市社会的来临：新文化劳动分工的全球化

几千年来，中国一直以“农业立国”，拥有典型的以“农耕文化”为“文化根柢”的社会结构形态。① 1848 年时的中国城市人口只有 10%左右，经过 170 年的社会变迁，目前中国城市人口已经达到 58.6%，接近世界城市化的平均水平。在全球范围内城市已经成为国家竞争的主体和基本单位，世界上有数万个大中小城市，若仅从综合竞争力角度来衡量的话，在纽约、东京、巴黎、伦敦、北京、上海和香港等巨型综合城市面前，很多中小城市参与世界范围的竞争既没有可比性也没有优势，而且无论什么样规模的城市，以综合竞争力方式参与全球的完全性竞争在战略与战术上都是缺乏创新意义的，特别是一些中小城市，永远不可能和世界巨型城市站在同一起跑线上。因此，对所有的城市来说，如果希望能够参与全球竞争，并且是在不分城市大小和综合实力的前提下的竞争，只有一条出路，就是走“特色发展”“优势发展”和“特色文化”发展的道路。“全球化不是一个没有严重模糊性和局限性的概念。我们可以从全球化的一个定义开始，‘行为活动的世界性扩散、洲际关系的扩张、社会生活全球范围的组织，以及共有的全球意识的增长’……一种新型城市，全球城市正在出现，并引起人们大量的思考和研究”。② 历史经验告诉我们，因城市文艺复兴而发展起来的佛罗伦萨、米兰、威尼斯等城市都是以特色文化立于世

① 梁漱溟. 乡村建设是什么. 梁漱溟全集(第 1 卷). 济南：山东人民出版社，2005：611

② 乔治·里茨尔. 虚无的全球化. 王云桥，宋兴无，译. 上海：上海译文出版社，2006：99～100，110

界城市之林的。城市史学家刘易斯·芒福德对此曾有评价:“那种巨大浩瀚,那种对历史和珍品的保持力,也是大城市的最大价值之一。”但是,“光是人数众多也是没有用的,大约只有40万居民的佛罗伦萨,比之人口比它多10倍的别的城市,起着更多的大都市的作用。”①这就是特色文化的价值,佛罗伦萨作为西方中世纪文艺复兴的城市之一,多少年来一直以独有的“特色文化”显示着“伟大城市文化”②的价值与骄傲。

后工业时代,是城市发展动力转型为以智慧、知识、创新——“文化软实力”为主体的时代,也是所谓全球“新文化价值产业分工”的时代。21世纪初,美国学者托尼·米尔提出“文化劳动的新国际分工”的观点,③其最大价值在于明确提出了在全球经济一体化、网络化和信息化条件下的“文化劳动分工”与文化产业发展的新特点和新规律。世界性“文化劳动新国际分工”的特点是“文化劳动竞争的无边界性”“文化产业的知识性与工具性”“文化资源的可再创造性”,以及文化生产方式的主体性和个体性、文化知识与产业的跨界和融合性,这些特点构成“特色文化+”领域的无限性和融合性。在网络社会的前提下,“特色文化+”给工业、农业、旅游业和科技业插上了可以无限创新的翅膀,世界文化产业发展新趋势已经证明了“文化劳动分工”的国际分工的某种均质化特质,即无论城市大小和区位,无论是组织还是个体,无论是文化企业还是工业企业,只要是通过文化“渗透”建构“特色文化+”体系,通过城市文化资本再生产的再造,就可以参与世界范围的“新文化劳动分工”的竞争并取得成功。任何城市文化和文化产品,只要具有某种“特色”,就会具有某种世界性竞争的能力,就可以通过“嵌入性”的方式介入国际文化劳动分工,并可以在国际城市文化价值链中占有一席之地。

① 刘易斯·芒福德.城市发展史——起源、演变和前景.宋俊岭,等译.北京:中国建筑工业出版社,1989:413

② 乔万尼·波特若.论城市伟大至尊之因由.刘晨光,译.上海:华东师范大学出版社,2006:3

③ 花建.文化产业的集聚发展.上海:上海人民出版社,2011:119

这种“新文化劳动国际分工”给每个具有特色文化发展的经济实体和独立个人提供了参与全球竞争的机会。“我们的产品可以卖到世界任何的地方”,“我们可以在世界任何地方买到任何产品”,这就是网络社会时代的特征,一个新的产品通过网络营销可以到达世界上任何角落。[①] 一个有文化特色的小村落、小城镇和城市,一个有特殊技艺的工匠和艺术家,也都可以在世界文化劳动分工中获得机会进而创造价值。至2018年11月,中国已经兴起的3 200多个“淘宝村”“淘宝镇”,原来都是传统的村落、村镇,现在它们都在以“世界为市场”,号称“买世界,卖世界”。同样,世界上正在涌现一批多样化的特色文化城市体系和样板——“全球创意城市网络”的城市,它们各以特色见长,有“文学之都”“电影之都”“音乐之都”“设计之都”“媒体艺术之都”“工艺与民间艺术之都”和“烹饪美食之都”7个主题模式。早在2012年6月,已经有19个国家的30多个城市加入了该网络。到了2017年,已经有来自72个国家和地区的180座城市入选。[②] 如中国长沙、澳门、青岛和武汉,分别以其在数字艺术、美食文化、电影艺术和设计领域的成就入选。以往的评选中,中国有成都、景德镇、上海、顺德、杭州、苏州、北京、深圳等城市成为“全球创意城市网络”家族的一员。另外,如德国的柏林、美国的圣达菲和爱荷华、英国的布拉德福德、瑞典的厄德特松德等城市也都是其中的一员。不论城市规模大小,关键是这种方式的功能价值之一就是在创造“特色文化城市”,引导不同类型、不同规模的城市创造独具的、新的可持续“文化动力因”。特色文化城市不以规模、人口数量和综合竞争力排名为主要标准,而是强调“特色”和类型,这既表现了文化产业国际化发展的一种规律,也说明在全球城市化前提下的“特色文化”建设正在引领城市的发展。

全球城市化的展开和信息网络的高速发展,资本和劳动力形成

---

① 莱斯特·瑟罗.资本主义的未来:当今各种经济力量如何塑造未来世界.周晓钟,译.北京:中国社会科学出版社,1998:112

② 林元沁.全球创意城市网络招了苏州等12个“中国会员”,为什么是它们.新华日报“交汇点”移动新闻客户端,2017-11-03

全球流动的增值性效应，网络和智能技术为文化产业参与全球竞争创造了基础，可以不依赖区位空间而形成全球的“特色文化中心城市”，全球城市面积占地球面积的比例不到1%，人口却占了世界总人口的60%以上，“城市社会来临”[①]的核心意义是全景式的“世界城市图景”。全球化最为突出的表现是西方文化的全球化，这是从中世纪西方城市文艺复兴至今的一种文化走向，所谓“西学东渐”的延续，也是西方文化价值观向东方扩散的进程。恩格斯曾高度评价“文艺复兴”在历史上的进步作用。他写道：“这是一次人类从来没有经历过的最伟大的、进步的变革，是一个需要巨人而且产生了巨人——在思维能力、热情和性格方面，在多才多艺和学识渊博方面的巨人的时代。”[②]到了21世纪，在西方文化产业高速发展的背景下，“西学东渐”的广度、深度可谓愈演愈烈，导致某些城市地方性文化和“地点精神”的虚无化。“西学东渐”的强化，在对全球经济社会、文化发展产生某种积极作用的同时，也产生“向下的力量”，[③]对全球多样化的文化生态体系造成了某种“文化滞后力”，在很多国家和地区形成文化“侵入与接替”过程，甚至对某些民族性、地域性文化造成毁灭性“文化覆盖”。原本多样化的世界文化正在被西方文化整合，而且正在变得越来越单一化和单极化。世界很多地区已经出现文化变迁单一西方化倾向，在学术界还出现了“西方文化中心主义”的“西方文化全球世俗化”的思潮，既影响着人类社会多元文化的发展，又在重构人的日常文化行为和生活方式。某些有国家、民族特色的地方文化面临着一种被消失、消亡的状态。据世界银行统计，美国、西欧和日本的跨国公司囊括了全球国际文化贸易量的三分之二以上。目前传播于世界各地的新闻，90%以上由西方七大国垄断，其中又有70%是由跨国公

---

① 张鸿雁．市民社会与城市社会结构变迁论——城市社会结构变迁社会因素分析．学术季刊．2002(3)．张鸿雁．城市现代化与城市社会的来临．理论参考，2003(4)

② 马克思恩格斯选集(第三卷)．北京：人民出版社，1972：160

③ 安东尼·吉登斯．失控的世界．周红云，译．南昌：江西人民出版社，2001：8

司垄断的。这种世界性、规模化的文化商业化的输出，其本质是现代西方文化价值观的输出与西方文化价值链的全球化发展，其结果之一是地方特色文化的消亡。

面对这种冲击与挑战，建设中国本土化的特色文化城市更具有现实性和迫切性，创造本土化的中国城市文化核心价值，改变几百年来"西学东渐"的历史，创造中国式的城市文艺复兴，以建构"东学西渐"和东西方文化互相融合、各自创新的新时代，也是特色文化城市理论研究与建构的深刻意义和价值所在。

（二）"集体记忆"与全球城市文化价值链高端介入

在全球一体化视野下，国际竞争的基本单位主要是城市或者正被城市所取代，国家城市化水平、城市文化软实力、城市在全球价值链中的位置决定一个国家在全球竞争中的能级。[①] 1991 年，美国芝加哥大学社会学系教授丝奇雅·沙森出版了《全球城市：纽约、伦敦、东京》一书。沙森认为，世界城市逐渐成为"全球性服务中心"，[②]城市化的动力核心是生产型服务业。在全球化的产业分工研究中，沙森仍然强调的是工业、服务业的区位价值，这对于传统生产模式来说是具有合理性的。但是，现当代一些国家和地区进入后工业社会和网络社会后，城市人的通信方式、生产方式、工作方式、交往方式、消费方式、信息交换方式已经发生彻底的改变，加之智能化及物联智慧在生活和产业领域的应用，使得人们对后工业社会的文化生产模式有了新的认识。人类现代化的进程与自然资源高消耗是一对矛盾，如何化解矛盾，找到一条永续发展之路，是每一个国家和每一座城市都应该思考的问题。以往大规模的工业化已经给人类带来灾难性的后果，人们正在从全方位的意义上思考城市如何回归自然，文化的经

① 张鸿雁. 全球城市价值链理论建构与实践创新论——强可持续发展的中国城市化理论重构战略. 社会科学，2011(10)

② 丝奇雅·沙森. 全球城市：纽约、伦敦、东京. 周振华，译. 上海：上海社会科学院出版社，2005：3，116

济、社会和资本性价值越来越被人们所重视，而特色文化城市建设和理论研究就是在寻找答案，找出方法。

从全球城市化发展经验来看，单靠粗放式的资源高消耗和廉价劳动力换取发展的模式已经难以为继。[①] 城市是社会发展的动力和中心，现代社会发展中的城市应该从“功能型”向“文化价值创造型”转化，所谓“文化价值创造型城市”就是每个个体的文化价值能够得以充分体现，即人本主义的城市文化模式。一个城市一旦能够充分尊重人的价值，使人的个性得以充分解放，就会激发出无限创造力和创新力，这也是人类社会从中世纪城市文艺复兴以来被事实所证明的。城市文艺复兴一个很重要的功能就是建构了新兴阶级产生的土壤，提供了个体价值展示的“文化场域”。单霁翔教授提出了从“功能城市”到“文化城市”的现代城市转型，强调“文化是城市功能的最高价值，文化也是城市功能的最终价值”，[②]但是，还可以从城市文化本质——城市人的个性文化和灵魂这一角度对此加以再认识，即如何让城市文化形成差异化特质并创造源源不断的动力，回答是：解决的核心是塑造现代人。丹尼尔·贝尔在《后工业社会来临——对社会预测的一项探索》一书中强调，后工业社会的特征是“专业与技术人员阶级处于主导地位”，“理论知识处于中心地位，它是社会革新与制定政策的源泉”。[③]后现代社会是一个以“文化为武器”的社会、以“知识和技术为中轴”的时代，通过市民社会的文化养成，个体可以充分掌握技术和知识来创造个人与城市价值。发达国家一些城市的发展显现了特色文化价值的涵容性，纽约、巴黎、伦敦、日内瓦、东京、京都等不同层级的城市所形成的特色文化，直接构成国家软实力，衍生出的市民社会文化土壤，孕育出典型而庞大的“创意阶级”，这个阶级不断创造出新行业、新产业、新产品和新文化思想，并用以参与世界竞争，同时，主导国家的现代化进程。

强化建构中国城市特色文化不仅仅是城市本身发展的需要，也

---

① 埃·M.伍德.资本帝国.王恒杰，等译.上海：上海译文出版社，2006：10

② 单霁翔.从功能城市到文化城市.建筑与文化，2007(8)

③ 丹尼尔·贝尔.后工业社会的来临——对社会预测的一项探索.高铦，王宏周，等译.北京：新华出版社，1997：14

是国家现代化的战略需要。任何国家的现代化，都必然经历文化再造与文化核心价值重构过程。创造中国本土化特色文化城市，就是创造城市特色竞争力，是为了更好地提升不同规模城市的能级，进而参与全球的竞争。城市文化价值要作为直接生产力推动城市现代化进程，“文化经济”与“经济文化”就必须互为里表，并结构化为全新的城市生产形态和城市化模式。特色文化城市创造就是创造城市发展转型的社会机制，是城市社会进入现代性转型的一个路径，通过转型创新为全球提供和谐文化生态秩序的地方性发展样本。在世界城市文化百花园里，千百座城市应该是千姿百态的、百花齐放的；百千座城市应该是形色各异的、百家争鸣的。但是，由于全球资本逻辑横行和“麦当劳化”标准生产意识的文化介入，世界性与本土性、国家性与地方性的矛盾冲突愈发难以调和，使得特色文化城市建构上升到创造国家文化软实力和特色竞争力层面。世界上越来越多的国家把文化创意产业定位为国家的主导和支柱产业，如英国国家文化创意产业战略，把 13 类与文化相关的产业定为创意产业；新加坡直接把发展文化创意产业作为国家振兴计划，在 1998 年就已经实施；日本把创意产业归结为“内容产业”，将文化产业细化并制定了国家发展战略，“内容—动漫产业”已经走出国门，并产生巨大的经济效益和文化效应；美国强化“文化版权产业”并将之发展成为国家带动型支柱产业，其内容广、市场深、产业链长、就业面宽，创造了全新的国家强可持续发展动力。

在以城市文化为依托的同时，城市间的文化价值链可以形成一种结构化的模式，并在区域空间中形成以城市为联结点的文化产业带，如西欧、北美、东亚、南亚等都有一条文化带或文化圈，特别是日本、韩国的“文化城市带”和“文化城市圈”的兴起，标志着全球范围内文化产业的国际化分工已进入激烈竞争时代。城市作为人类记忆的载体和创新场所，承载着历史的文化“解构化”过程，“甚至是一种自己活着，并让居民在不可消除的特殊性的基础上生活的集体机制”。①

① 伊夫·格拉夫梅耶尔. 城市社会学. 徐伟民，译. 天津：天津人民出版社，2005：98

当城镇像商品一样被批量生产的时候，当文化产品以工业化过程生产的时候，当城市建筑风格被一种形态独占的时候……城市的个性便被抹杀，或在千篇一律的高楼之中，或在雷同的文化类型之中，或在富有民族个性的文化消亡之中——我们不是用革命，也不是用战争，而是以所谓建设性的行为在毁灭人类自己建构的城市个性和特色。

伦敦是一个有文化个性的城市，这既源于这个国家历史的伟大，更源于这个城市文化精英群体的创造，其中最集中的符号表达就是我们熟知的绅士风度和全世界都可清楚辨识的特色文化城市符号：老爷车，红色双层巴士、电话亭、邮筒、报亭，绅士的雨伞，文明棍，礼帽……这个城市也创造了独一无二的文化理念："让城市充满选择机会"，如果一个人在城市里有无限可能，这个城市一定有无限的创新力。《伦敦市长文化战略》中有这样一句话："文化是促进理解、形成城市特征的强大力量。它可以跨越障碍，颂扬差异，激发灵感，带来教益，创造财富。"[①]这一观点与我们的研究不谋而合，我们提出的特色文化城市研究与建设，就是要创造差异、激发灵感，"带来教益"并"创造财富"，促进国家间跨文化的理解。城市既是文化的容器，也是传统文化的摇篮，但是，就现代性的意义上说，城市不能仅仅是容器和摇篮，更应当具备对优秀文化的选择能力，对落后文化的摒弃能力，对时代文化的创新能力。城市还应当是"城市文化自觉"的自为主体，通过对地域历史文化精髓的筛选和全球时代文化潮流的呼应，自觉形成城市发展的文化内核和动力，自觉延伸出独立的文化思想、理念和全球文化价值链。特色文化城市的"特"就特在文化价值自觉衍生和"城市文化资本"自觉再生产能力。一个有特色文化的城市一定是"城市文化资本"再生产的"文化场域"，必然有自我更新能力。"城市地方性价值主义"是介入全球城市价值链的思想方式之一，没有了地方性价值，也就没有了城市优势和特色文化，自然也就没有了世界城市百花园里百花争艳的格局，当然也不会有"城市文化资本"

① 参见：伦敦市政府网站：http://www.london.gov.uk/lcsg/what-we-do

的垄断性及再生产的能力。一个城市必须主动建构地方精神、特色文化价值创造的文化自觉思想，这种“地方文化精神再造”的文化成长在全球化的背景下，是扎根于地方性文化土壤之中的，越是具有典型“地方精神文化”价值的城市，越具有地方性资源向城市文化资本转化的可能性。

当然，特色文化城市建设面临着许多共性问题。一是工业化生产带来的能源紧张、土地和生态等资源被破坏及相关资源的缺乏，对城市特色文化再造有着巨大的负面影响。[①] “拥挤不经济”与资源匮乏将始终影响城市文化高尚化进程，这往往取决于城市精英群体的文化自觉、自为和文化选择能力。二是城市社会分层及宗教文化冲突的分化，负面亚文化群体在不同阶层层面都会产生，文化碎片化形成造成亚文化的多元化，对特色文化城市的建设构成挑战。三是地缘政治文化对某些国家特色文化城市建设具有反作用，即外来文化的侵入，特别是大量文化产品商品化、低俗化的冲击不可估量。四是中小城镇个性文化普遍消亡——包括民族性“根柢文化”的丧失是人类面临的共性问题。五是人类社会的负面文化——“文化的负进化”将会长期影响人类文化的进程，这是人类文化进化中的“二律背反”现象，“文化问题”与人类现代化进程相伴，很多新的科学技术发明具有“双刃剑”效应，不仅不具有社会进化的推动力，反而可以用新的科技文化手段来维护最落后的文化形态。[②] 六是特色文化城市建构往往受困于制度型障碍，而有些特色文化是某些制度型文化极端发展的一种形式。因此，在特色文化城市建构的同时，也需要对城市制度文化与特色文化的关系进行反思和扬弃。

上述问题是特色文化城市建构必须回应的问题，当然也是中国城市介入全球城市文化价值链高端占位的主要障碍之一。以往全球价值链的研究主要关注生产活动中的价值链体系，特色文化城市研

---

① 迈克尔.詹姆斯，等编著.紧缩城市——一种可持续发展的城市形态.北京：中国建筑工业出版社，2004:3

② 哈柏玛斯.合法化危机.刘北成，译.台北：桂冠图书股份有限公司，2001:4

究不仅关注全球城市间的政治、宗教、区域空间的文化价值链关系，还关注包括城市文化产业结构、城市国际化开放度、城市市民社会文化与行为关系等方面的内容。以往的全球价值链关注的是一般产品型价值链的价值体系，而特色文化研究的城市文化价值链还强调关注(国家)城市产品、技术、生产活动和商品流通等在国际文化价值链高端占位的因素。无论是从产品视角研究全球价值链，还是从城市文化价值链视角研究全球价值链，在本质上可以这样认识："全球(文化)价值链的要素、节点及价值链条的表现方式，无不是以城市作为载体或单元，并以城市区位为社会空间属性的。"[①]城市作为国家经济载体的主体形式，是全球城市文化价值链的连接节点和空间表现，城市通过"城市文化资本"再生产，创造全新的区域经济体和单体城市的价值与能级，继而通过国际化的经济与"文化资本再生产场域"的建构，创造区域性"城市文化资本"再生产的文化产业簇群，实现城市在全球价值链网络中从低文化价值生产向高文化价值生产转型。

(三) 特色文化城市研究的文化属性、范畴与范式

现代科学技术的发展为人们进一步研究和驾驭城市提供了新的科学手段和观察视角，人们可以从宏观、中观和微观三个层面把城市整体作为研究对象。城市现代化带来人的现代化，使一些具有现代属性的城市能够自我更新、自我创新，特别是"城市文化资本"理论的应用，促进了城市对民族文化、历史文化、个性文化的自我创新。"城市文化资本"作为城市公共性资源，以其可再创造性构成了城市特色竞争力的核心要素，也可以说特色文化城市的核心内容就是创造"城市文化资本"再生产形成的产业要素和资本要素的集聚空间。[②]

"特色文化城市"研究创新和建构，可以从以下几个维度加以

① 张鸿雁.全球城市价值链理论建构与实践创新论——强可持续发展的中国城市化理论重构战略.社会科学，2011(10)

② 张鸿雁.城市文化资本论(第二版).南京：东南大学出版社，2010:602

思考。

城市文化核心价值创新维度。以全球城市文化价值链的高端介入为目的，为城市发展民族化、本土化及现代化寻找可持续发展的方式、动力和道路；以文化产业的“国际新文化劳动分工”为要点，为中国城市发展转型升级创造以特色文化为核心的路径；以特色文化城市为载体，创造时代特有的城市文化核心价值，可为特色文化城市研究提供一种新的理论模式和范式。[①] 换言之，特色文化城市创造的本身就是城市化和城市现代化的一种发展方式。[②] 以中国特有国情为依据，为中国城市现代化的本土建构提供一种理论思考，重拾、重缀、重组和重构中国本土化城市文化的发展理论，提出与时俱进的中国特色文化城市发展战略，以本土化理论创新为“源文化”，为中国特色文化城市模式的个性化发展提供参照体系。

现代研究方法与技术运用维度。以科学的、学理性的、学术性的研究为主导，以市场调查和相关现代技术分析为基础手段，以采纳、总结市民意愿为辅助分析因子，运用专家群智慧和类型学比较的方法，创造特色文化城市研究的逻辑体系，为单体城市的差异化竞争和个性化发展提供分类指导与解决方案，在理论与实证化结合的研究中，为中国式特色文化城市建构提出可操作、具有对策性的研究范本。

主体文化强化与文化多元化发展相结合维度。强调引导城市有效进行“城市文化资本”再生产，创造市民扎根城市的土壤，[③]挖掘城市资源，梳理城市文脉，开发文创产业，围绕城市精神理念、市民精神、文化行为和政策环境等核心要素构建完整的“城市文化资本”理论体系，提升城市进入国际城市文化价值链的高端介入能力。

“特色文化城市学”理论建设及其应用维度。总结归纳国外特色文化城市建设的方法和实践，为中国特色文化城市的理论、学派建设

① 康少邦，张宁，等编著. 城市社会学. 杭州：浙江人民出版社，1986：256

② 张鸿雁. 城市现代化与城市社会的来临. 理论参考，2003(4)

③ 西蒙娜·薇依. 扎根——人类责任宣言绪论. 徐卫翔，译. 北京：生活·读书·新知三联书店，2003：33

打造标杆，提出“特色文化城市能级”“特色文化城市首位度”“特色文化城市发展极”“特色文化城市国际识别”和“特色文化城市双核理论”等系列概念，努力建构中国本土化的“特色文化城市学”，研究“织造”特色文化城市的全球价值网链，从产业合作、地理联系、文化共享、社会文化网络等不同视角和属性上寻找不同城市间的特色文化价值，为全球范围的城市文化交流合作提供文化引导。

城市文化有机生态秩序维度。倡导城市发展“天人合一”的自然关怀和人文关怀，创造城市发展的“有机秩序”。美国社会学家乔纳森·H.特纳在《社会学：概念与应用》一书中论及“象征和文化”问题时说：“就某一层面来说，文化和文化产物都只是我们做事的资源。没有语言，我们的沟通就会很有限。没有科技（让我们知道如何操作环境的资讯），我们就无法享受衣食住行。于是，象征可以说是一种媒介，让我们得以适应环境，和别人互动，诠释我们的经验以及组织团体。”[①]“象征”是一种文化隐喻，能够成为历史文化传承的象征文化一般表现为一个城市的集体记忆。由此，我们不能仅仅盯着自然资源，更应该看到我们头脑中创造的财富——智慧文化资源，塑造文化的象征意义，让这种象征意义成为城市的文化共识和集体智慧，而集体智慧文化资源就如我们强调的城市文化资本，可谓取之不尽，用之不竭。文化的象征性一旦形成一种集体记忆，就会自觉地嵌入城市生活体系，嵌入生态城市文化，嵌入幸福城市文化，嵌入民主城市文化和智慧城市文化等多样化的特色文化发展之中，城市市民社会会自动分离，培育出一个社会样板阶层，而这个样板阶层会成为城市特色文化的选择主体，并会主动选择优秀文化、创新文化。

世界城市文化发展规律认知维度。全球性城市体系正在形成区域化、组团化和文化个性化的发展趋势，并成为城市发展的共识，包括宗教文化对特色文化城市发展带来新价值与合理性等。[②] 发达国

---

① 乔纳森·H.特纳.社会学：概念与应用.张君玫，译.台北：巨流图书公司，2000：50

② 张鸿雁.中国“非典型现代都市病”的社会病理学研究.社会科学，2010(10)

家城市创意阶层的兴起是城市社会阶层结构转型的时代特质，创意阶层成为特色文化创造的主体。在区域“文化发展极”的形成中，新的创意阶层起着至关重要的作用。这个阶层虽然没有构成生活方式的样板阶层，但是为区域文化创新与集聚提供了人才基础，并使一些城市成为“区域文化发展极”成为可能。都市文化圈的发展正在形成双重整合，一是地域文化差异和政策文化差异的整合。城市文化圈辐射具有国际性，如东京、首尔的动漫和影视文化产业等，正在使它们成为国际文化的综合表现地，而其中一定有一种城市文化认同机制的形成。二是全球文化生态和政治生态文化正整合城市结构而使之转化为后现代社会的城市。如循环型社会发展模式的提出、契约关系的深化、空间正义与公平的发展等。[①] 值得关注的是，全球意义上的传统农业社会的文化消亡与新城市文化西方化的一边倒趋势，使特色文化的民族化面临严峻挑战，形成客观的“软实力是一种能力”的认知，“（软实力）能通过吸引力而非威逼或利诱达到目的。这种吸引力来自一国的文化、政治价值观和外交政策”。[②] 显而易见，特色文化城市建设是国家文化现代化建设的主体。

传统文化挖掘与“城市文化资本”再造维度。强调守望城市地方文化传统，挖掘、保护城市历史文脉，鼓励特色文化城市在继承上创新、在发展中保护，既要保护城市的历史文脉，又要创造当代人建构的、未来的城市集体记忆。

特色文化理论研究是一个全新的“老课题”，以城市文化为视角的研究成果非常多，但是却没有形成完整的学科体系和研究范式，而我们探寻新的研究道路，试图让中国每一座城市都能够主动建构自己的特色、气质和可识别性，把中国城市重新推向“伟大”，[③]让城市文

---

① 张鸿雁.循环型城市社会发展模式——城市可持续创新战略.南京：东南大学出版社，2007

② Joseph S. Nye. *Soft Power*. Foreign Policy，Fall 1990：166

③ 乔万尼·波特若.论城市伟大至尊之因由.刘晨光，译.上海：华东师范大学出版社，2006：3

化回归中国“天人合一”的传统。[①] 因地域性、传统性等原因，虽然一般城市都具有某种文化资源价值，但却往往不被人们所认识。因此，在特色文化城市研究中，应该强化资源的整合与分类，通过总结和挖掘相关资源来创造不同类型的城市价值，如历史资源价值、城市空间价值、城市经济价值、城市环境价值、城市理念价值、城市符号价值、城市人才价值……并整合、建构其与城市特色竞争力之间的新型结构优化关系，分析特色文化城市转化为“城市文化资本”的机制与问题，提出特色文化作用于城市发展的途径和个性化方式。这就需要对处于不同发展阶段和类型的城市进行个案研究与针对性规划设计，通过类型学的视角选取不同特色文化主导因子，对城市进行“城市文化资本”的注入与再生产。

要清楚特色文化创新研究的视角、参照体系和应用价值“通道”，就必须研究世界特色文化城市的发展历程。人类理想的城市是有共性特征的，可以通过不同类型的比对形成的叠加效应和价值，可以抽绎出特色文化城市建构的一般规律和共同特征，建构一个特色文化城市发展需要的标杆体系，为中国特色文化城市建设创造多类型的参照体系。要精准掌握地方文化特质与地方文化模式的结构体系，针对性地提出特色文化城市建设的“文化综合治理型解决方案”，将其从理论分析层面“嫁接”到应用操作层面，形成集成化的特色文化城市建构系统，包括分析中国特色文化城市建设既有问题，明确未来特色文化城市建设的重点和方向，再根据特色文化城市主导因子的不同排序及类型，逻辑化地推演出特色文化城市的“特色”，而不是凭借主观意向。一个城市往往是多种文化的集合地，所以必须精准掌握主流文化，分清主次关系，把握好层次关系，既要强化发展“长板文化”，又要精准解决“短板文化”。

特色文化城市研究是一种“质性”研究，强调微观、中观与宏观层面三重“质性”的链接整合研究，如其中的方法之一是：将特色文化城

---

① 奥斯瓦尔德·斯宾格勒．西方的没落．齐世荣，等译．北京：商务印书馆，2001：199

市研究视野向三级扩展，微观扩展到城市的特色文化社区及城市人的行为文化，也包括村落精准改造与建设，这些都是特色文化城市的“土壤”和“根柢”；中观到特色文化单体城市（镇）、“城市—区域”和特色文化都市圈，①建构具有更普遍意义的特色文化区域社会共同体。宏观扩展到全球区域性城市和全球城市文化价值链系统，寻求在全球化竞争中城市的永续发展之道。通过创造更大范围的特色文化差异性和更小微观的特色文化“特质”研究，为个体城市特色文化提供知识基础和顶层设计理论，在比较研究中检验区域内特色文化个体城市的真实价值所在。有学者认为：“人民之间最重要的区别不是意识形态的、政治的或经济的，而是文化的区别……人们用祖先、宗教、语言、历史、价值、习俗和体制来界定自己。他们认同于部落、种族集团、宗教社团、民族，以及在最广泛的层面上认同文明。”②这一分析的价值在于，在城市分类或者城市类型化的视角，由文化基因构成的文化类型是关键，有着文化区别和文化识别的符合。要总结城市的文化特质，既要在宏大叙事上提出理论创新，又要在文化“最小单位”上寻找到文化差异，发现“文化丛”，从而在象征意义上形成差异化文化特色。同时，在这一基础上，创造特色文化城市研究的“缩放自反检验系统”——从微观实践再造，到中层系统设计，再到宏观整体扩展研究模式，形成特色文化的“个体—社区—城市—都市区域—世界城市体系”结构关系。

特色文化城市研究的特殊性就是文化特色的高度整合性、集合性和代表性的表达，即特色表述的社会认同性，这是一件十分困难的事情。创新的方法很多，在此仅提出可供参考的一般路径：可以通过文史互证和跨学科交叉研究的方法，比较世界各国城市发展案例，充分运用文献收集与历史研究相叠加的分析研究的方法，统合城市社会学、城市经济学、城市文化学、城市生态学、城市历史学、城市地理

① 奥斯瓦尔德·斯宾格勒.西方的没落.齐世荣，等译.北京：商务印书馆，2001：199

② 亨廷顿.文明的冲突与世界秩序的重建.周琪，等译.北京：新华出版社，2002：6

学、城市景观学、城市规划学和城市哲学等不同学科综合视角和方法，研究推演出“城市特色文化”，在不同学科科学表述的基础上，抽绎出特色文化的顶层理念和概念，并能够以综合的、系统的“概念的类”，表述特色文化城市的系统的完整价值。其重要理由之一是，现代社会被建构为“网络社会既是一种新的社会形态，也是一种新的社会模式”。[①] 必须用适应网络社会的新方法、新知识和新技术来研究特色文化问题，既要继承芝加哥城市社会学派的优良传统，运用参与观察法/非参与观察法、访谈法、比较法、案例法等多种方法来研究特色文化城市，又要用历史与逻辑统一的方法等多种手段，把特色文化城市研究上升到城市哲学高度，使之具有充分的理论性和逻辑性，从而再通过嵌入性的生活实践研究、实地走访等不同形式，对不同特色文化城市主题进行深层次的体验性研究，创造一个活的研究体系和鲜活的城市样本。通过“城市文化资本”再生产的内在逻辑归类创新，寻求特色文化城市一般成长规律和个体特质发生规律，[②]进而创造更多的特色城市文化类型，让更多的城市“特”起来，以表现历史性的有机秩序风格，力求在“城市文化资本”可量化的层面上，通过系统分析法归类与归因，总结出特色文化城市本质性的、中国化的核心价值与多样化的特色城市文化类型。

二、特色文化城市多维视角：人文精神与文化价值

塞缪尔·亨廷顿在《文化的重要作用——价值观如何影响人类进步》一书中，引用了格龙多纳·马里亚诺在《经济发展的文化人类》

---

① Castells · M. *The Rise of the Network Society*. Oxford：Blackwell，1996：469

② 路·阿尔都塞，艾蒂安·巴里巴尔.读资本论.北京：中央编译出版社，2001：98

中的一段话:“一个国家必须能以有利于经济发展的方式度过诱惑关头……国家必须具备那种有利于抵制诱惑而做出的正确决策的价值体系,才能实现持续的、迅速的发展。”①特色文化城市的理论研究与实践应用,就是要抵御单纯经济价值的诱惑,重构中国“城市新文化核心价值”,创新社会发展动力机制。

(一)特色文化城市理论重构视角:“地点精神”与民族精神

这里提出的是“城市新文化核心价值”,强调的是“新”,就是在中国传统优秀文化的基础上,创造城市文化自觉,建构21世纪中国“城市新文化核心价值”,这个价值的本质是城市文化特色所构成的新的民族文化精神与城市发展理念。罗马历史学家萨拉斯特在2000年前断言:繁荣也完全有可能“耗尽智者的思想”。② 这个说法的意蕴是:追求城市繁荣,但不能单纯追求经济价值,单纯的经济繁荣有可能耗尽自然资源,也有可能丧失人文价值,繁荣应该包括人的进化、文化的进化和伦理的进化。近年来城市急功近利发展带来的一系列问题,虽然可以认为是工业粗犷式“繁荣”的后果,但不可否认也是人们主观上不主动进行文化建设的后果。当代社会网络智能技术正在深刻地改变着现实生产和生活,以前所未有的方式和日新月异的新技术推动着社会的发展。有学者说:“如果资本与劳动是工业社会的主要结构特征,那么信息和知识则是后工业社会的主要结构特征……后工业社会的特点并不在劳动价值论,而在知识价值论。”③特色文化城市建设就是知识价值论的一种创新,它不是以单纯的经济利益为目的的,其终极目的是重构“城市新文化核心价值”体系所构成的国家文化软实力,让中国的城市市民社会成熟起来。正如马克思

① 塞缪尔·亨廷顿,劳伦斯·哈里森.文化的重要作用——价值观如何影响人类进步.程克雄,译.北京:新华出版社,2002:81

② Saint Augustine. *The City of God*. New York: Modern Library, 1993: 602

③ 丹尼尔·贝尔.后工业社会的来临——对社会预测的一项探索.高铦,等译.北京:新华出版社,1997:10

所说，它是市民社会历史的出发点，并能够犹如西方中世纪城市文艺复兴那样，形成广泛的使得个人价值得以实现的社会土壤。

让高尚与文明成为城市市民的一种习惯，[①]包括重构中国城市文化精神与城市哲学、城市时代文化价值、城市人职业文化道德、城市人现代伦理文化和城市人文明礼仪等，这些都是特色文化城市建构中必要的主体内容。特色文化城市的“特色”在本质上是人的文化思想行为特色，也是特色文化城市微观再造的必备内容和过程。我们反复强调，特色文化城市建设在本质上是在传播一种文化价值观，是在重构中国新“文化根柢”，建构与现代化相适应的现代社会伦理和高尚行为，创造文化、经济、社会发展的同步结构，从现代化建设转为“现代性”的建设，让民众在分享现代化成果的同时，对现代化的进步产生文化认同，并产生主动参与建设的动机和行动。

让尊重和被尊重成为一种义务。这也是特色文化城市建设的必要内容。现代化的结果形式之一就是城市化和城市现代化，在某种意义上说，城市性就是现代性的另一种表述。任何现代化的社会进步，都是人的现代化，都是以人的现代性为象征的。道德伦理和文明行为是一个城市的品质的真正所在，一个有高品质的市民生活行为体系的城市，一定是有特色文化的城市。因此，必须动员民众、鼓励民众参与和重构中国市民社会的优秀行为，让人本主义、尊重和被尊重深入日常生活体系之中，建构中国城市中的“新绅士”，让每一个人的价值实现成为社会价值实现的最高体现。在一般的日常生活体系中，处处体现尊重和被尊重，而不仅仅是追求最低标准的体面生活。

让诚信与礼仪成为一种生活自觉规范。建构现代性基础上的诚信社会，是以人为核心的现代化核心价值之一。只有建立健全诚信社会体系，社会发展才会有安全感。有了安全感，才会产生幸福感，才会有“城市如家”的感觉，特色文化城市的建构才有可能。礼仪是现代社会人内化的外在形式，是人的现代性内在文化的一种行为表现。诚信与礼仪有机结合，才具有真正的现代性意义。诚信与礼仪

① 张鸿雁.人的现代化是城市治理与服务的关键.新华日报，2017-09-20

不能仅仅停留在信仰层面，必须要渗透到制度和规范层面，创造现代社会的“法礼”和“礼法”关系，[①]提出规范化的文化行为制度和制度行为文化。针对中国现代社会文化发展状态来说，只有让文明礼仪具有制度规范性、职业规范性，再加上社会文化的时尚性引导，才能真正重建中国礼仪之邦的价值，这本来应该是中国特色文化的一部分。

此外，还需要建构一个引领文化创意产业的文化精英阶层和创意阶层，这与1954年美国白领阶层首次超过蓝领阶层的数量一样，代表着传统工业社会开始步入后现代社会，一个新型阶层的产生具有划时代的社会转型意义。当代世界最先进的几个国家，半数的工作人口都在从事文化创意产业，文化创意阶层产生于市民社会的土壤。[②] 在这种土壤上，生长出新型文化产业、新型文化产品和新的时代精神，并在生活方式与文化行为上，自觉建构出一个“生活方式样板阶层”。北京、上海、广州、深圳、杭州、南京等城市已经形成庞大的创意阶层，并正在发展壮大，这个阶层是特色文化城市建构的主体。特色文化城市必须创造“中国式城市特色文化流”，让民族文化既有主体特色，又有开放的世界性价值。比如，首尔作为一个国际化城市，由创意阶层和创意产业发展表现出来的城市特色文化十分鲜明。“电子游戏、电视剧和电影是韩国主要的文化创意产品。首尔是韩国的文化创意产业中心，首尔附近集聚了游戏产业园区、观光旅游园区、影视文化园区、出版产业园区和艺术产业园区”。[③] 如韩国创意阶层针对中国文化需求提出的“韩流”文化发展计划，把民族性与不同国家文化相对接，创造了跨文化传播的经典。特色文化城市研究一方面要探索人类城市文化发展的共性，一方面要探索城市文化的民族性和地方性，利用全球化的大潮开辟中国式城市文艺复兴之路，创造“华夏风”“中国元素”的世界文化认同体系，通过城市“软文化力”的“柔性生产方式”推动城市文化的国际化。在参与世界新文化劳动

---

① 斐迪南·滕尼斯. 共同体与社会. 商务印书馆，1999：66，76，340

② 理查德·佛罗里达. 创意阶层的崛起. 司徒爱勤，译. 中信出版社，2010：9

③ 海报设计君. 全球文化创意产业分布格局. 新浪看点，2018－05－02

分工的竞争中，形成尊重他人价值、尊重不同文化价值、尊重并保护知识产权价值、尊重民族文化价值的世界文化认同体系。在现阶段，可以按照“文化创意阶层—文化创意情境—文化创意产业—文化创意城市—文化创意城市网络—特色文化国际城市”的演进模式，建构中国式特色文化城市发生与发展的环境，为特色文化城市的创造寻找永续发展动能。

特色文化城市理论研究的创新之一是科学、学理、学术、智慧、技术、应用“六位一体”的知识把握和整合，“六位一体”本身就是一种方法和理论创新，创造性地研究特色文化城市的科学属性，从学理的层面进行城市“源文化”研究，通过学术化研究过程，借用智慧城市的知识体系，运用现代科学技术手段，使整个成果能够“落地”和具体实施，旨在探寻中国本土化特色文化城市一般理论、理想模型和可操作模式，推进城市特色文化要素与经济要素相融合的高度集聚状态。特色文化城市最显性化的标志是特色文化要素的集聚，根据特定空间要素禀赋进行区位——城市选择，就如传统经济学中土地级差理论的应用一样，不同经济主体区位选择导致经济活动在特定空间上的聚集。[①] 推而论之，特色文化城市建构就是在创造区域“文化发展极”，让特色文化要素在一定空间集聚，创造后现代意义上的人文区位和文化区位。（这一概念也是本书的创新点之一）事实证明，“经济增长极”不能够完全代替“文化发展极”，相反，“文化发展极”完全可以替代“经济增长极”，有“文化发展极”功能的城市，必然是区域的“经济增长极”，如上海、东京、纽约等，这是强调建设特色文化城市的又一个理论依据和文化价值所在。

创新，最简单的理解是做前人没有做过的事情。创新也是一种文化，没有创新就没有特色文化。有哲学意义上的创新，有经济学意义上的创新，还有社会学意义上的创新。无论哪一种学科的创新认知视角，创新均包含着改变、开始、知识改变、技术改变、突破常规和新发明等内涵。文化创新尤其是一种深层次上的创新，是社会文化土壤上的创新。

---

① 郝寿义．区域经济学原理．上海：上海人民出版社，2007：127

从发展的总体上讲，创新发展是社会优秀文化能量的体现。

本书尝试提出特色文化城市研究的理论与实践应用逻辑范式：

研究问题的思路和视角的新尝试。以问题为导向，分为18个层面，即提出问题、理论建构、实践经验、路径选择、案例比对、标杆设置、文脉梳理、重点问题、系统结构、理念定位、顶层战略、文化综合治理、特色建构、项目策划、产业规划、方案解决、发展模式和城市文化资本再生产。在这18个层次的递进与综合研究中，对特色文化城市建构问题的针对性解决，涵容在所在的研究节点之中，任何研究过程不能或缺，这样才能够形成方案型的理论“解构与结构”过程。[①] 研究建构以城市新文化核心价值为主导的过程，必须明确特色文化城市的新文化核心价值、主题定位、城市文化特色定位，建构特色文化城市的主线体系，包括特色文化城市理论创新体系、特色文化城市指标体系、特色文化城市认知体系、城市市民文化行为体系和操作层次体系，即形成普适的基础价值模式和特色化的具有城市个性的操作模式。

以“文化双核理论”带动“国际化城市文化功能核”与“中国特色文化城市价值核”结合的辩证统一。全球城市社会时代的到来，迫使中国现代化社会的发展也必须主动建构和传播中国城市文化的核心价值。在全球化竞争体系内，中国必须寻求新型的城市化动力，因此而导引出特色文化城市的发展战略。为了建构全新的特色文化城市理论与应用体系，根据时代要求与中国城市化的发展阶段，结合国际案例经验，我们提出了特色文化城市研究体系建构“国际化城市文化功能核”和以本土化特色为外在特征的“中国特色文化城市价值核”双核结构，一方面寻找人类的“大善”共同文化价值，一方面寻找中国特有的“民族性大善”特色文化价值，研究富于内涵的文化双体结构并中西合璧，使其更具有普遍性和个体的双重应用性。好的城市文化理论不能替代一个城市文化的好理论，“文化双核理论”就从普遍性和特殊性的互补视角，为中国特色文化城市发展构建了

① 张鸿雁. 中国城市化进程中的社会“解构”与“结构”——新城市社会学的视角. 社会科学，2012(10)

一个系统的、开放的基础理论，形成了特色文化城市研究开放式结构关系，以便让更多的人来研究特色文化城市。

以“城市文化资源整合创新”为基础，创造性地开发城市文化资本，即先赋性文化、后致性文化及先赋性与后致性文化并举的特色文化城市创新。以国外城市发展为例，第一层次是先赋性主导的特色文化城市。包括自然文化环境先赋型，如“薰衣草之乡”普罗旺斯；宗教文化信仰先赋型，如“先知圣城”梵蒂冈；地理区位文化先赋型，如“港口之都”鹿特丹；历史文化先赋型，如“文艺复兴的摇篮”佛罗伦萨。第二层次是先赋性与后致性结构创新的特色文化城市。包括自然环境先赋性因素创新型，如“阳光与海滩的自由之城”普吉；宗教文化信仰先赋性因素创新型，如“日本佛教之城”奈良；产业传统先赋因素创新型，如“博览会之母”“世界书城”莱比锡；历史文化先赋性因素创新型，如“童话之都”布拉格。第三层次是后致性主导的特色文化城市。包括专业性特色文化城市，如“狂欢之都”里约热内卢；综合性特色文化城市，如“未来之城”迪拜；创新创业创意之都深圳。这些特色文化城市的成长史，为我们提供了很有价值的借鉴，但无论哪种类型的城市都需要在现代性意义上进行创新。

城市文化类型整合与分类指导的政策创新。从对历史还原（抽象）中获得类型，再将类型结合具体场景还原到具体的形式（具体→抽象→具体）。我们可以参考日本高山岩男的《文化类型学》、本尼迪克特的《菊与刀》的研究视角，[①]建构中国特色文化城市的文化场域精神。德国社会学家马克斯·韦伯在《非正当性的支配——城市的类型学》中为我们提供了理性研究的思考模式，[②]从城市理性和个性人格的双重视角引导出中国本土的城市文化性格和城市理性化特质。中国城市正在丧失的“中国文化根柢”和随之出现的所谓“城愁”现象，从类型学的角度看，为城市创造差异化提供了文化认知和文化自

① 本尼迪克特.菊与刀.孙志民，等译.杭州：浙江人民出版社，1987

② 马克斯·韦伯.非正当性的支配——城市的类型学.康乐，简惠美，译.桂林：广西师范大学出版社，2011：433～446

觉的“文化研究路径”，即适应个性化城市发展的“文化动力结构”，从“文化特质→文化丛→文化圈→文化模式→文化类型”发展序列上，确立个性城市的个性化文化思维。我们以全球范围竞争作为特色文化城市定位的场域，从多个子系统研究中建立特色文化城市的支撑体系，形成理论与实践无缝对接的样本。根据不同城市的具体特点，可以重点围绕城市特色文化竞争力加以研究，其中研究的可选项有：特色文化认同、城市文化多样性、社区特色文化规划、城市特色文化空间营造、城市特色文化景观创新、特色文化“城市—区域”、特色文化都市圈、特色文化城市创意产业、特色文化城市主题营销、特色文化城市未来经济结构等。更重要的是，创造一整套特色文化城市理论与实践的“双重路径”，围绕特色文化城市的可持续发展目标，从“制度可持续”和“市场可持续”两个不同的方向进行分类建构，最终具有特色文化“城市文化资本”价值网链的自我复制与循环进化发展的能力。

一个城市就是一个地方，能够称之为“这个地方”的城市，其认知的前提就是这个地方的文化传统——文化特质，即以文化的最小单位证明的城市文化。进一步说，每个城市都有很多“地方”——区域和区位概念，每个“地方”都是特色文化构成的文化要素因子。鲁迅曾试问“中国人失掉自信力了吗”？[①] 在当代中国的城市文化建设中，在某些方面显现出中国人失去了自信，在有些城市，“地点”“地方”文化特质消失而导致整个城市特色文化的丧失。现实中我们看到中国城市有这样的地名——“罗马城”“米兰城”“托乐嘉”“马斯兰德”“巴黎春天”……西方地名在中国城市中泛滥，地名西方化是中国城市特色文化正在丧失的一个表征。我们不完全反对中国某些地方用西方的地名，但是，如果城市中过多使用他国地名，不加以限制任其漫延，那就真的是“城将不城”“国将不国”了，不用说是否有特色文化城市，就是中国的特色文化也会没有的。

通过对历史的分析我们可以看到，在世界城市发展的进程中，爱

---

① 鲁迅．中国人失掉自信力了吗．且介亭杂文．鲁迅全集（第六卷）．北京：人民文学出版社，1981

琴文明城市消亡了，古希腊城市消亡了，古罗马城市消亡了，玛雅城市消亡了……西方中世纪重新崛起的城市，继承、创造了古典时代的西方文化——在“在法律面前人人平等”的契约社会的基础上，建构了近代资本主义文化而进入工业化，近代工业化的城市以全新的风貌创造了西方现代城市文明，当代后工业社会的城市正努力追求城市回归自然的人类共同理想。我们应该思考的是：西方文化从古典时代开始的“西方草根”城市文脉一直延续到现在仍然意义深远，而我们呢？

中国城市自远古以来历经磨难，建构了地域性的历史风格、地域文化和“城市草根”，如“齐鲁风”“燕赵风”“秦汉风”“楚汉风”“徽派风”“岭南风”“江南风”“吴楚风”……包括各种地域学派，如泰州学派、桐城学派、岭南学派、齐鲁学派——创造了百家争鸣的文化，也创造了不同地域空间的结构化意象，构成属于“这个地方”城市的文化要素。随意拾一片羽，摘取文化片段和不同城市的文化符号，都可以转化为“城市文化资本”，进而为创造特色文化城市提供无穷无尽的资源。如故宫和全聚德完整地展现了北京的大气与低调奢华；外滩和海派旗袍诉说着上海中西文化合璧的隽永与时尚，瘦西湖和有数百道工序的漆器传递着扬州特有的精致与细腻……还有沈阳的故宫和老边饺子，杭州的西湖和杭帮菜，西安的大雁塔和泡馍，南京的夫子庙和盐水鸭……“北京元素”“上海元素”“杭州元素”“南京元素”“西安元素”乃至一个江南小镇——“周庄元素”都可以构成具有世界性的特色文化要素，这些文化要素必然构成特色文化城市的“城市文化资本”价值，但很多时候，这些资源仅仅是我们身边的一个风景和一种“文化黑客”的单纯感知，而没有被充分利用。必须言明的是，在中国，无论是大城市，还是小城镇及一个村庄，都可能创造地方性的特色文化——“城市草根”或是“乡村草根”，这是中国文明得以千年延续的力量所在。但是，同样不得不说的是，中国很多城市中的“特色文化”、文化要素，还没有得到充分的开发和利用，更没有得到充分的文化资本再生产——很多地方特色文化在不知不觉中消亡了。

每一个民族都有自己的文化和精神，每一个城市都有自己的故事，正是这种原因，才需要我们能够从新的社会发展高度认识特色文化城市研究的意义，并能够发现、创造、设计特色文化城市和城市特色文化，而这种设计实际上在某种意义上是"物化"与"非物化"结合的双重设计，即建构属于城市的一种新的文化关系、一种文化模式、一种文化意识。[①] 如幸福与快乐是特色文化城市不可或缺的，高低错落的楼房、纵横交错的道路是城市空间的一种文化。但是多少年来，城市空间、阶层的区隔和隔离，使城市人之间的陌生成为一种习惯，也成为一种失望，"虽然居住在不同的高度，却可以有同样的欢乐"成为一种奢望。洛杉矶市政厅外墙上的铭文是"城市出现是为了保护生命，它让生活变得美好。"[②]我们创造特色文化城市，同样也是在保护生命，创造正义和公平，创造遵循自然规律的发展模式。

在深层次上，创造特色文化城市的另一个目的"是让城市生活更加自由，让城市充满选择的机会"。城市的魅力在于包容，在于创新，在于能够通过文化整合生成新的文化要素与价值，让每一个个体充分显示其个性并获得价值，让每个人找到属于自己的生活方式，并与整个城市的发展方向并行不悖。或许我们设想的是：在城市中回望经典自然的旧影，在经典自然的旧影中找寻城市的新梦，创造现代城市的品格与品位，让城市生活成为艺术——这虽然是中世纪以来就有的人文主义者的梦想，但是生活中的一部分人毕竟在实践、感受着这种梦想。城市是人类的一种生活方式，是现代化的结果，未来的人类永远生活在城市中，但是，未来的城市应该是原生态的城市，是自然中的一棵树，而在思想文化的驰骋中，我们的理想城市就是自然中的森林……索亚在《后大都市——城市和区域的批判性研究》一书的第三章中引用了钱伯深的一句话："要走出这些流放的凄凉故事和痛苦灵魂灰色的、多雨的乡下，就是要在城市建立一种如家中的感

① 克·第亚尼.非物质社会——后工业世界的设计、文化与技术.滕首尧，译.成都：四川人民出版社，1998：37

② 索亚.后大都市——城市和区域的批判性研究.包亚明，译.上海：上海教育出版社，2006：63

觉……”[①]这种认识观正如同我们创造特色文化城市的价值观，“天人合一，千年不朽”是我们对特色文化城市建设的追求，亦如罗马被称为“不朽之城”一样，我们中国文化中的城市应该与自然同一、与万物为一，形成中国特色文化的千年不朽之城。

有一种城市，就有一种生活。幸福的城市各有各的幸福。这就是对特色文化城市最好的诠释。

(二) 历史文化与城市空间再造视角：城市文化与城市形象

一个社会或者一个城市的进步，是需要进行再造和建构的。“如果把所有社会看作是一个整体，那么进步是必然的。但是，对于个别的社会，进步则不是必然的，甚至是不可能的”。[②] 特色文化城市不会自然发生，一定是城市社会精英群体的自觉行为。“文化是一种有机体，世界历史则是有机体的集体传记”，[③]是人创造的行为和结果。古今中外的城市发展史证明，凡是可持续发展的城市，都是具有文化特色的城市，以其特有的文化成为城市生活的核心力量与价值。特色城市文化可以成为城市发展的内在动力机制，按照文化成长的内在规律，自为形成独有的城市有机历史风格，如建筑文化、市民风俗、特殊景观和独立的城市精神文化，就像罗马、伦敦、奈良、京都、巴黎、北京、西安、苏州、墨西哥、开罗等城市，但是，从中我们也可以看到，就是在这些世界名城中，有些城市的特色文化正在被蜕化，或者说正在褪色。特色文化不是一成不变的，需要维护和创新，否则或被外来文化所取代，或被自我不自觉地废弃，或被另外一种文化侵蚀而逐渐丧失“原色”。必须这样说，特色文化建设对于一个国家和民族来讲，或对于一个城市来讲，必须是一个永恒持续创新的过程。

特色文化构成了“城市文化资本”的双重价值：内隐的本质性意

---

① 索亚. 后大都市——城市和区域的批判性研究. 包亚明，译. 上海：上海教育出版社，2006：63，86

② 科塞. 社会学思想名家. 石人，译. 北京：中国社会科学出版社，1990：107

③ 斯宾格勒. 西方的没落. 吴琼，译. 上海：上海三联书店，2006：102

义和外显的象征性意义，在城市发展中又可以创造文化再生产机制和“文化场域”。特色城市文化的研究为城市特色竞争力的诉求注入了全新的概念和模式。

城市是人类文化的创新中心，①自从人类走进城市，人类社会就进入了加速度发展状态。文化是人类不同劳动类型的结果和“断面”，城市需要以优秀的文化作为其发展的内核，需要用文化创新建构城市气质。凡是能够具有穿越历史时空价值或具有“真正的历史风格”的城市，②都有“特色城市文化”强烈的质性表现。这一问题提出的认知前提是，在全球现代化和全球城市化的过程中，全球城市越来越趋同化，城市的空间、形态、结构、要素和日常生活消费等越来越相似，这是人类现代化的一种进化，同时它也带来悲剧性结果，因此它是必须改变的一种现代化现象，而在深入研究和创造全新的特色城市文化理论的时候，必须对以往的城市文化研究加以梳理和扬弃。

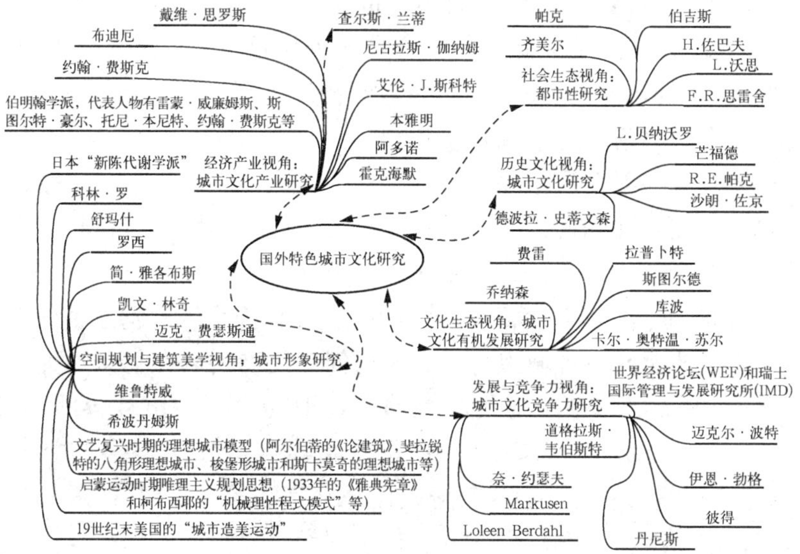

图 1－1　部分国外文化城市相关理论与著作初步归类(2013 年前)

---

① 刘易斯·芒福德. 城市发展史——起源、演变和前景. 宋俊岭，等译. 北京：中国建筑工业出版社，1989：74

② 斯宾格勒. 西方的没落(上). 齐世荣，等译. 北京：商务印书馆，2001：203

国外学者对城市和城市文化发展的相关研究可谓学派繁杂、经典迭出，但是，对特色文化城市的专项研究还比较少，大部分城市文化研究和特色文化研究的知识领域、研究范畴是相覆盖的。从上图分类和系统关系的格局中可以看出，西方城市文化研究在具有很强的现代性价值取向的同时，还以多元、多层次建构的发展态势，创造了不同的学科切入点。但同时要指出的是，到目前为止国外尚未形成系统阐述特色文化城市建构的理论。因为史料庞杂，这里仅寻其与特色文化城市相关内容简要介绍。

英国历史学者汤因比在《历史研究》[①]中主张文明是历史的单位，一般文明有一个从生到死的过程，这一过程不是灭亡的永恒，是一个新文明再生产的基础。历史单位是不同时期的文化表达，具有阶段性价值。而我认为，划分时代的标志就是历史阶段性发展的突出特点和变化，特别是历史、文化的特点和变化，一般称之为“时代特色”。斯宾格勒在《西方的没落》中直言：“世界历史，即是城市的历史。”[②]其诠释的视角就是：城市是任何社会形态的发展动力和中心。事实不仅如此，城市还是人类文明的载体，既记录人类历史的光明，也记录人类历史的黑暗。通过分析不难得出这样的结论：真正的国家与城市实力不单纯是“硬实力”，在“硬实力”之外加上文化——思想、理论、制度、民主性和现代性价值等才是真实力，这就是“文化软实力”。美国城市学者刘易斯·芒福德发表于1938年的《城市文化》[③]和1961年的《城市发展史：起源、演变和前景》较为系统地阐述了城市文化思想。他尤其重视城市与人类文化创新发展的内在关系。美国学者R. E. 帕克的一个重要贡献是创造性地提出了城市社会的“异质性”概念，这是城市区别于乡村的标志和社会属性，传统乡村社会是“通体的”“熟人社会”关系，甚至是血缘和宗法关系，一村的人都具有

① 阿诺德·约瑟夫·汤因比. 历史研究（上、下）. 萨默维尔，编. 郭小凌，等译. 上海：上海人民出版社，2010

② 奥斯瓦尔德·斯宾格勒. 西方的没落（上）. 齐世荣，等译. 北京：商务印书馆，2001

③ 刘易斯·芒福德. 城市文化. 宋俊岭，等译. 中国建筑工业出版社，2009

“同质性”，而城市社会则相反，是由“异质性”群体组成的社会结构。这为我们研究特色文化的形成、建构提供了文化理论分析视角。城市的异质性，其实就是城市不同文化类型的存在方式，也是城市的特质，关键是如何从“异质性”文化组合中寻找创新机会。凯文·林奇出版的《城市意象》①《城市形态》和《总体设计》等书，探讨了如何通过城市规划、城市形象塑造、城市空间再生产、城市艺术设计，使人们对空间的感知融入城市文脉之中。他的城市意向五要素：道路、节点、区域、界线和标志，极大丰富了城市文化研究内容，为创造性地建构特色文化城市提供了基本元素和思想方法。1961 年，简·雅各布斯在《美国大城市的死与生》②中强调，要保持城市多样性和活力，并质疑现代大城市的冷漠与千篇一律。这一理论从一个侧面提出了城市安全的价值，关注人本身的价值，因而成为规划界和城市文化界研究中具有深刻社会意义的命题。

（三）社会文化有机生态视角：“有机秩序”与“文化软实力”

自从 20 世纪 80 年代以来，城市文化学越来越受到中国学者们的关注，他们从不同角度对城市文化进行了研究、阐释，取得了巨大的成就。虽然主题和概念上专注特色文化城市研究的不是很多，但是在城市文化整体研究和单位城市文化历史研究上可谓硕果累累，其中也有很多成果涉及特色城市文化的理论，从中可以看出：一是中国城市文化研究起步于 20 世纪 80 年代，伴随着中国城市化的发展，到了 90 年代开始繁荣，逐渐形成分类研究格局，为中国城市化和城市文化建设的健康发展提供了很多有意义的成果。二是从 2000 年前后起，城市文化问题得到政府的重视和支持，研究内容从宏观到微观，全国性研究成果和地方性研究成果均有呈现。三是很多城市文化研究成果不仅在理论研究上有突破和创新，而且在现实应用研究

① 凯文·林奇. 城市意向. 方益萍，何晓军，译. 北京：华夏出版社，2001：50
② 雅各布斯. 美国大城市的死与生. 金衡山，译. 上海：译林出版社，2006：393

方面也有突破和创新，为特色文化研究创造了深厚的基础并提供了大量的研究样本。特别要提及的是在2010年前后，中国城市化水平速度加快，一些城市提出了建设特色文化城市的口号和目标，并经常见诸报端，其中有很多城市在梳理城市文化时，其成果也以特色文化研究命名。总体上说，特色文化城市研究开始引起国家、城市管理者、媒体和学者的关注，在学术界，特色文化城市专门研究也已经开始，其中很重要的一个特点是：特色文化城市研究往往和城市文化软实力研究相结合，这方面的研究显现了特色文化城市研究理论与实践结合的特点。

在文化软实力应用研究方面，人们更注重城市文化内涵的研究和应用。受布尔迪厄研究成果的启发，我在个人长期的城市文化研究实践中，在布尔迪厄文化资本概念的基础上，将文化资本的占有主体从个人延伸到城市，首创了“城市文化资本”的概念，赋予城市文化资本十大内涵（见本书前言），并试图构建“城市文化资本”的理论体系和模式，[①]将城市与城市文化研究提升到城市可持续发展、城市文化资本再生产、城市终极价值建构、“为人民重新设计城市”、“城市如家”愿景、城市重新回归自然的人本主义价值观以及中国式城市文艺复兴的高度上，进一步揭示了城市持续发展的后现代新动力和城市传承的文化基因。国内的研究成果当中，学者关注度比较高的领域一是城市文化建设方面的研究。对于这个领域，国家一直有政策、有经费、有具体规划，相关研究的国家及省市的课题也比较多，特别是把文化城市研究内容细化，如文化事业建设、文化产业、文创产业、文化设施建设、文化消费研究等。二是文化资源研究等。合理利用文化资源开发，从实践层面提出了城市文化建设的一些对策。中国社会科学院的杜瑜先生在1990年的《中国史研究动态》第5期上说：“张鸿雁（1983）将春秋战国城市与西欧中世纪城市进行比较，‘开创了中国古代城市比较研究的端倪’。”我1994年就提出“城市CIS建

① 张鸿雁.城市形象与城市文化资本论——中外城市形象比较的社会学研究.南京：东南大学出版社，2002

设”的构想，最早发表在《扬子晚报》上，题目是《南京大学张鸿雁提出“南京城市整体 CIS 导入”构想》，并加了副标题：“建议给南京城市整体风格定位，扣住整体风格开展城市建设”。文章提出了城市文化理念定位，城市标识系统建设，城市市民文化行为建设及城市色彩定位等主张。[①] 2002 年，我出版《城市形象与城市文化资本论——中外城市形象比较的社会学研究》一书，集中讨论、研究了通过城市 CIS 系统设计的路径来建构城市形象发展战略，并在书中首次提出了“城市文化资本”概念。应该说，文化研究的深入发展，集中表现在有关文化综合治理方面。有关研究提出，文化综合治理是社会治理的前提，而文化综合治理更具有普遍性和整体性。我 2010 年在《社会科学》发表的有关全球城市文化价值链的文章中提出了“城市五维竞争力”发展模式，其中之一就是城市文化资本力，强调的是由“城市文化资源”梳理转变到“城市文化资本”研究。我(2002;2010)提出，城市文化资本是城市的公共财富，具有累积性和获利性，特色城市文化的形成在于构建“城市文化资本”的集合和生产场域。在“全球城市时代—城市软实力竞争时代—中国文化价值的核心化时代—城市文化差异化时代—城市转型时代—‘城市文化资本’再生产场域化时代”的多重社会变迁背景下，特色文化城市的构建具有重大的现实意义。但是，特色文化城市和城市文化资本研究方面还有很多空白，还有很多新领域需要我们去关注和深入研究。如对中国本土化特色文化城市的研究大多还是以城市文化基础概念为出发点，对其含义要素、层次或特点等缺乏更深层次的理解和创新。分类指导城市进行特色文化建设的相关研究也很欠缺，且缺少操作性和针对性，而更多是对国外城市文化的描述性说明。

① 南京大学张鸿雁提出“南京城市整体 CIS 导入”构想. 扬子晚报，1994 - 04 - 27

三、“特色”与“类型”——城市价值与文化价值

西方发达国家比中国更早地跨越了工业化阶段，并在现当代进入了后工业时代，传统产业和城市发展出现了结构性的转型，以特色文化为主导的城市建设已经成为城市发展的主要内容。或者说，发达国家都主动选择了强化文化特色城市建设这一发展方式。中国城市化率从 1949 年的 10% 到 2013 年的 54%，[①]再到 2018 年的 58.6%，面对高速发展的城市化，理论界和城市管理者有些手足无措。中国主要的社会问题开始从农村转移到了城市，城市现代化过程正值城市问题高发时期，目前还没有拿出治理城市社会问题的良方。同时，我们对城市文化功能与作用、特色文化类型还没有清楚的认识。所以说，时代呼唤城市文化价值的再造，呼唤特色文化城市顶层战略设计，确立什么样的可持续城市发展模式是我们必须思考和面对的问题。

（一）类型化与类型学：起源与分类的逻辑和意义

研究特色文化城市之所以要思考城市现代化、强化城市软实力和现代化进程的问题，是因为特色文化不仅表达的是城市某种“特殊性”、优势性和现代性，而且还说明了特色文化城市与其他城市不一样的存在方式。这一方式本身就是城市的文化软实力、城市发展动力和城市文化价值所在。特色文化城市必然是多种多样的，可以通过某一特色文化的创造，建构城市的特色竞争力。那么，如何建构特色？如何建构特色文化城市？作为事物发展的进化，必须有一种分类的标准

① 张翼，李培林，陈光金. 社会蓝皮书：2014 年中国社会形势分析与预测. 北京：中国社会科学出版社，2013

和文化类型化创造，因而，类型学研究自然介入了特色文化城市研究视野。当然，这也是出于城市形态和文化类型的多样性思考。

从生物学意义上来讲，生物物种的多样性是生态系统有效运作和保持自我调节的关键所在，失去了多样性，生态系统也就失去了存在的意义和价值。同理，人类创造的城市系统也是一个有机生态系统，一定群体所创造的并具有一定历史延续性的独特文化现象，可称之为“文化物种”，①或者称之为“文化结果”。“文化物种”和“文化结果”的多样性同样也是城市自我发展与进化的基础所在。在城市社会来临的大背景下，必须对特色文化类型进行厘定和分类，要围绕不同层次和不同文化类型的城市制定、创造出特色文化城市建设的分类指导路径，以创新的方式保护和传承地区优秀文化，凝练出具有可识别性的地方“场所精神”，真正实现从“千城一面”到“千城千面”的城市文化图景的转变。“事实已经证明，当代中国城市化和现代化发展出现的许多问题，其主要原因就是我们面对多梯度、差异化的中国，不能提出有分类特性、有针对性的政策和主张，这样，自然不能对中国经济与社会发展问题进行有效的、有针对性的分类指导。偌大个中国，发展水平是极不平衡的，仅仅把中国社会（城市）当作一种类型和同一发展水平提出一种政策和战略主张，必然不能对不同发展阶段、不同社会类型的区域提出科学合理的分类指导政策和发展原则。因此，本文提出对中国社会差异化梯度结构的重新认识，提出中国城市化区域社会文化类型的多样化的分类指导模式，是依据当代中国社会的发展现状，依据社会学理论与方法之一的‘社会事实’作为认知前提的”。②

把“社会事实当作物来考查”，③这是我们课题研究的一个理论与方式之一。中国有 600 多个城市、几万个城镇，多样态、多层次是中国城镇发展的特有国情。必须从传统单一功能型城市发展研究中

---

① 毛刚，黄天其. 文化物种观与历史文化名城保护规划. 规划师，2001(3)

② 张鸿雁. 论当代中国城乡多梯度社会文化类型与社会结构变迁——依据“社会事实”对“二元结构”的重新认知. 南京社会科学，2007(11)

③ 迪尔凯姆. 社会学方法的准则. 狄玉明，译. 北京. 商务印书馆，1995：34～35

走出来，以“文化类型化”的方式加以研究，这才是特色文化城市研究的重要文化选择。我们认为，从本质意义上讲，“类型化”是对各种事物基于分组、归纳、归类，在“合并同类项”中“创造另类”，将事物共同属性前提下的不同特点、不同事物，按一定属性归纳为不同类型，建构区别是其有别于其他类型的特殊性，强调某一方面的特色以达到被识别、主动让他人识别、自主表现识别强度的功能和价值，在某种意义上这就是经济学意义上的创造“眼球经济”。“文化类型”是具有哲学认知高度的一种文化表达，汤因比、斯宾格勒就是在这个意义上对人类文明存在的文化类型加以研究和说明的。特色文化城市研究要从多重意义上研究城市的“特色”“文化特色”，进而形成特色分类，并转化为社会类型、结构类型、功能类型、价值类型、空间类型等类型属性，最终归结为“文化类型”意义上的“特色文化”。安东尼·吉登斯在《社会学》(第四版)中的“文化与社会”一章中论及“社会类型”等相关问题时认为，“文化特征与社会发展的整体模式密切相关”。“我们将分析几种过去曾经存在的主要社会形态，这些社会形态在当今世界上仍然能够找到”。① “类型化”在某种意义上说就是“特色化”，这有助于我们对“特色文化城市”研究规律的把握和科学认知。这一点，我们也可以从东西方的词源中找到论证与认知依据。根据中国汉语的造词规律，类型一词由“类”和“型”两个汉字组合而成。“类”字来源于篆文“類”。《说文解字》说：“類，指同一种属的事物之间相互呈现相似。”即某一类的相似的事物。又如出自《韩非子·五蠹》的“皆守株之类”，出自《庄子·渔父》的“同类相从，同声相应，固天之理也”。“型”字的象形意义是用软泥烧制成的浇铸器皿的模具，如《说文》：“型，铸器之法也。”因此，可以归为同一种类型的事物必然具有内在和外形相一致的特点。但是，作为建筑文化类型，其虽然与城市相关，在总体表达上还不是完全的同一个范畴。城市特色文化作为类型化的发展是一个建构的过

① 安东尼·吉登斯. 社会学(第四版). 赵旭东，等译. 北京：北京大学出版社，2004:28

程。如近代“上海开埠以后，全国各地都有人口聚集而来，外国人亦大量涌入，因此，在近代表现在文化娱乐业上的种类十分丰富，形成了由上海土著文化娱乐、全国各地来沪的戏剧和曲艺以及西方的文化娱乐所组成的文化娱乐格局。早在1930年，上海各种文化娱乐设施就达1 534个，平均每1 000人就有1.52个”。[①] 这是上海特色文化城市形成的一个历史原因，这是一个逐渐建构发展而来的文化体系，形成了富于上海特色文化的“海派风格”，也因此形成了中国特有的地方城市文化，上海因此成为城市文化“海派”类型的代表。

左大康于1990年在其主编的《现代地理学词典》中对“文化城市”进行了定义，这应该是国内学界对于城市文化认知较早的一种文化自觉。他认为：“文化城市是历史的产物，在职能上，表现出不同的城市类型。有以耶路撒冷为代表的宗教文化城市，以剑桥为代表的艺术教育型城市，以北京、西安为代表的历史文化城市等。”[②]他简单而清楚地把城市类型化并归结为某种类型，显然，这是城市可以让人识别的一种感知，更重要的是，也是这样的城市之所以能够发展了上千年的“文化动力因”所在，当然也是这个城市的文化核心价值所在。那么，我们要问：类型及类型学研究的意义是什么呢？回答是：“分类的作用是使我们掌握能与那些本身不能提供分类标准的观察联系起来的标准。但是这样一来，分类就不能按照所有个体的全部特征进行，而必须根据从中仔细选择出来的少数特征进行。在这样的情况下，分类就不仅使我们能把已有的全部知识初步条理化，而且还有助于我们形成新的知识。它将给观察者以指导，使其在观察事物时省去许多步骤。”[③]简言之，类型学分析的核心旨趣是分类思想，是科学认知事物的一种科学方式和手段，分类的意义不仅体现在对已有事物的重新认知上，而且也体现在可以获取关于事物新的存在与发展规律上。[④] 类型化的根本目的是探寻城市发

---

① 佘国平.论城市功能重塑与文化发展.社会科学，1994(7)

② 左大康.现代地理学词典.北京：商务印书馆，1990：731

③ 涂尔干.社会学方法的准则.狄玉明，译.北京：商务印书馆，1995：97

④ 冯伟.城市发展模式研究：以我国副省级城市为例.产经评论，2010(4)：112

展规律和模式，创造城市得以健康发展的本原力量和城市文化能级，这一过程具有一定的阶段性和借鉴性，即重点城市的发展模式会随着城市发展条件与环境的变化而不断发生演变，并能为其他城市的发展提供借鉴与参考。[①] 好的城市发展模式注重共同信念，能够提供可模仿、可分析、可操作、可检验、可运用的方法，并重视模式内部的元素关系。

城市发展模式的内涵明晰了，外延也就有了相应的分类。分类的方式很多，关键是分类的文化属性视角。在越来越高涨的国际城市化浪潮中，基于不同的维度划分，可以梳理出以下的城市发展模式。

表 1-1　城市发展模式分类

分类标准	城市发展模式
基于国家策略的发展模式	
基于综合发展的城市发展模式	1. 城市空间发展紧凑型模式 2. 城市资源利用集约型模式 3. 城市生态环境友好型模式 4. 城市社会和谐发展型模式
基于发展规模的城市发展模式	1. 小城镇发展模式 2. 中等城市发展模式 3. 大城市发展模式 4. 城市群与城市带发展模式 5. “城乡一体化”发展模式
基于地域分类的城市发展模式	1. 东部地区的城市发展模式 2. 中部地区的城市发展模式 3. 西部地区的城市发展模式
基于空间形态的城市发展模式	1. 集中型发展模式 2. 分散型发展模式 3. 集中与分散结合型发展模式

注：此表格根据李迅[②]提出的“关于中国城市发展模式构建的基础思考”总结而成

---

① 韦伯. 韦伯作品集 VI：非正当性的支配——城市的类型学. 康乐，简惠美，译. 南宁：广西师范大学出版社，2005：5

② 李迅. 关于中国城市发展模式的若干思考. 城市，2008(11)：82～85

模式发展分类还可以进行细分，这是发展方式的视角，不是特色文化城市的分类，或许可以说，特色文化分类更为复杂、更为深刻，因为文化本身就具有无限性和复杂性。特色文化城市研究应该回答的是：城市化和城市现代化过程，必须寻找到新的动力源，以往工业社会以工业化为动力的发展模式，已经给人类社会带来严重的生态和文化灾难，人类社会应该有能力进行科学的、新的文化选择，城市要以特色文化创新为动力，形成特有的"城市文化资本"再生产方式，让千千万万个城镇以各具"特色"的文化样态立于世界城市之林。有学者认为："尽管涉及环境的一系列问题都非常重要并相互交织，但城市化问题似乎最棘手也最难应付。"城市的重要性毋庸置疑。正如埃尔金(1991)等人所言，"城市的中心，是世界经济秩序能否正常运转的关键所在。虽然城市所面临的问题众所周知，但是城市本身的复杂性，城市居民生活体验所存在的种种差异，都产生了一系列的难题，使得我们探索有效解决途径的道路变得愈发艰难。然而，我们必须义无反顾地承担起这个任务：对不可持续发展问题作反应的大部分声音，'应该从城市响起，因为正是在这里，产生了最为严重的环境破坏，也只有在这里，许多问题才能得到有效的改善与解决'"。[①] 特色文化城市研究就是要"从城市响起"，让城市得以生态型的回归与发展。

文化在本质上是具有不同特色的，民族文化构成了这个世界的多样化存在方式，而这是世界文化本原和合理的存在模式——多样化的世界。但是，因人为的原因，有些文化类型和"文化民族"消亡了，而我们探寻的则是如何让这个世界因多样化的文化存在而更加美丽。对于特定的城市文化来说，就是要寻找其可永续发展的文化基因，创造永续发展的新的"文化动力因"。因此，文化类型是建立在文化学和文化区位理论基础之上的，而围绕文化类型而形成文化类

① 迈克·詹克斯，等. 紧缩城市——一种可持续发展的城市形态. 北京：中国建筑工业出版社，2004：3～4

型学亦成为后世的重要显学。① 从本质意义上说，典型的“文化类型区”就是一种典型的“社会类型区”，②也可以说是一个文化类型的城市——一个有特色文化的区域、有特色文化的城市等。

(二) 分类与特色：文化城市个性与识别性

18 世纪，类型学开始作为一种研究理论在城市研究中得以运用。到了 19 世纪，已经形成了有关城市类型研究的较为系统的理论。如德国社会学巨擘马克思·韦伯在《韦伯作品集 VI：非正当性的支配——城市的类型学》③一书中将城市划分为消费城市和生产城市两种，这显然是基于其“理想类型”的城市类型的二分法。在当代，它在有些方面已经不适用了，但其分析的思维方式是可以借用的。韦伯对城市分类的研究基于中世纪以来的城市模式，如“政治—行政城市”“要塞与市场合一的城”“平民城市”等，虽然翻译者把标题翻译为“城市的概念与类型”，但是，研究者并没有从文化类型学和一般意义的城市功能与文化学角度来研究城市分类。可以认为，特色城市文化类型建构的提出是城市文化学自身发展到一定阶段自我完善和自我调整的需要，是一个动态实战的过程。在这一过程中城市既要保护和传承本地的优秀传统文化，又要创新与时代发展相契合的新文化类型。

城市形态是有民族性和地域性的。城市形态结构类型与文化属性研究中有关的城市形态学萌芽于 19 世纪，地理学、建筑学和人文学科最先将形态学引入城市的研究范畴，通过对城市的内在发展逻辑和外在形态特征的综合分析，来获取对城市发展规律的认知。英国城市地理学家 M. R. G. Conzen 的相关研究成为城市形态学历史

① 司马云杰. 文化社会学. 北京：中国社会科学出版社，2001：198

② 张鸿雁. 论当代中国城乡多梯度社会文化类型与社会结构变迁——依据“社会事实”对“二元结构”的重新认知. 南京社会科学，2007(11)

③ 韦伯. 韦伯作品集 VI：非正当性的支配——城市的类型学. 康乐，简惠美，译. 南宁：广西师范大学出版社，2005：5

上最重要的里程碑。他主要强调通过结构性的描述城市形态的演变来理解城市形态的形成与再组合的过程。为此，Conzen 将城市形态分析的基本对象分为三个：规划平面、建筑形态和土地使用，它们是理解和表达城市历史和文化空间的主要载体。通过这一载体的作用，由这三种基本要素构成的城市景观文化单元，组合成不同规模和等级的城市形态区域，从而形成区别于周边结构的城市区域。[①] 特色文化城市的建构就是要创造一种多样化的城市文化形态，文化是构成这一形态的主体结构要素，通过特色文化的重塑和再造来创新具有强可识别性的城市文化形象和城市文化形态。

特色文化的深化发展会构成一种模式，如纽约文化模式、上海文化模式、北京文化模式等，这种模式使城市具有"文化酱缸"性，无论你是哪里来的人，在这样的城市里你会不自觉地形成文化认同，被改造，被教化，会主动适应和文化习得，不去模仿和习得，你就会被这个城市的文化所淘汰，因此，一旦一个城市形成自己的文化模式，这个城市的文化就会具有鲜明的融合机制与教化功能。近代以来中国的文人达士多出自江浙，可是他们进了北京成了"京派"，进了上海成了"海派"，此类案例比比皆是。日本哲学家高山岩南在 1939 年出版的《日本民族の心：文化类型学》一书中系统阐释了"文化类型学"的概念，强调了"文化类型作为民族精神的风土性和历史性"[②]的观点。本尼迪克特认为，"文化就像一个人，是思想和行为的一个或多或少贯一的模式"，[③]即文化沉淀到一定程度必然模式化，如日本模式、美国模式、印度模式等，人类文化均由不同的价值秩序制约着，呈现出多样性。而且这种文化模式具有典型的社会整合功能意义，犹如"文化模具"，规范着人的行为和思想。尽管文化具有一定的多样性和变化性，但其本质上都时刻在整合为一种"统一文化形态"。在这一整合过程中，一些优质的文化特质被吸收，并逐步制度化或者约定俗成

① 陈飞，谷凯. 西方建筑类型学和城市形态学：整合与运用. 建筑师，2009(2)

② 高山岩男. 日本民族の心：文化类型学. 玉川大学出版社，1972

③ 露丝·本尼迪克特. 文化模式. 王炜，等译. 杭州：浙江人民出版社，1987：40

化，结果就是逐渐形成一种稳定的心理—行为模式。这种整合具有明显的价值取向，因此，不同的民族和社会往往表现出不同价值取向的文化模式。如日本人表现出的“菊与刀”的文化形态与文化心理结构，具有很强的稳定性、多元性和排他性，“我们已经看到，任何社会都选择人类行为弧的某些弧段，就其达到的整合而言，其各种习俗趋向于促进它所选择的弧段的表现，并且阻止相反的表现……”[①]认识了文化模式的这些特质，我们可以将其运用到城市文化模式的建构中来。城市文化形成某种特色类型，就具有了某种稳定的文化结构特质。文化类型构成的特色结构关系具有稳定性、可塑性、自主选择性、排他性和多元涵容性的特点，构建城市的特色文化模式，有利于建构城市的文化精神和市民的文化行为模式。

城市空间是生产和生活的基本要素，是资本再生产的前提条件，空间具有唯一性属性，因此空间是可用经济价值来描述的。空间类型一般分为生产空间、生活空间、私人空间、公共空间、社会空间、怀旧空间、宗教空间及空间法权等。在城市规划、建筑设计和景观设计中还可以把空间分为各种各样的类型化空间，如封闭式空间、灰空间，等等。空间可以被赋予任何内容。空间作为一种价值符号，嵌入了人文价值、政治价值和民族文化价值，为人们理解空间意义提供了学术研究的多重视角。中国学者根据城市主体——人的不同层次需求，将城市文化空间分为三种类型：一是基础型文化空间，指的是满足城市全体居民需求的普适性文化空间；二是标志型文化空间，多指城市的标志性街区、地标性建筑和城市景观空间，如纽约的自由女神像和上海的东方明珠；三是提升型文化空间，指的是介于基础型文化空间和标志型文化空间之间的层次。[②] 城市空间的文化内涵是多种多样的，依据文化类型学可将城市空间分为七组对立统一的组别：传统（宫苑、寺庙）与现代空间（广场、公园和 CBD）、高雅（剧场、音乐厅）与大众空间（咖啡馆、茶吧、KTV）、弥散与集中空间、宗教与世俗空

① 露丝·本尼迪克特.文化模式.王炜，等译.杭州：浙江人民出版社，1987：240

② 王承旭.城市文化的空间解读.规划师，2006(4)

间、严肃与娱乐空间、乡土与外来空间、组群与全民空间。[1] 这七种不同的城市文化空间分别从地域、时代特征、群体特质和文化类型等视角概括出形态、性质各异的城市空间。正是这种文化空间的多类型性塑造了城市多元包容的文化个性，也满足了城市不同群体的文化需求。这充分体现了帕克提出的城市社会异质性的意义，不同空间的群体往往体现文化价值的不同、生活方式的不同，甚至阶级地位的不同。"住宅阶级"的概念反映的是不同空间的价值是不同的，占据城市不同空间的人群是可以划分为不同阶层的。

（三）文化行动的逻辑和方法：重拾与重构

无论什么样的特色文化城市都离不开城市社区的特色文化类型建构。社区是社会学研究的基本单位，也是城市社会组成的基本单元。一个有特色文化的城市，一定有不同特色的社区文化。在一些发达国家，很多社区是依靠居民自治管理的，由市民参与的社区建设，出现了各具特色的社区文化，或在空间形态上，或在人际关系上，或在生活方式上，或在地域文化创造上，可以寻找到社区的"文化特质"和"文化丛"。我们说，发达国家的小镇都具有特色文化，就是因为它是以社区自治作为基础条件的。特色文化城市研究必须深入社区——也就是前文所说的"微观视角"——社区类型。社区是构成城市的微观基本单元，是一个社会互动的集合体。借用《中国大百科全书·社会学》上的解释：社区"通常是指地理区域内的社会群体。至少包括几个特征：一定的地理范围、一定的人口数量、共同的意识和利益、密切的社会交往"。[2] 广义上看，城市社区是一个文化共同体，成员间拥有共同的集体意识，这是我们研究城市文化的最基本单位。国外学者主要从生态学的视角对社区类型进行划分，如 R. D. 麦肯锡

① 黄瓴，许剑峰. 保护与建构城市空间文化的对策与途径. 重庆大学学报（社会科学版），2006(14)

② 中国大百科全书总编辑委员会. 中国大百科全书·社会学. 北京：中国大百科全书出版社，1992:356

把社区分为四类：一是基本服务社区，包括农业村镇、林业社区等；二是次属功能社区，指的是在生活资料分配中履行次要功能的社区；三是工业城镇，是商品制造业的中心；四是缺乏经济基础的社区。① 这种分类方法显然突出了社区的经济功能，忽视了城市的文化功能和整合机制。

我们认为，一个完全型社区应该有这样的基本内容和要素：(1) 社区中的人——按一定社会制度、社会关系和传统习俗组织起来的群体，共同的文化意向和认同的文化伦理；(2) 地域—区位空间，特别是其表现出来的地理区位、自然区位和人文区位价值，包括位置、地势、资源、气候、动植物、交通、文化设施、生活圈等；(3) 制度与地方结构所形成的文化，有自己特有的文化存在形式，包括制度形式、生活方式、宗教、风土人情等；(4) 心理归属感，社区居民具有共同的地域观念、乡土观念或文化认同感，以及地点精神，有着相似的乡愁和乡土文化，包括特定民歌、礼仪和宗法关系等，人们以居住在这个社区为荣；(5) 具有社区人熟悉的人际关系、互动与交往方式等，既包括个人与个人、个人与群体的相互关系，也包括社区内部与外部有形和无形的交往模式；(6) 特定的人工物质环境和景观，一般是有区域特色的自然和文化景观，在共同体内"去阶层化"的社会公共空间、象征物、文化符号，如祠堂、"老地方"等；(7) 合理的5～15分钟生活圈，具有特色的、公平的、完整的日常生活服务体系；(8) 基本的社会保障与安全，社区人互相信任，有着共同遵守的集体良知；(9) 相对合理的就业半径，社区是一个居住的地方，也是一个可以充分就业的地方，就业是幸福感的核心理念；(10) 有着保持不变的、传承下来的文化和地方艺术。这是从特色文化角度所认知的社区文化，是城市特色文化必须进行的文化微观再造。高永久认为，城市化进程中城市大众文化与民族文化之间存在着冲突和融合，社区民族文化对城市大众文化和外来文化都有一个接受与适应的过程。根据接受的程

① 帕克. 城市社会学——芝加哥学派城市研究文集. 宋俊岭，等译. 北京：华夏出版社，1987：66～67

度，高永久将社区民族文化分为"全涵化"和"半涵化"两种类型；根据社区民族文化对外来文化接受的自愿与否将社区民族文化分为"顺涵化"和"逆涵化"；根据文化的受众范围将社区民族文化分为"群体涵化"和"个体涵化"。[①] 这种针对城市微观社区亚文化的分析研究，向我们展示了不同文化类型之间冲突与融合的过程，尤其是城市主流文化对城市社区亚文化具有主导作用。据此，我们认为，在特色文化城市的建设中，既要重视城市主流文化的重塑和引导作用，又要注重对城市社区亚文化的分类厘定与优选，对优秀的社区亚文化进行保护、传承。

"类型叠加与逻辑系统创新"是特色文化城市研究的一种方法。每个城市都有悠久的历史，历史文化类型和"断代文化类型"层出不穷，必须进行水平梯度区分、纵向历史比较和特色文化主导因子归类分析，根据城市化发展阶段和特色文化主导因子变化的双重逻辑合理分类，选取相关典型进行针对性的理论与建构研究，形成具有可操作性和可推广性的解决方案。从城市经济与城市文化的内在关系出发，剖析特色文化类型对城市经济结构转型的价值与意义，挖掘城市文化资本，推导出城市特色文化定位。在此基础上，重点围绕城市特色文化竞争力，叠加相应的文化特质和要素，创造一个"城市特色文化丛"——文化认同、英雄文化、社区生活文化、空间营造文化、景观创新文化、"城市—区域"文化圈、文化创意阶层文化、整合营销文化、独立 IP 文化、优秀传统文化等，进行合理科学排比组合归因，根据各城市的文化特质和文化要素的权重，对应国际城市文化发展新趋势，建构特色文化城市主体内容。

跨界融合、承继创新、实务操作、整合传播是特色文化城市区别于其他研究的创新方法之一。充分运用文史互证和跨学科交叉研究的方法，用不同学科的视角和方法来研究"文化"这个触类旁通的主题，继承芝加哥城市学派优良传统，"去坐在豪华旅馆的大堂里，也坐

---

① 高永久，刘庸. 城市社区民族文化涵化的类型分析. 中南民族大学学报(人文社会科学版)，2006(3)

在廉价客店的门阶上；坐在高级住宅的沙发里，也坐在贫民棚屋的地铺上；坐在庄严堂皇的大音乐厅里，也坐在粗俗下流的小歌舞厅中。简单说吧，去做实际研究，把你裤子的屁股坐脏”。① 运用参与观察法/非参与观察法、访谈法等多种手段，通过参与生活实践和实地走访等不同的形式，对不同特色文化城市主题进行深层次的体验。通过“求同存异”的逻辑归类思路，寻求特色文化城市的一般规律和个性文化特质，寻求创造特色文化城市可持续发展的文化资本类型。运用系统分析法，围绕城市经济系统和城市人文系统的双重关系，进行双线条的历史/比较分析，探寻不同社会环境条件下城市特色文化的价值存在形式，在比较中认识城市文化学的客观应用价值，在线性比较、历史过程比较、平行比较中，全面认识城市文化的发展历程，力争构建特色文化城市指标体系。

我们将围绕特色文化城市的可持续发展目标，将“制度可持续”和“市场可持续”两个层面作为出发点，对城市文化进行结构性调整和文化综合治理，最终达到特色文化城市价值网链的自我生长、自我复制、自我修复，即我们所论及的“城市文化自觉”。“缩放自反检验”就是从微观营造——社区文化开始，直接上升到宏观战略——介入国际城市文化价值链体系，中观回归城市主体及“城市—区域”和特色文化都市圈，形成“两极扩展带动中间”的模式，从而形成具有普遍意义的特色文化区域社会共同体，通过创造更大范围的特色文化认同和最小文化单位的核心价值的创新，检验区域体内特色文化个体城市的建构，并在国际范围内建构中国特色文化城市的话语权和身份识别。

① 布赖恩·特纳.社会理论指南.李康，译.上海：世纪出版集团，上海人民出版社，2003：242

第二章
城市文化资源挖掘与城市文化资本再生产

在城市发展的大部分历史阶段中，它作为容器的功能都较其作为磁体的功能更重要；因为城市主要的还是一种贮藏库，一个保管者和积攒者……城市社区的运动能量，通过城市的公用事业被转化为可贮存的象征形式。从奥古斯特·孔德(1798～1857，法国哲学家)到W. M. 惠勒的一系列学者都认为："社会是一种'积累性的活动'，而城市正是这一活动过程中的基本器官。"①

——刘易斯·芒福德

文化类型学最初是作为人类学和文化学的研究方法而产生的，虽然其在建筑学领域较早地得以运用并发展出系统的建筑类型学理论，但是在城市文化研究领域中，对特色文化城市文化类型的专门研究起步较晚。尽管如此，在学者早期的相关成果中，城市文化类型的研究蕴含在大量相关研究成果之中，这主要是因为城市本身的差异化和特色已经存在于人们的感知意向之中，自然形成了主观与客观的分类，如高山城市、滨湖城市、民族城市、草原城市、

① 刘易斯·芒福德. 城市发展史——起源、演变和前景. 宋俊岭，等译. 北京：中国建筑工业出版社，1989：74

交通枢纽城市等。我们将文化类型学引入特色文化城市研究,尝试从科学与学理的意义上解决城市特色的分类问题。显然,特色、特点和类型划分是一个研究、建构过程,而建构、创造特色则是一种文化创新。

一、从“功能城市”到“特色文化城市”,再到“特色文化资本城市”

在后现代发展的意义上,城市正在经历着从一般“功能城市”到“特色文化资本城市”建构的时代性转变,而这一变化的原因是城市必须参与全球竞争的要求。研究“特色文化城市”新的认知理念是:“特色—特质”是可创造的,特色文化城市的类型化在理论上可以无限细分。

(一)工业化时代的无序扩张与当代城市更新的滞后性

城市与乡村是一对范畴,在人类不同发展阶段有着不同的发展特征和形态类型,因此,从文化类型的意义上来探讨特色文化城市的建构路径和方法,就必须研究和探究城市发展的历史规律。从“功能性城市”向“文化性城市”转变,进而向“特色文化城市”升华,再结晶为城市文化资本要素,这是世界性城市文化特色养成的一种路径。特色文化城市同一般事物生长、发展的规律一样,从简单到复杂,其中的一种生长方式就是结构化的生长,会分化出不同城市结构类型、不同形态、不同文化城市和有不同功能的城市。

美国芝加哥城市学派、城市社会学派及城市生态学学派的理论的共识性是:城市是生态学意义上的有机系统,而且比一般的自然物更为复杂,有更多的可变参数。城市本身既有自然生态一面,又有文化生态、政治生态、消费伦理生态等层面,并占有一定的自然区位空间。城市自然生态基本要素和政治、经济、文化、组织等形成相互作用的关系,共同决定着城市整体功能的发挥,并表现为某种人文区位、文化区位和生态区位的多种功能与价值。正如帕克所说,“城市作为一个生态有机系统不会自然实现一种和谐与平衡的状态,生态学中的竞争和共生法则支配着城市的发展……城市各要素对共生和匮乏资源的竞争是一种自然而然、不可避免的过程……”①城市是人类建造的,其特有的优势文化一定是人们主动而有意识建构的,而当代每一座城市都面临全球化范围的多样性竞争,这种竞争导致的直接后果就是有些城市规模和人口增长的无序性。这些现象在工业革命时代表现得尤为突出,大工业成为城市集聚人口的原因和借口,资本的力量成为城市的主动驱动力,城市呈无理性发展状态。马克思在《资本论》中曾对城市无序扩张和人口膨胀带来的城市居住环境问题进行了这样的描述:人口向大城市集中这件事本身就引起了极端不利的后果。伦敦空间永远不会像乡间那样清新而充满氧气……如果说大城市里的生活本身已经对健康产生了不良的影响,那么工人住宅区里的污浊空气的危害又该多么大啊!我们已经看到,一切能使空气变得更坏的东西都聚集在这里了……在这种情况下,这个最贫穷的阶级怎么能够健康长寿呢?② 恩格斯更为深刻地描述了工业发展进程中城市人、城市工人阶级的生活状况。1845年,恩格斯在《英国工人阶级状况》一文中说,英国“工人阶级的状况也是绝大多数英国人民的状况。这几百万穷困不堪的人,他们昨天挣的今天就吃光,他们用自己的发明和自己的劳动创造了英国的伟大……这些人的命运应该如何”③已经“成为全国性的问题”。几乎“每一个大城市都有一个或者几个挤满

---

① 康少邦,张宁,编译.城市社会学.杭州:浙江人民出版社,1986:69

② 中共中央马克思恩格斯列宁斯大林著作编译局. 马克思恩格斯全集 2.北京:人民出版社,2008:380~382

③ 中共中央马克思恩格斯列宁斯大林著作编译局.马克思恩格斯全集 2.北京:人民出版社,2005:306

工人阶级的贫民窟”。[①] 恩格斯说的问题一直延续到工业革命结束，对于中国来说，也曾有过似曾相识的阶段。

在新兴工业化后，以及现代社会文化形成的过程中，传统工业化带来的社会问题虽然得到了某种程度的解决，但是伴随着城市化、城市现代化进程的加速，又出现了各种各样的新问题，社会进入“现代化风险型社会”阶段。现代技术和管理手段越来越先进了，如全国联网监控系统、人脸识别技术、生物识别技术、大数据的应用等，可是社会的问题不仅没有减少，反而越来越多，而且也越来越复杂了。传统的城市社会问题以新的形式、面孔和类型出现了，各个国家和城市都在寻找解决新问题的新手段和新方法，似乎解决城市问题的能力并没有因为技术手段的提升而提升，相反，面对新问题，人们几乎是束手无策的。在实践中人们已经认识到，无论是推动城市经济发展还是解决城市社会问题，技术都不是决定性的，而蕴含其中的文化、创新文化的土壤、城市文化资本再生产的场域环境建构才是解决问题的根本所在，市民社会文化价值理念的塑造、新型文化综合治理模式才是推动和改变城市的真正力量。

无论是城市经济还是城市空间方面，或者相关社会问题的解决，都渗透着关键性的文化问题。可以这样认为：法律是给那些守道德的人准备的，不道德的人不会守法律。这个前提就是建构人类社会的道德伦理文化，而这种文化伦理每个人都是从小习得的，进一步说是在没懂得法律知识之前就习得的。如“偷别人的东西是有罪的”，这是一种集体的共同认知——这就是文化，这就是文化土壤，是渗透在一般的日常行为和市民社会个体血液之中的文化心理结构。城市社会就需要这样的深入人心的、文化认同意义上的文化土壤，以培育城市人优秀的文化心理结构，而在更广泛的意义上，人们通过城市文化所显现的城市现代性，必然反映在城市市民的文化素养上。比如英国人“绅士风度”，日本人的礼貌和垃圾分类

---

① 中共中央马克思恩格斯列宁斯大林著作编译局.马克思恩格斯全集 2.北京：人民出版社，2005：306

行为等就是城市文化优秀的代表。因此，包括城市管理文化、创新文化和市民契约精神，等等，都是特色文化养成的土壤要素，当然，还有更深层次传统文化和政治文化要素的自觉优化等。人们越来越深刻地认识到，城市的文化价值观和哲学，甚至与一个民族和国家的集体良知息息相关。如城市生态问题，既与国家政策有关，更与市民的日常文化行为有关；如城市的社会发展问题，既与城市的空间有关，更与市民的文明程度有关；如城市空间问题，既与城市的整体发展水平有关，更与城市社会精英的决策和文化选择有关。又如，城市市民伦理问题、城市拥挤问题、城市就业问题、城市交通问题、城市犯罪问题、环境污染问题、城市家庭问题等都与某种文化相关联……显然，凡是不注重文化软实力建设的城市，相关社会问题就越多。另外，在城市空间的发展创造上，国内有一种规划思想，把城市看成是静止的事物，认为通过对物质环境的规划设计可以解决城市中的全部问题，在这种规划思想的影响下，有些城市建设、改造的直接成果是大规模的城市建设，特别是过度的房地产开发，使得很多新的城市问题接踵而至，新城市的“城市病”不断产生。[①] 对此，甚至有的学者说，某些“城市问题是规划出来的”。

中国的城市化伴随改革开放的发展，已经呈现了全新的发展格局，出现了两种倾向，一是西方的拿来主义，城市成为西方城市空间与建筑符号的试验场域；另一种是复古主义，城市成为明清建筑的复兴地和“复制”地，几乎每一个城市都有仿造的明清一条街。北京在城市形态与文化空间意象上，率先失去了中国式的本土化城市文化意象。[②] 从民族性的意义上考量，中国多数城市都失去了本土化的城市形态和空间意象。在城市形态与空间意象上都存在着明显的非本土化的倾向，在城市发展战略与空间整合上还存在着典型的历史失误与城市建设的文化误区。从以往的发展情况

---

① 单霁翔. 从“功能城市”走向“文化城市”发展路径辨析. 文艺研究，2007(3)

② 张鸿雁. 西方城市化理论反思与中国本土化城市化理论模式建构论. 南京社会科学，2011(9)

看，多数城市的"五年规划"相互参考套用，形成新一轮的具有相似性的城市发展战略，因为其路径依赖是一样的，更多关注的是产业的发展，而产业选择必然趋同，相同的产业一哄而上容易出现产能过剩，平均几年调整一次，造成巨大的浪费。之所以如此，关键是很少有专家和城市管理者关注特色文化城市建设，关注"城市文化资本"的再生产，进而最终导致城市与区域经济间的同质化竞争。至少从表现上看，中国城市的"五年规划"大多拥有千篇一律的格式和思想脉络，更让人担心的是，在城市发展的整体定位上，未来还会出现新一轮的相似发展模式。①

特色文化城市研究的目的之一，是引导城市社会进入后现代思想文化体系，引导城市市民进入典型的马克思所论及的"市民社会"，以个性解放和文化启蒙为前提创造知识型城市、文化型城市和城市文化资本型城市，其核心是特有的文化、特有的技术和特有的智慧等构成的特色文化城市体系。丹尼尔·贝尔在《后工业社会的来临——对社会预测的一项探索》中论述道，后现代类型的社会"分析起来，社会可以分为社会结构、政体和文化等三个部分。社会结构包括经济、技术和职业制度。政体则调整权力的分配和评判个人之间与集团之间发展矛盾的权力与要求。文化是指表达象征和含意的领域"。② "后工业社会的概念首先涉及社会结构方面的变化，就是经济改造和职业体制改组的方式，而且也涉及理论与经验，特别是科学与技术之间的新型关系"。③贝尔所说的"后现代社会"条件下的城市，在本质上是一种有特色的文化城市，而这种城市以"技术文化的影响系统作为一种在影响社会变迁"的要素，并把"技术""作为一种分析的因素，以观察新技术出现以后会产生什么样的社会变迁，以及社会

① 邵颖萍. 从"首都圈"到"首位都市圈"的战略定位——京津冀都市圈一体化再建构探索. 中国名城，2010(10)

②③ 丹尼尔·贝尔. 后工业社会的来临——对社会预测的一项探索. 高铦，等译. 北京：商务印书馆，1986：12

及其政治制度必须设法解决什么样的问题”。[①] 20 世纪 70 年代以后，学者开始聚焦城市本源问题的探讨，很多研究并没有逃离传统的窠臼，只是就问题论问题，没有从城市作为一个系统结构的整体出发来思考，从而提出整套解决方案。因此，早期的城市更新运动的效果是不理想的。当下，中国处于城市更新的新阶段，正在推行的“城市双修”、城市品质建设、“城市微改造”、城市更新与治理等，必须在提出系统整合解决方案的同时，建设城市发展创新的土壤，而驶入特色文化城市建设的轨道。

（二）城市功能分化与重组：趋同与异化

所谓城市功能，是指城市在一个国家或地区的政治、经济、文化和社会生活等方面所承担的任务，以及所发挥的作用，所产生的效能。城市功能是城市生存和发展的决定因素，它制约着城市发展的进程，是一个城市区别于其他城市的本质特点。城市功能决定着城市性质和中心作用的发挥。[②] 城市的功能不是一成不变的，正如西方结构功能学派的代表人物帕森斯指出的，现代化的过程是社会结构的总体适应能力不断提升的过程，必然伴随着“不适应—适应—不适应—再适应”的过程。这就要求城市功能随着历史的演进而发生更迭和进化。如在前工业时期，城市功能是“城”和“市”的低水平叠加，而在工业时期，城市的经济功能获得了前所未有的发展，经济学视角的城市功能研究曾成为主流话语。现代社会更强调城市功能的多元化与有机结合，强调经济功能、社会功能、文化功能、生态功能等多个城市功能子系统协调配合而形成城市功能的“系统质”。[③]

早期以城市问题为焦点的城市改造和更新在后现代文化发展的视野下，表现出了历史的局限性和滞后性。在这样一个背景下，城市

---

① 丹尼尔·贝尔. 后工业社会的来临——对社会预测的一项探索. 高铦，等译. 北京：商务印书馆，1986：8

② 朱铁臻. 城市现代化研究. 北京：红旗出版社，2002：294

③ 孙志刚. 城市功能论. 北京：经济管理出版社，1998：64

设计者和管理者们提出的“功能城市”的概念，在特定的历史阶段是发挥了重要作用的，为推动城市的进化做出了重要贡献。但是，想通过对城市功能的重组和再设计达到解决“城市病”问题的目的，看来是失败了。人们对功能型城市和单纯功能型城市的认知具有普遍性，即功能性增长是事物成长的一种方式，结构性增长具有必然性，关键是如何处理好功能与结构的关系，使之符合城市现代性的发展需要。以往的城市分类多强调城市职能，在某种意义上说就是城市的功能。而这种功能的划分也是对国家管理、城市等级及城市在不同区域空间政治、经济和文化中的作用的一种说明。中国从行政角度对此提出分类，如省级、副省级、地市级、县级和乡镇级等。从经济方面分类，有综合性城市、政治经济中心城市，如工矿城市、商业城市等。各种各样的分类，都在强调职能和功能，这既是必须的，也是城市结构化发展的必然。美国地理学家弗里德曼在20世纪80年代提出的世界城市的国际性功能分类的7个指标①具有一定参考性：(1) 重要的金融中心；(2) 跨国公司总部设置；(3) 国际性机构集中度；(4) 商业服务部门的高速增长；(5) 主要制造业中心；(6) 主要交通枢纽；(7) 人口规模。其中一种分类方式见表2-1。

表2-1　弗里德曼对世界城市等级的划分

核心世界城市	纽约；伦敦；东京；巴黎；洛杉矶；芝加哥
半边缘世界城市	里约热内卢；圣保罗；新加坡
次极核心世界城市	旧金山；休斯敦；迈阿密；多伦多；马德里；米兰；维也纳；悉尼；约翰内斯堡
次级核心城市	墨西哥城；加拉加斯；布宜诺斯艾丽斯；汉城；台北；香港；曼谷；马尼拉

资料来源：Michael P. Smith：Transnational Urbanism，Oxford：Blackwell Publisher，2001. pp52

1933年诞生的《雅典宪章》首次提出了“功能城市”的概念，城市的“居住、工作、游憩与交通四大活动是研究及分析现代城市设计时

① Friedman，J. *The World City Hypothesis*. *Development and Change*，Vol. 17，No. 1，pp69_83，1986

最基本的分类”。“居住是城市的第一活动”的概念是针对大工业时代导致的各种“城市病”(交通拥挤、环境污染、失业工人、城市贫民区等)而提出的一种解决方案。“功能城市”的理念在很大程度上指导了一个时期的城市建设。按照“功能城市”的设计理念,城市各种功能在空间上有机分布并成为一种结构化思维已经成为一种流行的做法,直至今天,这种模式仍然是城市规划的主要思维方式。如“一体两翼”“一主三副”等概念的应用等。城市功能作为主体是必然的,也是必须的,是一种基础科学的表达方式,但是,不一样的结构会产生不一样的功能,结构决定功能形式,寻找和创造最优结构才能建构真正的特色。结构在自我生长的过程中会形成“结构空洞”,文化结构自觉调整功能是特色文化城市优先要思考和创造的。“功能一般是指社会系统为达到目标及适应环境而必须满足的活动或作用”。[①] 因此,城市功能优化结构的建构,首先应提高城市功能要素的实现效率,如产业园区集中一定数量的生产和服务企业,可以降低生产成本,达到规模经济效应。其次是生产与生活的空间分离应有效解决生活环境污染问题,有利于营造更加优质的城市居住环境。再者,城市功能分区的做法具有一定的结构性和复制性,不同类型的城市都可以通过采用这一做法来实现城市功能的重组,以期快速解决城市化进程中的各种问题。

但是,这种针对城市空间的功能分区和功能重组的做法容易产生两个突出的问题:一是城市功能与定位的雷同性。一般而言,一个城市的功能主要包括产业服务、人才集聚、金融服务、信息服务、国际交流、科技创新等几个方面,有限的城市功能选项使得城市在确定各自的功能定位中不可避免地出现雷同,再加上某些城市管理者片面追求政绩,盲目跟风上马项目,从而使得城市的产业功能与周边城市形成同质性竞争。以东北地区为例,“东北地区 36 个市(州)有 12 个城市提出建设‘东北亚某种中心城市’的城市定位,占地区城市数量

① 富永健一. 社会结构与社会变迁. 董兴华,译. 昆明:云南人民出版社,1988:122

的三分之一,涵盖物流中心、旅游中心、贸易中心和航运中心等诸多方面”。[①] 二是城市空间肌理结构雷同化。为了适应城市新的产业功能的需求,各城市普遍采取兴建产业园区的措施,而很多园区犹如放大的工厂,而不具有后现代的文化符号和表达。因为功能的过度分化,往往通过新城的规划与建设来补充产业发展对就业、生活、居住和公共服务设施等各方面的需求。因此,大面积的工业厂房、高耸的大楼和大尺度的城市道路似乎成为各地城市的形象标志,城市传统的街巷空间和邻里空间遭到了破坏,造成了城市空间肌理的千篇一律。

当我们为城市那一座座拔地而起的摩天大楼而惊叹时,也为过宽的马路使城市丧失文化个性和集体记忆而痛心。《雅典宪章》强调指出:“虽然城市是经常的在变化,但我们可以说普遍的事实是:这些变化是没有事先加以预料的,因为缺乏管制和未能应用现代城市计划所认可的原则,所以城市的发展遭受到极大的损害。”社会学家关注的功能与结构之间的关系是强调功能与结构的“互适应”“互恰”和“耦合”性,结构要顺应时代而改变。斯宾塞强调结构—功能理论,而在富永健一看来,“结构—功能理论作为一种思想,与社会进化论源于同一母体。所谓进化,就是适应环境能力的增强,这是功能上的变化,然而这种功能上的变化,经常同结构的变化相结合而发生。这就是结构分化,即提高结构的复杂性。这种结构与功能的联系,便构成结构—功能理论把社会变迁理论化时的主要着眼点”。[②] 当然,在任何领域都有“结构与功能”关系再认识的需求,M. 福柯、精神分析学家 J. 拉康、符号学家(美学家)R. 巴尔特,及马克思主义研究家们,都从各自学科的角度对结构主义进行了有益的解释。特伦斯·霍克对结构主义提出了自己的评价,他说:“结构主义者的最终目标是永恒的结构:个人的行为、感觉和姿态都纳入其中,并由此得到它们最终

① 邵颖萍,张鸿雁. 全球化语境中的特色文化城市建设. 南京社会科学,2013(4)

② 富永健一. 社会结构与社会变迁. 董兴华,译. 昆明:云南人民出版社,1988:122

的本质。”①没有无结构的事物，当然也没有无结构条件下功能的存在，城市是人类创造的，人类应该认识城市的结构，进而调整城市结构、“调优结构”，而使城市发挥更大的正功能。1991 年，萨森在《全球城市：纽约、伦敦、东京》一书中把对全球城市定义的表述分为四个方面，而在主体思想上，仍然表现着功能主义的思想方式。全球城市的功能主要表现在四个方面：(1) 作为全球经济组织中高度集中的控制点；(2) 作为金融和特殊服务行业的主要场所，且这些行业已取代制造业成为主要的经济产业；(3) 作为包括创新生产在内的主导产业的生产所在地；(4) 作为产品和创新的市场……对大量的资源集中控制，同时金融和特殊服务业也重构了城市的社会经济秩序。2002 年，萨森主编的《全球网络：相互关联的城市》一书从全球城市网络的角度研究了大都市的功能与价值。

在“全球城市”研究上，萨森忽略了“全球城市”的文化功能、文化价值的研究和表述，特别是忽略了“全球城市”之所以能够成为全球城市的文化动力内生价值。如大东京的城市文化特色之一：综合化地融入了城市历史文化、民族文化、城市人文精神、世界文化和文化产业，创造性地建构了自己的城市个性文化。针对大东京都市圈现有的产业趋同现象和未来城市发展与城市定位设想，东京提出了将都市产业朝“创造型都市产业”方向发展，而“创造型都市产业”本身具有文化创意和文化战略创新的意义，强调发挥“东京价值”以及东京城市的产业实力和东京“城市文化资本”而产生巨大的经济和文化效益。“创造型都市产业”与文化创意、“城市文化资本”密不可分，它们相互融合、相互渗透，形成典型的“文化＋”“智慧＋”“文化资本＋”的再生产价值。新制度经济学的代表人道格拉斯・C. 诺斯指出：“制度是个人与资本存量之间，资本存量、物品与劳务产出及收入分配之间的过滤器。”②东京也是世界金融中心之一，在创新文化上更是以

① 特伦斯・霍克. 结构主义和符号学. 瞿铁鹏，译. 上海：上海译文出版社，1997：8～9

② 道格拉斯・C. 诺斯. 经济史中的结构与变迁. 上海：上海人民出版社，1995：225

“文化拿来主义为主”，在创新文化的土壤上，形成了典型的资本和资本文化纽带。东京“创造型都市产业”的内涵是：(1) 公共需求型产业。在环境、健康、医疗、福利、危机管理等领域研发新技术和新产品，并将成果应用于社会公共需求的各个领域。(2) 文化传播型产业。充分利用东京的城市个性、个性文化和感性文化，以动漫创意、设计、时尚等文化创意性较高的产业丰富东京的文化实力，提升东京的文化软实力和世界范围的“身份识别”，并通过产业的发展促进东京本土文化和城市信息的世界传播。(3) 都市功能促进型产业。用文化促进功能，促进城市功能和使城市生活方式更新换代的产业，如信息化家电、微型机器人、航空航天设备等。早在 2009 年 1 月，东京都政府便公布了 2009～2011 年第一批“创造型都市产业”的地区项目批准名单。① 分别是八王子市的精密仪器和电子仪器产业振兴计划，大田区的环境与健康关联产业及航天器、机器人产业支援计划，以及练马区动漫文化产业活性化计划。2006 年，在东京公布的一份名为“10 年后的东京”②的计划书中，政府制订了东京周边“创造型都市产业”的未来集群构想图。东京“创造型都市产业”集群金三角③的三地之间通过快速交通相连，交通所需时间在 10 年后的 2016 年有望缩短 40%左右。从而形成以筑波为先端科技研发基地、以多摩为高新技术产业化实践基地、以东京尤其是城南地区为基础技术生产和技术社会化实验点的三位一体的产业合作关系。很明显，这种“三位一体的产业合作关系”的纽带是东京特有的文化创新，其突出特点是国际化和充分开放，是日本文化与西方先进文化嫁接、互动、扬弃、创新、融合和整合的成功范例。

一个发展、进化中的城市，其城市社会结构、经济结构和文化结

---

① 资料来源：东京都政府网站 http://www.metro.tokyo.jp/INET/OSHIRASE/2009/01/20j1s400.htm

②③ 10 年后的东京. 东京都政府网站 http://www.chijihon.metro.tokyo.jp/10years_after/index.htm#index01

构必然表现为“多支点非平衡状态”，[①]有着一种“动态平衡体系”。社会变迁的“不同支点”决定了社会结构存在形式在“平衡—非平衡态—平衡—非平衡态”的永恒运动中。没有不变化的社会结构，所谓平衡是相对的，是一定时期内社会结构相对合理的动态结构存在，其是各要素在不断地整合平衡并形成优胜劣汰的过程。一个平衡的社会结构，一定是相对平衡优化的结构，自身能够良性化地向高级社会结构转化。进一步说，社会结构存在本身就是结构变迁存在的过程。同时，没有任何一个社会阶段只有一种单一社会结构体存在，任何时期社会结构都存在着新旧的比较，是一种多结构的“共时性存在”，而且也存在着多要素相互竞争的社会构成。社会主体结构的变迁，就是社会结构的主体代替旧体的过程。社会生活系统中的生活方式，是社会主体人“欲望构成”的社会消费结构，也是一个非平衡机制，个体与个体间的欲望存在差异，欲望差异文化构成了一个社会永恒的动力机制，也构成社会结构变迁的终极“文化动力因”，所以，任何社会系统都是要不断认识、不断改造和不断创新的。[②]

（三）特色文化城市的价值：“改造人类的文化场所”

中国新型城镇化战略提出了对城市治理的一些办法，如限制大城市的人口策略、城市社会治理技术手段和城市治理模式等，但是，从城市作为一个有机体的认识角度，如果仅单纯地用一种方法或者用限制人口数量的办法来解决大城市的问题几乎是不可能的。就大城市本身而解决大城市问题，没有针对不同类型城市提出有针对性的治理方式，以一般性号召型政策的方式是很难解决各个城市的特有问题的。应该在解决普遍问题的同时，提出针对性的个性化解决方案。

① 张鸿雁.侵入与接替——城市社会结构变迁新论.南京：东南大学出版社，2000：39

② 张鸿雁.侵入与接替——城市社会结构变迁新论.南京：东南大学出版社，2000：38～39

城市充分就业文化机制的首位选择——“区域核”建构。西方大城市的问题曾是困扰社会发展的重大问题之一，对此，很多学者都曾做过研究。雅格布斯在《美国大城市的死与生》一书中对一些相关问题提出了自己的想法，如城市安全问题、城市秩序问题等。[①] 近年来，美国等发达国家之所以能够较好地解决大城市问题，主要是因为大城市已经不是人们最理想的居住地，交通方式、交往文化、通信方式与工作方式的变革，吸引着美国76%的人口居住在中小城镇中。城市化使城市文明在广阔的地域上展开，大城市和中小城镇的社会生活条件差异已经不那么明显，甚至可以说，有些中小城镇的生活、就业、消费和享受体系是大城市结构构成部分，特别是通过公共交通、科技网络、就业方式的改善与提升，中小城镇成为大城市网络空间的节点。人们虽然不在大城市中心生活和工作，一样可以获得大城市中心区辐射的文化感受与价值。整体城市化水平的提升，“大城市—中小城市—城镇网状结构”要素的合理化，地域城市结构的科学性和社会空间分配的公平性，以及中小城镇就业的充分性，是解决大城市问题的根本路径。

“城市文化自觉”是中国进入城市社会后必须践行的创新思维。[②] 从世界范围看，城市间竞争的差异主要表现为城市文化能级上的差异，文化能级在很大程度上表现为“城市文化自觉”的先后和深度。譬如，江苏的苏州、无锡、常州、镇江和南京，在现代化发展中明显存在着发展起点不同、发展进程不同、发展速度不同，发展创新意识也存在明显的差距。上海的文化影响力和自觉创新力对苏州、无锡、常州、镇江的影响呈递减状态，到了南京后，上海的国际化文化辐射力极度衰减，南京几乎成为一个阻力区，即上海的国际化文化在南京不能有效传导到苏北。为什么会这样呢？其中的问题之一是城市文化自觉不够深刻，甚至城市的主体功能不完善，不能承担起区域中心的

① 简·雅各布斯.美国大城市的死与生.金衡山，译.南京：译林出版社，2005：14

② 张鸿雁.新型城镇化进程中的“城市文化自觉”与创新.南京社会学科学，2013(11)

功能，这与城市的首位度、文化创新力和区域核心功能不足有关，同时也与南京中心区位的全球城市价值链的低端功能有关，当然还与城市精英群体的创造力和引导力不足有关。我们反观世界文化之都巴黎，“它不仅属于法兰西，它还属于全世界……无论是谁，不管他是什么出身，也不管他是什么国籍，他都不能不去巴黎。它很适合我们用自豪的口吻跟雨果说，巴黎是世界的神经中枢，正如雅典原先是希腊的精神灵魂一样；但确切地说，精神生活却没有比较活跃和比较出色的栖息之所。在巴黎，法兰西的心脏在跳动，她的神经在激荡，她的天才在发光。巴黎永远有首创精神，是向前发展的尊严之故乡，是才智的中心和发源地，是想象力的火山”。[①] 是的，巴黎，曾经是今天还是教育人、改造人、融化人，一个有文化艺术追求的人的生活场域。

如何建设一个好的城市，林奇在其《城市形态》一书中有明确的说明，其主要观点有重要的参考与操作价值。林奇认为，一个好的城市空间指标有五个：活力、感受、适宜、可及性、管理。他同时又加上两个额外指标，“即在任何美好的事物里都能够找到的指标”——效率和公平。[②] 林奇的这些指标具有普遍性价值，但是我们在建设一个好城市的时候，还需要创造现代性意义上的功能，如至少有合理的生活半径和就业半径等。在城市体系内，应该建立多点或多个不同区域的系统整合空间，每个大区域空间体系内都能够形成多个以就业为中心的不同类型的“区域核”，如北京这样的特大城市至少应该有10个以上的“区域核”，每个“区域核”都有独立的生态和文化特色空间，形成就业、创业、生产、流通、分配和消费一体化的空间体系。而不能像传统的老北京那样，人们一要消费就想到去王府井等很少的且集中在一个行政区的消费中心，形成人流的过度拥挤潮。虽然目前北京已经出现几个新的商业中心区，但是，对于北京这样的城市来

① 克里斯多夫·普罗夏松.巴黎1900——历史文化散论.王殿忠，译.桂林：广西师范大学出版社，2005：3

② 凯文·林奇.城市形态.林庆怡，等译.北京：华夏出版社，2001：84～85

说，以就业为主导的城市“区域核”生活体系目前尚未形成，环形道路的规划不可能解决北京的交通拥挤问题的根本原因就在这里。目前，上海、广州、杭州、南京等城市多中心化的“区域核”正在形成，如上海有徐家汇片区、外滩片区、五角场片区、南京路东西片区、淮海路片区、陆家嘴片区、四川北路片区、虹桥片区、中山公园片区等，并形成了很多新的商圈和生活圈，现在上海正在全域构建“15分钟生活圈”体系，这是解决城市病特别是大城市病的一个有效切入点。在城市区域范围，应该根据传统与生活人文区位价值，破除行政区划限制，划分出不同的区域有机体和“区域核”，商业与生活中心要类型化、特色化和立体化，对于整个城市来说，布局要适度均好化，特别是在大城市的郊区，应该形成多样化的“新中心生活区”，或者在郊区建设具有“区域核”功能的特色小镇。这些空间的社会发展水平、公共资源的配套特别是生活设施等应该与市中心区没有明显的落差，甚至在某些方面还要高于原来城市中心区的发展水平，只有这样的发展模式才能摆脱原来城市单一中心的功能所产生的社会问题。后现代社会发展的城市，应该是就业“区域核”的“泛化”和商业中心的“泛化”空间，最直接的说明就是，让城市原郊区地带的城镇更具有城市性和现代性。如霍华德所说，原农业地带多样化的小镇，形成对城市的“反磁力中心”功能，是解决城市主要问题的关键所在。这也是一些发达国家的经验。

有西方学者说：“纽约是一座与众不同的城市。当提到波士顿、费城、芝加哥或者旧金山时，人们通常会谈论这些城市里的人们在想什么或者做什么，可是没有人在提到纽约的时候会谈论它的人民，而只会谈论这个城市本身。因为这座城市比它的人民伟大得多！是纽约造就了它的人民；在别的地方是人民造就城市。”[①]虽然本书对这一说法不能完全苟同，但是其中有一点是值得我们思考的，即为什么有些大城市能够在“文化自觉”中形成可持续的发展机制，并能够蜕变为一个新的空间体系？这就需要有一个能够适应不同层次人生活的

---

① 托马斯·科斯纳.资本之城(序言).万丹，译.北京：中信出版社，2004

城市,并能够让越来越多的人在其中寻找到生存之道。如果说充分就业是一个城市的价值的体现的话,那么,能够让更多的人创业并实现理想是城市的真正高品质所在。中国深圳之所以成为中国改革开放的新城,就是因为它在最初“拓荒牛”的理念引导下为更多的创业者提供了条件。创业者的成功不仅能够实现个人的人生价值和理想,也能为城市提供充分的就业空间。创业创新是一种有机发展模式,既需要城市有新的政策和主张,更需要城市有具体政策和文化模式来降低创业的门槛。

不言而喻,某个城市如果能够成为人们理想中容易创业的城市,一定是人们心中的“圣地”。一个城市如能适合创业,需要有更多的社会和制度条件,如户口制度、住房政策、创业资本提供、政府服务质量等。如果能够把人人创业作为城市的发展目标,这个城市一定具有全新的竞争力,而且能够“化生物的繁衍为社会创造力”,①形成典型的特色文化竞争力。城市既应该是思想可以放飞的地方,又应该让人们有“城市如家”的感觉——人性、尺度和安全。大城市更需要有人的尺度、人性的关怀,而不是车水马龙的忙乱和心智的迷茫。

城市需要还原一个特定的城市文化肌理,这里有一个让人容易留下记忆的地方,一个让人流连忘返的“黏滞性”空间,一个让人步伐慢下来的街道,一个让人放松心情的城市家具小品……让传统的“首属群体”生活方式回到城市中来。创造新的城市“邻里生活”“里坊生活”“街坊生活”,形成邻里可以相互守望的生活共同体和“现代都市民俗文化风情”,这也是“新城市主义”所追求的。一个好的城市还应该有原生态、原文化、原风貌的“三原主义”的街区式生活空间。城市中心区人口密度需要降低,生活品质与生态环境需要提升,把城市当作艺术品来打造,创造城市生活的细节、城市生活景观的“家居化”。特别是大城市,能够承担中国城市形态本土化的重任,在保留城市集

① 刘易斯·芒福德.城市发展史——起源、演变和前景.宋俊岭,等译.北京:中国建筑工业出版社,2005:582

体记忆的同时，创造未来的城市集体记忆。将基于历史“文化根柢”的阐述与全球化通行的规则与逻辑结合，来守望中国城市文化的传统。同时，创造城市独有的“城市文化资本”，让城市文化要素和文化空间具有可读性，让心灵有归宿性……只在这样，才能使城市在全球竞争中介入全球价值链的高端环节。巴黎就曾为“把这座城市变成一个属于我们自己的、具有象征意义的地方做出了贡献”，使得巴黎成为“世界的神经中枢”。①

一个时代的精神总会在一代人具体而微小的生活细节中展现。任何一座城市都有不容割裂的文化血脉，城市不是也不应当是永远凝固不变的。

每一个时代都在城市中留下了自己的标志，支离破碎的城市映象需要整合，才能使城市更加有风韵。中国城市要能够从文化自觉的角度融入世界文化竞争的大潮之中，就必须创造综合竞争力与特色竞争力相结合的城市发展模式，②而不仅仅是以城市规模大为荣。一个可见的事实是，当代几乎所有的城市都处于转型阶段，城市文化自觉已经成为一种全新的理念。③“事实上，‘城市’这个字眼包含很多东西。我们实在不应用‘城市’这个词，而只应用‘人类聚居之地’。清楚划分的空间，作为居住单位界定城市的时代已经过去了。在18世纪以前，城市甚至是受城墙所围绕。其后，虽然城墙不再需要了，但城市与乡村地区仍然有明确的界限。在城市范围的终点，往往便是乡村地区的始点。但如今这种现象不再存在了。人类聚居之地四处蔓延，城市已变成一个动态的有机体。一个大城市，往往把外围的小城市和村落吸纳，然后再向外扩展；一个小的城市，则会沿着一些公路及乡村的道路伸展。在这种情况下，城市的定义可根据其大小，亦可根据其边界……我认为用‘人类聚居之地’，不论其大小、好坏，

---

① 克里斯多夫·普罗夏松. 巴黎1900——历史文化散论. 王殿忠，译. 桂林：广西师范大学出版社，2005：1，3

② 张鸿雁.“中国式城市文艺复兴”新论. 社会科学，2009(3)

③ 张鸿雁. 新型城镇化进程中的“城市文化自觉”与创新. 南京社会科学，2013(11)

来形容城市是正确的。因而我们也就可以根据大小、单位、社区、邻舍、街道以至房屋来加以分类……”[①]城市无序扩张的结果是特色文化的消亡。我们反复强调市民社会是历史的“出发点”和舞台，强调以市民社会建构为突破口，打造城市人的素质和“集体良知”，[②]否则，先进文化没有土壤无法生长。在费孝通先生看来，一个小民族乃至中华民族如何在全球化背景下确立自身的文化转型以求得发展，是一个“文化自觉”的问题。因此，他明确指出：“文化自觉是一个艰巨的过程，只有充分认识和理解自己的文化，才有条件在这个多元文化的世界中确立自己的位置，才能取得决定适应环境和新时代发展的地位。”[③]同样，有西方学者也说：“每一个民族都有它自己的环境世界，有它的传统、精神和力量，这些便是构成每一个民族来自我证实的实在世界。”[④]新加坡在 2000 年制定了新世纪文化发展战略，显现了一个城市的文化自觉和市民社会文化主张。把新加坡建设“成为一个充满动感与魅力的世界级城市”，这一主张本身体现了“城市文化自觉”的意义与价值，其结果是，一方面很好地实现了体现城市文化价值的理想，另一方面又使传统城市文化风貌得以保护，同时，在国际范围内建构了自己的话语权。

“城市如家”是城市的终极价值，“城市的魅力在于其包容性和创造性，在于能够通过文化的整合生成新的文化要素与价值，这个城市的价值就是让每一个人都能够在城市找到家的感觉，找到属于自己的幸福生活方式”。[⑤]因此，城市应该是一个宜居的空间，能够让市民在城市中实现生活的意义和找到精神的归宿感。美国有线电视新闻网(CNN)曾评选过 100 个最宜居的城市，其结果是：在人们心目中

---

① 理查德·伊尔斯，克拉伦斯·沃尔顿，编著. 城市和城市问题. 香港：今日世界出版社，1975：156

② 阿尔蒙德，等. 比较现代化. 杨豫，陈祖洲，译. 上海：上海译文出版社，1987：470

③ 费孝通. 关于“文化自觉”的一些自由. 学术研究，2003(7)

④ 胡塞尔. 哲学与欧洲人的危机. 吕祥，译. 国际文化出版公司，1988

⑤ 张鸿雁. 新型城镇化进程中的“城市文化自觉”与创新. 南京社会科学，2013(11)

“宜居城市”的标准并非是城市的大小，人们所看重的是城市精致的文化环境、良好的教育、充足的就业机会、便利的交通条件和美丽的风景，以及最重要的一点——当地居民对城市的满意度和忠诚度。[①]决定居民对一个城市的忠诚度和满意度的正是一个城市的文化（包括精神文化、归属感等）。“人类的理性自觉源于人类对自身命运前途理性的认知和把握，是社会发展达到一定历史水平在人的意识中的理性反映形式”。[②]胡适曾对20世纪初中国“五四运动”前后的新文化运动发展有过这样的评价：“与陌生文明的接触给中国传统文化带来了新的价值标准，本土文化被重新审视和评估。而文化的自觉更新与改革就是这种价值转换的自然结果。”[③]

二、从自然之城到人与自然和谐的文化之城

从文化学研究的视角来看，不同的文化体系结构会形成不同的文化类型和功能。文化类型是各种文化体系中最具特色、最具代表性的特征，而不是全部特征的综合。正如美国人类学家斯图尔德所说：“表示文化类型特色的是一些经过选择的特征，而不是它的全部要素内容。而且这些被挑选出来的要素特征被假定为在每个例子中彼此间都有着相同的互相关联的功能。”[④]因此，为了方便文化事物的一般分类，我们从普遍认同的“物化客观文化”“精神理念文化”“行为礼俗文化”三个层面的构成来分析。

① 理查德·伊尔斯，克拉伦斯·沃尔顿，编著. 城市和城市问题. 香港：今日世界出版社，1975：156

② 阿尔蒙德，等. 比较现代化. 杨豫，陈祖洲，译. 上海：上海译文出版社，1987：470

③ 胡适. 中国的文艺复兴. 北京：外语教学与研究出版社，2001：184

④ 蒋广学，朱剑，主编. 世界文化词典. 长沙：湖南出版社，1990：1079

(一)“物化客观文化”:城市文化意象及感知的自然表征

之所以把“物化客观文化”放在第一个来谈,首先是因为它是客观的。有些自然物化客观文化早于人类发生,是人类赋予了它特定的文化内涵,如某一山峰、某种食物等。它们的自然存在已经很久,当人类赋予某一山峰或某种食物人文文化,并将之命名为某一名称,这个名称具有人文内涵的时候,它才有了文化属性和社会属性。质性概念是“物化客观文化”形成的空间、空间实体和实物,往往是民族文化和地方文化的结晶。优秀的物化客观存在是人类文化选择的结果,具有集体记忆性。城市的物化器物范畴十分繁杂,这里主要强调与城市整体文化、形象要素相关的物化存在及自然空间、实体空间、人造景观节点等,其中城市文化地标、城市文脉和肌理、城市自然山水空间、城市形象要素、城市街道家具、“特化”历史文化遗存、城市天际线、城市建筑文化符号等要素构建了城市“物化客观文化”空间组合,从视觉上体现了点、线、面和角度空间图景,组合城市特色文化的特质、形态和地方文化彰显其意义。

城市形象被塑造出来后,一般凝缩和简化为一种符号,如城市的标志性建筑。它一般以高、大、特、异或以深刻历史意蕴为主体表现,也有人称之为“文化地标”,是由城市整体形象抽绎出的、被符号化的,如埃菲尔铁塔、悉尼歌剧院、故宫、自由女神像等,并成为这个城市的代名词,也是城市形象的联想符号。在空间上,它是一个城市空间“节点”或“城市片断”的符号标志。一个城市的重要标志物甚至可代表城市本身,其之所以能够起到文化地标的作用,就在于标志物区别于周围环境的唯一性和可识别性。“……要么占据突出地空间位置,更容易被识别,被当作重要的事物”,[①]同时往往具有强烈的时代特征和民族性、历史性、标志性,因此,也具有某种城市文化旅游功

① 张鸿雁.新型城镇化进程中的“城市文化自觉”与创新.南京社会科学,2013(11)

能。这也是为什么埃菲尔铁塔能够成为巴黎象征的原因所在。东方明珠曾一度是上海的文化地标,圣马可广场则构成了威尼斯的“城市客厅”,一个伟大的城市,一定有一个伟大的文化符号。具体来说,构成城市文化象征的标志物主要可以分为两类:一类是城市“之最”意义上的文化地标建筑,这个“之最”是使得城市与其他城市“分离”出来的标志,如最大、最高、最科技,等等。阿拉伯联合酋长国迪拜于2010年竣工的哈利法塔(原名迪拜塔)高达828米,曾刷新世界最高建筑记录,也构成了迪拜当时具有唯一性价值的文化符号。另一类则是虽然不高大,但却具有“集体记忆”意义的象征传统文化符号的标志物。“这类标志物不在‘高、大、精、深’,而往往是大家耳熟能详的‘老地方’‘老墙根’‘老房子’‘老庙堂’等。它们是城市生活中人们最熟知的一种文化记忆空间”,①是城市历史文脉和表达城市经脉、肌理的一个时间截面,也是这个城市生活特质的空间意向。在凯文·林奇看来,城市道路是城市意象产生的主导性元素之一。中国古典文化中对“道路”有独特的解读,如《荀子·天论》中有关于道路的记载,道路的“道”字中的“首”代表人的头部,即代表人,意在说明“人在路上行走”。从生活的意义上讲,道路作为城市的线状“物化客观文化”,是人和人互动的场所,也是人的一种空间活动场所,是人们发生交往活动的一种城市空间类型。如纽约的第五大道、巴黎的香榭丽舍大街和上海的南京路,不仅是城市重要的商业空间、消费场所,而且也已经构成了具有城市文化地标性的空间。

城市道路具有延伸城市景观的功能。除了承担一定的交通功能外,城市道路还具有绿化景观功能,就像鲁道夫·阿恩海姆所说的那样:“人们会感到这是一种从容的活动,典雅的房屋,和谐的韵律,优美的环境,城市画面渐渐展开。”②具有人文气质的街区,往往可以称之为“社会情景”和具有“地方场所”精神的文化区域,也是一个城市

---

① 张鸿雁.城市文化资本论(第二版).南京:东南大学出版社,2010:175

② 鲁道夫·阿恩海姆.艺术与视知觉.滕守尧,等译.北京:中国社会科学出版社,1984:6

个性文化风貌的集中展示地。人文街区一般是一个特定的文化集聚区域，是“观察者能够进入的相对大一些的城市范围，具有一些普遍意义的特征”，[①]也是构成城市“区块”状的特色文化空间。一个城市的特色人文街区往往在传统建筑风格、历史文化情境、集体生活惯习、传统民俗工艺和商业文化氛围等方面具有地方性的文化特质。当我们走在北京的什刹海街区时，感受到的往往是老北京的胡同、四合院、王府、戏曲和美食等凝练起来的“京派文化”。而当我们走在上海滩时，扑面而来的却是由白渡桥、洋行、领事馆、万国建筑等构成的“海派文化”的独特气息。因此，“一个值得记忆的地方通常占有一个景观重要特征：一个港口、一道河湾、一个三角洲、一个湖泊……我们记住的是那些因为独特的人造与自然之间互动而变得尊贵的场所……伟大的都市街区会经常维持着与自然地形间的特殊关系，并且将最密集的城市活动与宏伟的公园和花园联系在一起……”[②]并且这个地方必须是可进入的、可观察的、可体验的，具有典型的“场所精神”，进而让人们得到满足。城市如家，所以才有了“城市家具”之说，这是城市“温度的体现”，是城市人情味、亲情感与文化品位细节要素的系统表现。

“城市家具”一词来源于欧美国家，之所以称之为“家具”，是因为它蕴含了人们对城市美好生活的向往，希望户外空间能够如家一样舒适和自由，是一种“室外环境室内化”“室外景观室内化”的文化诉求。按照不同的使用功能，“城市家具”可以划分为公共休闲服务设施、交通服务设施、信息服务设施和环境美化设施等，这些服务设施只有在实现景观化、艺术化、人性化、亲情化和生态化的基础上，才能称之为城市的“家具”。如伦敦的邮筒、电话亭、公共巴士等就构成了伦敦城市具有强可识别性的城市细节。因此，清澈的河水、美丽的公园、个性化的色彩、多样化的雕塑、富于特色的公交站牌、立体化的生

① 凯文·林奇. 城市意向. 方益萍，何晓军，译. 北京：华夏出版社，2001：50

② 莫什·萨夫迪. 后汽车时代的城市. 吴越，译. 北京：人民文学出版社，2001：89

态植被、绚丽的橱窗和人性化的街巷等无不是构成“城市如家”里“家具”特色文化的细节表述，这样的城市才给人以亲情和母爱般的幸福。正如有学者说：“通过将创造活动应用于艺术、应用于思想、应用于人际关系之中，城市的价值是可以大大增强的，它决不只是由工厂、仓房、兵营、法庭、监狱、控制中心等构成的一个纯粹的功能性组织。历史名城中那些高耸的尖塔和穹顶便提醒人们不要忘记这一至今尚未实现的允诺。”①

（二）“精神理念文化”：城市价值取向的人格化表述

城市精神理念文化，是城市的最高哲学，是市民的文化主张，也是城市文化的价值核心和城市的灵魂。不同于城市“物化客观文化”的外在性和直观性，城市的精神理念文化是城市价值的表现，是城市市民集体认同的城市最高价值哲学。因而，城市“精神理念文化”回答的最根本的问题是：城市为谁而存在，城市的使命是什么。结合城市的发展历史和未来走向，我们可以将城市“精神理念文化”的使命一般概括为“可持续发展、有机历史风景、现代化水平、全员社会福祉和城市文化软实力”②等五个方面。进一步说，按照城市的不同主体，我们可以将城市的“理念文化”系统分解为城市精神文化、城市管理理念和市民文化性情等三个层面。第一，城市精神文化反映的是城市的基本价值理念，主要的外在表现是城市的精神定位。这种城市精神文化与定位是对城市传统人文精神的历史传承，也是时代变迁的见证。建立在历史与现实基础上的城市精神定位有利于城市个性的宣扬和城市价值的实现。从“三个扬州”（创新扬州、精致扬州和幸福扬州）的城市精神定位中，我们可以读出扬州城市的精致价值。又如上海以“海派文化”著称，就具有深厚的历史性与时代感，从中我们可

① 刘易斯·芒福德．城市发展史——起源、演变和前景．宋俊岭，等译．北京：中国建筑工业出版社，1989：76

② 张鸿雁．城市文化资本论（第二版）．南京：东南大学出版社，2010：307

以领略到上海城市的中西交融、文化先锋、全球城市、时代引领等文化特质。第二，城市管理理念是制度投入型的城市文化要素，具体包括城市服务理念、发展理念和规划理念等。一个城市的管理理念往往反映出这个城市管理者的管理能力和服务水平，它既包括城市顶层概念的设计，又包括细节服务的营造。日本大阪是世界上最早提出"学习型城市"概念的城市，主要强调城市的学习创新能力，通过学习使得城市居民成为城市文明的实践者、财富的创造者和社会发展的创新者。又如，在信息化和数字化时代的背景下，城市迎来了一次信息化和数字化管理的革新，具体表现出"文化资本型阶层主体化、各类社会组织结构扁平化、生活方式和人际关系的圈层化、多元文化的互动深化、经济活动全球化、产业经济家庭化、新型社区虚拟化"①等一系列新的特征，这些都将是城市未来确定管理理念必须要思考的要素。第三，城市的市民文化性情是构成城市"精神理念文化"的微观单元，是城市精神的一种"文化映射"。具体来说，城市的市民文化性情主要是城市居民群体意义上的文化形态，包括市民性格、地域方言、生活惯习、人际特点和民间习俗等，如东北人的"豪爽"、山东人的"好客"、南方人的"温和"和上海人的"精明"等。我们一方面需要对优秀的文化性情要素进行挖掘与推广，另一方面又要对市民文化性情中的一些文化"糟粕"进行淘汰或者是"印象整饬"。

（三）"行为礼俗文化"：城市文化品质提升的主体性自觉

市民"行为礼俗文化"和集体良知，是特色文化城市建设的基本落脚点，是特色文化城市的土壤和"文化场"。如果说"物化客观文化"是表征，"精神理念文化"是内核，那么"行为礼俗文化"就是基础性支撑前提，是特色文化城市实践的行动基点。从社会学视角分析，"行为"指的是人们面对情景的反应。行为可以分为两大类：个人行为和群体行为（社会行为），城市的"行为礼俗文化"是一种社会行为，

---

① 张鸿雁.城市文化资本论（第二版）.南京：东南大学出版社，2010：326～327

强调的是个体与群体、群体与群体之间的共同行为关系。

据此，我们将城市“文化行为”的要素抽象为精英群体文化创新与选择、市民价值取向与日常礼仪、生活方式与节庆风俗、伦理道德与集体良知底线及城市危机处理文化等。

首先，城市精英群体是城市社会的样板阶层，他们是否具有文化创新力和文化选择的主导力，是一个城市能否成为伟大文化城市的关键。一般而言，在整个社会分层体系中，精英群体是最具影响力的阶层，正如赖特·米尔斯对精英群体的评价：“他们的决策可能影响普通人的日常生活世界……他们的地位可以使他们做出具有重要后果的决定。”①因而，对于一个城市精英群体行为文化的培育、营造将会对整个社会产生重要的示范引领作用。城市往往是文化名人、知名学者、著名媒体人、体育明星、知名企业家、政治明星和艺术明星等社会精英群体的集中区，这些精英群体的数量和样板行为将直接影响到城市市民社会的成熟度。不得不承认的是，中国社会缺乏“社会样板群体”，这个样板群体应该是接受良好教育、具有现代生活方式和消费方式的群体。所以，一个城市“行为文化”构建的前提是，必须构建一个成熟的城市样板精英群体。

其次，城市市民礼仪行为是城市文化塑造的内源性动力。每一个城市市民都是城市文化与城市形象的代表，市民的一言一行直接关系到人们对城市的印象与评价。要创造良好的城市形象和“城市文化资本”再生产体系，就必须构建城市人的文化修养和行为礼仪的教育体系。一般来说，市民文明礼仪行为是贯穿在日常生活当中的，包括交通行为方式、人际交往方式、环保生活态度、诚信经商、学习习惯等。良好行为习惯的实现需要城市构建具有城市特色的人性教育培训体系，进而让城市人自觉地学习文明礼仪。如日本在2001年推出了“亲近读书”计划，针对18岁以下的未成年人进行文明礼仪教育，并明确规定各级政府都要在图书馆设置针对不同群体的指导人

① 查尔斯·赖特·米尔斯. 权力精英. 王崑，等译. 南京：南京大学出版社，2004：1～2

员，真正实现文明礼仪教育从孩子抓起。

第三，城市文化节庆既根植于城市历史文化，又需要重新建构，并能够与城市特色文化建设整合。它是城市的重要文化名片，具有城市文化资本再造的功能。作为一种群体性的城市集体行为，文化节庆不仅能够产生吸引人群的集聚力，还能在被关注中形成“口碑相传”的文化。巴西里约热内卢的狂欢节，在短短的4天时间里就可以吸引超过50万的海外游客的汇聚，这对一个城市文化形象传播的价值无疑是巨大的。又如，吉林省松原市的查干湖早先只是一个不太知名的景区。在挖掘当地独具特色冬捕文化的基础上，这里举办了查干湖渔猎冬捕节，在很短的时间内快速提高了查干湖在全国的影响力和知名度。因此，一个好的城市文化节能够将文化资源优势转化为城市文化资本。

另外，一个城市能否不发生危机，或能很好地处理危机，也是实现城市文化可持续发展的重要保障。城市作为一个复杂而巨大的经济文化综合体，在面对外来文化冲击和内部社会矛盾的双重压力下，必然会发生相关的城市问题与危机。如何应对可能发生的各种各样的城市危机，是对市民行为文化的历练和考验，也是特色文化城市建构的构成部分，不可或缺。在这一过程中，城市管理者无疑将时常面临如何处理城市危机的考验，危机处理措施是否得当，将面临外界的监督或质疑。如果在危机中城市管理者和城市居民能够表现出足够的冷静、积极、坦诚、沟通、及时和高效，那么，外界将对城市产生良好的印象与正面评价。因而，建立一种跨文化的沟通机制和危机预警机制不仅是一般城市管理的需要，对于特色文化城市建设来说更是十分必要的。

三、从“资源优势”到“文脉传承”，再到“城市文化资本”

特色文化城市的类型化，决定了我们必须以创新的方式加以应对，使得每一座城市都具有不同的文化类型特色，发挥自身的资源优势，确立符合自身实际的文化发展目标和方向。从世界范围来看，很多著名的城市都是依托自身的独特优势发展起来的，如“港口之都”鹿特丹，因港而兴，因港而富，因港而名；音乐之都维也纳，因音乐大师的汇聚和国际音乐节，获得了“世界音乐”城市的美誉……每个城市的成功都源于自身优势的创造与发挥，对于不同文化类型和资源类型的城市来说，如何找准定位和确立发展步骤将是特色文化城市建构的必要前提，本章仅从自然禀赋、历史传承和文化产业创新发展三个视角加以分析。

（一）“原生态”人文区位再造

自然资源禀赋型城市，其“原真性”文化具有无限价值。自然资源是一种非再生资源，它既构成了城市的独特发展优势，又是影响城市可持续发展的重要一环。自然禀赋型城市文化建设的基本前提就是要确保自然资源的“原真性”保护与开发。所谓保护自然生态资源的“原真性”是一件很艰难的事情，比如，有一个城市，城市中心区的一座山体为城市提供了丰富的地形地貌和城市生活，如俯瞰城市的视角，森林和鸟语花香等；还有一个城市，有丰富的河流资源，历史上号称“八水绕城”，可后来山被平掉了，河被填掉了，而且有关部分还被作为业绩来宣传……目前来看，在经济利益的驱使下，城市的自然生态资源普遍面临着“建设性破坏”。以九寨沟为例，过热的基础设施建设和超载的人流量曾经破坏九寨沟的原始风貌和生态气候，甚至有国际专家发出了“九寨沟 20 年后可能会消失”的预言。后来，九寨沟合理划定“不开发区”，有效控制了游客承载量，并限制商业过度开发，有效保护了自然生态资源。得天独厚的自然资源，一可以创造城市良好的生活环境，二可以实现自然资源与休闲文化产业的双向互动。利用城市自然资源优势创造文旅融合发展的新格局，如文创产业、旅游休闲产业、养生会展产业等，可以使城市的文化建设获得更强的可持续发展力。以昆明为例，可以利用四季如春的自然气候和独一无二的原生态山水资源，通过发展体育休闲、度假旅游和节庆会展等相关产业，逐渐确立宜人宜居宜游的山水文化“春城”的文化特色。通过将一个城市的自然生态资源优势转化为休闲文化产业优势，可以让自然资源获得“再生”的动力。建构自然资源与城市特色文化景观体系互动机制，可以形成城市文化资本再生产场域关系。一个拥有特色文化景观体系的城市必然是充满文化感和吸引力的城市。拥有独特自然资源优势的城市，应该将自然资源引入城市文化景观建设中，做到引水入城、引林入城、引山入城，打造独一无二的城市特色文化景观体系。苏州之所以被称为“东方威尼斯”，正是得益于其将水文化做足做透的同时，还将古典戏曲文化、历史街区文化、非物遗产文化、园林景观文化、地方饮食文化、新型工业景观文化等有机结构化，形成苏州特有的城市文化产业特色和城市文化产业链。其典型的城市空间形态表现了独特风貌，城市街道沿河而建，水陆并行，前巷后河，形成了“小桥、流水、人家”独特的城市特色文化体系。

空间区位优势型城市的文化建设要凸显独特空间价值，通过文化要素空间集聚，实现城市特色文化再造。美国著名城市学家刘易斯·芒福德认为：“城市是一种地理网络，一种经济组织，一种制度性进程，一个社会行为的场所，以及一种集体性存在的美学象征。”①城市是以地理空间为存在基础的，同时又处在一个地域性的空间结构网络当中，那些处在优势空间区位的城市往往有着独特的空间价值和经济价值，在区域性城市群结构中占据着空间优势，而容易形成“文化发展极”。如何利用好空间区位优势，是每个城市必须思考的问题，即使没有空间区位优势，也要创造空间区位优势，这就是人文区位，或称文化特色区位。对于空间区位优势型城市来说，首先要挖掘并寻找空间的坐标价值，赋予城市空间以文化意义。确立城市的文化空间坐标，需要把城市放到周边区域，并在与国际同类城市比较的基础上，通过具体的 SWOT 分析，寻找到自身的区域文化价值与

---

① Munford, Lewis. *The culture of cities*. London: martin Secker & Warburg ltd. 1938: p. 480

优势。长春地处东北亚地理几何中心,占据了独特的区位空间优势。为了将这一空间区位优势变为文化优势,长春市在结合历史文化演变和区域合作的基础上,提出了建设"东北亚文化反射中心"①的特色文化城市定位,从而在区域城市文化竞争格局中占了"先手"。其次是从文化价值意义上确定城市文化空间的多重分类。城市文化空间分类的意义在于对城市内部文化空间的再认知,找到城市的最优文化区位,并针对不同的文化空间进行差异化打造。一般而言,城市的文化空间具体表现为六大形态:历史文化街区、传统文化古镇、现代人文社区、文化创意产业园区和城市文化地标区、国际性唯一文化资源。城市需要根据自身的区域文化总体定位,将发展目标分解到不同主题的城市子文化空间,进而形成序列化的城市文化空间格局。再者是发挥城市空间生产与再生产的作用,实现优势文化要素的集聚。根据列斐伏尔的"空间生产"理论,空间是一种被生产出来的对象,具有"空间实践、空间的表征和表征的空间"②三重含意。占据空间区位优势的城市可以通过文化空间的再生产,成为吸引外部优势文化要素的"黑洞",创造高端经济、文化、人才等发展要素的集聚高地。苏州距离上海很近,苏州在上海都市圈中占据了很强的区位优势,利用上海浦东开发建设的机遇,通过开发区的建设和"上海组合城市"的功能定位,③吸引了大量的投资和人才的集聚,从而带动了苏州城市区域空间价值的提升。

(二)"源文化"与"集体记忆":文化共同体再造

历史文脉是城市特色文化建构的资源和资本,要对其进行精准保护与精准传承,实现城市历史记忆延续和"集体记忆"的再造。刘

---

① 邵颖萍,张鸿雁.全球化语境中的特色文化城市建设.南京社会科学,2013(4)

② Harvey,David. *The Urban Experience*. Oxford UK & Cambridge USA: Blackwell Publishers,1989

③ 原来苏州定位为"上海后花园",我以为,这是缺乏完整功能的定位,苏州应该定位为"上海的组合城市",这也是苏州成功的原因之一

易斯·芒福德曾说过:“城市通过它集中物质和文化的力量,加速与人类交往的速度,并将它的作品变成可以储存和复制的形式,通过它的纪念性建筑、文字记载、有序的风俗和交往联系……并使这些活动承上启下,继往开来。城市通过它的许多储存设施(建筑物、保管库、档案、纪念性建筑、石碑和书籍),能够把它复杂的文化一代又一代地往下传,因为它不但集中了传递和扩大这一遗产所需的物质手段,而且也集中了人的智慧和力量。”①城市是人类的财富中心,精神文化与思想财富的集聚和传承是城市对人类的特殊贡献。城市是人类自觉的集体智慧的结果,它区别于乡村的就是,人类集聚在一定空间内创造共同发展的方式——城市生活方式。这一方面使人类社会发展进入了加速度的状态,另一方面人类高度集聚在特定区域内,集中在一起消耗大自然给予我们的财富,因此又创造了城市人口集约发展与自然环境之间的矛盾,这也是人类社会进化的一种规律,即在解决矛盾、问题中发展和创新。

美国芝加哥学派的帕克曾经讲过:“城市是一种心理状态,是各种礼俗和传统构成的整体,是这些礼俗中所包含,并随传统而流传的那些统一思想和感情构成的整体。换言之,城市绝非简单的物质现象,绝非简单的人工构筑物。城市已同其居民们的各种重要活动密切联系在一起,它是自然的产物,而尤其是人类属性的产物。”城市是一种历史性的和文化性的结晶。“城市是一种心理状态”表述的是,城市人通过在城市社会体系内的生活,规范、整合出了一种心理人格,这是一种属于城市并区别于乡村社会的心理人格。在城市里呈现一种特定的文化和特殊的生活范式,如城市对于乡村来说是一个“生人社会”,城市对于乡村来说是一个打破了血缘、地缘关系的社会,多数人依靠个人的“事本性”在城市社会谋生存、谋发展。特别是,城市对每一个人都形成一种“压力选择文化”。这种文化产生于城市本身,如上海的文化传统形成上海特有的市民生活方式和人际

① 刘易斯·芒福德. 城市发展史——起源、演变和前景. 宋俊岭,倪文彦,译. 北京:中国建筑工业出版社,2005:580

互动方式，北京的文化传统形成了以官本位为文化内核的北京生活方式，两者都在一定程度上规训着人的行为。这是一种“压力选择文化”，它塑造人的文化心理结构，让人们不得不适应这样的城市生活，否则很难被认同而被称为“外地人”。城市文脉是一个城市文化品位的重要表现，是一个城市经久不衰的历史基础，更是一座城市的历史记忆和集体记忆，在深层上有着教育人、改造人的功能。传承城市的历史文化，不仅仅是对“源文化”的保存，更是对城市文化精神的传递。因此，如何实现城市历史文脉传承与创新是所有城市特别是历史文脉型城市特色文化建设的主体内容。这可以从以下几个方面进行思考。

历史文脉与文化旅游互动，传承历史文化，创造当代新文化。从特色文化城市的角度认识，保护与传承历史文脉的有效举措之一就是通过文旅融合带动历史文化资源的挖掘、传承与创新。合理而科学地推动文化旅游经济的繁荣，不仅不会破坏历史文脉的“原真性”，而且通过文旅整合创造经济收益，还可以有效地“文化反哺”历史文化资源的保护。西安是一座有着深厚历史底蕴的文化古都，但是历史的更迭和人为的破坏使得以大明宫为代表的盛唐文化元素遗失严重，为了再现“大唐盛世”的文化景观和促进历史文化的保护传承，西安市通过大唐芙蓉园和曲江遗址公园等文化旅游项目的推动，创造了历史文化与文化旅游互动发展的“曲江模式”。

让历史文化“活化”起来，打造历史文化的“活态”体验空间。这一“活态”空间的主要表现就是历史文化街区的新文化注入，使历史地段通过对传统城市的肌理、生活样态和历史风貌的再现，创造城市文化的延续性和地方性，这也是人们体验城市历史文化的核心场所和“时间切面”。以成都的宽窄巷为例，成都将宽窄巷定位为“新都市名片”和会客厅，凸显了对这一历史街区现代城市价值的意义和地位的再造。“宽巷不宽，窄巷不窄”构成了老成都历史记忆的浓缩。无论是从人性化的空间尺度，还是精致化的历史文化角度，成都宽窄巷都堪称老城区改造与创新的经典之作。①

强调历史文化符号元素的传承与创新。城市要有效保存人类文化元素，博物馆文化就要成为特色文化城市建设的组成部分。城市是文化容器，博物馆是城市“文化容器”里的“保险箱”。要创新对博物馆文化要素保护、保存的科学观和方法论，强化科学、完整、系统的保护原则，这是对人类文化的一种责任。对历史文化符号元素的保护、传承与创新，需要建立在对历史文化符号元素完整把握的基础上，尊重历史，不否定历史，完整、原汁原味地保存历史遗存，这才是真正辩证的历史观。对那些特别具有历史价值、艺术价值、知识价值的文化符号和遗存不能有遗漏，包括书籍、建筑、服饰、饮食、手工艺、戏曲等。无论是纽约、东京、米兰、日内瓦、苏黎世这样的大中都市，还是汉诺威、卢塞恩和达沃斯这样的小城小镇，都有自己的特色博物馆。同时，这些城市本身就具有博物馆功能，文化遗存和古建筑比比皆是。2016 年前后，日本有 5 000 多家各类博物馆，而美国号称有 35 000 家各类博物馆。中国博物馆业近年也有很大的发展，据不完全统计，全国有各类博物馆 5 500 家左右。从人口与博物馆占比来讲，中国博物馆业的发展还有很长的路要走。2006 年以来我们给连云港、扬州、泰州、南通等城市规划、策划了博物馆群和博物馆文化产业链，设计了与其相关的博物馆概念主题 100 个以上，可惜的是一些城市只顾发展工业，很少有人注意发展博物馆经济和博物馆文创产业。虽然近几年中国很多县级城市建设了博物馆，但是因其馆陈方式过于传统和落后，很多博物馆入不敷出、难以为继，成为社会的负担。

在特色文化城市建设方面，博物馆是重头戏，一方面要建设好博物馆，鼓励私人建设博物馆，让城市承担历史文化传承与建设的责任；另一方面，要把城市当成一种博物馆来建设和发展。如北京、南京、洛阳、杭州和扬州等历史文化名城，百年以上的单体建筑所剩无

① 陈然.新型城镇化语境下县域城镇文化发展之路——以江苏省泗洪县为例.上海城市管理，2014(7)

几，一个城市如果仅仅靠几个博物馆是无法承担民族文化守望的重任的。城市本身就是一个博物馆的建设理念，包含了继承、保护、学习、创新等意蕴。“当人们徜徉在一个历史文化名城，除了几处文化景点外，曲折幽深的小巷、古老别致的庭院早已被笔直宽阔毫无意境的水泥马路和居民楼取代时，人们无法从秩序混乱的城市形象中追溯城市的历史积淀和约定俗成……”[①]真正意义上的城市历史文化传承必须要从历史文化符号的重塑与创新入手。

另外，一个城市的历史传统文化活动如祭祀、纪念等是根植于城市市民“集体记忆”之中的，也是城市历史文脉延续的主要表现之一。放眼世界，那些有着悠久历史的城市往往有着具有广泛知名度的文化节庆活动，长期而固定的传统文化节庆不仅展示着一个城市的历史底蕴，而且还起到传播城市文化形象的作用。京都市园祭节庆是日本三大传统节庆活动之一，已经有 700 多年的历史。京都市民都热衷于这项具有悠久历史传统的城市节庆，并以此为中心展示古代京都的繁华、传统宗教和历史，仅此一项，就吸引着 120 万的游人来京都旅游。[②] 因此，京都的园祭节庆活动反映了京都的历史文化和京都人的认同意识，是市民的“集体记忆”。

（三）“源文化品牌”升华：国际文化认同的涵容

“制度型投入”和“市场治理型投入”两个模式并重，是特色文化城市创新的新视点，是文化产业与其他产业横向交叉互动的保障条件之一。“城市发展要有自己的主导产业，没有优势主导文化产业的城市缺乏文化发展的可持续性动力因”。[③] 对于具有文化产业优势的城市来说，必须要充分放大这一优势，并从制度设计创新和市场治理

① 张鸿雁，等. 城市·空间·人际——中外城市社会发展比较研究. 南京：东南大学出版社，2003：13

② 周永广. 日本节庆活动对我国旅游节庆开发的启示. 旅游学刊，2005(3)

③ 张鸿雁，张登国. 城市定位论——城市社会学理论视野下的可持续发展战略. 南京：东南大学出版社，2008：216

创新两个层面建构完善的服务保障体系，打造城市的综合竞争力、核心竞争力和特色文化竞争力“三力”并举的组合拳。

在总结国内外城市发展经验的基础上，文化产业优势型城市的特色文化建构需要做好以下三点：

首先，优化文化创业与文化人才引进的制度政策创新设计。人才是第一生产力，城市的一流文化是由一流人才创造出来的，优秀人才在某一城市集聚是特色文化城市发展的基础性条件。如何建立具有国际意义的人才市场？如何建立完善的人才创业机制？如何健全优秀人才的引进政策与城市特色文化建设？这三个问题中又以人才创业机制的完善最为关键，也最为困难。因而，一个城市只有建构完善的人才创业机制，才能避免城市文化建设过程中出现人才“断层”和文化理念“断层”。例如，北京中关村实施了“人才特区”建设，通过实施特殊机制、特殊平台、特殊体系和特殊政策四大特殊举措，吸引了大批优秀创业人才的汇聚。

其次，参与全球新文化产业分工，实现特色文化产业的差异化定位。文化产业定位实质上是注重“分离”与“集聚”，通过突出城市的主要产业功能，形成强势文化产业，并通过差异化“竞合”关系比对，以在区域城市群体系乃至世界城市的文化产业分工体系中保证强可持续的竞争力。纵观世界城市的发展，那些特色较强城市的发展往往都是建立在特色产业定位基础之上的，如时装之都巴黎、会议之都日内瓦、金融之都苏黎世、电影之都洛杉矶等。这些城市都是以自身鲜明的文化产业特色在世界城市竞争格局中占据独一无二的优势的。古语有“上有天堂，下有苏杭”，根据自身休闲文化产业传统优势，杭州将城市文化定位为“世界休闲之都”，通过历史人文资源挖掘、休闲场所建设和休闲文化产业链的建构，将诸如“杭州菜”“杭州白菊”“杭州女装”“自助茶馆”“休闲图书超市”“杭州印象”“西博会”等杭州城市文化元素推向了世界。

第三，文化要素集聚平台建设是实现优势主导型特色文化产业的切入点。根据产业集聚的经济学理论，若干产业在一定空间地理上的集聚，只能在若干点上产生高集聚形态并产生溢出效应，再通过城市文化资本再生产，使集聚效应升华为“文化发展极”效应。通过文化产业平台的搭建，吸引优势主导文化产业的集聚，将是文化产业优势型城市实现特色文化城市建设的关键性举措。从全球范围看，文化产业在空间上集聚已经成为城市文化发展的普遍性规律。作为UNESCO“创意城市网络”成员之一的深圳通过F518时尚创意园区的打造，形成了汇聚创意前岸、游戏动漫社区、品味街、F518创展中心和国际酒店等典型的文化创意社区，大大促进了深圳文化产业的发展，使得深圳被公认为“中国创意之都”。对于文化产业优势型城市来说，必须围绕核心主导产业，集聚优势文化产业和相关服务配套产业，从而形成高集聚空间，通过现代服务型产业园区对资源进行整合，使集聚产生叠加效应。

文化活动创新型城市要建构主题化、序列化、系统性和创新性的文化节庆品牌活动，凝练城市特色文化主题和文化品牌。“特殊活动是城市文化、历史、产业等资源优势的组合化的表现，是在一系列比较优势基础上形成的一种城市文化符号，是城市品牌形成的重要元素，也是城市的文化象征。法国南部的城市戛纳，因其一年一度的戛纳电影节而被世界人们所熟知，因而也被世人称为‘电影城市’”。[①] 文化活动主题型城市的特色文化建构需要做好以下几个方面的工作。

首先，聚焦优势节庆传统，注重对具有地方性、历史性、体验性和内涵性节庆内容的打造。一个城市文化节庆的生命力根植于节庆的地方性和历史性的特色，这也是一个城市区别于其他城市的特色文化形象之一。节庆的地方性强调城市的传统特质，往往具有唯一性和垄断性，又具有城市文化形象的可识别性。如澳门妈祖文化旅游节、连云港西游记文化节、查干湖冬捕渔猎节等都具有很强的地域标识性。节庆的体验性和内涵性则强调内容的丰富性和多样性，是吸引人们参与特色文化城市建设的重要因素。素有“玫瑰之城”的波特

① 张鸿雁，张登国. 城市定位论——城市社会学理论视野下的可持续发展战略. 南京：东南大学出版社，2008：218

兰市，在每年5月月底到6月月初玫瑰盛开的季节都会举办盛大的“玫瑰节”庆祝活动，其中的核心节目是全市玫瑰花车大巡游。每年的花车大游行都会吸收中国等国家的文化演出元素，形成一个世界文化元素的“大观园”。丰富多彩的节庆内容使得城市每年吸引的观众超过50万人次。如今，波特兰玫瑰节已成为俄勒冈州甚至美国西北地区最大的民间庆典活动和全美独一无二的旅游节日。

其次，依托城市特色文化节庆的经济带动效应，带动相关产业的融合发展，实现节庆经济、会展经济的全产业链打造。城市的节庆活动作为一种特色文化，具有文化的涵容性和渗透性等特征，与城市其他产业之间具有很强的关联性。许多城市都把节庆活动与城市的旅游产业、文化产业、餐饮业、交通业等进行融合发展，从而形成一个节庆经济的全产业链。以“会展之都”汉诺威为例，汉诺威依托具有国际知名度的工业博览会，形成了商品交易会、展览会、餐饮、旅游和会议等完整的节庆经济产业链，如从工业博览会中细分出的“国际信息及通信技术博览会（CEBIT）、航空博览会、国际建筑博览会、国际商用汽车博览会、国际林业木工博览会、国际机床博览会等子产业类型，每年吸引超过200万游客参观”。① 依托城市的节庆文化经济不仅可以实现各个产业之间的横向互动，提升城市的整体产业竞争力，还可以形成城市的文化品牌，提高城市的文化形象和知名度，如南京的世界名城会博览会、扬州的世界运河名城博览会等。

第三，以构建城市品牌为目标导向，创造立体整合节庆行销体系。节庆活动有关联性强和辐射面广的特点，这使得城市节庆活动成为城市形象营销体系的重要组成部分。国际上许多知名城市都把城市文化节庆活动的推广作为城市文化品牌形象营销的重要内容。以英国伦敦为例，为了将伦敦的城市节庆活动推向全球，伦敦借助BBC的媒体传播、“伦敦奥运会”大事件营销和伦敦之家（London-House）官方网站等推广城市的各种节庆文化活动，进而促进了伦敦城市文化品牌形象的传播。

---

① 付宝华. 城市主题文化与世界名城崛起. 北京：中国经济出版社，2007：209

第三章

特色文化城市与新型城镇化动力创新

在城市中，生活的韵律似乎是在物质化与灵妙化二者之间变换摇摆：坚硬的构筑物，通过人的感受性，却具有了某种象征意义，将主体同客体联系在一起；而主观的意念、思想、直觉等尚未充分形成时，也具备了实际构筑物的物质属性，其形体、地位、构成、组合，以及美学形式，都扩大了意义与价值的范围，否则便会被淘汰。因而，城市设计就成了社会物质化过程的极点。①

——刘易斯·芒福德

"通过一系列国际网络将围绕某一商品或产品而发生关系的诸多家庭作坊、企业和政府等紧密地联系到世界经济体系中"，并明确指出"任何商品链的具体加工流程或部件一般都表现为通过网络关系连接在一起的节点或一些节点的集合；商品链中任何节点的集合都包括投入（原材料和

① 刘易斯·芒福德. 城市发展史——起源、演变和前景. 宋俊岭，等译. 北京：中国建筑工业出版社，1989：85

半成品等)组织、劳动力供应、产品运输、市场营销和最终消费等内容”。①

——格里芬

一、新型城镇化理论与实践:寻找人类共同的发展规律

中国的城镇化已经形成世界性影响,为中国现代化的高速发展创造了平台和动力。要保证新型城市化的健康发展,首先,要从法治和法理的高度,推行国家级城镇化顶层设计的规划和战略模式。其次,必须从学理性和科学性的双重视角认识其发展的本质,从社会结构变迁的高度理解城市化与城镇化在本质上的同一性意义。第三,必须从理论与实践结合的层面,根据自然地理环境、区位特点、资源禀赋、历史文化传承和地域生产力结构差异等要素对新型城镇化进行法治化的精准管理、分类指导和分层建设,杜绝以往“一刀切”“运动式”的城镇化运作方式。另外,必须从宏观、中观和微观三个层面依据中国国情对新型城镇化进行包括社会规划层面的综合性系统化设计,通过“行动纲领式的政策模式”和“解决方案式的规划”管理方法,建构一个以都市圈“发展极”城市为引领的,大中小城市(镇)并举发展的,具有地域差序化格局的空间网状一体化城镇化体系,这是建设具有强可持续发展动力的新型城镇化的前提。

中国正处于“城市社会来临”背景下的新的发展时期,新型城镇化战略的提出具有“文化自觉性”和现代性的自为性。对传统社会来

① Porter. *The Competitive Advantage*. New York:Free Press, 1985: 25～29 Gary Gereffi & Miguel Korzeniewicz. *Commodity chains and global capitalism*. London: Praeger, 1994:96～98

说,社会整体变迁意义上的进步莫过于城市社会取代农业社会,[①]城镇化是社会进化型的进步过程,并在本质上说明了人类现代化的过程与结果就是城市化和城市现代化。社会生活的民主、社会保障的公平、生活方式的多元化、人生价值的多元化实现、生态环境的可持续化、法制化的契约关系及市场性取向,是新型城市化健康发展的内涵、目标和前提。

(一)城市社会来临语境下的新型城镇化理论价值

近代以来,发达国家的城市化增长率是每25年左右人口翻一番。如果按照西方发达国家城市化发展规律每25年左右翻一番的话,中国在2038年前后城市化水平至少要达到85%左右,也就是说在未来的20多年里中国将全面处于从传统城乡二元结构向城市社会结构转型的社会结构变迁期。选择新型的城镇化道路作为国策之一,是适应这一变迁的有效举措。“新型城镇化”战略提出来之后,出现了聚讼纷纭的现象,有人把“城市化”与“城镇化”严格对立起来。这一看似十分简单的争论,却说明了一个很深刻又严肃的问题:对当代新型城镇的误读,在很大程度上是因为对城市化与城镇化内涵和本质的同一性缺乏科学的认识所致。这种“误读”的主要分歧核心是新型城镇化走“以小城镇为主的道路”,还是走以“大城市为主的道路”。事实上,这两种观点都有明显的认识失误和偏颇,对中国来说,选择其中任何一条道路都不符合国情,依据中国“多梯度社会”发展现状,应该走“复合型的城市化道路”。[②] 显然,从现实应用的角度看,系统地提出和建构中国新型城镇化战略理论、行动纲领和实施指导细则十分必要,这也是目前要实现城镇化健康发展所必须解决的问题。本章从三个关系的视角对此进行讨论。

一是城镇化与城镇群的关系。古今中外城镇化的历史证明,独

① 马克思恩格斯全集(3).人民出版社,1971:41
② 张鸿雁.中国城市化理论新模式的建构.学术月刊,2012(8)

立于大中城市体系之外的传统小城镇是缺乏自我发展动力和再生机能的。离开了大中城市地域生产力构成体系，小城镇就会出现“孤岛效应”——缺乏就业能力、产品输出能力和商品消费能力，自然也就缺乏可持续的发展能力。没有相对较充分就业能力的小城镇就等于没有了充分发展的“动力因”，而相对充分的城镇就业，是在某种程度上依赖城镇群地域产业分工来实现的。中国珠三角和长三角等地区一些城镇发展的成功经验也已经证明：凡是具有可持续发展力的城镇化地区，往往也是在大城市地域结构体系内的地域分工区，从而形成“一镇一品”的地域生产体系。此类城镇，要么是在一定地域空间形成了“城镇群空间一体化发展的模式”，要么是在“大中城市群（带）中被地域结构化的，具有合理差序格局的城镇群模式”。换言之，如果仅仅发展单纯、孤立、分散的城镇体系（如我们看到的山西、云南和河南的某些地区那样），就必然会重新出现“几乎无业可就的孤立城镇困境”，从而会导致新的、更多的社会问题的发生。简单说，城镇化在空间意义上就是城镇“群”“带”化。

二是城镇化与城市化的关系。对于城市化而言，城镇化的重点在“化”“镇”，但其本质是具有同一性的。首先，城市化与城镇化在生活方式变革上具有本质同一性。无论是在外在形式上的农村人口向城镇迁移，还是在内在本质上的以非农业劳动方式为主体的生活方式的地域变迁，城市化和城镇化都是城市生活方式的地域性扩张，是城市文明的一种普及方式。城市与传统农村是此消彼长的对应关系。其次，城市化与城镇化作为商品经济的载体具有本质同一性。城市是商品经济的载体，而传统乡村是自然经济的载体。城市化与城镇化过程都是摒弃传统社会的地域血缘关系的过程，创造了以货币关系为纽带的“异质性”生产关系综合生活体。传统乡村是以血缘关系为纽带的“同质性”的共同体。发达国家的小城镇，在“农民终结”的社会变迁中，小城镇与大中城市构成地域统一体，城市生活方式在原来的农业地带广阔地展开，城镇体系成了城市生活方式再现现代化过程的集聚地，美国接近76%的人生活在中小城镇里，其原因就在这里。第三，城市化与城镇化作为“适应性开放功能体”具有本质的同一性。“城市人”通过商品交换过程在确立了主体间的平等的同时，[①]形成相互全面依赖生活体系。[②] 所以，以非农业生产而存在的城市(镇)经济体，无论其大小都必须与周围大量商品“能量交换”——输出和吸纳劳动力、原材料、生活与生产资料……这些城镇必须是某一区域产业分工的一部分，否则，就会被排除在经济与社会的主流体系之外。世界历史经验和中国改革开放40年来的经验已经证明，凡是衰败的城镇，都是没有或者没有能力参与地域分工的孤立城镇，因为没有能力参与地域生产力分工，也就没有了合理的就业机制，因而形成封闭的“恶的循环过程”。

三是城镇化与现代化的关系。在一个民族中实行“现代化”，就意味着他们处于一种从“农业”社会过渡到“现代”社会的过程。[③] 城镇化过程通过现代性的空间再造，“通过循环累积性的自组织功能”，对传统社会进行解构，在城镇体系内整合和建构并演化出共享的文化与消费空间、相对丰富的教育空间、相对充分的竞争机制和空间、不断增长和变迁的职业阶梯与空间、休闲和工作分离的时间与共生空间，以及每个人可以向上流动与发展的选择机会与不同的价值空间……这些都是传统农业社会不能够提供的。马歇尔认为，城市在空间上的集聚有积极的意义，包括“知识和信息传递更容易，营造了协同创新的环境”和“提供了共享的专业劳动力市场”等。[④] 这些“集中性空间”构成了城市生活方式的“文化场”，通过个人的努力如升学、创造个体的文化资本以及创造特有的生存技能——个体“工具所有制”等，就可以创造向上流动的通道并实现个人价值和理想。城市越大，所表现的职业分工就越深刻。18世纪的伦敦有近2 000个职业名称，形成了一个长长的“异质性”的职业分层化社会，与城市比较，传统乡村几乎没有典型的社会分工，只有一个“同质性”职业——

① 马克思恩格斯全集(第46卷上).人民出版社，1972：197

② 马克思全面依赖关系的理论.见：马克思恩格斯全集(第46卷上).人民出版社，1972：104

③ 赫茨勒.世界人口的危机.何新，译.北京：商务印书馆，1963：49

④ 马歇尔.经济学原理.朱志泰，译.北京：商务印书馆，1997：281～286

以农民为主的乡土社会，必然具有封闭性和落后性。[①] 正因为如此，城市里才有农民工、理发师、大学教授、小老板、董事长、IT 师、股评家等，形形色色的职业人共同生活在一个空间，这是城市化所体现的现代性的“共容性”。伴随城镇化的发展，日益增多的职业名称是城市社会给予每个人创造个人价值空间的符号表达，这也是城市现代性的“共容性价值”，城镇化就是在创造更多的现代性“共容空间”，让更多的人过上有尊严的生活

城市是“改造人类的主要场所，人格在这里得以充分发展”。从乡村来到城市生活，在都市生活环境中，各种传播媒介、教育、文化和现代通信事业都在潜移默化地改变着人的生活方式和思维方式。“新的城镇，也会体现出同社会组织中的现代观念有关的原则，如合理性、秩序和效率等。在某种意义上，这个城镇本身就是现代性的一个学校”。[②] 城市作为一种社会经济与文化的创新载体，改变着每个人，又给每个人适应其生活的机会。

（二）全球化视野中的新型城镇化与社会变迁

1. 发达国家新型城镇化管控模式：“以法治规”的“精深管理”

发展新型城镇化是缓解工业化以来出现的大城市过度膨胀和解决相关城市社会问题的出路之一。美英等发达国家都有工业化过度发展的痛苦经验，当代中国正在经历着发达国家曾经经历过的社会问题。美国学者彼得·卡尔索说，当代城市化引发了两个根本性问题：“高技术的发达社会与自然界的关系，高技术的发达社会与社会平等的关系。”[③]从 20 世纪 60 年代以来，发达国家都在重新设计城镇化的模式与出路，其重要的经验是对新型城镇化进行法制化的管控

---

① 马克思恩格斯全集(第 23 卷). 人民出版社，1972:23，55，392

② 英格尔斯，等. 从传统人到现代人——六个发展中国家中的个人变化. 顾昕，译. 北京：中国人民大学出版社，1992:319

③ 彼得·卡尔索，威廉·富尔顿. 区域城市——终结蔓延的规划. 叶齐茂，倪晓晖，译. 北京：中国建筑工业出版社，2007. 前言

与规划管理，对此，可以用“精准”和“深入”来描述。所谓“精准”是指宏观城镇规划法规中包括重点“指定内容”，即“规定动作”。所谓“深入”是指城镇化战略有细则，既有城镇化规划与管理的程序规定，还有对规划者的责任要求。正是这样，美国的新型城镇化战略才比较成功，如其推行“大都市圈（大城市带空间）体系下的小城镇重点发展战略”，“人口在10万人以下的城镇始终占重要地位，其人口占城市总人口的比重一直稳定在50%左右。20世纪40年代后又呈上升趋势，到1980年已近76%”。①

在工业化后期，为了控制并保证高速发展的城镇化能够有序、健康地发展，发达国家都相继出台了有关新型城镇化的法律、法规和政策。日本在国家层面提出了“战略理念”，用以引导城镇化建设，如日本“田园式小城市”的“国土整治计划”，推进建设了一批环境优美、设施完善、居住便利的小城镇，以集聚大量的农村人口，缓解大城市的人口压力和环境压力，形成了一批城乡一体化、工业布局与资源配置合理和有某种就业体系的城镇群。澳大利亚在1994年以总理的名义建立了“总理的城市设计特别工作组”，针对新型城镇化建设提出了29项建议，包括社区建设优先权等内容。英国在《1976年新城法》后，又在1994年提出了“城镇和乡村质量”规划法和相关规划指南。②相比较而言，美国的城镇化建设立法条款繁杂，不仅有宪法层面的立法，还有州立法和“城市法”，从宏观到中观及微观都有明确的法律规范，更有对城镇开发的具体细部建设和实施要求。如有法案中提出，在郊区城镇的规划建设要“回归更加传统的形式”，“对那些充斥了小家庭的小区中提供形式更加都市化且更有持续性的开发项目”，“以保证重新开发能够提高城镇的质量”。③ 特别要提及的是，美国早在1968年就通过了《新城镇开发法》，不仅对每个城镇的建设规模、环境

① 冯华. 21世纪的热点：发展小城镇推动城市化. 北京：科学出版社，2000：49

② 约翰·彭特. 美国城市设计指南——西海岸五城市设计政策与指导. 庞玥，译. 北京：建筑工业出版社，2006：5

③ 约翰·彭特. 美国城市设计指南——西海岸五城市设计政策与指导. 庞玥，译. 北京：建筑工业出版社，2006：1～2

特点提出要求，还对文化空间、休闲空间、绿化空间和容积率等方面提出明确说明和规定。在这一法规的指导下，由政府部门直接指导开发了一批新建立的城镇。① 当然，在新城镇开发的过程中也出现过新的问题，如美国在20世纪80年代出现的“乡村原生态文化消亡”等问题。为此，政府通过专家和专业部门的参与、规划、指导，引导城镇文化的再造和原生态文化建设，在规范性的建设中，城镇规划不仅要求符合相关的政策和法规，更重要的是要指导城镇保存“原乡村文化”，创造“地点精神”，建构具有地方特点的传统乡村地景系统，包括建筑色彩等。② 多层次、多样性的州及城市立法很有特色，比如“州长法案”等。西雅图1993年推出有关“增长型边界”的法案，1994年又推出西雅图综合规划法案，提出“持续的主题，城市村庄战略”等。欧文市1985年后在提案A“试图减少不规划的蔓延”推出后，对城市规划又推出“230件以上的立法提案”。③ 在城镇化战略与规划管理上，我们称为“自治型管控”的是一大特色，在美国，“4 000多个执行区划的地方政府……大部分在50个州里拥有自治权”，④城市规划内容被限定不仅要有常规性的公共卫生、安全等项目要求，还明确提出了城镇本身的福利建设⑤和“是否符合宪法的考查”等要求。波特兰市制定的《中心城市开发人员手册》，仅就一个城镇设计规范就有“10个步骤”程序，强调程序的合法性的同时，明确提出规划要点包括有“就业区”、历史街区、开放空间和与相关其他规划的比对等。⑥ 美国城镇规划设计有严格的评审制度，不仅制定了相对统一的评审标准和指

---

① Irwin Unger. *The Best of Intentions: The Triumph and Failure of the Great Society Under Kennedy, Johnson, and Nixon*. New YorK: Doubleday, 1996

② 陈东湘.国外及我国台湾地区的乡村建设评述.市长参考，2012-05-16

③ 约翰·彭特.美国城市设计指南——西海岸五城市设计政策与指导.庞玥，译.北京:建筑工业出版社，200:21

④ 约翰·彭特.美国城市设计指南——西海岸五城市设计政策与指导.庞玥，译.北京:建筑工业出版社，2006:5

⑤ 约翰·彭特.美国城市设计指南——西海岸五城市设计政策与指导.庞玥，译.北京:建筑工业出版社，2006:9

⑥ 约翰·彭特.美国城市设计指南——西海岸五城市设计政策与指导.庞玥，译.北京:建筑工业出版社，2006:16

南，而且强调不能“仅凭专家的经验”认知来审核，还要求每个项目的评审标准中包括“精确的条款，而不是不可行的”，“避免仅从设计的角度来思考问题”等。① 西方城镇化带给我们的经验是：城镇化的法治先行是必要的，城镇化应该进行精准化管理。特别是应该清醒地认识到，任何新型城镇化都不能“盲动”和“运动”，不能无序，更不能没有管控。

2. 新型城镇化与社会结构转型：现代化进程中土地经营者的转换

没有充分的就业机会，城镇化的健康发展就会受到影响。② 新型城镇化必须走多元化发展的道路，这是由中国土地与人口矛盾所形成的特有国情因素决定的。中国人均土地只有 1.3 亩，低于世界平均水平，特别是当代中国的新型城镇化还要背负着 5 亿多农业人口和土地流转的巨大包袱。中国是一个多梯度结构的差异化社会，③既有处于传统农业社会类型的落后区域，也有如上海等已经进入后现代社会的城市区域。即使是城市化水平较高的江苏，2011 年苏南、苏中、苏北三大区域城镇化水平也有很大差距，其城市化水平分别为 71.9%、57.5%和 53.3%。1978～2000 年，大约有 1.8 亿农业人口转移到城市。2010 年 8 月的《纽约时报》说：“2009 年创纪录的 2.11 亿农民工，普遍无法在他们辛苦劳作的远方城市享受教育、医疗和住房等公共福利。”④据有关研究分析，2010 年前后失地农民总数已经超过 5 000 万人以上，⑤未来 20 年还会大量增加，将超过 1 亿人以

① 约翰·彭特. 美国城市设计指南——西海岸五城市设计政策与指导. 庞玥，译. 北京：建筑工业出版社，2006：22

② 李强. 中国城市农民工劳动力市场研究. 学海，2001(1)

③ 张鸿雁. 论当代中国城乡多梯度社会文化类型与社会结构变迁——依据“社会事实”对“二元结构”的重新认知. 南京社会科学，2007(1)

④ 艾伦·惠特利. 亚洲巨人面临城市化风险. 王惠聪，译. 纽约时报，2010-08

⑤ 张怀，陈妮，等. 失地农民社保：城市化进程中不可忽略社会建设. 中国劳动保障报，2011-01-21

上。[①] 这样的社会人口结构与土地结构关系，迫切需要中国走一条符合中国国情的新型城镇化道路。

米尔斯在《白领——美国的中产阶级》一书中论及了 1954 年美国的蓝领阶层数量超过白领阶层数量所表示的社会转型意义，并以此为“区分线”作为美国后工业社会发端的界标之一。[②] 法国学者孟德拉斯在 1964 年提出了法国农民终结的问题，他“首唱”法国传统农业消亡的“挽歌”，引起强烈共“鸣”，20 年后的 1984 年，法国的社会事实证实了这一研判成果。[③] 2018 年，中国城镇人口已超过 7 亿，虽然这是一个有些结构缺失的不完善城镇化，但是也预示着中国传统农业社会“瓦解”的开始。面对这样的社会结构变迁，必须从根本上解决土地由谁来耕种的问题。是如以往依靠大量的缺乏教育的农民，还是依靠新的知识、技术阶层或者是新的城市人来耕种？显然，已经到了需要从几千年农业社会中走来的中国深刻思考和解决这一问题的时候了。

从完成城镇化国家的情况来看，农民通常占总人口的 10%以下，农业就业大约只占就业总量的 5%以下。中国目前的农业人口占 40%左右，如果也下降到 10%，就要从农业转移出 2 亿多劳动力。[④] 这些人口如果直接涌入大城市，将会给中国的现代化发展带来更多的困难。如果发展地域结构合理的中小城镇群，至少能容纳未来三分之二的农村转移人口。北京市的经验已经证明，在确定了 33 个中心镇并提升服务功能后，能较好地解决 40 多万农民就地就业问题。[⑤] 中国农业劳动生产率长期低下是众所周知的。按照美国每个农业劳动力经营 500 亩耕地的水准，中国 18.3 亿亩耕地只需要 400

---

① 杨傲多. 民进中央：失地农民数量迅速扩大，2020 年将超 1 亿. 中国青年报，2009－03－14

② C. 赖特·米尔斯. 白领——美国的中产阶级. 杨小东，等译. 杭州：浙江人民出版社，1987：83～100

③ H. 孟德拉斯. 农民的终结. 李培林，译. 北京：社会科学文献出版社，2005：268～271

④⑤ 彭真怀. 优先发展县城和中心镇——把“三农”放在决策起点上的治国新思维. 今日国土，2010－05－07

多万个劳动力。如果按照巴西每个农业劳动力经营50亩耕地的水准,中国也只需4 000万个左右的农业劳动力。现在中国还有一半——6.5亿左右甚至更多的农业人口,农业劳动力超过2亿以上,农业人口的转移是中国现代化必须解决的问题。[①] 有数据显示,20年后中国人口预计要超过15亿,如此庞大的人口基数要想真正实现国家的整体现代化,必须大力推进农业的现代化。自然村落中乡镇企业劳动者在本质上还是农民,或者是亦工亦农的农民。

比较发达国家的城镇化我们可以看出,中国城镇化的最终发展也必然是"传统'农民的终结'",当然这并不意味着农业的消失,也不意味着农村的消失,而是意味着现代农业的兴起和具有"地点精神"的城镇的崛起。在乡村生活的"农业蓝领和白领"照样可以享受现代社会发达的城市文明。当然,还要有相当多的非农业人口仍将分布在原农业地带,但他们是生活在"原农业地带的城市人,在与大城市生活的结构同体中,通过现代与后现代意义上的技术文化享受城市生活方式"。

3. 问题导向的研究视角:中国城镇化进程中的关键问题

当代中国正处于城镇化进程中社会问题的多发时期,在此我们谨提出关键性的问题来讨论。

城镇化战略规划无序化和短期化:既缺乏国家顶层立法,又缺乏地方"城市法人"规范。与西方发达国家城镇化模式和规划管理相比,中国目前还没有真正完整的国家级城镇化发展大法,当然更没有城镇化发展的指导细则,这也是以往城镇化无序发展的主要原因之一。改革开放以来,虽然城镇规划要求必须是20年以上的规划,但是城镇化的规划主要是通过"五年计划"来管理的,城镇发展战略与规划往往是城市经济、城市产业发展规划的"附属品"。正因为这样,使得城镇化的发展受到诸多"制度型因素"的影响,如土地制度、人口制度、就业制度、住房制度、教育制度和社会保障制度等,特别是现行

---

① 严伟.建设"新农村"不是把农民留在农村——加快城市化进程是彻底解决农村问题的根本途径.社会科学战线,2006(2)

的城市 GDP 考核制度，严重制约着城市化的健康发展。因为没有国家层面的城镇发展法规，很多城市（镇）长期以来根本就没有法律意义上的中长期规划，基本是“一任领导一种规划”，很多城镇规划是“纸上画画，墙上挂挂”。[①] 城镇化的无序化使某些城镇出现“极化”发展现象。一种是“城镇超低度工业化”，超低标准建设和超低就业率的工厂，随意建设在乡镇之间，以其超大空间占有了大片良田。有关研究表明，非城镇化的工业化用地浪费是集约城镇化的 8 倍。[②] 另一种是“城镇单纯住区乡村化”——“卧城化”，生活配套十分不完善，“城镇是一个扩大了的大乡村”。第三种是“城镇过度工业化”，在发达地区“城镇是扩大了的大工厂”，城镇生活只是大工厂的配套。大家熟知的是小城镇土地利用普遍严重超标，村镇人均用地高达 192 平方米，比规定的 120 平方米的标准高 38%。究其原因，主要是因为我们的相关法律法规过于单一，相关法规类型少又过于宏观，缺乏分层化的精确指导，甚至在规划招标、规划评审程序上都缺乏公正与合法性，包括在一些城镇法规的落实上，根本没有相关的执行执法管理机构。

单体城镇的发展战略与省市县的地域产业分工无关，对于城镇的国际化分工则更是空谈了。中国 2 000 多个县级单位中的 1 600 多个是“非设置市”，在整体上根本没有国家层面的县域城镇化战略设计。从现有的情况看，一个县级单位和一个小城镇很难承担起科学规划县域城镇化的责任，这既有人才缺乏的原因，也有相关领导能力的原因，更多的是制度原因。如某县有 13 个镇，各自找不同的单位进行了 13 个不相关的镇域规划，结果是产业定位、空间定位和文化定位雷同……没有创造地域差异，又没有规划地域生产的分工，最终导致城镇没有可持续发展力。“合法权利用于制定政府计划”，[③]城镇化规划在“五年一次的计划”中被一次次刷新并“改头换面”，很多

① 降蕴彰. 经济观察报，2013－01－04

② 张正河. 乡村城市化的要素聚集与时空序列. 农业经济问题，1998(5)

③ 哈柏玛斯. 合法化危机. 刘北成，译. 台北：桂冠图书股份有限公司，2001：78

政府都进行新的"洋规划"和"洋人规划"城镇化。在江苏的某城镇级的规划中,还规划了大城市才有的"CBD",对此,相关媒体有报道。城市规划不能见物不见人,这样不仅丧失了本土化的空间文化价值,也在抹杀中国城镇的"集体记忆"。

城镇化核心价值的重构:"就业不充分",是一些中小城镇衰落的根本原因。中国中小城镇数量多,存在地域广,欠发达地区的一些小城镇目前仍然无业可就。没有就业就说明没有产业,城镇就没有地方税收和公共财政支撑,必然引起城镇公共资源与公共财富的短缺和社会公平的缺失,从而引发城市贫困等一系列社会问题。[①] 全国约有新生代农民工1亿多人。[②] 一份新生代农民工调查报告[③]指出了他们面临的主要问题:整体收入偏低,劳动合同执行不规范,工作稳定性差,社会保障水平偏低,职业安全隐患较多,企业人文关怀不到位。农民工参加养老保险的比重是9.8%(2009年),参加失业保险的只有3.7%。[④] 根据江苏省民政局的统计数据,截至2011年年底,全省城市有低保对象42.51万人,平均保障标准为每人341元/月。根据《2009年江苏农民工的调查报告》,在被调查的3 032名农民工中,除了基本的医疗保险,养老、工伤、失业、生育保险的参保率均没有超过50%。这些人口构成了"城镇贫民"。江苏省作为中国较为发达的地区尚且如此,以管窥豹,全国的情况可见一斑了。因贫困和不公平待遇造成的农民工非市民化问题是城镇化健康发展的障碍之一。刘易斯认为:"收入分配的变化,是发展进程中最具有政治意义的方面,也是最容易诱发妒忌心理和社会动荡、混乱的方面。"[⑤]城镇贫困问题

① 柏拉图.理想国.郭斌,张竹明,译.北京:商务印书馆,1986:422

② 中共中央国务院关于加大统筹城乡发展力度进一步夯实农业农村发展基础的若干意见.新华网.2010-01-31. http://news.xinhuanet.com/politics/2010-01/31/content_12907829.htm

③ 刘声.青年农民工六大问题亟待破解.中国青年报,2011-02-21

④ 蔡昉,刘易斯转折点与公共政策方向的转变——关于中国社会保护的若干特征性事实.中国社会科学,2010(6)

⑤ 威廉·阿瑟·刘易斯.发展计划:经济政策的本质.何宝玉,译.北京:北京经济学院出版社,1988:186

的长期性和连锁性容易导致诸多衍生问题，因贫困生活而尊严被剥夺和就业需求的不满足容易引发各种犯罪，“贫困对人的尊严和人性的堕落所造成的后果是无法衡量的”。① 除此之外，因城镇贫困所形成的城镇文化资本的再生产乏力和代际文化断裂等问题也是令人十分担忧的。

区域结构性结构空洞：城镇功能体发育不全，“小城镇仍然是个大问题”。新一轮的城镇化必将主要在县一级空间深化和展开，2006年中国的建制镇有1.94万个，乡1.54万个。② 这其中10 000多个重点乡镇是中国城镇化的主要空间节点。如果县域城镇化发展方向、地域生产分工长期模糊不清，必然使中国新型城镇化遭遇新的瓶颈。目前存在的问题是，在大区域都市圈内的城市之间、省域城市行政区划之间、县与县域城镇之间、县域内的乡镇区域之间，甚至在街道与村组之间，存在大量的或大或小的“区域性结构空洞”，存在着多样化、显性化的“三不管地带”。这是被遗忘的“社会角落”，即所谓区域社会发展中的“中间型地带”——多是中小城镇所在地，经济与社会发展水平长期处于落后状态，是社会问题的重要滋生地。“区域性结构空洞”的存在，会使很多中小城镇社会问题陷入更深的轮回和放大之中。特别是县域城镇一体化被排除在国家整体城镇化体系之外，会进一步导致中小城镇与大城市的“结构性离心式”状态。这种城镇化会形成“社会偏心圆结构”的运行状态，城市化发展越快，小城镇被“甩”得越远，传统乡村和乡镇发展就越落后。正如西方学者所言，看北京的CBD已经超过西方发达国家，看北京的郊区还不如欧洲的中世纪。

从区域空间结构发展的现代性视角来分析，虽然中国已经有一些成功发展的小城镇（如江苏的华西、周庄等，其成功的主要原因之一是其能够参与到大城市群的产业分工体系之中），但很多相对落后

① 查尔斯·K.威尔伯.发达与不发达问题的政治经济学.徐壮飞，等译.北京：中国社会科学出版社，1984：452

② 牛凤瑞，等.中国城市发展30年（1978～2008）.北京：社会科学文献出版社，2009：29

的小城镇从未能够与大中小城市区域形成地域结构关系。小城镇与大城市的经济关系脱节，在某种意义上就是与现代社会脱节，甚至在一些区域形成以小城镇为代表的农村经济体系，与大城市成为某种对立存在的经济文化形式。从总体上说，当代“城市病”正在中国的中小城市（镇）漫延。一方面，一些中小城市（镇）也出现了大城市已经发生的一些“城市病”，如局部交通饱和拥挤、城镇功能单一、污染严重等相关问题已经显性化。另一方面，小城镇有了独有的“城镇病”，甚至比大城市更为严重。主要是因其地域广而分散、孤立存在而没有区域结构化整合，数量大而集约性低，问题多而且又与非典型问题化并存，比较大城市而言，对社会问题和类似“城市病”的预防、治理，难度大，成本高。甚至可以说，大城市有的问题中小城市都有，而很多中小城市的问题是大城市没有的，如“空心化”“留守人口”“垃圾污染”和“落后文化滋生”等。费孝通早年就提出，“小城镇，大问题”还远远没有解决好。① 问题是，为什么西方发达国家如美国等却能够很好地解决了此类问题呢？显然，我们还没有找到有效的解决手段。

（三）对新型城镇化的文化再思考：农民市民化和职业化走向

总结以往国际的和中国改革开放40年的城镇化经验，要保障中国新型城镇化战略的健康有序发展，应在找到关键性问题的同时，提出解决关键性问题的方法和路径。

创造法制型城镇化战略：建构“多元化城镇化模式”。应借鉴发达国家城镇化建设的法制经验，尽快出台一批国家、省市多层面的法律法规、政策、导则、细则和管理守则及其他地方性法规。这些法规应该具有分类、分层和跨区域、弥合地域空间规划的指导功能。国家级顶层规划也要有操作性，明确城镇化与规划的重要内容和重点要求，如出台“国家新型城镇发展战略和导则”“城镇规划细则”“城镇社

---

① 费孝通.小城镇的问题还远远没有解决好.经济日报，2004-01-04

区规划手册"等。特别是要对城镇化进行综合规划，而不能仅仅进行空间规划，还要包括生产就业、社会福利和原生态文化保护等，并鼓励各地在遵守国家政策法规的前提下，创造地方性的城镇化发展特色。鼓励多类型的城镇化模式，如在土地流转的城镇发展中，以乡镇政府创造公共资源为主导的苏南城镇化模式，在产业集聚前提下的以"簇群产业模式"为主导的广州城镇化模式，以宅基地置换农民集中居住为主体形式的天津和济南模式，以大城市市场和产业集聚分工带动地缘效应为主导的成都城镇化模式，以及新型房地产开发的城镇建设模式、土地股份化模式等。以往小城镇发展中出现的诸多问题的核心是分散、规模小、地域空间格局不合理，因此，国家级顶层战略和各级城市政府的主体战略就应该是规划地域空间城镇关系的合理性，并建构有特色的城镇网状发展模式。在发展类型上可以参考的有"城市群结构带动型"、中心城市带动型、交通节点拉动型、市场带动型、工业主导型、外资推动型、现代农业发展型等，①以多元化的形式创造中国城镇化特色。

创造新型城镇化"核心六要素"：建构城镇"场所精神"。"合规风险管理型城镇化"是我们首创并首次提出的城镇化精准型管理模式。针对以往城镇化的问题，要求任何城镇化的发展规划除了传统的空间和公共服务配套规划外，还要形成完整的综合规划模本，并且必须具备如下六要素系统规划：合理的就业体系规划、紧缩型土地优化利用体系规划、公共福祉和社会保障体系规划、历史记忆保护体系规划和生态循环发展规划，由此构成中国特色的综合型城镇化规划。"核心六要素"中任何一个方面不"合规"就应该一票否决。否则，盲动的城镇化将贻害子孙。新一轮城镇化不能急于求成，不能搞运动，更不能"各镇为战"。如就就业规划而言，应在遵循并根据县域、市域的产业规划的基础上进行联动设计，使每个城镇都具有差异化产业的特点，正如欧洲的一些小城镇，无不具有独有的生态、独有的空间文化、

① 张鸿雁，等．城市化理论重构与城市化战略研究．北京：经济科学出版社，2012：186，192

独有的建筑意象与色彩……即使没有工业,其城镇本身的空间及文化特色也具有旅游产业功能。相比较而言,中国的城镇多是“万镇一面”,而且是脏乱差的代名词,小城镇人均用地高达192平方米,比规定的120平方米的标准高38%。紧缩型城镇化就是要强化要求土地节约利用,解决小城镇不合理用地问题,鼓励自然村人口向小城镇流动。有资料显示,从村庄流向城镇的人口平均每人最低可以节省60平方米的建设用地,①所以必须进行“紧缩式城镇土地优化利用规划”。要创造强可持续的生态化城镇化模式,必须以低耗能为路径,并最终创造循环社会型的“零耗能城镇发展模式”。② 另外,这里强调的城镇文化记忆的保护规划,就是创造一种地点精神——“场所精神(Geniusloci)”,“根据罗马人的信仰,每一种‘独立的’本体都有自己的灵魂(Genius)”,“这种灵魂赋予人和场所生命”。③ 如果每个城镇都有自己的特色,就有了自己的“场所生命”,无论是产业的、空间的或是历史的和民俗的特色,只要有了“场所生命”——独有的价值和特色,就会像罗马一样成为千年不朽的城市。

创造“地域文化发展极城市—中心文化城市—小城镇文化”地域空间一体化网状结构:建构城镇地域产业价值链与地域产业分工体系。“如果认为今天的城市仅仅是包括它的建成区或是行政区的范围,那么我们就无法理解城市。当今人们并不是生活在城市里,而是生活在一个城市系统中”。④ 很多人认为,中国的中小城镇不足以承担起现代化的功能,并且认为这是由于中小城镇集聚效应低等原因所致。其实,其主要原因是小城镇多数被排除在大城市发展系统之外,在某种意义上行政区划与制度因素影响了城镇化的发展。当代

---

① 朱瀫,钱陈.产业发展与城镇化——以乐清为例的分析.浙江社会科学,2003(5)

② 张鸿雁.循环型城市社会发展模式——社会学视角的理想类型建构.社会科学,2007(11)

③ 诺伯舒兹.场所精神——迈向建筑现象学.施植明,译.台北:田园城市文化事业有限公司,1995:18

④ C. A. Doxiadis. *Ecumenopolis: The Inevitable City of the Future*. Athens Publishing Cebter,1975:81

中国出现的区划调整潮，从一个侧面说明了这个问题。中国新型城镇化必须坚持“以大城市为主体的大中小城市(镇)并举的复合式发展模式”。(“多元复合型城市化理论”一是“大都市核心化引领战略”，二是“多层次都市圈同城化战略”，三是“县域城乡一体化战略”，四是“区域生态涵养区不开发战略”，五是“后都市时代的城市现代化战略”)如西方学者所言：“特大城市正在迅速变成普遍形式，而占支配地位的经济是大都市经济；在这种经济中，一切效益好的企业免不了都得与大城市保持密切联系。”[①]也就是说，所有的县域城市化和城镇化地域存在体，都必然与大城市保持联系，进而形成全新意义上的由大中小城镇构成的巨型城市结构[②]才具有合理的发展能量。

在国家法律指导下，建构“省域”“市域”“县域”总体相关联的城镇地域生产力结构一体化规划，才能赋予小城镇以新的生命力，中国的新型城镇化才能产生“正能量”。其核心是所有的中小城镇在地域经济结构关系中，都应该成为一定区域空间产业链体系的一个“环节”，建设特色城镇，特别是要推广“一镇一品”的发展模式。在市场经济环境下，每个城镇都是一个独立的利益主体，城镇必须有一个专属于自己的定位。[③] 如中国的“袜业之乡”诸暨大唐镇年产袜子48亿双，产值达80多亿，占全国同类产品总量的50%；上虞市崧下镇有1 000多家制伞企业和30多个伞具特色村；永嘉桥头镇被誉为“世界纽扣之都”；永康因五金、柳市因低压电器等成为享誉东南亚乃至全球市场的产业聚集区。“一镇一品”的经济现象，被誉为“未来区域经济发展的新模式”。[④] 西方有更多的类似经验，“美国温泉、朱诺等，这些城镇虽只有几万人口，年财富创造能力却都在10亿美元以上，因为

---

① 刘易斯·芒福德. 城市发展史——起源、演变和前景. 宋俊岭，等译. 北京：中国建筑工业出版社，2005：538

② 曼纽尔·卡斯特. 网络社会的崛起. 夏铸久，王志弘，等译. 北京：社会科学文献出版社，2005：496～497

③ 张鸿雁，等. 城市化理论重构与城市化战略研究. 北京：中国经济科学出版社，2012：182

④ 刘俊杰. 县域经济发展与小城镇建设. 北京：社会科学文献出版社，2005：64

它们都有自己的特色，都有自己独特的模式”。[①] 另外，有研究成果对全球 50 万个城镇进行分析发现，发达国家专业镇已占其总数的 60% 以上，中国尚不足 15%。[②] 美国的芝加哥有 204 个小城镇，洛杉矶由 88 个小城镇组成。[③] 这足以说明，中国城镇发展不足，主要是因为专业镇不发达，地域生产分工缺乏人为创新，影响了城镇的集聚能力，使中国城镇化进程发展缓慢。“不论是发达的西欧工业国还是新兴的亚洲工业国，在其发展过程中城市与乡村、工业和农业都是全方位互动的。即在工业化的过程中要对传统的农业社会进行全方位的改造，将工业与农业、城市与乡村整合成一个系统”。[④] 城镇人口在 5 万以上才能够较充分地建构地域空间网络体系，中国的建制镇的人口偏少，1 万～5 万人的占 80%，其中 1 万～2 万人的建制镇最多，约占 28%，2 万～3 万人的占 30%左右，平均在 6 000 人左右。[⑤] 因此，建构合理的差序化城镇网络化格局虽然任重道远，但是必须要进行的。“保守估计，在未来 30 年中，其中若有三分之一的城镇发展成 3 万～15 万人口的小城市，那么将有 1 亿～2 亿人走向都市生活方式，从而使中国的‘乡村人’的生产关系和文化生活水平产生一个质的飞跃。关键是我们能否在政策上给予规定和管理。城镇与乡镇人口的增加在理论上等于使农民就地生存、就近集聚、集约生产，从而形成有中国特色的乡村人口生活方式都市化和城镇化”。[⑥]

创造富民福祉型城镇化：建构“城镇充分就业体系”。城镇化的核心价值是给每一个人建构一种有人生价值取向的工作与生活方式。一个完整的有可持续发展动力城镇的必备条件是就业能级，

---

① 王廉. 城市经营的规划与策划. 广州：暨南大学出版社，2005：2

② 王廉. 城市经营的规划与策划. 广州：暨南大学出版社，2005：9

③ 陆大道，宋林飞，任平. 中国城镇化发展模式：如何走向科学发展之路. 苏州大学学报（哲学社会科学版），2007(2)

④ 赵新平，周一星，曹广忠. 小城镇重点战略的困境与实践误区. 城市规划，2002(10)

⑤ 李炳坤. 论加快我国小城镇发展的基本思路. 管理世界，2000(3)

⑥ 张鸿雁. 农村人口都市化与社会结构变迁新论——孟德拉斯《农民的终结》带来的思考. 民族研究，2002(1)

这是由西方学者提出的“区域核”理论——形成以就业为主的，生产、流通、生活、消费和分配一体化的生活区，城镇不仅仅是一个居住的地方，而且是一个通过就业创造、实现理想价值的地方。美国“2万人的乡镇，不仅有小学、中学，还有相当现代化的大学。镇内公共设施十分考究，风格迥异的各类建筑被组合在一个艺术空间里，道路四通八达……”[①]很显然，在全球范围内寻查，成功的可持续城镇化的经验就是创造了城镇的就业“区域核”。正如李克强所说，农民希望“过上和城里人一样好的日子。这在过去对农民来说是奢望。现在中国城镇化的大门给农民打开了，农民可以进城从事二、三产业，而留在农村的，通过适度规模经营，都可以增收致富。现在每年有一千多万农民转移到城镇，这是必然的趋势”。[②] 从这一点上看，中国当代的新型城镇化战略，在就业方面的第一要务除了规划生产空间和城镇产业价值链外，降低创业门槛显得更为重要，英国、德国有非登记企业150万～200万户，创造就业岗位1 000万人以上。[③] 发达国家美国、德国、日本等中小企业的比重高达99%以上，中小企业容纳就业人口总数大多占到就业总量的60%以上，美国则把中小企业作为“就业机器”。[④] 世界上每千人拥有中小企业数量为45～55个，而我国迄今为止每千人拥有中小企业仅8.9个，同国外相比差5倍还要多。[⑤]

有关城镇解决就业之道的方式很多。我们认为，应该在更深层次上推进城镇就业，如“零资本创业”“弱势群体就业政府托底”，城镇农业技术人才强化免费培训、就业市场的公平公正等。这里需要强调提出的是，“城镇科技农业产业就业产业链”的建构，是一个产业链

① 冯华.21世纪的热点:发展小城镇　推动城市化.北京:科学出版社,2000:18

② 李克强总理等会见采访两会的中外记者并回答提问.李克强的记者问答.人民日报,2013-03-18

③ 任玉玲.地区现代化建设的问题和突破.见:何传启.中国现代化战略的新思维.北京:科学出版社,2010:171

④ 任玉玲.地区现代化建设的问题和突破.见:何传启.中国现代化战略的新思维.北京:科学出版社,2010:170

⑤ 何传启.中国现代化战略的新思维.北京:科学出版社,2010:170

条长、产业辐射面宽、就业门槛较低的就业体系，从农业种植，到农业粗加工，再到精加工及第三产业的旅游餐饮等，可以形成长长的就业链。“最发达的国家，农业从业人员基本上分成三部分人”：一是农场主——相当于中型企业经理；二是占有生产资料的“自我雇用”型的农业生产者——相当于典型的中产阶级；三是被雇用的农业机械的科技人员——相当于技术工人。[①] 这是新型城镇化和农业现代化的发展方向和必由之路。中国的城镇化研究和制度设计必须从传统城市规划学、地理学和区域经济科学领域的视角中走出来，上升到城市法治和城市社会变迁的高度来研究。

城镇化是国家现代化和“现代性”创新的载体，[②]“社会学家把城市形成的历史当作社会进化的一个形式来研究”。[③] 城市作为“改造人类的主要场所”，能够“化力为形，化能量为文化，化死的东西为活的艺术形象，化生物的繁衍为社会创造力”。[④] 城市成为人们理想与价值的实现地。[⑤] 我们必须学会用理性的、科学的方法来研究和探索中国城镇化的规律，而不是“设计”人类城镇化的规律。

二、中国“文化根柢”重构：特色文化城市的本土属性

事实已经证明，在中国不仅需要本土化的城市化理论，更需要与中国区域发展差异化相适应的，并且具有“分类指导”功能的本土化

---

① H.孟德拉斯.农民的终结.李培林，译.北京：社会科学文献出版社，2005：2～3

② 史蒂文·瓦格.社会变迁.王晓黎，译.北京：北京大学出版社，2007：28～29

③ R.E.帕克，E.N.伯吉斯，R.D.麦肯齐.城市社会学——芝加哥学派城市研究文集.宋俊岭，等译.华夏出版社，1987：171

④ 刘易斯·芒福德.城市发展史——起源、演变和前景.宋俊岭，等译.北京：中国建筑工业出版社，2005：582

⑤ 托马斯·科斯纳.资本之城.万丹，译.北京：中信出版社，2004：序言

城镇化理论与方法。

(一)中国本土化城市化理论"文化根柢"重置

中国城市化主要是受西方城市化理论与方法影响而发展的。历史上,中国既没有经历过西方中世纪的城市文艺复兴蜕化而来的资本主义的发展,也没有经历典型的西方式近代大工业化的发展过程。近代160多年,整个西方世界进入了工业化推动城市化发展的历史时代,并先于后发达国家完成了城市化,成为后城市化国家的样板。需要进一步指出的是,从1850~1949年的100年时间里,中国还处在一个传统的封建社会型的农业社会时代向近代工业化社会转型的社会变迁之中。一方面,西方列强的坚船利炮打破国门;另一方面,内战连年不已,不仅社会发展水平落后,城市化水平竟然在100年的时间里没有任何增进。显然,中国近代没有典型的工业与城市化互为里表的发展过程,当然也不可能有相对完整的城市化发展理论和具体经验。

20世纪50年代,中国开始了大规模的经济与社会建设高潮,伴随而来的是在"消灭城乡差别"理论思想引导下的大规模城市建设运动。这一阶段主要学习苏联城市化的建设经验:以工业带动城市建设,采取了"卫星城市"建设的"苏联城市化模式"。因当时中国的工业基础较为落后,城市建设有些脱离国情,城市化发展得失参半,主要问题是城市分工、产业定位分工过于单一,产业能级落后,无法形成城市化的内生机制和动力。加之当时的中国主要还是一个农业国,很多城镇在某种意义上还是传统型的"大乡村",特别是城市出现了生产、就业和生活消费的分享与隔离,产能不足和消费不足成为社会发展的两大障碍,一些大城市与卫星城互相被严重区隔,有些城镇几乎无业可就,使得城市化发展后劲乏力。后来,虽然苏联取消了援助,但其城市建设思想的影响仍然存在,接踵而来的是"文革"10年城镇建设的停滞,到1978年时中国的城市化率还只有17.8%,大大低于世界城市化的平均水平。1978年以后的改革开放为人们了解西方城市化理论和经验打开了新的窗口，西方城市化的理论与经验为中国的高速城镇化提供了理论和实践范式，并获得了一定的成功。

纵观全球，一些发达国家的城市化确实取得了某种成功，也形成了不同的发展理论模式和不同的实践类型，如北美城市群及城镇化网络化发展模式，欧洲英法以大城市为主导的发展模式，德国中小城镇发展模式，以及东亚的日本和韩国的新型城镇化治理模式等，特别是日本的“一村一品”城镇建设，为城镇化创造了全新的多样化发展路径。与此相适应，西方及相关发达国家的城市化理论研究、方法和具体经验日趋成熟，城市化成功经验在某些方面对其他国家的城市发展具有很强的理论指导性、实践应用性和具体的可操作的示范性。尤为值得关注的是，发达国家的城市化往往能够与本国国情相适应，创造了与本国国情较为适应的理论和方法，同时为人类城市化和城市现代化创造了共同的理论基础和基本方法，并且被很多后发展中国家效仿。在全球工业化、城市化、现代化及全球文化一体化的浪潮中，城市差异化、特色化和地方性要素的成长受到严峻挑战，城市形态与特色城市文化往往被异化为西方化的结果形式，西方城市化理论在全球的整合中占据上风，表现为西方的城市化模式、城市空间形态、城市结构符号、城市景观意向和城市生活方式等，正在取代多样化的城市发展模式，使得全球城市化在很大程度上表现为某种单一的“西方化结果形式”。英国学者汤林森说：“全球化的效果将削弱‘所有’民族国家的文化向心力，即使经济上的强势国家（先前时代的‘帝国主义权势核心’）亦不能幸免。”[①]中国的一些城市地方性特色正在被取代，有些地方性城市的“地点精神”和民族文化符号正在“被消亡”。如格兰特所说：“中国人的新城市模式是坚定不移的现代主义派。”[②]可以这样说：全球化引发的文化一体化正在给城市化的多样化、民族化、地方化的发展带来新危机，某些后发达国家在城镇化进

① 汤林森. 文化帝国主义. 冯建三，译. 上海：上海人民出版社，1999：328

② 格兰特. 良好社区规划：新城市主义的理论与实践. 叶齐茂，等译. 北京：中国建筑工业出版社，2009：120

程中还出现了典型的地方性与全球化文化的冲突危机。除了城市形态非本土化问题外，因为缺少依据中国国情的城市化理论与实践的建构，中国一些地区还陷入了“城市化困境”——城市贫困群体数量仍在增加，城市收入差异还在扩大，解决城市住房与就业困难问题未有良方，城市严重污染特别是大气污染仍在加剧并影响着居民健康，另外还有城市犯罪、城市老龄化、非典型社会问题频发等。①

在全球化浪潮中，在失去地方性城市文化符号的表达方面，中国城市相关问题愈加显性化。近代以来，城市存在于传统农业社会的海洋里，没有工业化演绎出的城市化，也就必然没有城市化的具体实践，也不可能总结和创造出中国式的城市化理论。城市理论研究领域多表现为以西方城市理论模式为中心的价值取向，从全球化的角度讲这本无可厚非，向世界学习先进经验是一个民族现代化发展的最低要求。但是，由于在近代中国积贫积弱基础上所表现出改变贫穷的迫切愿望，在改革开放中城市发展存在着这一现象：一方面，中国城市化呈现世界范围内罕见的发展速度；另一方面，过度且畸形的市场化取向，迫使一些城市采取了急功近利的城市建设方式，使一些城市丧失了本土化的特色，导致在全球化竞争中失去了特有的竞争优势——“文化生态位与全球文化价值链的高端介入能力”。甚至有人用一种极端的方式批评说：需要到日本去才能找到中国城市的“源文化”本质和“源文化”形态。虽然这样的说法有些偏颇，但也说明了中国城市化理论的本土化创新、重构的重要性和问题的严重性。在具体的分析中还可以看到，在中国尚没有建构与中国社会发展相适应的城市化理论的前提下，城市化就以前所未有的速度发展起来了。面对过快的城市化，中国无论是在理论研究界还是在教育界，或者是在规划界及城市管理界，均缺乏理论准备和实践经验。在这种情况下，“大干快上”的中国城市化，不得不对西方城市化理论与经验采取“拿来主义”的方法。从目前的中国城市化结果来看，西方城市化的先进理论与经验对中国城市化的指导，在总体上是起到积极作用的，

① 张鸿雁.中国“非典型现代都市病”的社会病理学研究.社会科学，2010(10)

而且也使得中国一些发达区域的城市化规避了一些问题和风险。但是,我们也要清楚地看到在中国城市化取得巨大成绩背后的遗憾——城市缺少了“中国味道”,缺少了与中国差异化社会整合的城市化理论和实践模式,缺少了与中国传统文脉传承相适应的“中国风”,缺少了中国传统城市空间延续的人文情愫,缺少了有中国情结的“空间切面”和“空间结晶”。显然,还不仅如此,深入观察可以看到,还缺乏与中国不同区域类型文化具体相结合的时代创新与多元化地方精神的再造,这样就必然缺少了能够与西方城市形态并驾齐驱的中国本土化城市形态……

除了基础理论外,任何与现实经济社会发展相关的城市理论和方法,都必须与国家和民族地区的城市发展水平、城市社会结构特点相适应,只有这样,才有可能使理论具有指导意义;只有针对具体国家和区域城市化发展特点的理论创新,才能够创造具有生命力和应用价值的城市理论。要创造中国本土化城市化理论,必须深刻认识中国社会的本质、特点、属性和发展阶段。

从一般的哲学范畴认知,探索和认识中国国情的视角很多,但是从城市社会学和城市化理论创新的双重视角来观察的话,至少可以这样认识当代中国:一是“多梯度差序格局化的城市社会结构”。中国是一个多元化的“多梯度社会结构体”,区域经济与社会发展极不平衡,需要依据中国区域空间发展的差异化来推进不同形式的城镇化。从目前中国40多万个自然村,到北京、上海和深圳等国际化大都市,之间存在着一个长长的结构化城镇体系阶梯,其中除了人们熟悉的一线、二线、三线、四线城市,甚至又有人推出“五线城市”,城市及乡镇、行政村、偏远乡村——两三户的“山里人家”等。不仅如此,中国的地理自然条件差异悬殊,民族文化多样化,资源禀赋不一,单纯采取一种城市化模式的结果是可想而知的。二是中国人口众多,发展的资源与能源瓶颈十分明显。不仅资源结构匮乏将长期存在,而且资源有限性与城市人口增长的矛盾也会长期存在,必须考虑对城市化人口流动的全国性空间布局和格局管控,创造与资源条件相匹配的人口分布体系。这是一项巨大而复杂的系统工程,而这只是城市化需要解决的问题之一。三是“制度型城镇化”是中国特色和特殊国情。城市与城市化的规划、城市发展战略、城市建设投资、城市规模和人口数量控制、城市产业与经济结构定位及城市化发展方式等大体上都由政府直接管理，因此“制度性投入”成为中国城市化发展的一种特殊动力。如开发区的设置、国家级新区的设置、产业园的设置、自贸区的设置及其他区域类型的设置等，都创造了一种“政策空间”和“制度空间”，并成为城市与区域社会发展不可或缺的动力和“指挥棒”，城市化制度设计的科学性和合理性对城市化的健康发展起到了关键性作用。四是中国的城市承载着明确的政治“治所”和“政绩效应功能”。在中国国家政治体系中，城市是一个创造 GDP 的空间和地方发展考核的“经济体”，承载着推动社会发展、创造国家经济财富的职能。从这个意义上说，中国的城市还是一个典型的“科层体”——一个扩大的巨型企业，既是城市化建设的管理者，又是“投资人”。因此，中国城市化理论的本土化建构，不可能不从国家城市化现实问题的角度来加以思考和创新，必须从“合规”和法制的角度，对城市的本土化意义加以规范，设定必要的“规定动作”，明确城市化发展中的本土化要素的基本内核，从保护与创新的意义上建构本土化的城市化理论与方法。五是在未来的城镇化过程中，中国仍然处于从传统社会向现代社会变迁的过程中，城乡间大规模的人口流动是以往已经完成城市化国家所不曾经历的，其人口流动规模之大、区域发展形态之混杂、城镇化进程引发的问题之深刻和城市化速度之快是前无古人的，且也难有来者。

多梯度的中国城市发展社会现状，决定了中国的城市化在汲取西方城市化基本理论合理内核的同时，必须创造与中国社会发展状态相符合的城镇化理论和实践模式。

（二）复合型网状结构：城乡功能一体与产城融合

在以往“制度投入型城市化”的发展进程中，由于缺乏本土化的城市化理论建构和创新，城市建设出现了一些偏差。这些偏差主要表现在一些城市本土化形态的丧失与城市文脉的断裂方面，我们称之为“合法化危机”。① 一些传统的城市空间形态、值得保留的历史街区和历史地段，一些具有地方特色的空间节点、具有民族性的城市空间轮廓、具有唯一性的自然山水等“中国城市元素”，或被遗忘，或被拆除，甚至一些历史文化名城的历史记忆和遗迹已荡然无存，留下千古遗憾。中国特有的城市形态空间与文化要素既是一个城市的文化资本，也是人类的共同财富。我们不得不叹息，寻觅城市中的中国传统元素已经成为一种“奢侈生活”。一言以蔽之，没有本土化的城市化理论，就不可能创造出具有本土化特色的城市化实践成果。由于对西方城市理论的过度依赖，即使有人提出了某种具有本土特点的城市化创新理论，也只能湮没在对“洋人理论崇拜”的潮流之中了。中国是世界上城市人口最多的国家，面对中国城市化带来的诸多问题，必须顺应时代要求，建构本土化的城市化理论和方法，否则，总是步发达国家城市化理论之后尘，长此以往，不仅将会真的望尘莫及，甚至还会真的“找不到自己”。

可以这样说，中国所要走的城市化道路与模式是没有典型参照系的。在几十年城市理论研究与具体实践中我们体会到：中国的城市化需要探索出一条有中国文化底色、有中华“文化根柢”意义的城镇化理论与发展模式。

历史上，大工业机器化规模生产方式的就业功能带动了城市化的发展。城市是人们生活、生产、消费和居住的地方，生活安居的前提是有较充分的就业机会。有些城市因为缺乏相适应的就业规划而变成“空城”和“鬼城”，新型城镇化必须把就业作为核心理念，创造性地开发和设计不同类型的城镇“区域核”，建构一定空间内的生产、就业、流通、分配、消费一体化的城市生活方式体系，由此构成中国特色的综合型城镇化发展模式。② 多元化的就业体系已经成为城市社会“现代性”的特质之一，如文化创意产业、农业观光产业、智慧物联产

① 哈柏玛斯．合法化危机．刘北成，译．台北：桂冠图书股份有限公司，2001：4
② 张鸿雁．新型城镇化理论与实践创新．社会学研究，2013(3)

业等新兴产业为城市化多类型发展提供了新的动力。反过来，城镇化也是多类型新兴产业的载体和产业经济价值链的重要环节。最近中国提出的“多规合一”的城市规划理论，在本质上与“以充分就业为核心的城市化发展模式”异曲同工。

依据中国区域社会差异化国情的实际，中国城市化战略必须是复合型、多层次和多元化的。所谓“复合型多元城市化模式”包括：首先，必须采取“大都市核心化引领战略”，通过区域发展极的创新，创造城市文明的普及率。其次，推进“多层次都市圈同城化战略”，建构区域城市间产业结构空洞的互补功能。第三，实施“县域城乡一体化战略”，强调县域城镇化全域城镇化模式。特别是这一轮中国的新型城镇化，关键词就是“化镇为市”。第四，“区域生态涵养区不开发战略”。强调发展方式比发展本身更重要，创造可持续的发展机制。第五，“后都市时代城市现代化战略”。强调城市回归自然——城市是棵树，不仅要扎根自然，更要回报自然。[①] 必须从“差序化城市社会结构理论”的视角来创造与此相适应的中国城镇化模式，根据不同地区的具体情况，推进城市化的发展。

在这一发展体系和理论模式中，其学理性的表达是“本土化城市形态结构—功能一体化”的理论主张。城市是地域生产力的集中表现形式，城市化是特有的空间再生产方式，其外在形式就是城市实体物化空间的地域性扩张。任何形式的空间再生产都需要依据本国区域空间自然环境发展特有状况而制订其再生产模式。中华文明从诞生之初就开创了独有的“空间结构—功能”体系——中国元素意义上的城市空间结构。人类城市化的历史已经告诉我们，越具有民族优秀文化属性的空间形态，越具有世界性。卡斯特认为：“空间是时间的切面。”[②]我们可以理解为：空间是历史记忆的时空持续表现，城市任何形式的发展无不是对空间关系的整合与再造。相比较而言，城

① 张鸿雁.中国城市化理论新模式的建构.学术月刊，2012(8)

② 曼纽·卡斯特.网络社会的崛起.夏铸久，王志弘，等译.北京：社会科学文献出版社，2001：504

市空间整合的优劣与否,取决于空间在社会属性意义上的理性选择与整合方式,空间属性发展的选择与整合是社会群体文化价值取向的实践过程,具有社会“集体认同”的意义,更多的时候这种选择取决于掌权者、宗教模式、社会精英群体和市民社会的整合机制。其在空间选择上的权重,表现了城市空间存在的基本样态和符号化的象征意义——权力空间的表达、宗教空间的表达、公共文化空间的表达和市民文化空间的表达等所占的比重和差异性,显示的是社会民主化的进化水平。不同政治体内的空间文化,因其选择的主体不同而不同,这是空间政治化、公共化、民族化和市民化差异的本质原因所在。因此,在实现空间再生产方式的科学性选择上,在遵循自然发展规律前提下创造人文空间的指向性上,在国家与民族集体记忆空间的继承上,需要建构空间再生产的“文化场域”——一种契约型的社会关系结构。也可说城市空间形态在表现地域性的同时,隐喻为一种民族文化精神和哲学价值观。刘易斯·芒福德非常认同《清明上河图》中“所显示的那种质量……是充满生气的城市”,给出了人类城市空间与自然和谐的理想类型。[①] 虽然芒福德所看到的是表象,但是,其所反映出的“天人合一”内在气质还是比较清楚的。我们在传承中国城市传统的时候,更要强调创造与时代相吻合的“中国城市有机风格”。

在中国城市空间文化传统中,有些空间文化符号可以信手拈来:棋盘形城市空间格局、粉墙黛瓦、雕梁画栋、斗拱飞檐、九脊歇山……建筑空间形态,天人合一的四合院空间组合,拥揽山水、包容四季的庭院式园林,符合人性尺度、刻印人文情怀的深深小巷,小桥流水人家……构成了中华城市形态“结构—功能”空间的永恒价值,具有强烈的识别性、民族性和自然属性,且已成为中国人文化心理结构化的符号和烙印,甚至可以说已经融入中国人的血液。但是,为了应对“城市全球化”和“全球城市化”浪潮,一些城市仿建了一些明清建筑,

① 刘易斯·芒福德.城市发展史——起源、演变和前景.宋俊岭,等译.北京:中国建筑出版社,1989:附图33

有些不伦不类，有些甚至是狗尾续貂，既缺少历史价值，又没有时代特质。我们不得不说，建构中国本土化的城市化理论已经迫在眉睫，我们不仅要保护传统中国城市中传统的文化符号与"文化根柢"，还要创造和创新中国城市本土化的元素与符号，不仅要保留中国城市的"人类集体记忆"，[①]更要创造属于这个时代、未来的中国城市集体记忆。远观世界，日本奈良和京都的城市建设为我们提供了一个本土化城市形态的参照系和样板。因此，在当代中国城市高速变迁的过程中，提出中国城市形态的本土化主张，既是保护民族特色文化的需要，更重要的是在创造本土化城市化理论的发展中，创造当代与历史意义结合的"城市文化资本"[②]再生产的场域，进而真正实现"中国式的城市文艺复兴"。

（三）"循环型城市社会"理论下的"城市文化资本"再生产[③]

"循环型城市社会发展模式"的核心价值是创造"可持续的城市形态"理想类型。这一探讨的意义在于，面对中国资源与能源匮乏的现实，特别是面对中国高耗能的城市化，必须寻找到一种为子子孙孙着想的发展模式。这一理论在 2007 年提出后，受到城市理论研究界的关注。如 2008 年李迅在《城市》杂志创刊 20 周年特刊上发表题为《关于中国城市发展模式的若干思考》的文章，文中有对"城市发展模式理论研究的历史梳理"，其中提到中外若干城市理论学说，有霍华德的"田园城市理论"、索里亚·玛塔的"线城市理论"、赖特的"广亩城市理论"、沙里宁的"有机疏散理论"、盖迪斯的"城市区域思想理论"、柯布希耶的"光明城市理论"、戈特曼的"城市群及大城市连绵区

---

① 莫里斯·哈布瓦赫. 论集体记忆. 毕然，郭金华，译. 上海：上海人民出版社，2002：40

② 张鸿雁. 城市形象与城市文化资本论——中国城市形象比较的社会学研究. 南京：东南大学出版社，2002：23

③ 张鸿雁. 循环型城市社会发展模式——城市可持续创新战略. 南京：东南大学出版社，2007

理论”，以及紧凑城市理论、精明增长理论、新城市主义理论、生态城市理论等，并把“循环型城市社会发展理论”列入其中。该文明确说：“张鸿雁运用城市社会学的研究视角，首次提出了‘循环型城市社会发展模式’的理论和理想类型。”[①]这一理论的依据除了思考中国资源匮乏的特有国情外，更主要是创造了零耗能的城市社会发展理念和理想类型。迈克尔·詹姆斯说，“可持续性及可持续发展已经成为当今世界发展的主旋律”，“讨论所涵盖的议题涉及人口、农业和生物多样性、工业、能源消耗、全球气候变暖和污染、资源获取的公平性，以及城市化等多方面的内容。如今，对地球可能遭遇的灾难甚至毁灭性的后果这一悲观预见，已经在很大程度上被某种乐观的态度所取代——只要我们理解了所面临的问题，就有可能找到解决问题的途径与措施”。[②] “循环型城市社会发展模式”就是在创造一种解决中国城市化问题的“途径与措施”，也是在创造中国城市社会来临后的城市社会发展方式。

面对城市这一巨大的经济生产和消费体，仅仅采用传统“循环经济”意义上的“减量—回收—清洁—再生产”的方式已经远远不够了，必须从社会整体意义上创造社会与自然的整体大循环，即从循环社会发展的国策法规开始，到商品生产过程和生产物的利用、循环，再到生活消费过程和消费物的生产利用、循环，再到自然资源的再生产利用、循环，再到社会全员参与行为方式的“善的循环生活行为规范”要求的提出等，让人人都成为生产者、循环社会监督者、循环社会消费的执行者、循环社会的消费者……使社会所有的存在物都能够进行再利用，在吐故纳新中获得能量守恒。像有些发达国家已经完成的“零耗能城镇”那样，充分利用风能、太阳能、地热能、生物能等推进社会的整体进化。日本、德国等国家早在2000年前后就已经提出了“循环社会”建构的法律和法规，并落实到了每一个城市市民的日常

① 李迅．关于中国城市发展模式的若干思考．城市，2008(11)

② 迈克尔·詹姆斯，等．紧缩城市——一种可持续发展的城市形态．周玉鹏，等译．北京：中国建筑工业出版社，2004：3

生活中，日本的垃圾再生产产业就是成功的案例。英国和德国等国家在一些地方已经创建了“零耗能”小城镇。从人类进化的角度认识，循环社会型的国家形态是发展的必然选择。这其中也包括对土地资源空间的紧缩型利用。需要进一步强调的是，在“循环型城市社会发展模式”体系内，还必须强调“人与自然和谐为本”的城市战略定位理论。

“循环型城市社会发展模式”是一种全新的理性思维和理想类型的创新，是一个追求理想社会的过程，也包括思维方式的变革。阿尔文·托夫勒认为：“正如工业革命早期经济学家要超越农业时代的思维并且摒弃再也不适应的东西那样，今天的经济学家也面临着相似的挑战。”①面对当代中国城市化高速发展，必须提出全新的创新型思维方式，用全新的思维意识、全新的思维视角、全新的思维方法面对。简·雅各布斯说：“在本世纪诸多革命性的变化中，也许深层次的是那些我们可以用来探索世界的思维方法上的变化。我不是指新出现的机器脑，而是指已经进入人脑中的分析和发现的方法：新思维方法。”②“循环型城市社会发展模式”就是一种“新思维方法”。如果说“循环型城市社会发展模式”是强调其与自然共生的发展理念的话，“城市文化资本”再生产的理论与模式就是为了创造具有本土化特色城市化的永续发展动力。其表达方式的有机概念是：建构城市核心竞争力、城市综合竞争力和城市特色竞争力三者的有机合力，整合为中国本土化城市发展的“文化软实力”。每个城市都有自己的历史和文化资源，只是存量不同而已。但是，对有些城市来说，人们只把相关的文化看成一种单纯的文化资源，而不是文化资本。在布尔迪厄的视野中，有些文化资源具有文化资本性，具有与货币资本、财富资本和权力资本等相同的要素属性，也是可以进行再生产的资本。在以往的比较研究中我们发现，能够构成一个城市“城市文化资本”要

---

① 阿尔文·托夫勒，海蒂托夫勒. 财富革命. 吴文忠，刘微，译. 中信出版社，2006:114

② 简·雅各布斯. 美国大城市的死与生. 金衡山，译. 南京：译林出版社，2006:393

素的内容很多，具有唯一性、地方性、垄断性、区域性、民族性、集体记忆性和社会认同性的文化资源必然具有某种“城市文化资本”价值。[①]如北京的故宫，南京的中山陵，杭州的西湖，西安的大雁塔、小雁塔等，已经不仅仅是这个城市的文化符号和一般的文化资源，已经构成这个城市的文化资本，通过某种文化再生产的加工、创造和再创意，可以成为这个城市取之不尽、用之不竭的资本要素。布尔迪厄说：“文化生产场（它被分为艺术场、文学场、科学场）的概念，使我们避免了模糊地（通过诸如‘语境’‘社会环境’‘社会背景’这样的词）谈论社会世界，而艺术和文学的社会历史则通常满足于这样的谈论。文化生产场，是文艺界的传统概念中所涉及的完全特殊的社会世界的总和。”[②]这里所强调的是，如何能够把一般意义上的城市文化资源转化成“城市文化资本”，其前提是创造“文化生产场”，而这个“文化生产场”是一种城市“可域化”的发展创新“土壤”，是文化资源转化为城市文化资本的结构与解构的过程。

城市文化资本再生产过程，就是在创造城市内在活力，即文化与资本结合的活力，而这一活力的价值是给城市以新的生命和力量——文化软实力。布尔迪厄把这一现象视为“炼金术”：“把海德格尔思想称为‘哲学炼金术’，而‘社会炼金术’则是他对自己思想的一个形象概括，他在《实践的逻辑》中这样解释‘社会炼金术’：‘把任何既定的资本转化为象征资本，即建立在所有人的本质的基础上的合法化占有，这就是炼金术的基本运作。”[③]理解布尔迪厄的“文化资本”意义的关键词应该是“社会炼金术”。从更深层次的意义上说，“城市文化资本”再生产过程就是所谓“文化炼金术”过程，虽然这是一种隐喻化的描述，但是，这一认知却具有极其深远的历史价值。换言之，“城市文化资本”的再生产就是创造城市在全球化竞争中的“文化软

① 张鸿雁.城市文化资本论（第二版）.南京：东南大学出版社，2010

② 包亚明，主编.文化资本与社会炼金术——布尔迪厄访谈录.上海：上海人民出版社，1997：79～80

③ 包亚明，主编.文化资本与社会炼金术——布尔迪厄访谈录.上海：上海人民出版社，1997：83注

实力能级”。在当代，全球化竞争的实质是文化的竞争，全球化竞争的方式格局已经从传统的经济实力的角力，转为文化价值竞争的角力，在全球范围内已经形成了以城市为竞争主体的“全球城市文化价值链”，而能够在这一链条上生存的城市，一定是文化软实力能级较高的城市，当然必然也是“城市文化资本”再生产的强市，而其价值在于，通过“城市文化资本”再生产，可以使城市在全球城市文化价值链介入高端环节。

在本土化城市发展理论模式的创新中，我们也在探索整体发展体系、逻辑、流派和特有的城市研究方法。本土化城市化理论需要不同城市学派的共同探索，而遗憾的是，中国到目前为止还没有任何城市学派产生。

三、“乡村文化自觉”到“城市文化自觉”，再到特色城市文艺复兴①

全球现代化的进程也是不同国家之间社会与文化发展竞争的过程。任何国家与区域的城镇化都必然出现传统文化与现代文化的冲突与融合，在全球范围内这种冲突与融合表现为三种典型形式：全盘西化并最终丧失自我；故步自封并最终形成单纯技术、资源或宗教主导型的畸形现代化；在全球和地方文化中寻找到平衡并获得可持续发展力。“城市文化自觉”的建构是当代中国现代化遇到的典型而急迫的问题。一个国家与地区城镇化要想获得可持续发展，必须从“城市文化自觉”层面上进行主体建构：一是城乡一体化特色融合的文化建构与创新；二是人的现代素质塑造的文化自觉与创新；三是全球特色文化城市价值链高端介入的文化自觉与创新。

① 张鸿雁. 新型城镇化进程中的城市文化自觉与创新——以苏南现代化示范区为例. 南京社会科学，2013(11)

在现代化和全球城市化背景下，中国面临着外来文化冲击和自身城镇化过程中遭遇的文化价值缺失——这种外源性和内源性双向作用压力所造成的“文化迷失”，只有依靠深层次的文化转型与创新来解决。[①] 中国江苏苏南地区之所以能够成为中国现代化示范区，首先是因为在中国改革开放的大潮中，能够率先表现为社会发展的城镇文化自觉，从乡镇经济发展创新开始，再从小康社会奔向现代社会。其次是因为这个地方的文化传统和自然禀赋，可谓是“荫江南鱼羹稻饭之先赋，承古吴越崇文尚儒之先德，孕资本主义萌芽之先驱，应市场体制改革之先声，开乡镇企业崛起之先河，抢开放型经济发展之先机，立高新技术产业化之先行，是典型的古代文化与现代文明交相辉映、乡镇文化与城市文化和谐共生的区域，始终走在中国现代化、城市化进程中的前列。”[②]苏南现代化示范区作为中国第一个以现代化建设为主题和重点的规划区域，其文化转型在样本意义和经验价值上具有示范性和典型性，对其他地区区域现代化和区域城镇化过程中的文化现代化建设有积极的参考作用和借鉴意义。我们认为，在新的社会发展变迁中，中国文化转型和文化现代化必须围绕“城市文化自觉与城市文化自为”双重创新的新思维方式展开，在必须深刻认识“城市文化自觉”和“城市文化自为”的基础上求发展，以创新的方式保护和弘扬传承城市优秀文化，打造强可识别的城市文化身份和强可持续性的区域性文化认同。

（一）自觉客体的时代性转换：“城市性与现代性的文化自觉”

马克思等曾提出，城市是社会发展动力和社会发展的中心，现代化的过程就是城市化和城市现代化。从城乡统筹的意义上来认识苏南现代化示范区的“城市文化自觉”与创新，必须重视全球城市社会

① 张鸿雁，邵颖萍. 率先基本实现现代化进程中的文化传承与创新——以江苏为例. 江苏社会科学，2013(1)

② 张鸿雁，邵颖萍. 苏南现代化的文化自觉与创新. 新华日报，2013－08－13

背景下的从“乡村文化自觉”向“城市文化自觉”，进而向“城市化和现代化示范区文化自觉”的主体转化过程。

“城市文化自觉”已经成为发达国家城市化和城市现代化建设的一种普遍共识，之所以强调这一点，是因为全球发达国家已经全面进入了城市社会，在某种意义上说已经完成了传统“乡村文化自觉”的过程。法国学者孟德拉斯①论证了法国传统农业社会自觉转型的过程，其著作1964年出版时震惊了法国社会，虽然当时有很多反对的声音，但是之后仅仅20年的社会发展便证实了孟德拉斯的研判。1984年的法国虽然还有传统的农庄，但已经没有了传统社会意义上的农民，工厂化、庄园化、机械自动化、数字化和智能化实现了农业生产方式的现代化，发达国家的“乡村文化自觉”是在与现代化同步发展中完成的。自此，“城市文化自觉”已经成为现代化进程中城镇可持续发展的新动力源。1998年新加坡提出了“创意城市国家”的概念；2003年伦敦市长公布了《伦敦：文化资本，市长文化战略草案》，提出文化战略要维护和增强伦敦作为“世界卓越的创意和文化中心”的声誉，要把伦敦打造成世界级文化城市。巴黎、柏林、纽约、东京、首尔等都提出了全新的城市文化发展战略，充分反映了“城市文化自觉”的意义与价值。发达国家“城市文化自觉”的创新可以充分证明，从传统“乡村文化自觉”到“城市文化自觉”是城镇化和现代化进程中的必然结果，但是，一个社会对于“城市文化自觉”能否主动认识，并真正成为一种自觉的文化行为，既需要在理论与实践上进行创新，更需要先行者提出倡议和呐喊。对于中国的现代化来讲，“城市文化自觉”是十分必要且紧迫的——中国城市人口在2010年第一次超过农业人口，这意味着2018年的中国有着世界上最多的城市人口，这就告诉人们，中国社会问题的主体场域，正在从传统的乡村和城乡差别矛盾的衍生中转向城市社会场域，“城市文化自觉”已经成为中国现代化成功的关键。

从中国历史的发展进程看，费孝通论述的文化自觉，是指“生活

① H.孟德拉斯.农民的终结.李培林，译.北京：社会科学文献出版社，2005：268～271

在一定文化中的人对其文化有‘自知之明’，明白它的来历，形成过程，所具有的特色和它发展的趋向……自知之明是为了加强对文化转型的自主能力，取得决定适应新环境、新时代文化选择的自主地位”。① 这一理论和观点是在对传统乡土社会文化的反思中提出来的，即使到了1999年，中国城市化率也只有30%左右，在理论上还处于典型的前工业化时代——而中国宋代经济最繁华时的城市人口曾达25%。由此看出，中国几千年来长期处于典型的农业社会之中，而近代社会中国更是深陷传统落后农业社会的泥沼之中。提出传统乡村文化自觉和整体民族文化自觉，具有十分鲜明的历史性价值和建设性意义，而且是符合中国历史文化发展逻辑的。

如何使文化自觉成为千千万万城市人的内在自觉和行为，是具有时代价值的新命题。“城市文化自觉”除了具有某种外部文化行为介入与唤醒功能的表现方式之外，更多的意义在于城市作为市民社会的载体，本身为文化自觉创造了社会基础。“市民社会是全部历史的真正发源地和舞台”②——这是马克思主义社会发展观的重要思想。城市与乡村的区别之一就是，城市本身存在文化自觉的土壤和文化自觉的场域文化关系，城市作为一个适应性的开放系统，是世界文化、知识和技术流动的空间，也是新型人力资本的流动高地，同时又具有“城市文化资本”再生产的功能。“城市文化自觉”与传统乡村文化自觉的区别在于后者以外部推动引发的自觉为主，而前者是以内在文化场域关系构成市民社会的文化自觉为主。必须强调，任何形式的“文化自觉”都必然是与时俱进的文化自觉，是为了推动文化转型的文化自觉，所以这种“自觉”不仅仅是以认知、反思传统为自觉，更深刻的意义是：它是在反思、批判过去的同时，认知现实、建构未来的一种文化自觉的。通常人们在谈论“文化自觉”的时候，只看到“我们从哪里来”，不关注“我们到哪里去”，没有意识到“我们的社

① 费孝通．反思·对话·文化自觉．见：费孝通．论人类学与文化自觉．北京：华夏出版社，2004：184，188

② 中共中央马克思恩格斯列宁斯大林著作编译局．马克思恩格斯全集（第3卷）．人民出版社，1960：56

会环境发生了怎样的变化”——这不是完全意义上的“文化自觉”，这在某种意义上甚至可以说是“文化自封”。以往有些关于文化自觉的论述是“乡土中国”的文化自觉，是以农村社会为主体的文化自觉，这种文化自觉类型本身在全球城市化时代背景下已经不能够完全表达现代社会的变迁和“城市文化自觉”的完整性、有效性和客观代表性。[①] 放眼当代全球化，任何现代化都必须在完成城市化的基础上实现，在这个层面上，提出“城市文化自觉”是必要且紧迫的，城市和城市人的文化自觉应被予以更多的关注。

我们在论述传统社会时有一个误区，认为乡村代表传统社会，城市代表现代社会——从滕尼斯到迪尔凯姆再到吉登斯都提出过这种两极化的认知视角，虽然这种象征意义上的描述具有学术性的解释价值，但是从“城市文化自觉”的意义上分析，这一认知在某种程度上存在偏见。中国自春秋战国时期就出现了完全意义上的城市兴起和繁荣，临淄城、楚都和苏州城都堪称代表，[②]中国古代城市发展具有鲜明的特色且自成体系，城市史源远流长。如苏南现代化示范区内的5市（苏州、无锡、常州、镇江和南京）均有超过2 000年的建城史，当代城镇化率已经超过70%，中心城市综合实力位居全国同类城市前列。很明显，苏南5市“城市文化自觉”的时间、起点、进程、速度、深度是不同的。虽然如此，但其“城市文化自觉”在现代化和城镇化发展中的主动性和先行性的价值是相同的，具有典型的内在文化价值驱动性，并且作为区域社会发展不同层级城市核心竞争力的动力而存在。苏南地区县域经济发达，昆山、江阴等7个县（市）经济总量位居全国县域前列，是中国城乡统筹建设较为突出的区域之一。“苏南”不仅是一个地域范畴，也是一个文化范畴，[③]无论是从历史的溯源还是从现实的需求角度来讲，苏南城镇化中的文化自觉与创新，不但汲取了

---

① 邵颖萍. 全球化与场域精神：麦当劳在东亚城市的“文化定制”逻辑. 社会，2013(3)

② 张鸿雁. 春秋战国城市经济发展史论. 沈阳：辽宁大学出版社，1988：60，79～102

③ 张鸿雁，邵颖萍. 苏南现代化的文化自觉与创新. 新华日报，2013-08-13

传统苏南文化，同时在“城市文化自觉”的意义上具有现代乡镇苏南和城市苏南新的城镇文化的价值与意义。

从现代全球化经济与文化发展竞争关系来说，中国苏南现代化示范区中的乡镇文化自觉仍需继续深化，而苏南“城市文化自觉”更应该领先一步。正如前述，任何现代化的区域都是以城市为核心的，苏南现代化示范区必须实现完整的城市化和城市现代化，而城市现代化的核心是城市现代性的建构，城市现代化的最直接表现就是“城市文化自觉”，让更多的人不仅仅能够自觉成为城市的主人——有契约精神的城市市民，而且能够成为现代化示范区的践行者、享受者和创新者。城市现代化建构的主体在很大程度上表现出特色文化城市形成的国际化发展的“文化软实力”。毋庸讳言，“城市文化自觉”是苏南现代化示范区创新经济与社会可持续发展“文化软实力”的集中表现方式之一。

（二）自觉主体的进化论逻辑：从传统乡土社会到新型市民社会

我们主张从马克思提出的“市民社会”的意义上来塑造“城市文化自觉”，必须重视从“传统的人”到“现代的人”，进而到社会“样板阶层”群体的孕育过程。

传统社会往往是自然经济文化的共同体，乡村文化是基于农业生产为主的、以血缘和宗法关系为纽带的社会体系而存在的。在这个传统社会共同体内，农业劳动者是个体化的经济文化体，具有分散性和自我谋生的需求性，其居住的传统社会空间——乡村是一个封闭的社会体系，没有异质性的社会群体，没有多样化的职业构成，很少有多样化的博物馆、艺术馆等公共文化空间。他们的同质性在于都是自给自足、受教育程度低的农业生产者，不存在知识分子与现代技术阶层，更没有所谓的专业化的工商业者阶层，传统乡村本身不存在典型的“文化自觉”阶层——知识分子群体。因此，从历史发展经验看，提出主张和实践“文化自觉”的主体大多不是农民本身，而是知识分子。另外，通过对历史文化发展的比较可以看到，“城市文化自觉”是城市本身的价值与功能之一。正如经典作家曾经提出的那样：新的思想文化和行为更多地产生在城市里而不是乡村，所以城市是社会发展的动力和经济与文化的中心。城市本身是一个具有“适应性开放系统功能”的有机体，同时又是地域生产力的集中表现形式，是“智识阶层”和“创意阶层”的集聚地——美国学者佛罗里达专门研究了全球城市发展的新型动力问题，明确提出了城市“创意阶级”崛起的社会价值与意义。[①] 在一些世界级国际化城市和特色文化型城市里，存在着完全意义上的“创意阶级”，主要有工程师、科学家、设计师、教授、艺术家、小说家、演员、建筑师、银行家(金融师)、咨询师、医生、编辑、记者、评估师、网络专家、IT 师、经纪人、策划师等，包括形形色色的先锋人物和各种各样的专家型“创意群体”，关键是他们构成了一个新的阶层。这一群体成为社会文化与“城市文化自觉”的创新力量，在改变城市社会结构的变迁方面起着重大作用。作为“城市文化自觉”的主体阶层的创意阶级在现阶段的传统乡村社会并不存在。西方中世纪的文艺复兴，就是在这一新兴阶层的崛起中发展起来的。“城市文化自觉”“自嵌”于城市本身的“自组织功能”之中，这也是城市与乡村区别的一种“质”的差异。正如世界上所有的事物都存在差异一样，“城市文化自觉”的能动性和创新性也是有差异的。在现代社会竞争体系内，不同社会关系下的城市，其文化自觉的能力和能级是不同的，因此也需要对“城市文化自觉”本身进行倡扬、呐喊甚或是奔走呼号，费孝通先生就是这一倡扬的典范。

“城市文化自觉”的创新意义可以从如下几个方面进行思考：

1. “城市文化自觉”是城市核心价值建构的创新方式

世界和中国都已经迎来了真正的城市社会发展时代，在这种空前的社会历史发展背景下，科学的、本土化的城镇化理论建构愈发重要。古今中外的历史证明：城市强则国家强，城市兴则国家兴。在这个现代化乃至后现代化的语境中，城市不仅作为一个地域词汇，更重

---

① 佛罗里达. 创意阶层的崛起. 司徒爱琴，译. 北京：中信出版社，2010

要的是作为一个时代词汇、功能词汇，甚至一个情感词汇而存在，是一种现代化的象征性表达，关系现代文明生活方式的普及，也关系民族—国家认同感的依附。创造内生性动力是新型城镇化健康发展的前提，而“城市文化自觉”是城镇化内生动力核心价值的表现方式。

2. “城市文化自觉”是引导传统社会文化自觉的动力

当下中国城镇化的研究表现出路径上的“倒序依赖”，无论是乡村城市化抑或是新型城镇化，[①]都是城市现代化的进化历程，都以制度型城镇化作为主要动力，政府仍然遵循着从“农村—城市”的行动逻辑。因此，有人认为在城镇化和现代化及文化自觉的发展模式上也可以是“农村包围城市”——这本身的逻辑性错误根源于对城市中心性本质价值认知的偏差。以往的经验告诉我们，任何形式的文化自觉，在本质上都是城市意义上的文化自觉，近代化和现代化的文化崛起无不发生在城市之中，并引导传统农村的变革。城市社会进化本身如果不重视理论研究与科学论证，无论是在学理的研究认知上或是在行政管理的效率上，都会表现为高耗能不经济的城镇化发展逻辑。中国的城市化尚未形成本土的、系统的科学理论，不是城市建设被覆盖在宏大的西方理念体系中，就是城市管理者挣扎在类似盲人摸象的茫然处境中——仅仅寻求城市发展的政绩增长和路径依赖，而没有中国式的“城市文化自觉”。如此，对于一个国家整体意义上的城镇化和现代化发展来说是难以保持民族性和本土性的。

3. “城市文化自觉”理论与实践的显学化是中国城市文化发展的必然结果

现阶段的中国城镇化研究陷入一种特定的甚至是不可自拔的“隐形化境遇”。在城市人口已经超过农村人口的时代，中国的经济与社会问题已经从传统农村社会转向城市社会，如果我们仍然像以前一样单纯以农村为研究中心，“城市文化自觉”问题将不能成为中国经济社会研究的主体核心，而仅作为单一的学科视角——重复着一种古老而雷同的研究过程，这种研究本身就缺乏文化自觉的能力。

---

① 张鸿雁.中国新型城镇化的理论与实践创新.社会学研究，2013(3)

在中国，城市学看起来很强大，研究者众，但事实上却被分解到经济学、规划学、建筑学、社会学、政治学等不同学科系统之中，没有明确统一的学术阵地——中国城市科学研究似乎被“碎片化”了。在中国的学科体制中，城市研究作为一个完整的学科系统本身就需要文化自觉，这样才能真正创造一种全新的“城市文化自觉”理论体系与文化价值链。中国差序化的梯度社会形态[①]赋予了城市研究最为丰富的阶段性样本，“城市文化自觉”也表现为差异化的状态。诺贝尔经济学奖获得者斯蒂格利茨提出的“中国的城市化对于21世纪人类社会进程造成最深刻的影响”的论断，其另一层意思就是“21世纪世界的城市研究在中国”。正如美国城市化大发展时期芝加哥学派能够兴起一样，中国的城市研究也已经迎来了这样的历史机遇。要明确提出的是，在尚未形成本土化城市化系统理论的中国，“城市文化自觉”的研究与运用，既包括社会“城市人”、城市市民整体上文化认知的自觉，也更需要从理论与实践、学术与学理、科学与应用上创新“城市文化自觉”。

美国社会学者英格尔斯早在20世纪60年代就对一些发展中国家进行了大规模的比较性社会调查，[②]得出了“国家的现代化，首先是国民的现代化”[③]的结论。这一论断可以用另外一种方式表达，即国家现代化首先是国家的文化自觉，特色文化城市研究也是一种思想与文化的觉醒。一个有“城市文化自觉”表现的国家或地区，只有当它的人民能够成为现代人并且有某种市民社会的文化自觉，才具有新型城镇化和现代化真正的动力。城市社会特别是市民社会能够在一定程度上集中表现出社会发展现代性——具有民主化和社会合理公平发展的土壤，它的民众从心理上和行为上才具有某种现代人格特征，这种社会状态就有可能在社会制度与社会关系上表现出对人及人本原的尊重、对他人的尊重。

---

① 张鸿雁.论当代中国城乡多梯度社会文化类型与社会结构变迁——依据“社会事实”对“二元结构”的重新认知.南京社会科学，2007(1)

② 英格尔斯在这些发展中国家的每个国家访问了1 000人，包括农民、产业工人以及其他阶层的人员

③ 阿历克斯·英格尔斯.人的现代化.殷陆君，译.四川人民出版社，1985:4

聚焦中国苏南现代化的发展，其核心必然是人的现代化，以及城市社会群体的文化自觉。其至少包括以下10个方面的内容：(1) 必须有国家荣誉意识，有爱国主义的理想和自我愿望，能够为国家利益奉献自己的力量。(2) 要有某种利他主义的思想倾向和行为，这是社会责任和社会文明最基本的标准之一。(3) 能够熟悉和继承社会最起码的伦理准则，遵守国家的基本法律规范，并有主动、率先遵守的意识。(4) 充分履行和尊重起码的职业道德，各司其职，各尽其责，形成良好的社会和生活秩序。(5) 懂得基本的社会文明礼仪和社会交往行为规范，并形成日常行为习惯，而一部分人能够追求"让优秀成为习惯"。(6) 要有益于公众和社会的理想并追求人类共同的优秀理想，在符合大多数人利益的前提下，合理满足个人的基本需要，实现个体存在价值与社会终极价值的合理性建构。(7) 强调奉献，有社会整体意识及公德意识。(8) 有宽容与尊重之心。任何社会只有使人的个性得到充分释放，人的才能才会得到充分的发挥，人的"原真性"才能获得真正的解放。(9) 从做诚信的人到建构诚信社会，一个没有诚信的社会必然不具有现代性。[①] (10) 个体至少具备一种为社会、为他人服务的技术和能力，在为社会创造价值的同时，实现自我价值。这10个方面虽然还不全面，但至少强调了我们这个时代的文化自觉应该从每一个人开始，每一个个体都有责任、有义务对中国文化当中那些优秀的、合理的、文明的、符合"现代性"的文化进行重构，把传统文化中与人类"大善""大爱"相符合的东西——包括仁义礼智信的文化继承下来并赋予其时代的新价值。

苏南作为现代化示范区虽然有一些成功的经验，但是，和发达国家相比还有很大差距，在现阶段苏南应该更多地发挥先导区的功能，并且能够从"城市文化自觉"的意义上，使苏南现代化示范区成为"中国式城市文艺复兴"的发源地，对中国传统文化进行一番重拾、重缀、重整和重构。要创造苏南当代智慧型的中产阶级、新型的"创意阶级"，通过"城市文化自觉"的建构，提升这一社会阶层的整体道德素质和文化价

① 邵颖萍. 中国城市现代化的内核与核心. 城市问题，2012(11)

值,并使之能够成为社会发展中文化和生活方式的“样板阶层”[①]和“城市文化自觉”的先锋创新实践者。一个地方或民族现代化发展的质量,是与那里的群体的文化自觉能力呈正相关的。有学者认为,文化发展的原因在于智力,但现有的文化因素却是决定文化发展的实质及速度的重要因素。[②] “城市文化自觉”的深度和高度的表现方式之一是城市的文化涵容性,它是建立在地方性文化觉醒的基础之上的。苏南样板阶层和新型“创意阶级”的构建,必须充分汲取吴文化刚柔相济的诗性气质和审美精神、民国文化中西合璧的艺术价值和博爱风范,通过群体性力量形成稳固的社会结构和与历史进程相适应的价值取向。

(三)“城市文化自觉”的世界意义:从“城市文化资本”到全球城市文化价值链

我们主张从“城市文化首位度”的意义上来推动的“城市文化自觉”与创新,必须重视从“城市文化资源”到“城市文化资本”,再到“城市文化价值链”的地域经济与文化的同步整体现代化建设过程。

苏南是中国文化资源密集度最高的区域之一。苏南5市中有6个国家历史文化名城、13个国家历史文化名镇、3个国家历史文化名村,形成了“极核化”的文化群落;苏南保留了以苏州园林、明孝陵、昆曲、古琴等为代表的世界物质、非物质文化遗产,在文化遗产的存量上和质量上都有很好的保证;苏南是中国文化群体最为密集的区域之一,盛产状元和文化人物,两院院士最多。“文化地—文化物—文化人”是苏南历史积累的核心文化资源,[③]但这些城市文化资源如何转化为“城市文化资本”,是需要以文化自觉的方式来建构的,也就是说,让文化资源转化为文化资本需要文化再生产过程,只有当文化资源转换为文化资本并以财富的形式具体表现出文化价值积累的时

① 邵颖萍.中国城市现代化的内核与核心.城市问题,2012(11)

② 威廉·费尔丁·奥格本.社会变迁——关于文化和先天的本质.王晓毅,陈育国,译.杭州:浙江人民出版社,1989:18,144

③ 张鸿雁,邵颖萍.苏南现代化的文化自觉与创新.新华日报,2013-08-13

候，才能真正创造社会进步的价值。[1] 要创造性地完成苏南文化资本再生产过程，既需要具有对历史文化、文脉的挖掘与甄别能力，真正明确一种文化的基本价值内核，还需要在"城市文化自觉"的意义上创新地方文化资本的操作模式，创新苏南文化输出的组合形态和社会网络，并在此基础上完成苏南城市价值网链重缀的过程。要充分发挥文化对其他方面的辐射与核心带动作用，必须将"城市文化自觉"作为区域现代化、城市整体发展战略的核心之一，实现苏南区域经济与文化的同步整体现代化，提升经济与文化结构的自我成长力、反思力、扩张力和再创新力，进而推进全球城市价值链高端介入的多层次战略，创造国际化的特色文化城市群。

创新的土壤比创新本身更重要。"城市文化自觉"的内在意蕴之一就是如何创造城市经济与文化创新的土壤，让新事物、新型人才能够破土而出。"城市文化自觉"不是一个人的自觉，是一个群体、一种社会精神的自觉，这要求社会能够培育出精英群体，而精英群体是"城市文化自觉"的直接创造者、创新者和践行者。如"巴黎是一个有自己个性化城市文化的'根'与'魂'的城市。历史上辈出的文化精英，是巴黎人社会与文化精神生活的灵魂。这个城市有19世纪的法国作家巴尔扎克、普鲁斯特、波德莱尔、兰波、乔治·桑、肖邦、王尔德、科莱特、热奈；20世纪的毕加索、本雅明、纪德、萨特、波夫娃、加缪、罗兰·巴特、福科这些文化名人，他们组成了巴黎社会文化名人群落，这个名人文化群，给巴黎人带来的不仅仅是骄傲，更多的可能是带来了心理暗示：或许每一个巴黎人都这样！巴黎不仅是一个一般意义上的文化容器，更是一个能够创造人类精神文化的策源地"。[2] 一言以蔽之，城市文化创新土壤是一种真正的创新，是克服保守、固化的文化与制度的一种结果，而当代中国正在从传统农业社会转向城市社会，城市社会当中的一些文化要素和文化行为甚至文化心理结构很多来自传统乡村，典型的乡村文化具有"渗透性"，正如五四运

① 张鸿雁.城市文化资本论(第二版).南京:东南大学出版社,2010:604

② 张鸿雁.城市文化资本论(第二版).南京:东南大学出版社,2010:45

动时期出现的工人很多是当时刚进城的农民一样，即使以工人阶级的身份登上历史舞台，他们在本质上还是秉持小农经济的文化意义来批判中国文化传统的。如果追本溯源的话，多数中国人的文化之“根”还在农村，当代城市中的知识分子也多数来自农村并通过考试升学的通道走进城市。正因为如此，我们才反复强调“城市文化自觉”的意义和价值，特别是强调社会新兴阶层的文化自觉的深刻意蕴。

另外，我们还可以参考一下纽约。有学者说：“纽约始终是一座‘文化大熔炉’、一个新旧事物的交汇点、一种将新世界转变成美国所必需的的催化剂。”[①]“纽约是最能体现美国精神的城市……容纳着来自地球上每一个国家的人，这座城市使他们受到同化如此成功，以至每天有 300 人宣誓成为美国公民……纽约人并非与生俱来，而是被造就而成。作为一个经过残酷筛选过程的幸存者，他们傲慢地坚信‘没有任何其他地方更适合’他们。尽管存在种种矛盾和不幸，认为新世纪的挑战会击败这座令人赞叹的城市的想法却是十分荒谬的。”[②]虽然这些对纽约的论断带着作者个人的认知偏好，我们并不能完全苟同，但是这一论述至少告诉我们，城市确实是“改造人类的主要场所”。[③] 一个城市的文化自觉是这个城市进化与进步的源泉，一旦社会整体对这一文化自觉有认同，其力量可以充分表现为“城市文化资本”的再生产价值，可谓是取之不尽、用之不竭。因为文化自觉源于思想、源于情感、源于智慧、源于新的创意，源于千千万万人文化认同意义上的参与和行动。

如前述，中国的新型城镇化是国家现代化和“现代性”创新的载体，[④]是“社会进化的一种形式”。[⑤] 从“城市文化自觉”的角度推进新

---

① 乔治·J.兰克维奇.纽约简史.辛亨复，译.上海：上海人民出版社，2005：1

② 乔治·J.兰克维奇.纽约简史.辛亨复，译.上海：上海人民出版社，2005：326

③ 刘易斯·芒福德.城市发展史——起源、演变和前景.宋俊岭，等译.北京：中国建筑工业出版社，2005：582

④ 史蒂文·瓦格.社会变迁.王晓黎，译.北京：北京大学出版社，2007：28～29

⑤ R.E.帕克，E.N.伯吉斯，R.D.麦肯齐.城市社会学——芝加哥学派城市研究文集.宋俊岭，等，译.北京：华夏出版社，1987：171

型城镇化和区域现代化，持续现代化的模式至少需要关注以下7个维度：一是“区域资本再生产的能力”，特别是“城市文化资本再生产模式”和城市国际化经济与文化空间的建构，包括政策、空间、人才、要素、策略、服务能力的资本再生产的能级等。二是对世界经济与文化因子的吸收创新能力，包括对世界经济与文化前沿发展的把握，能够在广泛的意义上吸纳国际经济、文化要素及资本要素。三是国际化的开放程度，包括开放方式，表现为法制前提下的市场经济关系，如国际自由贸易、国际化的资本结算、国际化的旅游地和国际化的生活空间等。四是国际化的人才集聚与流动，包括人才成长的优化土壤和机制，特别是对“城市文化自觉”的主体阶层——创意阶级的打造和培育。五是经济、文化、科技的创造和创新能力，即对世界经济与文化变迁的反应、参与、创造和创新——在不同程度上能够走出去，并吸纳、介入、参与、创造、创新。六是通过反射世界经济文化，对经济、社会和文化进行再创造，创新在全球一体化中的本土化经济模式。七是对区域现代化与新型城镇化地方性精神与价值的传承和建构。①

城镇化和现代化进程中的“城市文化自觉”，对中国现代化来说正如西方中世纪的城市文艺复兴，必须从新的社会理想和理论建构的高度来推动其发展。这种自觉更深层次的意义在于：在社会充溢疯狂物质利益的时代，能够更多地推崇理想价值和主张，能够引导人们追求向上健康发展的目标，创造社会进化式的进步。现代化示范区的“城市文化自觉”与创新的实质在于最大可能地动员区域社会提升文化软实力，关注特色文化城市、市民社会文化和“城市文化首位度”这三大层面，进而实现区域现代化目标。

① 张鸿雁.全球城市价值链理论建构与实践创新论——强可持续发展的中国城市化理论重构战略.社会科学，2011(11)

第四章
空间正义与公平：空间剩余价值与市场经济理论重构①

我们必须使城市恢复母亲般的养育生命的功能，独立自主的活动，共生共栖的联合，这些很久以来都被遗忘或被抑止了。因为城市应当是一个爱的器官，而城市最好的经济模式是关心人和陶冶人。

——刘易斯·芒福德

特色文化城市建设不能缺乏社会公平与正义。在城市发展中，房地产问题长期困扰着中国城市化和城市现代化，不仅影响着城市人的日常生活，在更深层次上还影响着特色文化城市建设，影响国家软实力的创造。“住宅阶层”的分化越来越符号化，使城市社会阶层的区隔进一步深化，中国特殊国情导致形成的“超经济房地产市场”②阻滞着城市现代化的进程和特色文化城市的发展。

---

① 张鸿雁. 空间正义、空间剩余价值与房地产市场理论重构——新城市社会学的视角. 社会科学，2017(1)

② 这里所说的“超经济房地产市场”是指现实体制下对房地产市场的过多、过度的制度型干预，非经济手段的、非市场性手段的、多变的政策干预，而最终又不能达到干预的目的，进而导致房地产市场的某种政治化倾向

一、城市社会变迁视角:文化空间到社会空间的转向

(一) 城市"住宅阶级"与"城市文化空间转向"

城市的"空间正义性"所隐喻的现代性在很大程度上表现为"市民社会"的契约化和理性社会关系。如果说,"城市首先是一个可以宜居的地方"的话,"居住空间——住房"的公平性就必然成为社会现代化和现代性建构的首要问题。"住房是一种特殊商品",①商品房不仅具有一般商品没有的复杂性,而且围绕房地产与消费者需求的"社会内容和服务流量"更具有特殊性和复杂性。居住水平是一个国家与社会福祉的进步标志,所有的国家都有独特的房地产"社会场域"、空间占有关系及"文化消费惯习"。房地产市场作为特殊的要素市场不仅与国家的政治属性、文化传统、城市制度具有某种"社会互适性",而且还与民族文化心理结构、土地空间资源存量有深刻关联。进一步推论,房地产开发过程不单纯是一个国家或一个城市的"空间再生产形式",也是一个国家或一个城市及个体经济资本在社会资源再分配前提下的"空间再生产过程"。对中国来说,房地产市场还受国有土地制度、集体土地制度和私有土地制度三者利益之间的博弈关系的制约。黑格尔说:"助长民族精神产生的那种自然联系,就是地理的基础。我们要把那些特殊地区间的地理差别,看作是思想本质的差别,而与各种偶然性的差别截然分开。"②房地产市场既是一个

① 沃纳·赫希.城市经济学.刘世庆,等译.北京:中国社会科学出版社,1990:93

② 黑格尔.美学(第三卷下).朱光潜,译.北京:商务印书馆,1982:222

地理空间表达，又是作为一种社会结构、社会空间而存在的要素市场。在空间上已经是社会结构化了的空间形态商品，既属于一定的地域和一定的社会关系，也属于一定的社会体系和文化范畴，这种"区域社会性"的特质也决定了房地产市场具有"区域社会时空集约"的特点。贝克认为："在发达的现代性中，财富的社会生产系统地伴随着风险的社会生产。相应地，与短缺社会的分配相关的问题和冲突，同科技发展所产生的内附的生产、界定和分配引起的问题与冲突相重叠。"①这一描述与当代中国的情况很相似。现代社会除了科技与生活高度结合带来的某种高风险外，还包括财富向一定阶层快速集聚所形成的"非平等化"和"被剥夺感"带来阶层冲突的高风险，而业已形成的"住宅阶段"正在"生产、界定和分配引起的问题"，这也是当代中国社会分层的主要表征。我们不得不思考，在高新技术获得全新的发展、网络智慧思维获得普遍应用、社会财富总量在高速增长的当代，为什么我们所面临的社会问题却越来越多，而解决社会问题的手段却越来越少？甚至是束手无策？其关键原因之一就是，我们对某些社会问题的本质的认识还存在严重偏差，我们对某些利益主体和利益关系的调整还受制于政治观念和制度体系及文化价值取向的滞后性制约，使我们的一些理论分析和研究受制于本土化理论体系不完善的局蹐而不能形成有效指导功能。房地产市场多元化主体的博弈，导致房地产市场的畸形化，相关制度设置滞后，未能从所有权的法权、法理意义上对房地产的市场关系加以厘清和反思。至少我们可以得出这样的结论：现有的土地关系和房地产市场结构已经成为制约社会进化的主要因素之一。

"住宅阶级"的概念是英国新城市社会学代表人物提出的，虽然对这一用词学者们有很多分歧，但就其强调住宅可以作为社会阶层区分的标志、象征这一点来讲是获得大家认同的。② 当然，这里的"住

① 乌尔里希·贝克．风险社会．李瑞华，等译．南京：译林出版社，2004：15

② Rex, John & Moore, Robert. *Race, Community, and Conflict-A Study of Sparkbrook*. London: Oxford University Press, 1967

宅阶级”在本质上是一种“阶层化”的描述，与以往阶级对立的认知方式是有区别的。雷克斯认为，因为土地级差等因素影响，对不同区位住宅的拥有就产生了不同的“住宅阶级”。[①] 人们通过不同区位住宅的购买和制度型分配，形成了通过住宅作为外在形式的社会差异化符号：富人区与穷人区。不同地段的住宅已然成为社会地位与身份的象征。更深刻的思考是：虽然“住宅阶层”的房屋多数是以购买的形式完成的——似乎市场是公平的，但因为社会空间在具有社会公共性的同时，还具有区位空间价值的差异性，使得“购买住宅的各阶级”在不同价值空间形成了空间正义非平衡性的不公平结果。雷·帕尔在有关城市与住房供给的论文中提道：“城市研究的核心应该是空间制约与社会制约的相互影响，正是这些制约决定了住房和其他城市资源的分配。”[②]在中国，这种制约具有特殊性，可谓要素错综复杂：一是社会空间土地级差价值和土地权属的复杂性，使得房地产市场缺乏典型的“空间制约”；二是土地市场转换方式与层级的复杂性，使得房地产市场无法形成法制型“社会制约”和社会治理关系，只有单纯的“行政权力制约”关系；三是因人口众多，城市优质稀缺空间成为少数人的要素资本，区位空间成为典型的增值性价值符号，如学区房、稀缺的风景区等；四是土地流转过程制度设置缺陷，使其成为“权力寻租”的资源……这些因素强化了“住宅阶级”的分化。很显然，在这样的文化场域结构内，“空间消费”和“空间再生产”很难形成“空间正义”意义上的社会分配机制，因而也使得相关法律的平衡和控制机制形同虚设，必然出现“超经济”的房地产市场关系，由此而产生忽左忽右、忽上忽下的房地产政策也是必然的了。更重要的是，这一问题仍然没有有效的理论与法理改革思路，这是我们提出房地产社会属性研究的根本原因所在。

---

① 夏建中.新城市社会学的主要理论.社会学研究，1998(3)

② 保罗·诺克斯，史蒂文·平奇.城市社会地理学导论.柴彦威，张景秋，译.北京：商务印书馆，2005:169

(二)消费者、开发商与政府的非对称性博弈

“生产空间”和“空间再生产”在改变人类生活方式的同时,[①]还在改变社会财富占有的形式,通过空间占有的差异不自觉地建构了新的社会关系和阶层。空间既是一种价值符号,也是一种社会关系存在的要素,“内含于财产关系(特别是土地的拥有)之中,也关联于‘形塑’这块土地的生产力”。空间被社会关系所支持,在生产社会空间的同时又被社会关系所生产。[②] 从这一认知基点出发,当中国城市社会来临的时候,城市空间的“文化转向”和“社会空间转向”就必然以“住宅阶级”的结构性变迁方式表现出来。[③] “空间性是由社会生产的”,[④]房地产的发展无论是在外在形式上,还是在内在本质上,都表现为人口城镇化和土地空间占用这一社会空间再生产行为。这种空间再生产形成了全新的“空间价值转向和转移”,即所谓的“住宅阶级”的产生与分化。当用空间社会学的理论框架来审视这一过程的时候,我们发现,中国房地产市场不仅迫切需要建构适合中国本土化的新的理论模式,还需要对房地产的中国本色及社会属性重新进行厘清,对中国特有的土地所有权和传统土地制度进行“中国式的变革”,最终实现空间正义与合理的社会公平。这一理论认知对中国房地产市场来说具有典型的自洽性和耦合性:“社会的转变预设了空间拥有与集体管理,被有利害关系的各方不断干预”[⑤]——形成消费者、

① 亨利·列斐伏尔.空间:社会产物与使用价值.西方都市文化研究读本(第三卷).王志弘,译.桂林:广西师范大学出版社,2008:24

② 亨利·列斐伏尔.空间:社会产物与使用价值.西方都市文化研究读本(第三卷).王志弘,译.桂林:广西师范大学出版社,2008:25

③ 迈克·克朗.文化地理学.杨淑华,宋慧敏,译.南京:南京大学出版社,2003:127~203

④ 爱德华·苏贾.后现代地理学——重申批判社会理论中的空间.王文斌,译.商务印书馆,2007:182

⑤ 亨利·列斐伏尔.空间:社会产物与使用价值.西方都市文化研究读本(第三卷).王志弘,译,桂林:广西师范大学出版社,2008:33

开发商和政府的三方博弈。这种博弈的外在形式就是“化镇为市”、化传统乡村为现代城镇、化传统农民为现代市民。[①] 40 多年改革开放所形成的房地产红利主要来自几亿农业人口向城市流动所形成的对城市空间占有的再生产，在各种要素的整合发展中，以国有土地、集体土地和“70 年产权”等制度要素构成的中国特色房地产市场体系面临着全面的挑战。只有清楚地掌握房地产市场特定的社会属性、产业本质、商品特质和区域市场“不动产”的特殊意义，才有可能科学地判断房地产市场的趋势和波动规律，才有可能制定出符合区域社会差异性的可分类化的房地产市场政策，才有可能对传统土地所有制改革提出创新思路。以往的事实是，因为政府在房地产市场中的“错位”与“越位”，加上土地制度的多元化社会属性模式，使得房地产市场“被畸形化”。一些房地产政策出台后让消费者跟着政策“被电击”式地“跳舞”。可以清楚地看到，每一次房地产调控政策出台后都必然形成结构性的供给不足，迫使房地产更加“畸形化”。

中国房地产市场的结构性特征之一是“三方非对称性博弈”格局：一方是消费者，在理论上存在着家庭财富积累的规律性和家庭住宅消费的周期性；一方是开发商，因土地属性的多元化结构特质，如从集体用地到国有用地的转化等，商品开发具有典型的非周期性和不确定性；一方是制定政策的政府，因房地产政策应对的滞后性和政府的“角色错位”，导致相关政策出台的不规则性和突发性。显然，三方博弈构成“非对称性”的结构化市场变迁状态，即房地产存量物业与市场需求形成多元要素周期性错位，转而深化为中国特有的房地产市场的“结构化空洞”。房地产商品开发具有生产周期较长的特性，从开发商审批拿地、设计规划，到开工建设，再到商品上市，其周期往往比市场需求延后 2～3 年左右，甚至更长的时间，而这 2～3 年中的国内外市场变化、政策变化和物价变化等具有明显的不确定性。还必须强调的是，近 40 年来，城市人口增长以外来人口增长为主，而

① 李克强总理等会见采访两会的中外记者并回答提问. 人民日报，2013-03-18

不同的城市因产业结构不同,相关外来人口增长与市场需求也明显具有非对称性,有些区域中心性城市很容易积累市场刚性需求能量而使房地产市场价格呈现“波段式上升”的变化。再有,城市产业的结构调整、城市产业集聚与外来人口增长的结构关系等因素,使房地产市场在具有非周期性变化的同时还具有区域市场的个性化特点。政府政策出台的应急性、滞后性、突变性和行政命令性,导致房地产出现波段形震动式发展,不仅形成房地产多元要素周期冲突和多元矛盾,更导致不同区域市场因缺乏分类政策而影响社会整体的经济发展。

(三)“城乡二元结构”与“比较市场结构”

在美国学者保罗看来,社会空间的辩证法所强调的是“伴随居住环境的生产而产生的中观层面上的城市社会结构和发展”。“‘生产’在这里是一个广义的概念——不仅指居住环境的生成,还包括其各种要素与环境的互动、分布及利用,这些要素与环境构成了城市经济、社会、文化和政治生活的物质框架”。① 房地产与土地开发作为城市空间再生产的一种形式,除了人口总量与耕地存量比、人口与能源占有比等构成“质”性结构关系外,还与时代特质、同类产业的发展阶段有关。中国人均耕地不仅不到 1.3 亩,而且还有 600 多个县的人均耕地在联合国规定的风险线以下。当下中国,从自然村到乡镇、从乡镇到县城、从县城到地级市、从地级市到省会城市,处处都有形形色色的开发区,甚至有些偏远乡镇也设有工厂的开发区,大量的耕地被擅自利用。更为严重的是,中国还存在着大量的“空心村”。在对湖北蕲春县进行的全域调查中我们发现:2015 年全县有 15 个乡镇、110 万人、500 多个行政村、9 300 多个自然村。其中 10 户以下的自然村占 40%,空心村占 25%左右,空心村的宅基地及周边土地大量

① 保罗·诺克斯,史蒂文·平奇.城市社会地理学导论.柴彦威,张景秋,译.北京:商务印书馆,2005:156

被闲置。① 事实上，中国目前仍然处于典型的城乡二元经济结构之中，在未来相当长的时间里，中国仍然处于城乡社会结构的转型变迁之中。

虽然房地产商品具有特殊性，但在其生产与价值创造构成上也必然具有一般商品的属性，包括价格与消费供求关系的一般性规律。我们从商品价格构成的基本原理入手加以分析可以看到：不从本质上解决房地产商品结构性供不应求的矛盾问题，不解决成本价格结构性上涨问题，不解决房地产市场的分层需求问题，政府不解决低收入群体的住房问题，仅仅以“不让买”或“不让卖”以及加税的方式管控房地产市场，其结果必然只能是市场的固化和更深层次的阶层分化。房地产开发企业利益最大化的追求本身是符合市场经济规律的，中低收入群体的房子不可能依靠企业和市场来解决，每一次“限购”政策的出台都必然表现为土地和产品供给的减缩，其连锁反应必然导致开工不足，开工不足必然引发市场“供给不充分”……及至延后的房地产市场引发被压抑的刚性需求反弹，形成中国特有的政策性周期逆市上涨情况。有学者包括一些消费者经常把中国的房地产市场与美国、澳大利亚等发达国家进行单纯的价格比较，其相关结论与现实情况明显背道而驰，其主要原因是：在没有建立一种比较市场结构的理论与认知关系、在没有建立可比性关系及要素的前提下进行盲目比较，不仅对房地产市场的认识有偏颇，而且对消费者有明显的误导。有时我们经常会忘记比较科学与哲学的基本常识：可比性。中国与发达国家的比较可以从以下视角来思考：一是房地产与土地所有制不同，二是相关社会保障体系不同，三是政府在房地产与土地市场中的角色不同，四是政府调控政策与方式不同，五是对中低收入群体的政策补贴不同，六是人口与耕地占比不同，七是房地产市场发展历程与成熟度不同，八是社会居民的总收入与福利结构模式不同，九是房地产与土地市场的饱和程度不同，十是土地产权属性不同。另外，还有二手房市场的主体化、城市人口不稳定的增长性、城乡差

① 张鸿雁，主持.蕲春县全域多规合一规划.2015

别的模糊性、建筑年限使用周期的不稳定性、相关政策法规的多变性等不同,这些不同所形成的房地产市场与土地经济社会属性也必然不同。

二、城市社会分层视角:从社会公平到“空间正义”

城市是房地产建筑的空间组合,空间利用的公平与合理,是城市文化软实力的内生动力之源。房地产是附着在土地之上的商品,开发本身就是对土地的占用,必然涉及空间公平与正义,涉及社会整体财富的分配方式和家庭及个体利益,房地产业在国家层面往往被政治化、被政策化的原因即在于此。同时,因为房地产关乎每个人的日常生活利益,因此其也被过度世俗化了,几乎所有的市民都有参与、发表见解的欲望和热情。这就迫使我们不得不探究房地产市场和土地经济的本质,通过深入分析房地产市场和土地经济的特殊性,进而寻求引导相关产业与制度设置健康发展的路径和方法。

(一)社会公平属性:从“无形的手”到“有情的手”何以可能

房地产与土地是具有“社会公平属性”的特殊商品。“居者有其屋”是人类诞生以来的梦想,居住权是公民的基本权利之一,也是生存权的核心要素。房地产开发与土地经营作为一种空间再生产,也是空间产权占有与转移的方式。社会空间在某种程度上均具有公共资源的本质性,只是通过产权转换方式、市场流通方式而形成不同的产权主体。空间要素的流通、分配和占有方式是与社会权力结构、制度体系相适应的。“空间占有”“空间拥有”“空间所有权”与财富多寡和权力大小呈正比。城市社会学的原理也告诉我们:人的生存与发展在本质上就是为了获取生存空间。1949 年美国《住房法》序言中呼吁美国社会,“向每一个美国家庭提供体面的住房和舒适的环境”。[①]虽然这一目标至今没有很好地实现,但是至少反映出住房理念的社会公平意向。必须明确指出:一个社会公正的住房与土地分配体系必然带有某种社会福利体系的烙印。如曼昆所论:“即使看不见的手带来了有效率的产出,它也不能消除经济福利上巨大的不对称。”[②]从世界范围看,能够有大众满意的住房分配与土地经营模式的国家,一定是公共福利体系较为发达的国家。正因为此,西方学者提出了“空间公平”与“空间正义”等理论。

房地产私有化一方面推动了中产阶级的成长,另一方面也创造了新的社会分层——“住房阶级”。“由于住房所有权产生的社会经济群体的极化现象给我们提出了关于收入与财富、阶级构成和社会冲突方面的重要研究题目”,[③]一个显性化的社会事实是:几乎所有的城市都有穷人社区和富人社区的差异,并形成隔离机制,“社区将在经济上日趋被极化”。[④] 房地产经济不仅是生产要素、基础和前提,而且越来越表现为资本再生产的功能与增值性价值。房地产与土地经营的畸形化,必然使财富偏移性地向少数人手中集中,并成为社会分化的主要要素和衡量器。不言而喻,正因为房地产经济具有社会公平的属性,所以政府就必然具有合理干预的社会责任。从发达国家的经验中我们可以看到,政府在房地产市场中的适当“位置”十分重要,市场这只“看不见的手并没有保证每个人都有充足的食物、体面的衣服和充分的医疗”,[⑤]当然更不能保证每个人都有宽敞明亮的住宅。让低收入群体能够住上体面的住宅是政府的责任和义务,所谓市场经济“无形的手”在缺乏合理政策的条件下就会变成“无情的

---

① 沃纳·赫希.城市经济学.刘世庆,等译.北京:中国社会科学出版社,1990:91

②⑤ 曼昆.经济学原理(6):微观经济学分册.梁小民,梁砾,译.北京:北京大学出版社,2012:12

③ 保罗·诺克斯,史蒂文·平奇.城市社会地理学导论.柴彦威,张景秋,译.北京:商务印书馆,2005:161

④ 保罗·诺克斯,史蒂文·平奇.城市社会地理学导论.柴彦威,张景秋,译.北京:商务印书馆,2005:162

手”,房地产商不可能、也完全没有责任成为实现中低收入群体住房梦想的主体。因此,我们既要引导企业家有社会责任并承担相应义务,更需要政府找准位置,承担政府应该承担的责任。

沃思指出,“打破房主相互牵制的困境通常需要政府干预”。[①] 打破开发商群体利益也需要政府的干预。发达国家房地产市场运行的成功经验很多,其政府的政策、责任和功能都是为了创造充分的市场条件,让稀缺资源能够合理流动,并通过制度设置治理市场,解决市场不能解决的低收入群体的困难问题。如美国曾有的公共住宅政策。1998年,美国约有130万户的家庭住在公共住宅里,这类住宅由政府地方住宅管理部门管理,“要服从联邦政府所制定的相关法规,承租人支付的租金不能超过其家庭收入的30%”。[②] 另外,还有公共私人住宅补贴政策、低收入群体的税收信贷、住宅优惠券、抵押贷款补贴、住房合作社等方式。[③] 曼昆专门论述了“看不见的手”市场配置的积极意义,[④]但同时他又明确指出:“政府有时可以改善市场结果。”曼昆自己设问:“如果市场这只看不见的手如此伟大,为什么我们还需要政府呢?”他的推进式回答十分清楚有力:“只有在政府实施规则并维持对市场经济至关重要的制度时,看不见的手才能施展魔力。最重要的是,市场经济需要实施产权制度,以便个人可以占有和控制稀缺资源。”[⑤]这一段经典论述恰恰能够最好地说明房地产市场需要由政府来加以干预的原理和社会现实——必须是真正地“实施产权”,让消费者可以自由支配自己的私有物品。可以这样认为:涉及基础民生、涉及贫困人口、涉及贫困群体生活尊严的时候,就需要政府和公权力发挥作用。权力的本质本来就是调配稀缺资源来满足某个群体的利益的。

---

① 沃纳·赫希. 城市经济学. 刘世庆,等译. 北京:中国社会科学出版社,1990:117

② 阿瑟·奥沙利文. 城市经济学. 周京奎,译,北京:北京大学出版社,2008:294

③ 阿瑟·奥沙利文. 城市经济学. 周京奎,译,北京:北京大学出版社,2008:304

④⑤ 曼昆. 经济学原理(6):微观经济学分册. 梁小民,梁砾,译. 北京:北京大学出版社,2012:11~12

(二)社会空间唯一属性:从“空间公平”到“空间正义”何以可为

“一个正当或正义理论是用来描述人们所期待的发展过程的面貌的。一个组织良好的社会的安排方式,支配着整个社会系统的原则、理想和准则的完整体系”。① 城市居住“空间弥漫着社会关系,生产着社会关系,但同时也被社会关系所生产”。② 房地产商品具有“社会与自然资源的稀缺属性”。英国古典经济学家威廉·配弟曾说:“土地是财富之母。”马克思在《资本论》中说:“种种商品体,是自然物质和劳动这两种要素的结合……人在生产中只能像自然本身那样发挥作用。就是说,只能改变物质的形态。不仅如此,他在这种改变形态的劳动中还经常依靠自然力的帮助。因此,劳动并不是它所生产的使用价值即物质财富的唯一源泉。正像威廉·配弟所说,劳动是财富之父,土地是财富之母。”③土地是所有生产与生活活动的前提和基础。马克思在批判拉萨尔时提出:“劳动不是一切财富的源泉。自然界和劳动一样也是使用价值(而物质财富本来就是由使用价值构成的)的源泉。”在全球一体化的城市化发展中,人口增长带来的压力是世界性的,对于任何国家、任何城市、任何群体来说土地无疑都具有稀缺性,而中国土地与耕地的稀缺性则更加突出,这种稀缺不仅是耕地平均水平低于世界水平线以下,更重要的是土地国有、土地集体所有和土地私有的转换具有某种特殊的复杂性,既包括寻租成本,也包括制度建构成本,还包括各种可见的复杂的税费成本,同时,更有日益上涨的原材料与人力成本等。简单讲,从集体所有制土地转化

---

① 约翰·罗尔斯.正义论.何怀宏,何包钢,廖申白,译,中国社会科学出版社,2009:428

② 戴维·哈维.后现代的状况——对文化变迁之缘起的探究.阎嘉,译.北京:商务印书馆,2003:17

③ 中共中央马克思恩格斯列宁斯大林著作编译局.马克思恩格斯全集(第3卷).人民出版社,1960:56~57

为国家土地的复杂性，到庞大人口基数的增长性，再到城乡流动人口的空间双重占有性等，使房地产商品转化为典型的附着在土地之上的“资源性稀缺商品”，而且伴随中国城市人口的增长，耕地资源的“被稀缺性”必将成为社会问题愈加严重的根源之一。① 房地产与土地结合构成商品的空间唯一性的社会属性。在本质上说，唯一性是任何商品的核心价值之一。一旦商品具有某种唯一性，其本身就构成了稀缺性的商品特性，房地产商品的空间唯一性与稀缺性价值联袂成为商品的可增值性的原生动力。

从学理上讲，房地产商品的空间唯一性也必然具有“空间排他性”的占有性，任何人如果拥有了某种特定空间，就其占有性的意义上说，其他人的占有只能成为已被占有的空间的下一个空间序列。任何被占有的空间在世界上只有一个，即其具有唯一性。特别是如果获取一个优势区位空间，其价值本身就具有资本的增长性和价格的刚性。抑或说，任何形式的空间都具有唯一性，作为单元化、单位化的房地产商品的空间性存在，两个空间单元不可能存在于同一个空间。商品房是土地的附庸，所以，空间的本质也是生产与生活的前提、基础、要素、结果和价值所在。人是有“领域感”的动物，人类所有竞争的本质都是在提升个人与群体占有的空间和空间拥有的价值。我们强调房地产商品作为特定空间的唯一性，就是因为住宅商品空间是生产出来的，不同社会环境内空间具有不同的价值。从社会分层的视角来研究，当人们在为了获取某种生活空间而努力的时候，空间资源必然成为社会竞争的目标、要素和手段，如果制度设置与分配不合理，空间占有必然成为引发社会不公的一个缘由。“既然正义观的特定作用就是指定基本的权利和义务，决定恰当的分配份额，正义观的作用方式就必然影响到效率、合作和稳定的问题”。② 因此，必须有统一的国家政策主张，来决定哪些优质空间能够成为公共资源，而

---

① 张鸿雁.中国新型城镇化理论与实践创新.社会学研究，2013(3)

② 约翰·罗尔斯.正义论.何怀宏，何包钢，廖申白，译.中国社会科学出版社，2009：4

不是让少数人更多地独占优质空间。空间的唯一性所表现的差异，决定了空间正义与否必然是社会民族现代性的标尺之一。“人类社会的选择原则就是被解释为个人的选择原则的扩大。社会正义则是应用于集体福利的一个集合观念的合理慎思的原则”。[①]

（三）社会空间资本价值属性：从财富分化到空间符号正义何以自为

房地产商品与土地经济具有典型的资本再生产价值。首先，房地产商品是一个实体化的价值创造空间，具有鲜明的实体价值与功能，如居住、办公、商务和生产功能等，并且可以被标明货币化的价值加以衡量。其次，房地产商品可以成为金融机构的抵押物，直接转换为资金或者可以直接推动企业和个人的再生产活动。从一般商品价值规律上说，房地产是耐用消费品，其生产、价格是在资产和资本市场中决定的，在正态的经济社会运行中，具有某种普遍意义的投资价值，即大多数人都会把房地产看作是资产或一定意义上的资本。而目前世界上一些国家的“以房养老”模式就是由房地产商品资本化属性决定的，房地产可以成为资本与货币的另类表达方式。人口较快增长会带来土地和租金的增长，这些增长额被资本化后的价值成为价格的构成基础。[②] 第三，有学者明确提出：“住房可以作为一种财富储存，这意味着住房的交换价值会受到未来和资本升值潜力的影响。”[③]如某一空间的租金价值是一种参照系，通过它可明确知道这一空间所能直接获取的现金货币的信息，房地产商品作为实体空间和土地占有的功能性创新与转换，使这一再生产和流通过程直接产生

---

① 约翰·罗尔斯.正义论.何怀宏，何包钢，廖申白，译.中国社会科学出版社，2009：21

② 丹尼斯迪·帕斯奎尔.城市经济学与房地产市场.北京：经济科学出版社，2002：61

③ 保罗·诺克斯，史蒂文·平奇.城市社会地理学导论.柴彦威，张景秋，译.北京：商务印书馆，2005：158

剩余价值，在租赁、抵押、买卖的方式中形成直接收益。这种资本性价值具有长期性、简便性和可操作性，是去阶层化的“资本欲望符号”。

房地产作为一种特殊商品，其产品构成要素既与资源性商品有直接联系，也与现代科技产品有密切联系，是传统原材料与现代科技结合的产物。如沙子、木材、石子、花岗岩、水泥、钢材等都是资源性的商品，而在装修层面，科技材料占比越来越高。因为这些原材料既可以建造房屋，又可以生产别的更重要的东西，如医院、学校和商业综合体等，“因为别的生产目标也需要这些资源。当消费者希望宝贵的资源用在另外的途径上的时候，他们就会提高这些原材料的价格”。[①] 是的，房地产行业本身的产品构成需求涉及 200 多个行业和 2 000 种以上的商品，因而，房地产价格与价值必然受原材料价格的影响。如果抛开政策因素并根据商品成本价格构成原理来看，房地产价格下降的前提有二：一是商品供过于求，二是成本构成总体价格下降。任何一种商品如果真正出现过剩即供大于求，则必然会出现价格转化，而当下中国的房地产产品的商品构成元素，如土地成本、建设成本、原材料成本、各种税费成本、管理成本、营销成本等都在上涨，“水涨了还要船不涨”，这可能吗？当下商品房要素的构成与 10 年前的商品要素构成已经发生了结构性变异，如恒温的、生态的、智能的、环保的、养生的等，所用的原材料也发生了变化，新材料层出不穷……虽然是同样的房子，但是结构的质性要素已经发生重大变化。

房地产商品作为一种建筑与居住空间，同时也是一种特定的文化艺术产品。如黑格尔认为的，建筑是凝固的音乐，构成“城市文化资本”。虽然不是所有的住宅都具有文化资本价值，但是，住宅本身必然与一定历史、艺术和相关的人文价值有关联，只是不同的住宅所表现的艺术价值高低不同而已。另外，房地产商品是一种耐用品，伴

① 格沃特尼，等. 经济学常识. 李强兵，等译. 西安：陕西师范大学出版社，2007：7

随时间的变迁，不同类型的房地产商品会表现为不同的样态和价值。[①] 如果一种物业能够具有文化的资本性，其价值本身就会有新的解释和增值趋势。[②] 如果一种物业具有典型的建筑经典性，其本身就具有新的文化附加值……因此，从资源到资本，再到文化价值的再生产，构成了房地产商品的新意义——如西方经典理论提出的那样：住宅成为增值性商品。从房地产商品发展的趋势来说，一旦购买了一个相对理想的住宅，在这种耐用品的使用过程中，会在人口增长和耕地减少的矛盾中体现商品价格的历史刚性，而且越具有人文区位价值的物业，其增值性越明显；越有艺术价值的物业越具有增值性，如欧洲中世纪以来的一些别墅，其现有价值与当时的价值已经不能同日而语了。

至此，对西方城市经济学家的理性认知总结有二：一是房地产是典型的增值性商品。二是中低收入群体的住房必须由政府来解决。

三、城市“理想类型”建构：传统房地产理论模式的终结

（一）居住权作为基本生存权：从居住需求到“嵌入性”生活方式

消费者购房，从表面上看是购买了一套商品房或者是一套商用物业，但在本质上购买的是一种生活方式。特别是用于居住的物业，它的区位价值是与社区要素结构化为一体的。如一般商品房的属性包括楼层、朝向、户型、面积、交通、商业配套、邻里关系、环境、绿化、

---

① 阿瑟·奥沙利文. 城市经济学. 周京奎，译，北京：北京大学出版社，2008：277

② 佐佐木公明. 城市经济学基础. 姜雪梅，等译. 北京：社会科学文献出版社，2012：17

空气质量、噪音、供热、煤气、社区服务、建筑品质、智能化程度、就业半径、消费半径、娱乐半径及运动空间，等等，还包括年份、租赁、二手房、学区房等。[①] 就邻里关系而言，“当家庭在选择一套住宅或公寓时，其所选择的东西远远超过住宅本身。其还要选择当地的公共产品（学校、公园和公共安全）以及为公共产品提供融资的税收体系，家庭还要选择邻居，因为邻居为其提供了社会交往的机会”。[②] 在西方某些国家，居民还会选择种族区域等。不仅如此，消费者购房也是在购买社会关系，“它是居住者同城市生活的各个方面产生联系的出发点”。[③] “住房是决定个人安全、自由、舒适、福利以及地位的主要因素，而且，住房的所有权会影响到其他社会稀缺资源的获取，例如教育、医疗和娱乐设施”。[④] 这种“纯效用通常被认为是住房的使用价值”。不动产区位属性表现及消费者对房地产商品价值外延的消费需求告诉我们：房地产作为大宗消费品，在消费过程中催生“住宅阶级”，其核心意义在于创造了普遍意义的“有产性”。对于无产者或无产阶级而言，“有产性”的价值表现了一定的社会分层。换个角度说，房产的需求与占有量是一个人社会分层的外在符号化象征。

西方学者认为：“理解住房市场的有效方法是，把住房市场看作是一系列‘参与者’在各种政治与制度制约下的集中行动，这些集中行动的结果体现在空间上，就表现为土地利用的变化、所有权模式、社区的变迁、住房价格和住房质量等方面。”[⑤] 而传统商品市场的划分如住房存量、家庭类型等都不能够充分说明房地产市场的特殊性。“不动产”这一概念本身已经告诉我们一个最基本的事实，即房地产是区域性市场的商品，是特定“空间域化”市场内的商品，对于全国来说不可能形成完全统一的市场。“不充分非完全型的国家市场”概

① K.J.巴顿.城市经济学：理论和政策.上海社会科学院部门经济研究所城市经济研究室，译.北京：商务印书馆，1984

② 阿瑟·奥沙利文.城市经济学.周京奎，译，北京：北京大学出版社，2008：155

③④⑤ 保罗·诺克斯，史蒂文·平奇.城市社会地理学导论.柴彦威，张景秋，译.北京：商务印书馆，2005：158

念，在城市经济理念研究领域称之为“地方性房产文化”，[①]主要表现在消费行为模式的差异、地方收入的差异、阶层构成的差异以及地方观念和传统观念的差异上。如，越是高档的住宅，其服务流量越多，其价格和商品价值越不具有可比性。如山顶或者湖边的房子，在价格上很难明确比较，这就是房地产商品不动产特质和商品的特殊性之一。一个大城市，根据自然资源的不同与公共资源的不同，会形成多种的、多类型的房地产板块，即使是在一个中等城市，甚至是城市的一个行政区，以及一个县城，都可以分成不同的板块。正因为如此，很多城市在统计房地产的平均价值指数的时候，人们并不十分关注，且其影响性很小。对于房地产商品和行业发展的需求，一定要根据国情、市情及县情土地与人口比的特殊现状所形成的特殊“板块域情”，来分析其问题及市场发展规律。进一步说，一个有 60 所大学、100 万在校生、一年有 20 万大学生毕业的城市和一个只有一所大学的城市或者是没有大学的城市相比较，其房地产市场的深度与广度是有巨大差别的。就房地产市场的需求结构来说，城市间的差异甚至是具有某种本质性区别的。罗尔斯认为，在公平与正义的意义上应该强调两个原则：“第一，每个人对与其他人所拥有的最广泛的基本自由体系相容的类似自由体系都应有一种平等的权利；第二，社会的和经济的不平等应这样安排，使它们在与正义的储存原则一致的情况下，适合于最少受惠者的最大利益；并且，依系于在机会公平平等的条件下职务和地位向所有人开放。”[②]

从一般意义上市场经济学原理的角度理解，市场主要是受“供给”和“需求”两个方面影响的。正如经济学家所说：“市场是由某种物品或劳动的买者与卖者组成的一个群体，买者作为一个群体决定

① 保罗·诺克斯，史蒂文·平奇.城市社会地理学导论.柴彦威，张景秋，译.北京：商务印书馆，2005：159

② 约翰·罗尔斯.正义论.何怀宏，何包钢，廖申白，译.中国社会科学出版社，2009：2

一种产品的需求，而卖者作为一个群体决定了一种产品的供给。"①亦如曼昆在他的《微观经济学》中所说的，"一种物品的需求量是买者愿意并且能够购买的该种物品的数量"。② 曼昆的经济学原理十分强调经济学的定律。在《微观经济学》开篇，他提出经济学的十大原理，这是一项很有建树的研究，"经济学家称之为需求定理：在其他条件不变时，一种物品的价格上升，对该物品的需求量减少；一种物品的价格下降，对该物品的需求量增加"。③这里强调的是一般原理，可是我们在房地产市场上经常可以看到"买涨不买降"的现象，除了这是由一般市场因素决定的之外，更重要的是房地产商品作为资本的保值增值价值、作为社会身份与地位"面子"的价值、作为生产要素和再生产要素的价值等，是一般商品所不能够具备的。因此，传统经济学中的"需求定理"——"价格与需求量之间的这种关系对于经济中的大部分物品来说都是正确的"，④ 而对于房地产市场来说却不完全适用，这就是房地产市场与商品的特殊性所在。人们买房子不是买一个简单的杯子，坏了可以扔掉，一套住宅寄寓着消费者太多的希冀，购买住宅是生活方式与社会分层的符号化过程。

（二）城市化作为现代性的一种结果：从居住空间到市民社会空间

人类社会发展以来，其发展过程的所有竞争，包括国家间的竞争与冲突，在某种意义上都是为了获取不同意义上的空间，包括国土和文化空间。土地制度的不同关系，始终是人类社会中国家制度的社会所有制的缩影，也是其时空切面。不同的文化价值体系（包括不同的宗教价值体系）、不同政治制度的本质都集中体现在土地制度的结构上。无论是奴隶社会、封建社会，还是资本主义社会，都是以土地

---

① 曼昆．经济学原理(6)：微观经济学分册．梁小民，梁砾，译．北京：北京大学出版社，2012：69

②③④ 曼昆．经济学原理(6)：微观经济学分册．梁小民，梁砾，译．北京：北京大学出版社，2012：71

所有权的占有与获取关系来划分的。因此,不难看出,土地制度一直是社会进化和社会改革的主体内容。土地除了从一般意义上具有经济价值和政治地缘关系外,更重要的是涉及每个个体的生活空间和民族情感。

发达国家经过资本主义初期圈地运动血与火的洗礼后,在20世纪60年代以法国农业发展为代表,出现了全新的"农业革命",即农业的工业化、科技化、智能化和工厂化的趋势。[①] 纵观西方发达国家的城镇化与土地的制度结构变革,我们需要思考从国家层面上对土地社会属性进行整体改革;"就是需要中国真正推进和实施以'土地为核心的城市社会结构变迁',即在城市化过程中比较彻底地解决城市化与农民离开土地的问题"。"要想农民富有,就必须要减少农民,而任何减少农民的过程,都是让农民离开土地的过程,因此,创造'都市人农业'就是中国城市社会结构变迁的一个重要内容,这也是一个十分现实的问题"。"我们认为,在城市化发展中创造新型的土地资本运作关系应该有一个新的突破点。也就是说,下一步社会整体发展、整体结构空间开放应该以'实现第三次土地关系创新'为重要内容,给中国城市社会的全面来临创造一个新的社会动力机制"。[②]

我们需要认识的一个理论是,"政府不是一个纠错的机器",[③]政府的责任更多的是如何避免失误。城镇化在很大程度是以占有土地为主要形式的,有资料统计,一个村庄居民搬迁到小城市将节约土地12.3平方米;搬迁到中等城市将节约47.8平方米;搬迁到大城市将节约67平方米;搬迁到特大城市将节约80.4平方米,当然这还需要考虑城市的容纳能力。[④] 在一个国家或区域中推进"现代化",就意味着这里处于一种从"农业"社会过渡到"现代"社会的过程。[⑤] "收入分

① H.孟德拉斯.农民的终结.李培林,译.社会科学文献出版社,2005:2～3

② 张鸿雁.中国式城市文艺复兴与第六次城市革命.城市问题,2008(1)

③ 格沃特尼,等.经济学常识.李强兵,等译.西安:陕西师范大学出版社,2007:71

④ 严伟.建设"新农村"不是把农民留在农村.社会科学战线,2006(2)

⑤ 赫茨勒.世界人口的危机.何新,译.北京:商务印书馆,1963:49

配的变化,是发展进程中最具有政治意义的方面,也是最容易诱发妒忌心理和社会动荡、混乱的方面”。① 詹姆斯等提到“经济进步的七个主要源泉”:一是法律体系下的契约关系,二是市场竞争的创新环境,三是对政府调控的限制,四是有效的资本市场,五是货币稳定,六是低税率,七是自由贸易。② 这些原理在经济学的视野中已经十分成熟,但我们是不是可以问一问,经济进步的七个源泉,由谁作为主体来保证这种存在环境的发生?由谁来保证低税率?由谁来保证货币稳定?结论是不言自明的。

(三)空间公平作为国民的一种福祉:追求“居者有其屋”的梦想

大家都熟悉亚当·斯密所说的市场“看不见的手”,对此,他在原著中是这样说明的:“每一个人都一直努力于为自己支配的所有财产寻找一种最有利的用途”,在本质上这种行为是“出于个人利益的考虑,而不是出于对社会利益的考虑”。但是,即使是为了个人利益也必须要“选择对社会最有利的用途”,“在一只看不见的手的引导下得到了一个并不是完全出于自己本意的结果”。③ 其核心意义是,“一个人只是‘想要得到自己的收入’,但却在市场价格这只‘看不见的手’的指引下实现了其他目标,并导致更大的繁荣”。④ 这虽然是市场经济的一般规律,但是在房地产市场的特殊商品面前,即住房商品不是在任何超市里都可以买到的苹果或者是奶粉,很简单地直接通过货币交换转移至消费者手里,而是需要一个复杂的流程和所有权的确认的。很显然,在当代中国的改革过程中,传统经济学理论正在面临

---

① 威廉·阿瑟·刘易斯.发展计划:经济政策的本质.何宝玉,译.北京:北京经济学院出版社,1988:78

② 格沃特尼,等.经济学常识.李强兵,等译.西安:陕西师范大学出版社,2007:30

③④ 格沃特尼,等.经济学常识.李强兵,等译.西安:陕西师范大学出版社,2007:20

全新的挑战。当这种单纯的以个体利益为目的、以价格为引导的模式发生某种变异，即当社会的需求不完全处于"经济人理性"状态的时候，当住房商品作为社会公平和正义的符号的时候，当住房商品已经成为社会保障与社会地位符号的时候，当住房商品已经和一定群体的养老联系在一起的时候，特别是当住房商品已经成为阶级分化的经济标杆的时候，市场这只"手"有时不仅仅会失灵，甚至会变成"无情的手"，进而导致社会问题的激化，出现市场失灵的状态，这种情况下政府的功能就会凸显出来。

美国把中小企业作为"就业机器"。① 世界上每千人拥有中小企业的数量为45～55个，而我国迄今每千人拥有中小企业的数量仅8.9个，与国外相比差5倍还要多。②简·雅各布斯说："传统观点认为，一个国家的'基础'资本是土地以及涌入这块土地的劳动力，但这显然是错误的。如果这一观点正确，那么如今以农业为主的国家就应该向高度工业化和城市化的国家出口资本和其他金融服务，而不是相反。另外，在工业化和城市化的国家里，农村地区将可能通过为城市提供税收补贴的方式，向城市出口资本。亨利·乔治以城市是基础资本和基础财富为前提，得出城市中制造出的所有利润都源于城市土地价值的结论。当然，城市土地极高的价值并不源自土地本身，而是其上集中的劳动。"③政府对于房地产市场所采取的态度在经济学的原理层面上已经说得十分清楚：采用两种方法"提高其公民的经济福利：(1)保护人民生命、自由和财产(只有财产和自由并非暴力、欺诈或偷盗所得)；(2) 选择性地提供一些市场不能提供的具有某些特性的商品"。④ 于当代中国的城市来说，其发展的模式很多，我们认为应该从这样几方面进行创新：一是解决土地私有的"不完全法权化"和集体所有土地归属及流转问题。二是解决土地开发分类和

①② 何传启.中国现代化战略的新思维.北京科学出版社，2010：170

③ 简·雅各布斯.城市经济.项婷婷，译.北京：中信出版社，2007：169

④ 格沃特尼，等.经济学常识.李强兵，等译.西安：陕西师范大学出版社，2007：68

分层问题。三是以公租房作为解决贫困群体的住房问题的主要手段。

当私有产权具有真正的完全所有权,"当有效的土地法使占有其他人财产变得困难,很少资源能被掠走"。[①] 在这里一个十分重要的问题是,如果私人所有权不能够清晰地被界定,一些人就会对另一些人采取伤害性的行为。"他们会拿走本不属于他们自己的财产……一旦允许人们将这些强加在别人身上而无须进行补偿,市场就不会准确地反映真实的生活成本。因此,如果财产权没有被有效地界定,资源就会被过度使用而不会受到保护。由于大气和河流不像私人财产那样易于拥有和交换,因此,我们的空气和河流被过度污染就不足为奇了"。[②] 因此,结论也是清晰的:一是建构真正的房地产市场治理模式,二是政府应该解决市场不能解决的问题,三是明晰产权是市场关系法制化的前提。政府要找对自己的角色,"当政府忙于从事那些通过牺牲一些人的利益来帮助另一些人的活动时,它使经济发展减缓"。[③] 要改变这种状况,并对传统房地产理论进行结构化重构,并创造一种公平的正义,就应该强调这样一种理念和理论:"适用于基本结构的正义原则正是原初的契约的目标。这些原则是那些想促进他们自己的利益的自由有更改的人们将在一种最平等的状态中接受的……我将之称为公平的正义。"[④]

① 格沃特尼,等. 经济学常识. 李强兵,等译. 西安:陕西师范大学出版社,2007:83

② 格沃特尼,等. 经济学常识. 李强兵,等译. 西安:陕西师范大学出版社,2007:68

③ 格沃特尼,等. 经济学常识. 李强兵,等译. 西安:陕西师范大学出版社,2007:82

④ 约翰·罗尔斯. 正义论. 何怀宏,何包钢,等译. 北京:中国社会科学出版社,2009:9

第五章

从综合竞争力到特色竞争力：大城市特色文化的选择[①]

大都市首先是一个神话，一个故事，一个能够帮助我们中的一些人把家园安置在现代性中的讲述，在这儿可得到尼采所召唤的新的神话。大都市是一个寓言，尤其是它代表了我们已经在波德莱尔、本雅明和卡夫卡那儿所认识到的现代性危机寓言。要走出这些流放的凄凉故事和痛苦灵魂灰色的、多雨的乡下，就是要在城市建立一种如家中的感觉……[②]

——索亚

中国的城市化走的正是以大城市为主体、以中小城市为辅的战略模式。雅格布斯的《美国大城市的死与生》一书为我们敲响了警钟。中国的大城市如何走？中国为什么要走以大城市为主体的发展道路？对这一问题长期聚讼纷纭，至今仍然莫衷一是，我们不仅对中国大城市发展没有统一的认知模式，而且对大城市发展战略还有很多偏见。事实上，如果能够从人类城市进化论的视角、中国特色文化

① 张鸿雁，邵颖萍．中国大城市的死与生．中国名城，2012(12)

② 索亚．后大都市——城市和区域的批判性研究．包亚明，译．上海：上海教育出版社，2006：86

创新的视角、社会变迁的视角和生活方式的多重视角加以研究,这一问题是比较容易形成统一认识的:没有特色文化构成的文化软实力,大城市的发展将举步维艰。

一、大城市生存法则理论破解——汤因比和斯宾格勒文明周期论

现实是,很多人对大城市本身的发展规律和存在本质还缺乏科学的认识,甚至缺乏比较性的深入研究就对大城市的发展模式轻易地发表意见,也正因为此,才会有“中国大城市的存在是中国现实问题多发的原因”这样伪命题的提出。虽然人们对大城市存在形形色色的非议和不理解,但是,事实上即使从本质上否定和批判大城市的人,也在向往和依赖着大城市的生活,如在中国普遍存在着的人们对上海、香港和北京等大城市的向往与追求从来没有因为大城市问题的存在而消失。更重要的是,从另外一个层面上说,国家整体经济的增长和产值从来都是依赖大城市并以大城市为主体的,同时,世界发达国家的国力和国家能级的表述也是以大城市的存在为前提的。因此,从本质上认识大城市的发展规律并能够科学驾驭大城市的发展,是中国城市化、城市现代化和中国社会整体现代化发展的重要前提。

(一) 城市文化周期——大城市死与生的“文化基因”密码

人类社会的发展已经证明了这样一个事实,即一切事物都存在着发生、发展、繁荣、进化、死亡的现象和规律,这是一切事物的存在方式和必然过程。但是,在人们发现事物存在着兴衰规律的时代,却难以说明为什么人类社会在伴随很多不同文明形态死亡的过程中却一直在进化着。这种兴衰规律如何从个体演化到群体演化,以及如何从整体上解释人类的全过程周期与个体周期的区别?这既是一个

哲学认知的命题和问题，同时也是一个现实发展的认知命题和问题。在人类社会整体发展的进程中，其中的某一种文明的兴衰是否能够演绎、推演出人类整体文明的兴衰？

汤因比的《历史研究》[①]和斯宾格勒的《西方的没落》[②]提出了人类社会文明发展的问题，对人类文明发展的规律进行了研究并提出了一定的看法，如自然界的四季规律——春夏秋冬在人类社会有同样的存在，特别是人类社会的文明形态也会有类似"春夏秋冬"一样的发展规律与逻辑，也必然出现"发生、发展、成熟和衰亡"的周期性过程，这一认识也是在总结人类以往某些文明形态发展规律的基础上提出的，如麦锡尼文明、玛雅文明、罗马文明、古埃及文明及在汤因比眼中的中国"殷商文明"等，都曾辉煌一时，今天却只是遗迹犹存而已。其中所说的"文明类型"中承载文明的城市，而今却只能在断壁残垣中寻觅其踪迹。

这里，我们要提出的批判和反思是，人类是自然界的一部分，是否会完全按照自然界的规律发展？人类社会发展中某种文明形态的死亡，是否是人类整体文明的缩影？我们认为，人类社会具有典型的区别于自然属性的社会属性，在某种意义上说，人类文明的进展具有某种自然属性的同时，更多的具有社会属性，其发展规律和本身不能完全按照自然界的一般逻辑来推演。某些或者是局部的文明形态的变迁和兴衰，不能代表整个人类文明的兴衰规律与逻辑。人类的智慧使得他们能够在顺应自然规律的同时，在某种意义上驾驭自然和在一定程度上改造自然，进而创造与自然更加和谐的社会发展模式，更重要的是，在与自然的博弈当中创造人类新的智慧和智慧结晶。人类自主积累、传播文化、习得知识的同时，还能够继承和创新文化知识，在空间上创造"第二自然"的有社会属性意义的城市空间。当代发达国家的城市与社会发展已经证明了这样的发展规律，人类社

---

① 汤因比. 历史研究(上). 曹未风，等译. 上海：上海人民出版社，1986：308～313

② 奥斯瓦尔·斯宾格勒. 西方的没落. 齐世荣，等译. 北京：商务印书馆，2001：199～224

会文明的发展不仅仅是单纯的社会达尔文主义的表现场，还表现在对自然的征服和创造型的文化模式上，这恰恰是人类文明与自然共存的意义所在，如人类登上月球、人类潜入深海、人类改造沙漠、人类填海造田……人类在创造一系列现代化的生产、生活工具等。人类创造的城市也是人类文明的进化性的结晶，大城市是人类发展并与自然博弈的结晶，是人类创造的以群体方式与自然共生性竞争的物质存在，是人类自己创造的既区别于动物、也区别于传统乡村的生活方式。

在人类总体文明存在着的同时，其中局部的文明形态因种种原因，如宗教的、政治的、习俗的等，必然会出现周期性变化，特别是有些落后的传统文化会表现出扼杀文明的功能，出现"生"与"死"的文明变迁样态。从总体上说，人类整体的文明与自然的整体性存在本质是一样的，具有永生性和永恒性，并在不断的变迁中创造具有社会意义的永恒性，而且局部的、某种类型的人类文明形态的兴与衰，甚至死亡，恰恰是人类文明总体永生的前提。从这一角度分析，我们也可以看到汤因比和斯宾格勒的认知局限，他们虽然能够提出人类文明的衰亡规律，却没有分离出不同类型的文明与人类整体文明的差异。虽然可以总结出所谓文明死亡的一般规律，但是却不能在总体上解释为什么在一些文明死亡的时代，人类总体的文明仍然在进化，而且没有出现衰退的特征。人类社会在不断的自我创新中，特别是在不断的进化和繁荣中得到了新生，在文化与知识的积累中进化自我，不断提高对自然的科学认识和改造能力，进而使人类与自然能够更和谐相处；并能够在敬畏自然的前提下，提升人类文明的水平。从人类文明发展的历史来看，仅仅通过一种文明形态的死亡来推论人类整体文明的死亡是缺乏科学依据的。

亚里士多德在公元前 328 年说过："人在本质上是社会性动物；那些生来就缺乏社会性的个体，要么是低级动物，要么就是超人。社会实际上是先于个体而存在的。不能在社会中生活的个体，或者是因为自我满足而无须参与社会生活的个体,不是野兽就是上帝。”[①]他的话不完全科学,甚至有些错误,比如他说的“社会实际上是先于个体而存在的”这句话就是错的。个体的存在是先于社会的,个体转化或者发展成为群体,才有社会的存在。但是,亚里士多德强调的人是“社会性动物”的概念具有某种实际价值性,人类社会就是在不断克服动物本能中进化的。在人类创造文明形态的过程中,有的社会文明形态被人类“社会性动物”的本能一面所控制,形成某种极端文化和文明的发展状态,最后导致了社会自我否定因素的强化,而使自己的文明死亡了。

我们能够看到的是,一些死亡的文明曾有繁荣时期,这个繁荣时期恰恰是社会问题最多的时候。这能够给我们启发的是,如何在人类整体文明的进化中找到符合社会发展规律的文明形态是发展的一个重要问题。显然,不同的社会文明存在的意义是不同的,当然,历史的价值和文明的发展水平也是有高低区别的。有西方学者认为,“先天的或遗传的倾向,是一切思想和行为(无论个人的还是集体的)的基本源泉或动力……”他们把人类行为的动机分为 12 种本能,诸如求食、拒绝、求新、逃避、斗争、性及生殖、母爱、合群、支配、服从、创造、建设等。[②] 那些仅仅表现为某些动物本能的文明形态如果过于被强化,或者社会在整体法律与规范上缺乏对动物本能的控制性选择,这个文明形态便必然缺乏社会发展的可持续动力,更缺乏长久的人类优秀文明的生命力。通过对历史与文明形态的进程和人类本性的分析可以看出,历史上的有些文明形态是应该死亡的。因为,如果人类的动物本能没有被限制,任其无限发展,其所形成的文明形态一定存在自我否定的因素,从而会形成一种导致文明自我毁灭的因素,正是这种自我毁灭的因素,为人类新的文明进化和发展创造了经验与土壤。

---

① 埃利奥特·阿伦森.社会性动物.郑日昌,等译.北京:新华出版社,2001:1

② 周晓虹.现代社会心理学——多维视野中的社会行为研究.上海:上海人民出版社,1997:41

当代人类社会虽然存在着诸多问题,但仍然是以进步和进化为主体趋向的。这种进步与进化是在淘汰某些特定文明形态的前提下发展的。因此,结论很清楚:与人类个体的死亡规律不能代表人类整体死亡与兴衰的规律一样,人类整体性文明能够集中人类的智慧而创造新的社会发展,能够创造个体生命所不能够完成的历史使命。同理可证,某种文明形态的死亡规律不能替代人类整体文明的死亡规律,人类整体文明能够通过人类整体智慧而延续生命,甚至创造新的周期模式。很多研究成果经常会把局部的问题推演到事物的整体,因而导致伪科学和伪命题的发生。虽然这些命题看起来似乎是那样的耸人听闻,但是,经过科学的逻辑分析特别是比较研究分析,其结果就不一样了。对大城市的死与生的认识,同样存在着这样的问题。用某个大城市的问题来替代说明全球所有大城市发展的整体问题是缺乏科学性的,甚至是伪科学的。加拿大城市研究学者雅各布斯对美国大城市“死”与“生”的研究的有些结论让人难以苟同,但是他提出的大城市“死”与“生”这个命题具有十分重要的历史价值,大城市的“死”与“生”是人类社会共同面临的问题,今天研究这一问题的深层意义及特殊价值在于,21世纪初的中国正处在典型的“大城市病”的集中发生期,这一研究对于认识中国大城市的发展有重要意义。同时,我们需要重新从更高的层次上即在理论性和科学性上认识大城市的存在意义与价值。

大城市是人类居住方式的一种形态,或者说是人类进步与进化方式的集中表现形式。大城市不仅仅是人类文明的结晶,也是人类社会发展的不同文明形态存在的表述方式。与其他事物一样,大城市在单体的意义上也存在着“生老病死”的发展规律,从人类的局部地区、局部文化、局部文明形态的存在来说,单体大城市就是人类某种文明的一种类型,就单一的文明形态来说,某些大城市也必然会经历“发生、发展、成熟和衰亡”的历程。作为中国的单体大城市,如何面对这样的历程,如何能够在涅槃中再生?如何让中国所有的大城市能够在繁荣之后,形成新的发展样态和模式?如何让更多的大城市重新走一条与人类社会发展和谐的永续发展之路？这些是不能回避的问题。西方城市的历史已经证明：通过再城市化，通过城市的再现代化，通过让城市重归自然，通过进行“有机秩序”的建构，[①]通过创造循环社会型城市模式，通过对“城市文化资本”的再生产[②]……能够让城市重生，并以新的形式再生和发展。未来大城市的空间结构变迁将趋向于“无底、无形、无边”，与山水共生，与自然共存，天人合一，这是大城市的再生之路。从总体上来说，大城市代表着人类社会现代化的表达方式，即人类不断追求现代化的表达是通过大城市的建构来完成的。

我们之所以重复说明这个问题，是希望能够有更多的人理解大城市的价值，包括人才集聚、经济效益、节约土地、完整的生活方式以及人类理想类型的实现等。因为人类赖以生存的空间、人类现代化的表现形式——城市和城市化，已经成为世界发展的潮流，全球城市化和城市全球化已经成为社会发展现实。上海世博会以“城市让生活更美好”为主题，十分清楚地表达了这一点。人们祈望城市的可持续发展，希望城市的明天会更好，这正与人类生活所存在的希望一样；而其真实的命题不是“城市让生活更美好”，是人类的努力创造让城市生活更美好。当年斯宾格勒在《西方的没落》一书中虽然写的是西方没落，但是其核心思想并不是希望西方没落，而是希望西方的社会与文化能够重生。

中国的大城市发展已经到了关键时期，是重复走西方城市化发展的老路，还是创造中国城市化的本土化道路，这是一个值得全民思考和认识的问题。我们在关注世界发展的同时，必须行动起来，改造、创造中国大城市特色文化和命运，创造人类社会最适宜的“有机秩序城市”，让人类的大城市重归自然，这是一种社会责任，也是人类总体进化的需要。

---

① 张鸿雁.中国城市化理论模式创新的建构.学术月刊，2012(8)

② 张鸿雁.城市文化资本论(第二版).南京：东南大学出版社，2010

（二）大城市文化问题与中小城市文化问题社会属性的异同

“大城市病”多是因为中小城市“病”更重和城乡二元结构的存在引起的，如果一个城市已经是“大城市化”了或者已经完全城市化了，这种命题本身就没有意义了。以新加坡为例，如果说新加坡作为一个大城市——一种国家城市化的存在形式，其“大城市病”比中小城市多，这本身就是一个伪命题。因为任何社会都存在问题，对于新加坡来说，就不能说它有“大城市病”，而应该说它存在社会问题。就事物存在及事物问题的存在方式而论，大城市有大城市的问题，中小城市有中小城市的问题，因为还有“农村病”，还有“小城镇病”等，世界上每一种存在的事物都有“病”，这就是事物存在的本质。

不存在没有问题的事物，也不存在没有问题的社会，亦如不存在不得病的人一样。关键在于问题的存在是利大于弊还是弊大于利，显然，利弊不仅通过事物本身的存在来证明，而且更要通过事物存在的方式来证明，有的大城市问题多，有的大城市问题少，而在中国，中小城市的问题显然多于大城市，这是一种本质性问题。如一些欠发达地区中小城市（镇）的就业不充分问题，有些小城镇甚至几乎无业可就。如果一个城镇就业都不充分，其他相应而来的问题如贫富差异、城市贫困、消费误区、社会犯罪等就会接踵而来。另外，有些乡镇的污染比大城市严重得多，农村的垃圾和环境卫生污染比大城市严重得多。亦如有西方学者论及的那样：在大城市里的公园、广场和森林里能看到鸽子在飞翔……由此，在大城市里看到了回归自然的希望，而在一些乡镇里只看到乡镇企业造成的污染……这些是只有通过比较才能够获得的新的认知，应该对大城市、中等城市、小城市、小城镇和村落进行相关的问题比较，才能得出究竟是哪里的问题更多的结论，这才是看待事物的科学视角。

西方某些学者对大城市多有偏见，但这不能代表所有西方学者的认识观。偏见可能受制于某些学者个人研究视角的狭隘和价值观的局限。如欧洲早期的城市研究学者滕尼斯认为：“大城市和社会的状态从根本上说是人民的毁灭和死亡……”“在大城市里，在首都里，尤其是在世界城市里，家庭制度陷入衰落瓦解。”①这类对大城市的偏见与极端观点在西方城市化理论中可谓是屡见不鲜。人类社会进化的历史证明，虽然大城市的发展存在着诸多问题，但是大城市一直是社会发展的主要动力之一，它以不断产生新功能的方式建构新的人类社会关系和社会结构。雅各布斯所提出的“大城市的死与生”的核心价值就是，每一种模式都有其弊端，只是利弊多寡而已。但是，为什么中国和其他欠发达国家的大城市问题较多呢？比如印度、墨西哥、巴西等国家的大城市问题都很多。其道理很简单，即处于乡村向城市变迁的社会体系内，伴随乡村人口向城市的涌入，相关的传统乡村问题和乡村社会与城市社会之间的矛盾问题会直接被带到大城市里，使得大城市成为城乡和城乡间社会矛盾的集中地与表现地，如交通拥挤、就业缺乏、住宅贫富分化、社会犯罪率增加、集体越轨、乡村落后习俗对城市的渗透以及棚户区成为大城市问题的表征等。中国大城市问题存在与发生的特殊性亦如此。中国目前仍然存在着严重的城乡对立型的二元经济结构，传统乡村的问题、落后的文化及习俗必然会被转移到大城市中来，传统乡村的就业不充分、生活水平低下、文明水平低下和生活方式质量低等问题，都会转化成大城市的特有问题。我们要说的是，尽管大家都看到了二元结构带给大城市的问题，但是，人们却没有因为这些问题而放弃大城市。值得注意的是，大城市的问题不仅仅是大城市本身的问题，而是社会整体问题深刻化的集中反映。

从经济学的原理认识，大城市是一个复杂有机的经济体。马克思在《资本论》中充分论述了社会分工与进化的关系。城市特别是大城市是社会分工的进化集中地，城市越大，社会分工越细，城市社会就越有异质性，而社会分工的深化程度是衡量社会进步和现代化的

---

① 斐迪南·滕尼斯.共同体与社会.林荣远，译.北京：商务印书馆，1999：339，337，233

尺度。社会分工越细,越能给更多的人提供生存与就业的机会。亚里士多德曾说:“为了生活人们来到城市,为了更好地生活,人们留在了城市。”人们之所以能够留在城市,是因为城市通过分工给了人们更多的选择机会,城市作为“开放的适应性系统”,具有结构的可无限扩张性,这就为社会的发展创造了基础和平台,使得城市成为国家力量和实力的象征……这些问题的解决答案也是显而易见的:城市化进程中的社会问题只有加快城市化才能真正解决,只有消灭城乡差别才能解决。用一个最浅显的假设来说,如果城乡差异消灭了,一个国家就是一个大城市了。或者从科学的角度讲,有些国家的大城市问题是乡村带来的,有些国家的大城市问题是大城市本身特有的。

就大城市而言,有的大城市资源相对充分,有的资源严重缺乏;有的大城市是工业城市,污染严重;有的大城市作为沿海城市,国际化程度相对较高,如上海通过一定时期的建构,其社会结构相对稳定并具有中西文化结合的现代性特征与创新功能,但是,外部传统农业人口和传统落后文化对上海的挤压、渗透也非常明显,所形成的传统农业社会对现代社会的冲击也是显性化的。由于城市和区域经济发展水平的差异,每个城市凸显的问题有所不同,对不同城市发展中的问题,应该有不同的对策和理解方式。由于中国城市化来得突然,中国大城市的规划总是显得滞后。有的城市的规划甚至在5年内多次被发展的速度超越,无论是北京、上海,还是南京,几乎所有的中国大城市都存在规划滞后性问题,政策和城市发展战略都明显地滞后于城市化的发展。如土地政策、人口政策、就业政策、住房政策、城市改造政策、能源开发政策等都大大滞后于城市化的发展。举个最常见的例子,中国的私家车呈现爆发式增长,原本还觉得挺宽敞的道路,一下子就变得拥堵不堪,究其原因,道路设计时车辆还不多,没有考虑到发展会如此迅猛。北京作为首都,被戏称为“首堵”。“我们的问题在于,在拥挤的城市街道上,用差不多半打的车辆取代了一匹马,而不是用一个车辆代替半打左右的马匹。在数量过多的情况下,这些以机器作引擎的车辆的效率会极其低下。这种效率低下的一个后果是,这些本应有很大速度优势的车辆因为数量过多的缘故并不比马匹跑得快很多”。[1] 这种“病”不是大城市带来的，而是社会发展的总体经济结构的产物。城市化过快带来了一些问题，特别是在大城市中，部分“病症”可能会表现得更为突出，要解决这些问题，还得依靠加快大城市的结构化创新，给大城市以新空间结构，让大城市形成结构性转型，如空间的自然化、地域空间结构的“区域核”化等。让大城市脱胎换骨，才有可能让大城市重生。

中国大城市的问题还与地方城市政治体制和城市管理模式有着千丝万缕的联系，地方政府为了地方城市的利益，往往与中央提出的整体发展目标存在错位。例如中央政府提出城市应当发展公交优先模式，但地方政府为了自身利益，却更乐于推动汽车经济；中央政府要求严格控制房价，地方政府为了土地财政收入，落实起来就大打折扣……所以，中国大城市的问题是一个中间状态问题，是中国城市化进程中的问题，如果中国的城市化率达到85%，即城乡人口的上向流动——低教育人口向城市流动、低收入群体向城市流动的现象基本消除时，或者是人口流动处于平行流动结构时，其大城市的问题内涵和表现方式都会发生质的变化。

（三）大城市特色文化创新之路——创造伟大城市文化的理由

普遍城市化是解决“大城市病”和相关社会问题的根本途径。从文化与精神层面上讲，无论是城市的原有居民，还是外来人，目前都挣扎于“拔根”与“扎根”之间，只有把“根”扎下去，才是解决大城市问题的根本之道。上海城市化人口已经超过80%，深圳接近100%；而江苏的苏北城市化率只有40%左右，贵州、云南某些地区城市化水平更低。需要明确指出的是，中国城市化水平的“内涵说明”是有很大问题的，比如南京江宁区已经由县变成城区了，但是深入某些街道，如湖熟街道，其中的很多村组还是典型的农村，既没有产业，也没有

① 雅各布斯.美国大城市的死与生.金衡山，译.上海：译林出版社，2006：314

就业，即使是简单的传统农业也都不充分。在大城市结构区内存在着典型农村的村落和生活方式，这样的问题一定会反映在大城市的生活体系之中。这类问题在中国较为普遍，如北京、合肥、天津、唐山等大城市几乎都是这样。从本质上说，中国的城市化率虽然有58%左右，但实际城市人口还不足45%，剩下的50%多的农业社会人口，正在朝着城市和大城市迈进……这个过程必然产生文化冲突和社会问题。1850年前后，英国城市化率刚刚达到50%，其城市社会问题的矛盾冲突亦是如此，而今天仍然存在着各种各样的社会问题，显然这些不仅仅是大城市的问题。正因为城乡之间、城市之间、城市体系内部之间存在着种种矛盾，才使得我们的城市化和城市内部存在着很多问题。因为我们的城市成长在传统的农业社会里，城市生活与农村传统、落后文化的冲突是必然的，而这些冲突和矛盾本身就是社会问题。

大城市的发展是人类发展的归宿型模式。有学者研究认为，人类整体人口的增长倍数与城市化的增长倍数相当。彼得·狄肯斯说："有一个无可辩驳的规律，那就是每个有机生物都会很自然地以如此之高的速度增长，以至于如果它们不被毁灭的话，地球很快就会被某一生物的后代所占满。即使人类这样繁衍较慢的生物在25年的时间内也已经翻了一番，按照这个速度进行下去，几千年后，地球上确实就不再会有人类后代的立足之地了。"①这种推论虽然不尽合理，但至少告诉我们，城市进化的发展前景和目标不是已经确定的，这或许是人类社会关系的一种进化方式，即在"后知识能力"体系下进化文化基因的再调整。中国未来的30年城市化将呈现更快的发展速度，人口城市化基数更大，必然会出现更多、更新的社会问题。

大城市"生病"的主要原因之一是中小城市"病"得更重，而乡村传统的问题更多，中国的一大批乡村还没有进入现代化过程。如大城市有好的教育资源，有一流的医疗条件，有相对完善的生活娱乐设

① 彼得·狄肯斯．社会达尔文主义——将进化思想与社会理论联系起来．涂骏，译．长春：吉林人民出版社，2005：2

施、多元的公共空间和不同层次的消费空间……对个体的事业来说有更多的发展机会……而这些正是中小城市所欠缺的。不然,为什么大家一边抱怨着"大城市病",一边又拼命往大城市挤呢?

不仅仅是因为城市大了才产生社会问题,在本质上是因为社会本身就存在问题,只是问题的表现不同而已,当然,有些问题的发生是因为中国的城市化进程还没有完成。在城市化的高速发展中,既存在着整体的共性问题,也存在着个性化的城市问题,共性问题是世界性的,全世界范围内无论哪类城市,也无论城市大小,都存在这样几大类共性问题:就业问题、污染问题、土地问题、城市犯罪问题、老龄化问题、交通拥挤问题、社会保障和住房问题等。只是不同的国家和地区发展水平不同,相关的问题表现方式不同。

在保证社会整体发展的前提下,创造大城市的社会稳定体系,必须创造新的社会"扎根"体系,尊重城市大众,改变大城市的"无根"状态。我们已经看到,中国在短短的40年间,从传统的农业社会跨越式地进入以城市为主导的现代社会。无论是城市的原有居民,还是外来人,都挣扎于"拔根"与"扎根"之间。目前很多生活在大城市里的人处于"无根"状态,面对高房价,无以为家,没有归宿感;频频跳槽,一次次被"拔根"……所以,"扎根"是解决"病症"的根本。解决"扎根"问题不是大城市的责任,而是社会和政府的责任。社会应该让每一个人都能够有相对比较多的选择机会,这才是大城市发展的前提,而大城市发展了,也就为更多的人提供了选择机会。

那么,中国为什么要走大城市的发展道路?主要有如下理由:

首先,这是由大城市相对复杂的社会分工带来的充分就业机制所决定的。大城市是人类社会进步的集中表现方式——社会分工深化的集中地,是地域生产力的集中方式,会给更多的人带来就业。马克思在《资本论》中专门论述过社会分工深化的意义,没有完全的社会分工,社会就不可能进步。

第二,这是由中国人均耕地缩减与人口增长的矛盾所决定的。中国只有走以大城市发展为主的道路,才能够更多地节省土地,才能创造可持续发展的前提。

第三，这是由创造新兴的市民社会结构和国家整体现代化需要所决定的。马克思认为，市民社会是历史的真正出发点和舞台，通过契约型社会的打造，形成完全的国家意识。“大都市经济如果运行得很好，就会将很多穷人不断地转变成中产阶级……将新手转变成有能力的市民……城市不仅仅在吸引中产阶级，而且在创造中产阶级”。[①] 只有在大城市的发展体系内，才能更快地促进中产阶级的发展和壮大，才能更快地创造“创意阶层”“文化资本阶级”，才能创造以中产阶层为主体的市民社会。同时，创造以大城市为主导的城市化模式，可以形成市场经济运行的社会体系和社会关系。只有形成典型的、完全意义上的市民社会，才能够创造实现现代化的土壤。

第四，这是新的生活方式和生命价值周期规律的必然选择。与乡村比较，城市的存在是一种生活方式表现，在传统的乡村里，职业是简单而单一的，发展方式是单一而同质的，没有长长的职业发展阶梯，难以实现多元化理想；或者说，实现理想的方式不充分，在理想实现方面缺乏土壤和社会基础。或者说，人类有两种“活法”：一种是“生活着”的人，一种是“活着”的人。“生活着”的人在创造自己理想的过程中，为自己也为他人的理想实现创造价值；“活着”的人仅仅为自己的生存而活着，缺乏理想，更缺乏为他人实现理想的行动价值取向。因此，大城市的生活体系不仅仅是城市本身的意义，更深刻的是人的“活着”的意义，是一种生活方式，大城市是人的理想类型实现的场域之一。

第五，这是在全球一体化形成的全球城市竞争前提下的必然选择。创造大城市就是创造新型的国家地域生产力结构，或者说就是在创造一个国家集中型的生产模式和创新区。美国的国家经济主要集中在三大城市带体系内，中国的经济也主要集中在大上海都市圈、大香港都市圈、大北京都市圈这三大城市体系内。在全球化竞争中，

---

① Fred Siegel. *The Future Once Happened Here*: *New York*, *D. C.*, *L. A. and the Face of America's Big Cities*. Free Press, 1997: 61

城市特别大城市已经成为国家竞争的主体,已经形成了全球的城市文化价值链,而大城市是全球价值链的主体环节。世界经济的发展已经证明了这样一种结论,如纽约、伦敦、巴黎、东京、新加坡等城市都是全球竞争的“节点”和国家参与全球竞争的“支点”,如果一个国家要选择产业集中度高的发展模式,就应该走大城市的发展道路。当然,这只是现代化道路的一种形式。

因此,走大城市的发展道路是建构中国整体现代化的需要。中国要走出一条适合中国国情的现代化道路,就应该走以大城市为主的发展道路。

二、大城市特色文化的功能与价值:创新文化场域①

新型城镇化背景下,必须思考中国城镇化体系结构化的整体性发展,即如何形成以大城市为主导的大中小城市(城镇)共同发展的多种类型与模式。在新型城镇化体系的发展模式中,核心是“化镇为市”,那么,大城市作为社会发展动力核心,如何认识其发展趋势?在新型城镇化战略中其核心价值是什么?这是一个必须重新认识的问题,任何形式的城镇化,没有大城市的引导和核心作用是不可能健康发展的。小城镇应该成为大城市体系的结构构成部分,成为大都市体系的结构性分支。同时,我们也要看到,面对新的全球化和中国新型城镇化的发展语境,特别是面对当代中国从传统社会向城市社会的变迁,以及面对大城市的人口过度膨胀所带来的如空气污染等一系列问题,大城市如何从传统的空间与旧有发展模式中走出来,形成

① 张鸿雁.再论中国大城市的死与生——新型城镇化语境下的大城市发展与创新.中国名城,2014(1)

中国式“城市文化自觉”[1]空间体系，既是一个城市化发展模式问题，也是中国新型城镇化成功的关键所在。大城市作为一种地域生产结构的集中表现形式，是国家和区域社会生活与生产要素的集聚中心，能够形成典型的集聚与扩散、集中与分散的极化发展效应，在一般意义上说，大城市具有中小城镇所不具有的功能与价值，其主要表现在这样几个方面：

（一）财富资本与人力资本集聚：文化资本的集聚扩散

大城市财富的集聚是通过相关企业组织、金融机构和富人及企业家个体，通过生产与生活消费活动的有机“竞合关系”造成的资源整合形成的。其集中的方式表现为多类型、多样态，如金融机构在大城市中心区的集中所形成的商务中心区（CBD）等；相关产业和高端研发机构在某一区位的集聚，如各类的开发区和产业集聚区——北京中关村、南京的珠江路等；还有各类中国公司、企业总部的集中区等，“一切效益好的企业免不了都得与大城市保持密切联系”。[2] 另外，大城市还有庞大的高收入群体集聚起的消费能力等。这种财富的集中既表现在物化的空间，如不同层次的建筑空间形成的价值体系，特别是那些用货币堆砌起来的摩天大楼等，还表现在其创造财富的总量方面。从全世界的角度看，大城市是国家 GDP 主产区和核心区，是国家竞争力的象征和实体，也是国家财富创造的主要源泉。东京的国民经济总产值占日本的三分之一就是一个最好的例证。中国的北京、上海、天津、香港、成都、重庆、广州、深圳、杭州、宁波、苏州、无锡和南京等无不是能够为国家创造巨量财富的城市。在另外一个层面上看，这些城市都是资本化的城市，是货币资本与流通高地，包括国际资本流动，也是区域性发展的最活跃地区。大城市资本、财富

① 张鸿雁.新型城镇化进程中的“城市文化自觉”与创新——以苏南现代化示范区为例.南京社会科学，2013(11)

② 刘易斯·芒福德.城市发展史——起源、演变和前景.宋俊岭，等译，北京：中国建筑工业出版社，2005：538

和生产过程创造集聚效应使得土地价值增值，科技创新能级和劳动生产率在整体社会分工的深化中大大高于中小城镇，从而在资本集聚的过程中必然结构化为城市文化资本再生产场域，使大城市的财富集聚和资本的再生产集中呈加速度状态，正因为如此，大城市自然成为区域社会发展的动力和创新中心。

大城市作为城市生活的样板，构成了相对完美的城市生活方式体系，亦如路易斯·沃斯的论文题目所说的那样——《作为一种生活方式的都市生活》。大城市引导更多的人在大城市里实现梦想，全世界的国际化都市无不是人们向往的地方。大城市比其他中小城镇发达就是因为社会分工、生活和享受要素相对完备与发达，可以满足人们生活的各种需要，包括理想实现的需要。理想与价值实现是大城市真正的价值所在。“都市生活，或构成城市独特生活方式的综合特征，也意味着这些因素的发展和延伸的城市化并不仅限于实体和人口统计意义上的城市地区。当然，在这些城市，尤其是大城市里，它们都得到了充分体现”。[①] 由于人生文化价值的实践、人生价值的实现和生活享受价值的诱惑，大城市必然成为各种人士和各种人才集聚的地方。大城市在其城市结构化的进化中，发展成为不同组织体系和要素协同发展的高地，各生产要素的需求在大城市里得到了较好的解决，加之城市生活配套和生活方式的充分表达，使更多的人才集中在城市生活且能施展才华。另外，从中世纪以来的城市发展中我们可以看到，大学等高等教育机构往往也集聚在大城市区域内，大城市在作为培养人才基地的同时，必然性地成为人才集聚的高地。很明显的一个外在形式是，中国的北京、上海、天津、广东、南京、西安、兰州等大城市，无不是高等教育发达的城市，如仅南京一个城市就有在校学生超过100万人。同时，大城市也是大企业、大机关、大部队、大研究所、大学和大型公司总部的集聚地。人力资本的集聚是城市活动的体现，也是城市的真正价值所在。

---

① 孙逊，杨剑龙，主编.阅读城市：作为一种生活方式的都市生活.上海：上海三联书店，2007：7

（二）推动社会进步的“文化发展极”功能

大城市是社会进化的尺度、标志和象征。原始社会时，人类从茫茫的原野中走出来，走进有围墙的城市，形成与乡村本质的对立和区别——有了典型的社会分工：体力和脑力的分工、手工业和农业的分工、生活资料产业与生产资料产业的分工……在城市里，越来越复杂的社会分工成为社会进化的显性尺度。伴随着城市社会进化型的社会分工越来越复杂和深化，城市成为人们实现理想的实践地。近代社会以来，每一种行业都在城市的进化中成长、分化为长长的职业阶梯，如，工业生产领域从一般工人到蓝领工人，到专业技术人员，再到高级工程师、CEO等，而且分化出各种各样的部门和专业职称，如财务、审计、策划、营销、客服以及全新的企业物流、网络管理、跨国家管理等部门。人们熟悉的餐饮行业也是一样，如洗碗工、前台、服务员、传菜员、大堂管理、服务营销及后场的不同级别的厨师等。应该说几乎在所有的生活领域、生产领域组织体系中都有鲜明的、长长的不断演化的职业阶梯，而且这种新的职业伴随社会生活与技术的进步，分裂出更多的“职业细胞群”，城市越大，分化、裂变出来的行业和“职业细胞”越多，如整容行业、IT行业、检验测量行业、金融物流行业以及“创意阶级”等。在大城市，这种行业、职业的变化处于社会分工的无限细分过程中，这也是社会分工的结晶化表现方式，同时也是社会进步的本质。不言自明，城市越大，城市分工越细，社会的“异质性”群体就越多，社会的契约型协作关系、竞争关系也就越充分和深刻。在这种社会分工里，专业化的生产为社会经济生产的整体高效创造了前提。

纵观人类社会的发展史，我们仅就近代以来的社会变迁就可以看出，社会进化发展的主体形式如工业化、再工业化、新型工业化、后工业化都是在城市里发生的，其主体发展区都在大城市里。我们不得不说，正因为大城市的完全型和永恒深化的社会分工，才能够让更多的人成为城市中的“生活者”和价值追求者。社会分工的深化是社会充分就业的前提。在一些中小城镇里，因为社会分工不发达，导致就业不充分，城镇内部分工简单化，必然形成无业可就的局面，而其解决之道，就是中小城镇必须参与大城市的地域产业分工和社会分工，甚至参与"全球新文化产业分工"，这是中国城镇化问题解决之道的重点之一。

（三）文化系统创新整合与功能结构化成长

大城市之所以能够成为大城市，主要是因为大城市本身就是一种地域文化甚至是国家文化的创造者、象征地和文化集聚地，如中国的北京、上海，一个是"京派文化"的代表和中心，一个是"海派文化"的代表和中心。如纽约、东京、巴黎、伦敦、首尔等无不是区域文化的中心。大城市作为区域文化的中心，往往有如下几个特点：大城市本身就是文化创造的载体，很多大城市都具有深厚的历史底蕴，表现为历史文脉的延续：有或依山或傍水的特殊自然景观和自然资源；有突破时空的人文脉络和具有历史意义的景观体系；有值得传承的精神财富和文化习俗；有可歌可泣的英雄人物与值得称道的平凡伦理故事；有地方特有的文化表达方式和文化精品及人物；有"地点精神"意义上的独有的"集体记忆"和生活符号；有典型的活态化的历史街区与历史地段；有特定的不同领域的优秀人才群体和流派；有区域化的特色饮食文化和居住文化风格以及独有的语言文化……大城市在这些文化要素上往往具有唯一性、地域性、垄断性和可以进行文化资本再生产的价值性。

比较中小城市而言，大城市不仅仅具有一般城市"文化容器"的功能，还具有文化要素整合的功能，特别是文化要素创新的功能。如北京的故宫、杭州的灵隐寺、南京的中山陵、西安的大雁塔、沈阳的北陵等。通过在一定文化场域中的"城市文化资本"再生产，这些城市完成"城市文化资本"升华过程，进而使"城市文化资本"转化为具有唯一性的、垄断的文化产业经济模式，如城市独有的旅游经济模式、城市独有的创意经济模式和城市独有的文化科技经济模式等。这种情况一般只有在大城市里才能发生，如北京的"宋庄文化""798"；深圳的大芬村、华侨城；上海的田子坊、8号桥等，不仅为城市增添了文化软实力，丰富了城市的文化内涵，还为城市增添了新的文化资本价值。比尔·马丁和伊万·撒列尼认为："在马克思的阶级理论中，资本包含两个相似的价值：占有和支配，虽然占有和支配之间的关系是'辩证的'，但至少在资本主义社会的条件下，'占有'的价值似乎要胜过'支配'的价值。"[①]他们认为，在布尔迪厄的理论中，"支配的价值是主要的。虽然文化资本允许它的所有者'占有'文化生产场域的机制，但这是文化支配而不是狭义的'剥削'。简要地说，布尔迪厄并未尝试说明经济剥削来自文化资本所有权。文化资本所有权确保了文化支配，而经济剥削是由金钱资本所有权来说明的"。[②]这里所说的是大城市的文化资本具有独有性，它是大城市通过自身文化创新获取的，是具有地方性价值的经济文化要素，具有城市的"支配价值"和"城市所有权"的价值，即这种经济文化资本是属于一定的城市的，是大城市特有的文化场域的结晶，不是一般中小城市简单模仿就可以形成的。如很多城市都想模仿北京搞一个类似"宋庄文化"的产业园，几乎都不很成功。之所以如此，是因为其他城市都没有北京、上海这样的大城市的内在文化底蕴和人才集聚功能。

大城市一般起着经济与社会发展的创新传播中心的功能。为什么大城市会存在创新体系？曼弗雷德·费尔希等学者在《大都市创新体系——来自欧洲三个都市地区的理论和案例》一书中明确说明了这个问题："越来越多的证据表明，大都市区域往往是国家经济中产业创新增长的主要动力。这些地域往往会使成果得到广泛的共享，而人们认为这些成果是国家创新体系的成就，它们确实使企业在空间、技术和制度上取得了优势，它们还向企业提供了特定的资源。"[③]在论述这一问题时，作者解释了大都市和一般中小城市相比所

①② 薛晓源，曹荣湘，主编．全球化与文化资本．北京：社会科学文献出版社，2005：306

③ 曼弗雷德·费尔希，等．大都市创新体系——来自欧洲三个都市地区的理论和案例．浦东新区科学技术局，浦东产业经济研究院，译．上海：上海人民出版社，2006：15

具有创新功能的具体原因。

大城市具有创新功能的原因有多种:(1)大城市有着完整的生活方式、通信方式和工作方式体系,为个人理想价值实现提供了条件,为人才群的存在提供了条件。(2)大城市是资本的集聚地,是创业者寻求发展的地方。(3)大城市有完整的产业链,企业服务外包体系比较完善。(4)大城市研发能力强,不仅研究机构多,而且对研发有较高的投入。(5)大城市有着集中的研究群体和结构性关系。人才群结构复杂并表现为多层次,这个群体在流动与互动中会产生新的价值和思想。(6)大城市具有上规模的和国际型的企业以及相关的企业总部,这些企业本身就有创新能力和创新投入。(7)大城市本身就是与世界联系的窗口,在汲取外来文化方面具有优势,具有文化创新的土壤。(8)大城市的各类网络活动发达,并形成技术型网络和社会型网络等多种网络类型,包括智慧型产业的竞争与合作,这对大城市社会发展在整体上有促进作用。(9)大城市社会消费水平较高,并有较高的保持度和广度,能够为新型的产品提供市场,进而推进相关产业的发展和提升。(10)大城市的生产型服务业较为发达。在世界一级城市,即国际化大都市的体系内,第三产业的就业人口和相关产值都在80%以上。(11)大城市本身就是创新产品的需求场和试验场,世界上最新的产品往往产生于大城市的创新区内。(12)大城市是文化交流与时尚的创新地,在文化思想与艺术方面具有引导潮流和时尚的价值。(13)大城市同时也是新的改革与政策创新的实践地,如中国的深圳等。

总之,大城市的功能与价值已经被历史所证明,大城市作为人类社会进步的结晶,具有中小城市所不具备的功能与价值,如大城市的"开放型的适应性功能",大城市适应所有的人,包括富人和穷人、银行家与乞丐、教授和车夫……大城市的跨文化功能、舞台化功能、"陌生人世界"的文化现象,为人们放大个体文化提供了空间。大城市还具备民间文化传播功能、医疗技术保障功能……正因为此,大城市问题那么多,还有无数的人愿意留在那里。

三、特色文化城市视角下对大城市特有问题的再讨论

当我们以科学的视角认识大城市优势的时候，也必须充分认识大城市所存在的弊端。毫无例外，世界上存在的所有事物既有优势的一面，也必然存在劣势的即问题的一面，这就是人类社会发展乃至自然界发展的二律背反规律。在看到一个事物的存在价值的时候，既很好地、科学地、准确地总结优点，又能够科学地准确挖掘其问题的本质，才能真正找到解决问题的方法。

任何时代和任何事物都不可能是完善的，世界上本来就不存在完美的事物，也正因为如此，人类才提出追求完美的价值取向，并把追求各种各样的完美作为理想。从古到今，人类创造了无数的完美幻想和梦想，但是，从哲学的高度认识社会的本身应该这样理解：社会存在的本身就是问题，社会本身就是一个人们所赋予的社会问题类型。不存在没有问题的社会，正如不存在不会得病的人一样，每一种社会类型都必然存在问题，只是不同的社会类型有不同类型的问题，包括问题的表现方式和深刻程度不同。我们力求创造一个相对公平的社会，但是，社会各类资源如自然资源、经济资源、社会资源等在某种意义上都是有限的，特别是人们共同认为的优质资源是以匮乏的方式存在于社会之中的，优质资源是在竞争与人们的追求中被建构出来的，因此必然是永恒匮乏的。进一步说，追求公平与完美是一个永恒的过程，人类从诞生以来就在追求这种梦想，梦想也是人类发展的一种动力。“城市让生活更美好”本身就是一种理想。而事实上这是一种认知误区，不是城市让生活更美好，而是人类自身的努力创造才让城市生活更美好。但是在生活中，人们往往围绕这种自我构建出来的理想去追求，这也是社会发展与存在的自我陶醉的一种方式。

社会本身就是问题存在的主体和存在的形式，社会就是在存在问题和不断地解决问题的过程中发展进化的。大城市特有的主要问题是：

（一）优质资源结构化匮乏与被建构的匮乏——文化资本的永恒性

优质资源既是一种存在，也是一个被建构的结果和过程。大城市因为人口规模集聚而自然形成高级人才的集聚，高级人才对资源的需要和利用往往是在竞争中形成的。高级人才集聚的结果之一是必然使得某些优质的资源越来越稀缺化，伴随竞争和社会分层的深化，优质资源的稀缺性更加明显。我们说，任何不同类型的都市都缺乏资源，这是一种普遍现象。在一个发展中的社会，在一定时空和一定范围内，资源匮乏是具有普遍性的，只是在城市规模性的变迁中，不同城市所表现出的资源匮乏的类型不同。如一些中小城镇既缺乏生活享受体系，也缺乏充分就业体系，还缺乏创业创新体系等，有效资源和优质资源的缺乏会成为一些中小城镇经济与文化落后的主要原因之一，进而形成“恶循环型”的发展机制。正因为缺乏上述的要素，因而导致就业不充分、消费不发达，从而进一步影响相关的基础设施和文化设施建设，在循环中又必然出现社会保障体系不完善的社会问题。这就是一般意义上的社会“恶循环因果效应”。相反，大城市社会的资源匮乏不仅仅是结构性的，更是在人口规模集聚、高级人才集聚、高收入群体集聚和需求极化背景下被建构出来的。特别是高级人才集聚和富有者的集聚使社会地位及需求被分层化，有效资源（如城市中心地带、沿地铁的住宅等）、优质资源（如比较好的岗位和生态空间等）往往被人口结构中的顶端人群所获得或占有，而这类人群因为在城市总规模的比例中具有较大绝对数、总量较大、需求不断升级，在形成优质资源独占性的同时，还不断出现需求的升级。大城市是一个典型的差异化社会，是一个异质群体表现充分的社会，在社会分层和差异化空间占有的竞争中，无论是群体还是个体，不论是底层社会还是上层社会，人们都会不断地产生“被剥夺感”，并在每一个人试图缩小与别人的差距的过程中创造新的社会差距和社会分层。在一定意义上说，大城市就是一个典型的高度差异化的竞争社会体，差异就是社会矛盾，矛盾就是社会动力，大城市这个缤纷世界带给所有的人希望，这才使更多的人走进大城市这个“城市围城”。

大城市的一个显性问题是“拥挤不经济”的经济与社会空间形态。其表现的方式林林总总，如住房拥挤、交通拥挤、青少年教育拥挤、就业拥挤、就医拥挤、养老床位拥挤、消费拥挤，等等，拥挤无处不在，拥挤已经成为大城市的别名。这是一种生活样态，是一种生活悖论，也是一种社会生活过程。东京、莫斯科、北京、上海等，随便提一个大城市，不拥挤几乎成为不可能。为什么会如此？其终极原因是资源的有限性与大城市人口增长的无限性的矛盾。日本东京和韩国首尔的区域“一极化发展模式”带给我们新的理解。难道未来的城市化和城市现代化中的城市人——“城市动物”就必然在拥挤中生活吗？显然，大城市的根本性问题在于超大空间、超大规模、超大范围、超量人口和超等级化的生活体系所带来的生活、生产、消费、流通和分配领域的大城市特殊问题，这些都是空间占有的不公平与空间非正义的显性化表现。在这样的城市中，空间的商业价值被无限地扩大了，城市中心区的土地与郊区的土地价值变得越来越悬殊，发达国家的一些大城市中心区的土地价值是郊区的1 000倍。在这样的环境中，资源的有限性就凸显出来。不仅仅是一般意义上的资源匮乏，而是在人们追求更优质资源的过程中形成的新的经济与资源匮乏的结构空洞。比如，中小学教育资源的共享问题，其整体性资源要素是缺乏的，其中社会公认的优质型学校将永远是少量的，“学区房”是被人们建构出来的，从一般的发展意义上说，所有学校的发展水平不可能是一样的，因为学术管理水平的不同、区位空间的不同、教学人才结构的不同等原因，学校在竞争中显示出来的优势，自然在被超量需求者的选择中“被建构”为稀缺优质资源。这个简单的大城市资源性变化可以说明，大城市资源的匮乏性是存在性问题，包括交通拥挤、居住区位的优质房源的稀缺等。此类问题将永远是发展中的问题，只能通过深化和优化发展方式来解决。

城市是一个永恒扩张的结构性空间，其结构化的发展具有无限性，城市化本身就是一种生活方式的普及。解决资源匮乏的方式之一，就是在社会整体的发展中使社会的各种资源进一步优质化、合理均等化和均好化，创造、形成合理的网状地域空间差序化格局，并在生活与职业生活的创造中“让城市充满选择机会”。这也曾经是伦敦城市发展的定位和理念。从学理上说，一个社会从无序到有序是一个不断循环进化的过程，这是城市社会作为一种有机体的“熵定理”意义上的表现过程。

（二）一面高耸着人类文明，一面是病态社会赘疣的滋生地

城市越大，社会职业分层越细，社会分层就越深刻。古语说，千户之邑必有千金之人，万户之城必有万金之家。城市越大，社会收入分层就越复杂，穷富的差异也就越大。大城市成为阶级分化和阶层分化的主要领地。任何城市的资源在某种意义上都应该具有正义性和公平性，空间在本质上是属于社会的，但是，在市场经济“无形的手”的运作下，特别是在私有法权的存在与发展中，空间成为资本的象征与实体，空间成为衡量一个人社会地位高低、权力大小、财富拥有多寡的标准和象征。在空间成为货币符号和个体权属象征的前提下，空间要素的市场交换使得公共空间变得越来越小，而那些优质空间越来越多地被货币化和超权力体系所占有。如很多具有自然山水优势的空间，成为少数特权者和富有者的专属地，而城市的一定区位空间往往被与人们的富有程度联系起来，在城市的某些区位形成了全新的高级住宅区，由此形成新的“住宅阶级”。这种阶级的产生说明社会分化仍在继续，因此而产生城市贫民和城市贫困群体，这是城市社会问题越来越多或者是越来越复杂的根源所在。

优质空间在向资本集中和权力者集中的过程中，社会区隔也越来越深刻，大城市几乎成了一个不安全的代名词，很多大城市空间不仅完全变成私人领域或者是某一类群体的领域，而且更多地成了“城

市禁入地区”。在中国的大城市中无数的小区都有围墙,都有禁入的标志,都有小区保安,城市被一个个社区或者楼盘割裂开来,城市越来越大,属于市民整体的空间却越来越小。北京、广州等城市有 5 万个以上这样的封闭式小区,公共街道被无数个不同的楼盘、小区和楼宇视为“不安全的公共空间”,每个群体都在强化自己住区的安全,城市被区隔,这种发展本身是与人性的回归和城市如家的理念相悖的。

大城市在创造流行与时尚的同时,也成为拜金主义的文化场域。它一方面在创造新文化要素和时尚,另一方面也在创造颓废文化。大城市因其复杂的社会分层与空间,必然是社会、经济、政治与落后文化习俗的藏污纳垢之地。城市高大的建筑空间显示着现代文明和社会的发展,另一方面在城市的深处仍然存在社会的阴暗和野蛮。美国学者 M. H. 邓洛普说:“凡勃仑把需求和奢侈分为两大类,但它却不适用于 19 世纪后期大都市中的美国人。尽管人们的购买能力相差悬殊,但其消费欲望却集中在几种特定的商品上。无论一位公民拥有一粒钻石还是钻石缀满前襟;有一朵花戴还是鲜花满房间;有一顶丝绒礼帽还是丝绒帘子挂满客厅,人们看重的是它们炫耀的作用,更认可它们既可以装饰居家又可以打扮个人。消费是可以跨阶层的,但它既不会破坏也不会改变那些原有的阶层界线。此外,对于生活在物质欲望中的美国人来说,意识中根本不存在‘幸福’这一概念。大都市风范的美国着眼于自身的特色、法国式的优雅、拥有金钱和物质。”[①]这曾是世界大城市——纽约城市文化的一种价值取向:“抱有生活更好这种观念,你就得要么拥有财富,要么幻想拥有财富。虽然幻想拥有财富只能是一时的,但很多美国人和欧洲人都心存这种幻想。一个会冒充贵族身份的人如果擅长表演,就能在别人发现自己根本付不起账之前,买到一大堆东西。”[②]“按照《纽约先驱报》的

① M. H. 邓洛普. 镀金城市——世纪之交的纽约城的丑闻与轰动事件. 刘筠,等译. 北京:新星出版社,2006:155

② M. H. 邓洛普. 镀金城市——世纪之交纽约城的丑闻与轰动事件. 刘筠,等译. 北京:新星出版社,2006:156

观点，要想体验‘惬意的世界’就要‘换换位置’，一个人就必须融入其中，必须处在与‘他们’相同的位置，才会有切身体会。”[①]纽约这个大都市就是“金钱的地盘”，是拜金者的天堂。

总体上说，大城市的社会问题可以分为：(1) 典型的社会问题，如大量的无家可归者和“蚁居者”；规模化色情业和具有黑社会性质的群体；过度奢靡的娱乐生活方式；城市团伙犯罪与吸毒；城市贫困者和贫民窟的存在等。(2) 城市非典型社会问题，如过度奢靡和另类文化群体的存在，社会心理压力造成的焦虑综合征，人际交往的淡薄与首属群体邻里生活的丧失等。(3) 城市非平衡发展形成的区域空间的衰落，特别是城市中心区的衰退等问题。

(三) 大城市特色文化[②]——迪士尼文化全球化带给我们的反思

迪士尼作为一种文化产业，不仅成为全球性的时尚消费文化符号，同时也成为一个国家或城市“文化软实力”的“城市文化资本”要素。上海引进迪士尼文化，为中国特色文化城市建设与城市“文化软实力”提升创造了一个样板和范式，也为上海强化世界旅游目的地的功能提供了新的“文化动力因”。迪士尼文化不仅给大众带来消费上的满足和快乐，而且也给城市文化发展带来经验和启示。从全球化竞争和全球文化产业价值链建构的意义上，我们应该站在国家文化发展的国际化战略和城市“文化软实力”提升的高度进行反思：为什么迪士尼能够成功并走向世界？为什么我们没有类似的文化产业？这可能比仅仅总结其相关成功的经验更有现实意义。

反思一：为什么我们未能创造具有世界文化认同意义上的文化产品和文化符号？中国的现代化发展非常需要引进世界先进的科学

---

① M. H. 邓洛普. 镀金城市——世纪之交纽约城的丑闻与轰动事件. 刘筠，等译. 北京：新星出版社，2006：163

② 张鸿雁. 迪士尼文化给我们带来什么启示——对中国文化建设的五重反思. 探索与争鸣. 2016(2)

技术和相关的文化产业,但同时我们也要扪心自问,为什么有着古老悠久文明和光辉灿烂历史的中国,未能创造具有中国本土化特色或具有东方文化特质的类"迪士尼文化"?面对全球文化的冲突、竞争和融合,中国在引进西方文化的同时,更应该考虑中国本土文化如何以独具特色的文化形态走向世界,并在世界范围内产生文化认同,进而成为影响人们日常生活、日常消费行为、日常文化心理结构和文化价值观的一种文化模式。迪士尼在全球范围的成功扩张告诉我们,虽然各国各民族文化存在着千差万别,但在文化消费上却能够找到同一性和"同质性"的文化行为及文化符号:善良、健康、利他、快乐、成长、大爱和家庭幸福等,这些文化主题具有人类本源的共同性,能够成为全世界共同的文化消费与记忆符号。世界应该是一个百花争艳的大花园,多元文化的发展才是世界文化发展之正道,如日本创造了 Hello Kitty,法国建设了"蓝精灵"主题公园,韩国有极具民俗的乐天主题公园等。从中可以看出,创造全新的文化主题乐园并构成文化产业集聚,需要有唯一性的文化主题、系统性的文化价值链、本土特色的文化内涵、有人情味的服务经营理念等,而其最核心的要素是民族性、本土性和"地点精神"、民族的文化特色及人类共同的"集体记忆"。中国需要一个可以与迪士尼媲美的"中国式的迪士尼"。

反思二:为什么我们的发展往往只注意"硬实力"而忽视"文化软实力"的提升与打造?提升国家和城市的"文化软实力"能级是当下全球竞争的焦点之一。约瑟夫·奈首次提出了"软力量"①的概念并在《美国定能领导世界吗》一书中明确了"软实力"的内涵。② 其首要因素就是"文化吸引力",其次是"思想/意识感召力"(价值观)以及"跨国公司控制力"等。在这三个方面迪士尼都有比较充分的表现。从以往世界城市竞争的经验来说,"软实力"的建构对于一个城市发

---

① 约瑟夫·奈. 软力量:世界政坛成功之道. 吴晓辉,钱程,译. 北京:东方出版社,2005:5. 参见:花建. 文化软实力——全球化背景下的强国之道. 上海:上海人民出版社,2013:37

② 约瑟夫·奈. 美国定能领导世界吗. 何小东,等译. 济南,山东教育出版社,1991

展推动力的提升是不言自明的，如巴黎、伦敦、东京、纽约、首尔等之所以能够被称为世界城市，主要得益于“文化软实力”的成功打造，迪士尼文化对一个城市提升辐射力、影响力和识别力等的作用是直接而显性的。

从布尔迪厄的文化资本理论研究中获得启示，我们提出的“城市文化资本”概念主要强调，一个城市的特色文化资源可以通过一定的“文化场域关系”进行再生产，进而使一般意义上的文化资源转化为“城市文化资本”。比较全球文化产业价值链发展的趋势，我们可以看到，中国的一些城市虽然不缺乏文化资源，也不缺乏文化资本要素，但是却缺乏“文化资本再生产”的“城市文化自觉”，没有通过再生产使特有的资源转化成世界性文化资源和文化主张，使之成为国家和城市永续发展的文化动力源泉。上海引进迪士尼文化是一个大战略和大手笔，借迪士尼乐园 7 平方公里左右的开发空间，配套拿出将近 17 平方公里的土地，创造了一个真正意义上的文化产业集群——上海国际旅游度假区，是这一运作模式可赞之处。然而，如果要成为一个真正的世界旅游首选地、一个可持续的发展空间、一个全球城市文化产业价值链高端环节上的文化综合体的话，还需要进行全新的“城市文化资本”再生产的建构和治理。

反思三：为什么我们未能创造“中国式的迪士尼文化模式”？人们在寻找新的经济增长点的时候，都看到了文化产业的价值所在。近年来，几乎中国所有的城市都在建设文化产业园、历史文化街区和文化产业集聚区，如北京、上海等城市已经有超过上百个文化创意产业园，也有很多城市在打造文化主题乐园，但是，都未能形成有国际影响并能够走向世界的文化产业综合体。究其原因很多，但至少有一个问题是被我们的经营者和建设者所忽视的——空间消费、消费空间和“怀旧消费”的人性化现代建构，这是全球“新文化产业分工”和“新文化经济”发展的新概念、新课题、新主张。

实际上，中国人是特别注重空间消费和怀旧消费的，通过如雨后春笋般出现的仿明清街区的出现便可以管窥豹。应当指出的是，中国几乎所有的城市都未能从旧的传统文化窠臼中挣脱出来，仅仅以复古的方式建构了许许多多历史的街区,而没有创造全新的具有世界认同意义上的“怀旧消费空间”。从全球消费的发展趋势看,从“空间消费”到“消费的空间”,再转向“怀旧的消费空间”;从目的性的消费到观赏性的消费,再转向从综合娱乐消费到体验性消费以及文化认同意义上的价值消费等,在本质上都是在内心之爱、内心之思和内心之忆的驱动下,为时尚和信仰创造消费空间、消费行为和消费文化。1989年的《消费者研究杂志》认为:怀旧消费是“消费者对某些事物或者体验偏好的一部分”,而且也是“一种集体的社会文化行为”。每个人都有自己的过去,每个人都有怀旧情怀,每个年龄段都有自己的怀旧情愫,这是消费的本源性动机之一,而且是可以被时时唤醒的消费文化与行为。“怀旧消费和怀旧空间消费”是人类的共性所在,也是在中国文化与消费领域中被严重忽视的概念和问题。我们说迪士尼是一个典型的、系统的,也是十分成功的由“怀旧消费空间”组成的系统文化产业价值链,是因为在这里所有的人都能从怀旧消费中被唤醒。在迪士尼,几乎每个人都能找到不同阶段的所有怀旧的原生态文化和怀旧“源文化”,并唤起对以往生活和未来生活的共鸣与向往。对中国人来讲,到迪士尼来消费也是一种怀旧消费和怀旧消费体验。从外在形式上看,人们的怀旧消费都是个体的,是具有个性的、个人情感的存在意识,但是,从本质上说,怀旧的消费文化心理结构是在人类共性的人格意义上的,因此可以说是集体的。但是,我们不无遗憾地说,在中国,我们看到的很多文化消费项目过度的利益至上,使得这一让人们在心底获得的消费感知和消费暗示——怀旧消费意义上的个人情感消费被抛到九霄云外。另外,迪士尼作为一个典型的消费空间,实际上也是被消费符号控制理念整合的空间,通过怀旧文化的意向整合和文化心理因素需要的整合,形成了消费者“被控制的消费观念”,包括旧有的消费符号的控制与消费心理暗示等。或许可以说:过去我们在空间里面消费,现在我们直接消费空间。

反思四:为什么我们往往缺少“以个体和家庭幸福快乐为内核”的文化产业?迪士尼文化成功的本原价值给我们什么启示?(1)“人本主义”和“人性理念”的创新。它的主题是“世界最快乐的地方”，它强调以幸福家庭和家庭幸福为表达形式，以幸福快乐为内核，这几乎是所有人的希望、追求、等待和梦想。(2) 为客户创造文化价值。包括人生价值、善良伦理文化价值、生活乐趣体验价值及完善人生的价值取向等。迪士尼大学培养学生的宗旨就是“为他人服务，创造快乐”。(3) 跨文化整合价值。迪士尼建构了一个全产业链：从产业链到商品链，从文化符号到文化资本链，从文化品牌到文化模式。(4) 历史责任和科技视角下的“人体工学”营销。迪士尼在建设前期就开始对土地进行整治，为防止建筑下沉而强化建筑基础建设以保障长久的安全。同时，对前期有可能存在的污染提前进行治理——进行污染土壤置换等。(5) 全生活的体验。强调全时空、全年龄段、全过程体验等，如体觉、味觉、感觉、听觉、触觉、知觉以及情感、认知等。虽然是以儿童快乐为主题的项目，但是对不同年龄段的消费者都有对应性的文化产品和服务内容，形成典型的跨文化、跨行业、跨年龄段的“产业综合网链效应”，充分体现了“城市文化资本”再生产的效应、城市国际化能级增长的效应、城市文化复兴的效应、智慧文化工业化的效应以及文化价值的核心化效应与趋势，更重要的是，还体现出“克里奥尔化”效应——国际文化的混合化效应。

反思五：为什么上海没有形成“新海派文化”进而创造以“新海派文化”为内核的文化综合体？上海通过引进迪士尼文化，在进一步整合资源的同时，应该直接创造并提升上海城市文化软实力，可以提出上海文化的新模式——“新海派文化”，[①]并进行“新海派文化”的全球文化价值链与文化综合体的打造。包括：(1) 全球优秀文化元素的集合；(2) 中国传统优秀文化精华的继承；(3) 上海地点精神的再造；(4) 中西文化交流的“新海派文化”创新；(5) 人性回归的核心价值整合；(6) 国际化服务标杆的塑造；(7) 中国智慧文化的集成；(8) 天下大同与中国式幸福文化的创新；(9) 中国故事与中国物化元素。(10) 江南文化等。我们可以将之理解为上海全球文化价值链高端

① 张鸿雁.上海文化核心价值的缺失批判与“新海派文化”的建构研究——上海城市发展与规划战略纠谬与创新.中国名城.2011(3)

介入的方式之一——“新海派文化的十维一体文化模式”。（这是一个大课题，在此仅提出最初的建议主张）上海应该当仁不让地建构东方文化之都，成为“中国式城市文艺复兴”的发祥地。我们认为，上海城市“文化软实力”提升的战略，需要进一步强化国际化指数的建设，包括国际资本流动、全球价值集成、贸易开放度以及国际人才流动高地的建设等。

在上海世博会期间我应邀在法国馆做过一个演讲，其中专门提到上海的文化符号意义与文化资本价值。上海本身已经具有世界性的文化内涵，希望有一天这些上海的集体记忆和文化“老符号”能够重生，成为“新海派文化”创新的基点，就是说，希望上海迪士尼应该有一点“上海味道”和上海“地点精神”。更希望有一天，中国有可以与迪士尼媲美的、也可以走向世界并获得世界文化认同的“中国式迪士尼”。未来中国集体记忆的建构与中国文化的守望或许可以从上海开始。

第六章 特色文化城镇的新文化模式:特色小镇与田园城市

最终为经济提供方向的并不是价格体系,而是经济生存于其中的文化价值体系。

——丹尼尔·贝尔

一、特色小镇建设的理论与实践创新:特色就是一种文化

中国特色小镇的发展不仅形成了一股热潮,甚至可以用风起云涌的字样来描述。亦如以往新型城镇化、服务外包和智慧城市等一样,几乎是全国各行各业都在参与特色小镇建设。如何面对特色小镇建设在全国范围内的如火如荼展开?结合以往的经验,我们应该注意哪些问题?本章从特色小镇建设的基础理论入手,提出中国特色小镇建设创新的理论依据和建设特色文化的方法与路径。

（一）特色小镇发展探源及世界经验——“反边地中心”

城市化是人类社会进化的一种结果和形式。在人类历史不同的发展阶段，不同国家和地区因历史文化、经济社会发展水平的不同，形成了不同类型的城市化模式。特色小镇是社会发展到一定历史阶段的一种区域性空间与要素集聚的发展模式，其成长和发展过程是需要以社会与经济发展为前提的，这个前提不仅包括区位条件、产业基础、区域社会经济发展水平、区域性产业集聚方式，还包括社区生活环境、日常生活方式、创业与创新土壤、人才成长机制、政策导向及地方历史文化基因等要素。从目前的情况看，已经出现了多种多样的特色小镇。如，高端产业类有“云技术”“PE”和智慧等科技金融类小镇；传统产业类如温泉、禅休、养生等文化旅游类小镇等；还有其他，如“黄瓜”“窝瓜”“木雕”地方特产类文化经济小镇；以企业命名的特色小镇……如此大规模的发展建设，不得不令人担忧。何以如此？其主要原因有：一是盲目模仿；二是定位出现偏差；三是政绩行为；四是规划失误；五是既不知理论之意涵，更不知小镇建设之意义。更值得关注的是，大量房地产企业对特色小镇建设跃跃欲试。应该如何面对这样“类运动”的特色小镇建设现实呢？

不同科学科技发展水平的民族和国家会选择不同的城市化模式与发展道路。中国传统农业社会城乡对立，因整个国家和社会以农业立国，城市人口一般在10%左右。中世纪以来，工业化肇起，不同发展水平的国家的城乡分野和城市化水平成为衡量社会现代化的尺度。城市化过程有一个比较明显的规律就是“S形曲线”。[①] 法国学者布罗代尔通过研究历史得出结论：“城市的跌宕起伏显现着世界的命运。”[②]美国学者塞缪尔·亨廷顿也曾说过：“城市成为新型经济活

① 沈建国.世界城市化的基本规律.城市发展研究，2000(6)

② 布罗代尔.15至18世纪的物质文明、经济和资本主义(第一卷).顾良，等译.上海：上海三联书店，1992：569

动、新兴阶级、新式文化和教育的场所，这一切使城市和锁在传统桎梏里的乡村有本质的区别。”[①]事实上，无论是以大城市发展为主体的国家，还是以中小城镇为发展方式的国家，小城镇和特色小城镇一直存在并发展着。如美国的水码头小镇，其历史可以追溯到1753年华盛顿在此的一些活动。以美国为例，小镇生活方式和小镇文化成为美国日常生活的主体。美国“travel & leisure”网站曾邀请读者海选最喜爱的美国小镇，然后在55类744个小镇中投票，候选者所属类别包括农贸市场、博物馆、冒险旅行和家庭旅馆等，最终桂冠被科罗拉多州阿斯彭小镇摘得。阿斯彭以其诱人的乡村风情、啤酒和维多利亚时代的街道而获得高分。[②] 可见，美国特色小镇已经成为社会发展方式的一种表达，仅一个投票活动就已经把小镇分解为55个类别，显见小镇特色“被分类化”对生活和生产有着特殊的创造性意义。[③] 分类表达是一种特色，特色本身的另类表达就是“分离”“突出”“显性”“差异”“创新”。特色本身就蕴含着某种文化创新。

在美国，很多类型化的特色小镇一方面喻示着一种居住方式，另一方面也显现着一种工作方式，同时也隐喻着一种消费方式，更揭示了小镇的日常生活、交通方式、交往方式及社会关系结构，进而也清楚地表达了特色小镇作为一种空间要素的再生产与集聚方式。并且，在历史与文化、家庭与个体的文化传承中，形成了典型的、独有的“小镇生活方式”“小镇生活价值观”和小镇经济体系。如佛罗里达州斯普鲁斯溪航空小镇，镇上有居民5 000人、住宅1 500座、飞机库存700个。“而在全美国，像Spruce Creek这样的航空小镇目前大概有几百个”。[④] 西方发达国家特色小镇多种多样，其中以高端产业为主

① 塞缪尔·亨廷顿. 变化社会中的政治秩序. 王冠华，刘为，等译. 北京：生活·读书·新知三联书店，1989：66

② 环球网：美式小城生活，品味全美最受欢迎20座小镇 http://go.huanqiu.com/northamerican/2014-02/4828780.html

③ 涂尔干. 社会学方法的准则. 狄玉明，译. 北京：商务印书馆，1995：97

④ http://blog.sina.com.cn/s/blog_5d8d68c10102efnz.html. http://news.youth.cn/gj/201405/t20140509_5164888_7.htm

体的小镇也是特色鲜明。如沃韦雀巢总部所在地,人口不到 2 万;梅尔斯堡小镇只有 5 500 人。全新的特色小镇类型还包括底特律城市中的以社区为代表的“技术小镇”等。美国很多世界 500 强企业总部就设在小镇上,甚至本身就创造了一个特色小镇。如 IBM 总部在阿蒙克市的“一个小村庄”,2000 年人口普查时有 3 461 人;沃尔玛总部所在地本顿维人口有 19 730。很显然,特色小镇的形成是与社会整体经济发展水平呈正相关的。这是一种以社会现代化和后现代社会为背景的社会发展方式,也是城市生活方式和“城市文明普及率”的结晶。大家熟悉的达沃斯,人口只有 10 000 多,小木屋式家庭旅馆为其特色之一,一年一度的“世界经济论坛”创造了一个小镇的特色产业链。这个小镇的特色博物馆独树一帜,有基尔西纳美术馆、偶和玩具博物馆、冬季体育运动博物馆及有地方记忆的乡土博物馆,还有一个小型的博彩中心。中国在这方面也有成功的经验,博鳌在 2001 年之前只是一个海滨小镇,2002 年 4 月 12 日博鳌亚洲论坛首届年会在此举行,从此,“博鳌”成为“亚洲论坛”的代名词。随着博鳌会议经济的发展,带动了这里的房地产、餐饮业、交通业、商贸业、休闲业等相关产业的发展,促进了博鳌经济的腾飞。事实上,20 世纪 20 年代以来,发达国家的特色小镇就已经发挥了产业集聚、高新技术集聚和高端人才集聚的功能。中国人口众多,需要走大城市和中小城市及小城镇多元并举的发展道路,在不同地区选择不同的特色小镇建设发展方式。但是,特别应该注意的是:在中国不是所有的地区都适合特色小镇的发展模式,而应该因地制宜,走分类指导、多元化、多类型、多层次发展的道路。

(二)“小镇生活方式”与城市文明的普及

近代工业化以来,“工业中心主义”曾是所有国家经历的发展阶段。中国在改革开放的经济发展中也没有摆脱这一窠臼,工业化长期主导着中国的城镇化建设,因此而衍生出城镇资源枯竭、产业同质、土地浪费、人口膨胀、交通拥挤、空气雾霾和就业不充分等一系列社会问题。如何精准地治理和破解当前存在的社会问题，突破城镇化建设“只见数字不见质量”的局限，寻求中国城镇化和城市现代化的健康发展，一直是各界努力的方向。事实上，特色小镇的建设在全球城市化的发展中，不仅相关理论很成熟，而且很早就形成了一整套建设方案，其功能与意义已经远远超出了传统行政意义上“镇”和“区”的概念。如在美国硅谷和芝加哥，在英、法、德等国家的一些城市，其相关经验是：特色小城镇更像是一个新的地域生产力结构创新空间，在有限的空间内优化生产力布局，破解高端要素聚集不充分的结构性局限，探索创业创新生态进化规律，具有“产城融合”“区域发展均好性”“福民富民”“产业结构优化”，以及传承历史和推动社会强可持续发展、经济社会转型升级的深刻意义和价值。但是，从本质上说，特色小镇的成长是需要特定的空间和文化土壤的。

随着全球城市化的展开和信息网络经济的高速发展，资本和劳动力形成了全球性流动的增值效应，网络和智能技术为全球产业分工和竞争提供了新的竞争场域，使得各种经济要素可以不依赖传统区位空间而形成全球意义上的“特色文化中心”，这也是特色文化城市和特色小镇广泛崛起的现实理论基础和土壤。有关资料显示，全球城市面积占地球面积的比例不到1%，城市人口却占了世界总人口的60%以上。这个“城市时代”的核心意义是全球全景式的“世界城市图景”，而小镇是城市的一种类型。

创造“特色小镇”在本质上是创造可持续“文化动力因”，而不以城市规模、人口数量和综合竞争力排名为主要标准，这既表现了区域发展的现代化结构优化的价值，也表现为城市性普及的现代性价值。同时，也说明在全球城市化的前提下，以特色小镇的方式参与全球分工是一种发展的新路径。

其理论溯源为：一是特色小镇与“田园城市理论”。早在1898年，霍华德提出的“花园城市理论”就已经明确地说明了类似特色小镇的结构与空间模式。[①] “田园城市”也称为花园城市、田园都市，是

---

① 埃比尼泽·霍华德.明日的田园城市.金经元，译.北京：商务印书馆，2002

埃比尼泽·霍华德爵士于1898年在《明日的田园城市》一书中提出的。第二年即1899年“花园城市协会”成立,1903年和1920年分别建立了两个试验性质的花园城市:列曲沃斯花园城市和威尔温花园城市。这两个城市虽然没有完全体现霍华德最初的设计思想,但是直到今天两个城市都仍然是健康和持续发展的社区。霍华德描述的田园城市为:规模不宜过大,能够为人们提供丰富的社会生活就已足够,由一委员会受托掌管;小镇城区占地4.05平方公里,居住32 000人,其中30 000人在城市,2 000人在乡间。[①] 这种规划理念虽然具有典型的理想主义色彩,但是,这一“理想类型”被越来越多的学者所接受。“花园城市”的特征:(1) 小规模、小尺度、小城镇;(2) 自给自足的城市功能和慢节奏生活;(3) 可持续的生态环境、田园式组团布局、便捷的交通网络、公平的社会服务、城乡一体化发展。刘易斯·芒福德曾经这样评价霍华德的田园城市理论:“20世纪我们见到了人类社会的两大成就:一是人类得以离开地面展翅翱翔于天空;一是当人们返回地面以后得以居住在最为美好的地方(田园城市)。”

二是特色小镇与“城市区域核心理论”。特色小镇往往构成有个体理想追求的生活与工作一体化生活圈,不仅有10分钟生活圈,还有独立的创业空间和一整套生活价值的表达系统,如就业、创业和娱乐等。这一内涵创造的是在一定的“城市区域核”范围内的完整的就业与生活体系。1977年,美国社会学家万斯提出城市“区域核理论”。其主要内涵是:(1) 远距离城市形成独立“核”。人口向郊区迁移,远郊出现“城市核”,城市与郊区的相互作用强度降低。(2) 郊外“城市核”出现,郊区加强了城市“自我维系能力”,并最终脱离对城市中心商业区的依赖,重现城市功能。(3) 一个空间发展较为良性的城市,都有多个分离的“城市区域核”。(4)“区域核”形成以就业为核心的生活方式,创业、就业、生产、流通、分配、消费、娱乐一体化。万斯说:“大部分城市的居民越来越不会使用整个城市辖区,除非有特殊需要;相反,

① 李迅.关于中国城市发展模式的若干思考.城市,2008(11)

他们在一个足够相对有效地发挥自己作用的城市空间内生活和工作。”①

三是特色小镇与“技术小区—技术中心”理论。在城市群结构内部的各城市之间，伴随地域经济要素的市场化整合，必然形成城市间的互动对流，因而就会产生新的“增长点”和经济要素“节点”，进而转化为新的城市区位空间。这种现象在学理上有很多特殊的名称，如城市“外层城镇”“外围城镇”“微型城镇”“技术小区”等。有学者说：“这些都是联系松散、很大程度上自立自足的郊区王国，那里成千成万的居民的活动围绕着新的就业、零售及服务中心。”美国学者卡尔·艾博特的研究说明：“从丹佛的‘技术中心’到奥兰治县的‘就业中心’，再到奥兰东北部围绕沃尔纳特克里克的‘反边地中心’，都是这样新的中心。”②如果我们仔细观察硅谷的发展空间，可以看到不同要素集聚构成的特色小镇节点。

另外，文化历史、建筑风格、特色产品、风土人情等都可以成为特色小镇成长的“文化动力因”。如，有很多地方以建筑风格所形成的特有空间形式来表现特色小镇的经济与文化价值。布宁认为：“新风格（在西方叫功能主义，而在苏联叫构成主义）的产生原因和发展阶段直到现在还是研究不够的。但早在 20 世纪 20 年代末它在许多欧洲国家就成了建筑思维的支配体系。同积累新建筑物一起，功能风格概念甚至在早已形成的大城市环境中就开始感觉到了，而在二三十年代建成的小城镇里新风格已普遍地流行了。”③特色小镇建设是适合人类可持续发展的一种选择，并能够在较合理的空间内体现后现代主义的人文志向。特色小镇的发展也符合“循环社会型城市”的发展理念，“循环社会型城市”是以人为核心的整体社会进化的过程，既是人类在经历农业革命、工业革命和知识经济革命后，对地球与人

① 詹姆斯·E. 万斯. 延伸的城市——西方文明中的城市形态学. 凌霓，潘荣，译. 北京：中国建筑工业出版社，2013：426，466，467

② 卡尔·艾博特. 大城市边疆——当代美国西部城市. 王旭，等译. 北京：商务印书馆，1998：148

③ A. B. 布宁，T. 萨瓦连斯卡亚. 城市建设艺术史. 黄海华，译. 北京：中国建筑工业出版社，1992：118

的关系的一种新的认识，也是社会良性化运行的一种新模式。①

特色小镇建设应有的顶层设计与行动逻辑：

一是要建构清晰的特色小镇建设理论体系，懂得特色小镇作为现代地域生产力要素的理论价值与现实发展的应用价值，特别是要理解在中国城市社会来临的当代，作为一种新兴地域经济结构节点，应该在寻求传统价值与现代价值结合中推进特色小镇的创新。浙江特色小镇在落实中求发展，在发展中求创新，产生了积极的社会价值、经济价值、文化价值和生态价值。实际操作中，应建立符合省情市情的一整套考核指标，为小镇发展提出“规定动作”“规定时间”以及创新空间；寻求差异性定位，把握价值与优势的唯一性要素整合创新。寻求差异定位的过程就是发掘自身独特价值和优势的过程，这是一个非常重要的关键步骤。基金小镇、智慧小镇、梦想小镇、云栖小镇、巧克力小镇……每个都是具有某种唯一性的“单打冠军”，或注重互联网，或注重地方文化，或强调人才群体……产业差异化定位十分明确。如，浙江南湖基金小镇将自身定位为“中国首个基金小镇”，力争发展成为长三角地区汇集高端元素的金融创新示范区，从而抢占了中国第一基金小镇的位置，实现了价值再造和优势重塑的目的。

二是创造以充分就业为目的的特色小镇新生活方式，而不是画一个空间，给个名称就是特色小镇了，必须以全新的社会发展创新视角，建构工作与生活相结合的“创业创新生活综合体”——特色小镇。充分就业是社会健康发展的根本保证，一些成功的特色小镇建设在这方面提供了新的发展模式，“产城一体”在特色小镇建设上获得了充分表达。空间构成生产关系和生产力的核心要素组成部分，特色小镇在创造产业高效集聚发展的同时，创造了较为良好的可充分就业和创业空间。如，梦栖小镇通过“一街一山一河”的设计产业布局，形成了设计产业集聚区、设计创客创意区、设计人才生活区三大功能集聚区，成为典型的空间再生产的结果。此类充分就业空间不求大

---

① 张鸿雁，等.循环型城市社会发展模式——城市可持续创新战略.南京：东南大学出版社，2007

而全，只求精而细，充分提高内部空间的环境品质，按照3A级或5A级景区的标准来打造内部空间，以此营造就业、创业、创新的人性化、艺术化、品质化的生产生活空间。放大产业组合集聚的“溢出效应”，建构特色小镇的产业发展的核心化、集约化模式，这是支撑特色小镇繁荣的关键所在。要在有限的空间内进行优势产业和明星企业的集聚，至少形成一个或多个占据区域产业价值链顶端的产业。如，杭州云栖小镇的云计算机产业形成了产值高达30亿元的产业规模，同时集聚了一批诸如阿里云、富士康和英特尔等行业明星企业。其中由阿里云发起成立的由45家成员组成的中国首个云计算机产业联盟，构成了特色小镇的核心产业价值生态。小镇构建了“创新牧场—产业黑土—科技蓝天”的创新生态圈。这种产业生态价值链的塑造使得云栖小镇形成覆盖云计算、大数据、互联网金融和移动互联网等的“产业网链”，产业集聚的“溢出效应”明显。

三是创新品牌，培育小镇高端“品牌文化群落”。从本质上看，品牌是精神、品质、社会属性和价值的核心象征，具有很强的“溢价”效应。品牌的体系化发展构成了浙江特色小镇建设的重要内容，大致可以分为产业品牌、文化品牌、服务品牌、旅游品牌、生态品牌和节庆品牌等。如由阿里云、富士康等一批国内外明星企业的集聚，逐渐确立了全国首个云计算机产业生态小镇的整体品牌，既确立了它们在产业领域的领先地位，又形成了培育和增强自身附加价值的长远意义。有了集约型、集群型的企业品牌价值，就可以通过高端品牌的知名度来快速提升影响力，形成内生的自主发展动力。如，梦栖小镇从产业定位、资金支持、项目引进、权威机构支持、行业协会支持、奖项颁布六大方面打造了享誉国内外的知名工业设计小镇，特别是引入诸如意大利金圆规奖、福布斯中国设计力量榜单和中国设计原创奖，并成为奖项永久颁布地。这些举措让梦栖小镇快速抢占了国内甚至国际工业设计创新集聚的高点。

四是创造“小镇如家”的心理归宿感，打造完全型社区生活体系。浙江特色小镇建设的成功是一个多要素整合创新的结果。特色小镇之所以能够经受实践检验而获得成功，相关学者总结的“特色突出论”是可以参考的：(1)“突出大众创业万众创新载体特色”。为了便于创业创新要素的集聚，在平台构筑、文化培育、社区建设等方面推进多要素的组合，小镇主人全程参与对小镇孵化器、居住小区、休闲空间等的规划设计。(2)“突出互联网思维与＋行动计划落实”。通过大数据应用等科学确定小镇最优规划方案，并实现智能化、动态化调整。(3)“突出牵头企业或商会协会主导地位”。提出“政府应尽量谦虚些”的经营管理理念，充分发挥专业化知识与经验的作用，从严谨的科学高度，前瞻性谋划特色小镇建设方案，让特色小镇能够既具有可预期的投资规模与时序，又可以看到预期的结果和成果。同时，预见到未来发展的不确定性，为小镇规划出发展预留空间。(4)“突出生态环境建设与宜居环境营造”。其核心意义是为了解决高端创业人群对空间与文化环境的需求，创造良好的工作、生活、休闲、学习和日常消费环境，形成安居乐业的生活体系。(5)“突出社区自治与自我服务魅力”。通过社区治理活动的充分参与、社区文化的共同培育，增强创业者和居住者对特色小镇的文化认同，进而形成“社区如家”的特色小镇社区意识和心理归宿感。

五是福民富民，“三生一体”，宜居宜游宜业宜商。特色小镇建设的另一个重要内容就是：在为社会创造财富的同时，为地方建立福民富民的内在经济文化基因。如“钱塘智造小镇＋东方电商小镇”模式，形成了“区域统筹，产城联动”的发展体系，立足江干区科技经济园，重点推进工业 4.0 的智能制造产业，形成智造小镇；同时，围绕东方电子商务园、四季青服装交易中心、九堡客运中心，形成电商产业小镇。两个空间互为里表，完善生活配套，提升环境品质，形成高品质的社区，在生态田园型的居住区内形成“生态休闲创客村落区”，充分表现了就地城镇化的发展样态。

六是创造特色小镇建设的制度型保障体系。浙江的小镇建设有与“任职同期”这一管理体系要求，这不仅强化了管理者从“保姆式服务”到“教练式服务”观念的转变，更是在服务能级提升的同时，也创造了发展稳健、目标清晰、预期明确的特色小镇发展方式。所谓的“教练式服务”就是要十分精通行业情况，有能力告诉企业该如何经营，在有限的空间内集聚产业资源，形成相对成熟、完整的“产业生态圈”。浙江南湖小镇的一个值得借鉴的做法是通过精深和专业化服务，构建“金融生态圈”，其工作人员对金融行业十分了解，让入住金融企业可以享受到更为专业化的服务。作为新兴产业培育壮大的新平台，浙江特色小镇在规划建设和管理上更加突出互联网思维，通过有机集聚各方智慧、大数据应用等来科学确定小镇最优管理方案，并实现智能化和动态化管理。同时，注重产业互联网的建设及其带来的系列新产业门类的业态培育，新商业或制造运营模式创新，新经济“蓝海”和“长尾产品蓝海”的开辟等，并将其作为特色小镇发展的重中之重。由于强化“与任职同期的责任制”，浙江一些地区的特色小镇建设呈现快速、健康、有序、有效发展的局面。

（三）特色小镇与特色文化的地方经验

浙江版特色小镇的概念与范畴。根据浙江的经济结构、地域产业关系，浙江版特色小镇在相关部门引导下，阐释和创造了较为完整的发展模式和定义：“相对独立于市区，具有明确产业定位、文化内涵、旅游和一定社区功能的发展空间平台。”在区域空间特色上，以浙江原有的“块状经济”为建设基础，以现有产业集聚区为主体，形成了以非传统行政建制城镇为主体的综合创新空间。聚焦信息经济、环保、健康、旅游、时尚、金融、高端装备制造等支撑未来发展的七大产业，兼顾历史经典产业的可持续发展模式。同时，坚持产业、文化、旅游的“三位一体”；坚持生产、生活、生态的“三生融合”。打造以“单打冠军”为特征的，具有唯一性、地方性和集约性表现形式的发展模式。

特色小镇在基本规划与建设方面有较为具体的要求。遵循历史上已经形成的“块状经济”发展规律，以创新发展为动力，多靠近中心城市或有快速便捷交通的地方，强化人文区位优势，在空间结构上强调“精而美”；规划面积一般不超过 3 平方公里，核心建设区面积在 1 平方公里左右，具有综合型的社区属性；除了特色产业的某种区域唯一性和高度集聚性外，还要求所有特色小镇都要建设成至少 3A 级以上的景区。通过按照旅游景区标准建设的要求，使特色小镇具有良好的生态环境、工作环境和生活环境，这也是所有高端产业集聚发展的前提要素之一，以确保产业发展的生态、绿色和可持续。更值得提出的是，虽然要求特色小镇以3A级景区标准建设，以此确保高端人才的生活配套，但是对旅游人次和收入等数据没有任何考核要求。在投资方面，特色小镇原则上3年内要完成固定资产投资50亿元左右（不包含住宅和商业综合体项目），确保产业核心和项目载体的建设及发展，并避免“房产开发进乡镇”。浙江版特色小镇在“特色”上的创新有很多举措。在空间上的要求是，要创造人性尺度，要“三生融合”，要围绕高端人群和创业者的需求建设“10分钟步行工作生活圈”。同时，特色小镇建设严格与政府任期相匹配，其制度型规范效果较为明显。

对浙江版特色小镇的经济与社会价值再认识。“特色”是从社会发展方式创新的意义上来认识的。特色小镇的建设不仅具有现实的经济社会转型意义，更深远的意义在于，它在创造个性发展的同时，为一定区域社会的整体现代化创造了“均好性”发展的机制。综合分析特色小镇的建设我们可以总结如下：一是创造了一种全新的发展方式，即以创新驱动推动经济转型。二是建构了经济主体区域均质性发展的动力机制，使区域经济的不同空间形成多样化、均好化的经济增长点。三是创造了新的高端产业集聚模式，促进了以云技术、智慧产业、新型金融产业和地方性产业为主体的浙江特色“块状经济群”的深化发展，为浙江整体经济参与全球产业分工创造了多样化的平台和高地。四是建立了现代产业、传统产业与生活社区相融合的“社会精准治理”①的新秩序空间，在发展新型产业的同时使传统产业形成了新价值，而且能够成为现代社区生活的一部分。五是创造了区域性社会相对充分的就业机制，为社会和谐稳定发展创造了前提与基础。六是形成了福民富民自我生长机制，在高端产业集聚、特色传统产业集聚和生活质量与环境提升的同时，通过空间再生产形成

① 张鸿雁.“社会精准治理”模式的理论与实践创新论.探索与争鸣，2016(1)

了区域性社会发展的内动力。七是强化并提升了生态和环境建设标准，每个小镇通过3A级旅游景区建设的最低要求，形成“幸福产业链模式”。八是创造了新型社会空间整合再发展模式，产业集聚与社区生活、社区建设相结合，既形成了全新的“地点精神”和市民文明文化，也使“社会治理”成为发展的结构性部分和过程。九是建构了有品质的现代“特色城镇生活方式”，每一个小镇都有故事，形成新型城镇化系统下的“化镇为市”“化传统农民为现代农民的有机发展过程”。十是在传统“网络＋”的基础上进行再创新，即从“网络＋”到“特色小镇＋”，呈现区域社会整体进入现代化管理的发展运营模式。

有些地方特色小镇建设在一开始就出现了偏差：一是只停留在一般政策要求和号召上，缺乏具体引导与管理，缺乏符合本地需要的指标体系。有些地方特色小镇建设的标准只是单纯模仿，既缺乏具体性、地方性、操作性和唯一性，也缺乏与地方实践相结合的思路与方法。个别地方的小镇建设规划更多地表现为地方原有要素的“拉郎配”“拼凑”，缺乏建设性的创新思考。二是产业定位的先进性、唯一性和集约性较弱。抑或可以说，有些地方学浙江的特色小镇建设刚起步就“慢了半拍”，或有邯郸学步之嫌。浙江特色小镇的建设更多强调高新技术、特色产业经济以及高新技术产业和传统产业的结合创新，如“云技术”“金融产业”“智慧产业”“特色小镇＋网络＋传统产业”等新型产业与旅游产业的跨界发展和综合发展。从现有的一些规划资料分析，一些省市的特色小镇建设多是原有要素的堆集，即使有些高新技术产业概念，也存在产业集聚度低、特色城镇能级低、社区整合度低、产值预期不理想和空间范围表达上过于宽泛等问题。三是单纯模仿，缺乏地方文化特色。创造有地方文化底蕴、有地方文化文脉传承的特色小镇，是特色小镇建设必须强调的重要原则和前提，只有这样，才能走出一条符合本地实际的特色小镇建设之路。如江苏经济社会发展的特色之一是乡镇的繁荣，公共经济基础厚实；浙江经济社会发展的特色之一是“块状经济”的集聚优势明显，具有某种浙江传统特色的“块状经济”成为特色小镇建设的重要基础。浙江特色小镇的建设既有经济类型传统，也有空间结构型传统，还有地方文化传统,更有现实的创新思考。因此,必须根据地方条件,打造某种有地方经济文化特色的“新型块状经济”的结构化空间,才能有效推进新高端经济要素的再集合。在特定的新空间进行空间再生产和整合创新,是特色小镇建设创新的新思维,否则一窝蜂地追赶,可能会背离初衷。

二、特色小镇的文化动力因——地点精神文化的重拾与重构

东西方城市化走了不同的发展道路,两者虽然都存在着小镇经济发展的历史,但是其产生根源、发展阶段、内在经济结构、成长环境、发展动力和特色类型等都有所不同。特色小镇已经成为当代中国城镇化的一种发展模式,要打造百年经典小镇,创造和寻求其可持续发展动力,必须研究特色小镇发生的根源,探寻特色小镇发展的规律。其关键有三:一是正确认识和驾驭特色小镇发展的规律,建构符合中国国情的特色小镇发展“文化动力因”;二是在生态优先原则下建构特色小镇的市民生活方式,使特色小镇具有“区域核”和“反磁力中心”功能;三是“以充分就业”和“福民富民”为要,使特色小镇既可宜居,又可创新创业,还能够成为中国“文化根柢”重构的场所。

西方城镇化的发展类型多元,因而也形成了分类化的“小镇生活方式”,这既与西方传统的“城市法人制度”、生产力结构状态有关联,又与西方“城市社会市民”的“早熟”有深刻渊源。人们在西方城市化的研究中很少关注“庄园经济文化”与城市化发展的关系。[①] 从传统的乡村据点、集市贸易和“市镇”发展而成的中国城镇体系与西方有明显的不同,唐宋以来的以“草市”为特征的小城镇曾一度有较快的发展,及至明清,江南市镇曾繁荣一时。在封建极权社会结构下的发

① 张鸿雁.中国古代的城市发展的特点.中国史研究,1997(1)

展中，伴随着资本主义萌芽的生与灭，中国乡村经济文化演绎了以小城镇为表征的中国“文化根柢”的兴衰。通过比较分析我们认识到：特色小镇研究必须从历史的发展中寻找其规律并重新认识其发展特色，既要探寻、重构中国的“文化根柢”，又要创造新型城镇化的“文化动力因”，还要创新并充分表现特色小镇的现代性和特色文化价值。

（一）特色小镇成长的“双核路径”与“二元结构”

为什么在欧洲特色小镇可以作为一种地方性的生活方式而存在？特色小镇作为人类城市化的一种发展类型，在欧洲是一种较普遍的现象，作为一种特有的生活空间，以其强大的生命力存在着。英国是人类历史上第一个城市人口超过农业人口的国家，首次成为代表人类的区域经济体跨入了“城市社会”，演绎了城市化、工业和现代化三者合一的相辅相成的发展过程。当一个国家和区域性社会的城市人口超过农业人口时，社会制度性体系对资源配置能力就会大大提高，如对技术研发的投入能力、对物质资源调配的能力、规模性生产的能力、“城市文化资本”创新的能力等，融合创新、文化综合治理能力就会以叠加的方式发展。进入城市社会发展阶段后，文化创新的力量就会转为显性化的“文化动力因”，城市作为经济、社会和文化发展中心的功能就会出现几何性增长，从一般地域生产力构成体转而成为社会发展的主体，从而推动城市文明以“极化效应”向外辐射，反过来推动城市自身的发展。全球化是伴随全球城市化的全过程而发展的，以往的全球化竞争以企业为核心，网络社会崛起后的全球范围竞争转而以城市为主体。英国和中国前后两个“世博会”之所以都在城市化率达50%后才举办不是偶然的，是因为国家或区域进入城市社会后，新兴工业化及后工业社会意义上的城市生活方式和城市文明，会以一种强大的内在力量推动社会进化。当全球都在以城市化的方式表现现代化和现代性的时候，特色文化就成了城市竞争的主体内容，其结果和过程的核心是市民社会、市场经济、契约关系、公平正义和城市文化自觉的互相作用而形成的一种“文化动力因”，是一种根植于民族文化土壤的动力因。

经典作家说："古代的起点是城市极其狭小的领地，而中世纪的起点则是乡村。"[①]对这一观点会有不同的理解。而乡村——"庄园经济"是欧洲中世纪城市兴起的"起点"之一，这一观点很少有人论及。欧洲中世纪以来的城市发展是"双核路径"或"双核动力"，也可称为"双源道路"。在城市文艺复兴的推动和伴行下，欧洲中世纪城市发展有两个源头，城市经济和庄园经济几乎是平行的。一方面，是手工业和以商业为主体发展的城市、市镇；一方面，是庄园经济和庄园手工业发展而形成的城市、市镇。当时城市里住的是王公贵族、僧侣，还有师傅、学徒、帮工、短工、商人、手工业者、平民和其他生产者；庄园里住的除王公、贵族、僧侣等外，还有农奴、帮工和在纺织、手工作坊里工作的技术型农奴及工人等，以及各种各样相关的手工业生产者。[②] 关键是，这两个区域空间体各自都发展起独立的手工业、商业和贸易体系，即城市里有工商业、生产和贸易，庄园里也同样有丰富多彩的商业、生产和贸易。在一些庄园里除了农作物之外，纺织作坊、葡萄酒作坊、面包作坊和各种各样的服装、鞋子、农具、兵器等作坊有的已经有一定规模。中世纪以来，"庄园经济"生活与城市生活一样精彩，演绎成各种各样的小城、小镇、市镇和现代庄园经济体。因此，欧洲中世纪以来的城市化发展完全可以解释为"双核地域空间模式"。[③] 中国古代城市里住着皇族、贵族、官僚、商人、手工业者和为王宫贵族服务的从业者及平民。城市里还有极具中国特色的一个阶层，即大官僚兼大商人和大地主"三位一体"的"超经济群体"，大家熟知的《红楼梦》里所描述的"贾府"既是大地主，又是大官僚，还是大商人。城市里的官僚和地主在乡下又有大量的农田。反观乡下，住的主要是大量分散的从事小农经济的地主和乡绅，农村是城市的附庸，

---

① 中共中央马克思恩格斯列宁斯大林著作编译局. 马克思恩格斯全集(第3卷). 北京：人民出版社，1960：27

② 中共中央马克思恩格斯列宁斯大林著作编译局. 马克思恩格斯全集(第3卷). 北京：人民出版社，1960：28

③ 张鸿雁. 世界城市研究精品译丛(序). 南京：江苏教育出版社，2013

国家以农业立国,小农经济是封建政权赖以生存的基础,加之2 000多年的封建社会一直以"重农抑商"为主导,城市在90%以上的农业人口中长期存在——城市在汪洋大海般的农业领地生存而乡村人口很难进入城市,长达2 000多年的封建社会流民连年不断,2 000多次农民起义是与城市不能容纳农民不无关系的。马克思曾这样论述,中世纪的城市是由逃亡的农奴建造的,逃亡到城里的农奴"在城市和城市的各种关系上模仿着乡村的组织"。①

欧洲城市和城镇起源的多样性及"双源"发展过程,为城市多样化和市民生活的多样化打下了基础,"个性文化"和"文化个性"成为这个时代人文主义精神的一种时尚,很多城市、城镇和庄园成为某种文化的发祥地,如佛罗伦萨、威尼斯、米兰、布鲁日、根特等,都是以特有的文化主张和形式发展起来的。人们主张"城市自治""城市公社""城市商业联盟"等各种形式的城市自治,个性化的地方文化成为更多城镇多样化发展的前提,或是沿路的商贸集中地,或是驻兵关塞,或是边境城堡,或是教堂所在地,或是河流港口码头,或是交通节点……更多的是由有一定规模的庄园经济体等衍生而来小镇、市镇等。时至今日,法国还有称为"市镇"(commune)的一种区划单位,大大小小规模不等的市镇有32 223个(即88.1%的法国本土市镇)。美国则发展比较晚,但因其秉承欧洲的文化价值、生活方式和城镇体系传统,不仅继承了欧洲建筑文化,而且还更完善和更加均衡地表现了欧洲城镇生活方式和现代化特质,10万人以下的小城镇大约占城市总数的90%以上。

我们强调,由庄园经济发展而来的各种各样小镇与世袭贵族文化、家族文化、家族产业文化、地方性文化文脉的存在、中产阶级的价值主张等有着源远流长的伴生过程。我们常常可以看到欧洲某某小镇上某家族企业的历史动辄达百年以上,其中的经济文化因素与小镇有自己的历史"文化场域"不无关系。生态环境优美的小镇成为某

① 中共中央马克思恩格斯列宁斯大林著作编译局.马克思恩格斯全集(第46卷).北京:人民出版社,1956:17

一阶层和群体的生活意向，“城镇—家族”共同体为了生存、为了更好地竞争，不得不以多样化的特色产业、特色文化和保持传统文化而存在下来，这就使得城市和城镇自然具有地方文化和空间等特色。因为有某种意义上的历史传承、地方特征和原生态文化的特殊意义，使得无论是大城市还是小城镇都有自己的集体记忆，如城市的徽标和家族的徽标，成为城市或小镇的荣耀和符号，也是小镇人挥之不去的文化认同。小镇成为家族产业、家族文化和小镇共同体文化的生长基地，族徽成为喻示家族文化延续的符号，家族文化传承为小镇特色文化铸就了历史性的根基。居民常常以居住在这样的小镇为荣。其深刻意义还在于，小镇生活方式是“欧洲文化之根”的深厚土壤。而中国的小镇和传统乡村，家族文化和家族产业的延续曾几度断裂。

中国有很多城市、城镇和村落都存续了一两千年以上，甚至更久。一些大城市，如北京、西安、南京、洛阳、杭州、苏州、无锡、扬州等，无不是经历了 2 000 多年历史洗礼。小城镇（包括一些特色村庄），如周庄、同里、甪直、西塘、乌镇和南浔等江南小镇也都是百年、千年的经典之作。[①] 存在上千年的小镇、小村之所以能够有顽强的生命力，与其特有的地方文化、彰显的传统魅力、独具风格的地方特色和天人合一的原生态有关。这些小镇的成长和进化，长期维持着一种与自然融为一体的空间结构。但是在封建极权结构的“超经济强制”下，传统农村和城市之间的地域空间结构是僵死的，既相互无法涵容，也很少能够转化。早在春秋战国时期，中国各类大小城池就达 2 000 个以上，[②]城乡之间存在着绝对的空间对立——“以城墙为界”，城市和乡村构成一组对立范畴。城市和乡村也有不同的别称：“城市”称为“国”，乡村称为“野”；或有“都”和“鄙”之分。城市人和乡村人就是明确区分的名词：乡村人被称为“野人”“鄙人”；城市人被称为“国人”“都市人”。居住在这两个地方的人，既形成某种意义上的阶

① 张鸿雁. 特色小镇的“城市文化资本”再生产——论小镇“文化动力因”的整合与建构. 新理财（政府版），2017(7)

② 张鸿雁. 春秋战国城市经济发展史论. 沈阳：辽宁大学出版社，1986

层，也形成一种特定的身份。到了宋代以后，传统商品经济曾出现某种繁荣，资本主义萌芽和市民文化也以特有的方式相互抗争着。有统计资料说，宋代城市人口最高达25%左右，达到中国封建社会最高水平。南宋时期有案可稽的特色产业市镇达上万个。江浙地区大概兴起了500多个有规模的市镇，据傅宗文《宋代草市镇研究》下卷《宋代草市镇名录》载，宋代在统计市镇2 223个，草市1 435个。① 两宋以后，因区域性经济板块开始出现，农业和手工业发展并形成一定区域性生产规模，大中城市的发展相对较为缓慢，而小城镇、市镇则成为当时城市化的一种新模式，这与当时欧洲的小城镇发展有异曲同工之妙。《姑苏志》《吴江县志》等都有记载，据不完全统计清代江南地区有蚕桑与丝织专业市镇25个，有棉花与棉纺织专业市镇52个，有米粮专业市镇13个，还有以冶铁著称的嘉兴炉镇、吴江庵村市，以陶业著称的嘉兴千家窑、杭州瓶窑镇等。光绪《抚州府志》（十二）记载："抚州古市，惟市酒米柴薪南帛而已。"②在长达2 000多年的封建社会，很多城池地点基本没有大变化，而相对于城市来说，直至近代乡村社会也没有质的变化。在中国社会传统版图中，城乡二元结构是统治和被统治、剥削和被剥削的关系，财富流向为"单极结构"：从农村流向城市。一个很特殊的现象就是——"城墙外就是乡下"。20世纪八九十年代初的北京、上海、南京等大城市亦然："城墙根下的棚户区""下支角"是当时的写照，城乡二元分裂成为一种时代特征。

中国历史上的"庄园经济"虽然与西方中世纪不同，但也颇具特色。南朝以后，庄园经济一度比较发达。欧洲中世纪庄园在表现了阶级和阶层的差异化生活方式之外，还表现了贵族生活方式的文化价值取向，为当时社会生活及城市市民生活提供了样板。中国的传统庄园亦然，一个大庄园生产的生活日用品、生活资料、生产资料几乎可达到自给自足的程度，六朝时的庄园尤甚。在大官僚、大地主和大商人三位一体的经济体系下，庄园小者方圆几里，大者方圆十几里

① 傅宗文．宋代草市镇研究．福州：福建人民出版社，1989：369～550

② 赵冈．明清市镇发展综论．汉学研究，1989：第7卷(2)

甚至上百里，庄园里不仅沃野连田，生产粮食、蔬菜、牛羊等，而且生产工具也可以完全自给，还有家丁和武装等。从某种意义上讲，庄园经济体模式是人类社会共同经历的一种现象，只是中西方庄园的阶级关系、经济结构和文化内涵存在着本质的不同。①

中国庄园经济在历史发展中没有形成并延续如欧洲庄园经济的家族文化和家族经济，只是集权制度下的一种农业经济体的伴生物。西方的庄园经济本身与国家的权力体系有一定的分离或某种对立关系，不是被容易剥夺的生活空间与生产资料。而在“溥天之下，莫非王土”的中国王权制度文化内，庄园、国家权力、小农经济存在着多种对立关系，并被“超经济关系”所制约，随着封建权力结构的转化，庄园经济最终成为小农经济的牺牲品，因而也就没有能够产生世代传承的产业和家族文化，更没有产生和城市抗衡的力量。中国传统封建社会结构使庄园经济在国家权力体系下，必然因国家需要小农经济的存在而衰落又回到传统的乡村模式。而欧洲的城市、城镇成为“城市独立法人”，庄园也是某种意义上的“独立经济法人”，这是欧洲中世纪城市发展的一个重要动力。欧洲中世纪以来的“城市法人”体系，使得城市不仅有城市所属的军队，还有自己的城市货币、城市商业联盟等，作为城市法人而形成贸易等方式独立发展的模式。18 世纪关于社会契约的幻想，实际上是想使中世纪城镇的政治基础符合经济原则；琼-雅克·卢梭（1712～1778，法国哲学家，启蒙主义思想家、作家，著有《社会契约》《启示录》等）对日内瓦的中世纪城镇复兴以及中世纪城镇的独立性和自尊心评价甚高，因为，城镇作为一个法人，往往是建立在土地所有者同居住者、市民之间的社会契约基础上的；它是一种于双方都有利的交易的产物，而不像大多数古代城镇那样——主要是军事征服的产物。这便是城市历史发展中又一个新的事实；正如梅特兰所说，法人身份“产生于城市生活”。② 这样的城市

① 简修炜，张鸿雁.魏晋南北朝时期劳动者阶层的分析.历史研究，1986(6)

② 刘易斯·芒福德.城市发展史——起源、演变和前景.宋俊岭，等译.中国建筑工业出版社，1989：200

为市民社会的发展创造了良好的环境，而市民社会成为历史的出发点。无论是由逃亡的农奴建立的城市，还是从庄园主演化而来的城市市民——“资产阶级的前身”，无论是庄园经济体系还是城市镇体系，其发展过程都酝酿着一个典型市民社会的发生。

城市和庄园同样表现着市民意义上的生活体系——契约精神和传统罗马法的“法律面前人人平等”的思想。市民社会的戏剧、市民的货币关系、市民选举的市长等，包括“汉萨同盟”等商业联盟体系，使中世纪的一些城市真正成了市民社会的舞台，市民作为社会的中坚力量，创造了良好的城市文化自觉和城市文艺复兴的土壤。而中国的古代城市一直未能构建典型的市民社会关系。斯宾格勒说过，“一切伟大的文化都是城市文化”，“但是真正的奇迹是一个城市的心灵的诞生”。① 欧洲城市文艺复兴开始了地区性文化的兴起，也开启了城市特色文化和个性艺术的发展。城市文化精英演绎了城市贸易、城市建设和世界范围的联系。社会文化精英主导着城市的文化演绎，在庄园里贵族创造了自己的城市生活方式——如英式下午茶等，这些都为后来西方社会的“小镇生活方式”打下了经济和文化基础。

（二）文化理想类型视野下的特色小镇再造——“反磁力中心”

城市化发展是人类社会发展的必然，人类创造了城市化的发展，也带来发展中的问题。人们一直在追求城市化理想类型，而城市存在着乡村没有的优点和问题，反之亦然。霍华德是较早发现这一现象的人，他设想把城市的优点和乡村的优点结合起来，创造一种城市——“田园城市”或称“花园城市”，这一思想一直在启发后来的城市研究者、城市规划者不断地实践。霍华德说：“不论是过去和现在，使人口向城市集中的原因是什么，一切原因都可以归纳为‘引力’。显然，如果不给人民，至少是一部分人民，大于现有大城市的‘引力’，

① 斯宾格勒. 西方的没落（上）. 齐世荣，等译，北京：商务印书馆，1995：200

就没有有效的对策。因此，必须建设'新引力'来克服'旧引力'，可以把每一个城市当作一块磁铁，每一个人当作一枚磁针。与此同时，只有找到一种方法能够构成引力大于现有城市的磁铁，才能有效、自然、健康地重新分布人口。"[①]这一概念被归结为"反磁力中心"。这是一个非常重要的理念，对中国现阶段的城市化来说，这是需要整体思考的问题。其核心意义就是：每一个城市都应该具有自己的核心价值和核心引力，让人们感受到这种价值，让人们能够扎根并创造价值。一个被多数人向往的城市，一定是有优良文化传统、可以充分就业的城市，当然也一定是文化容器和熔炉。人是文化的符号，符号隐喻性价值就是可以选择性地创造文化，并能够实行个体和"城市文化资本"的再生产。以往，人们只注意经济领域和生产领域资本价值的创造和再生产，而在现代意义上，更需要"城市文化资本"的再生产的"文化场域"，使城市能够自觉地创造重归自然的文化动力，进而形成强可持续的发展力。在城市发展的长河中，城市的部分功能曾被人类异化，越来越多的城市空间被人类的工业化空间占有和侵蚀，人们在寻找解决城市化进程中的问题的时候提出了各种各样的解决方案，方法和手段层出不穷，问题却永远伴随着发展而不断涌现。在城市化的模式上霍华德创造了一种"理想类型"——"城市—乡村结婚"的思想方法，试图从根本上解决城市化、城乡对立形成的二元结构所带来的问题。

霍华德在《明日的田园城市》中提到，罗德医生在人口统计大会的发言中指出了当时英国的"空心村式"发展过程和社会问题，这与我国当下的情况相似。"来自英格兰农村的移民在持续增长。兰开夏和其他工业地区 60 岁以上的人口占 35%，而农村地区竟占 60% 以上。许多农舍破败不堪，难以称之为房屋，许多人身体虚弱，无力承担健康人的工作，将来结局如何，难以断言"。霍华德通过比较研究认为："城市磁铁"的引力在于工资高、就业机会多、前途诱人。娱乐场所富有魅力，令人向往的街道和夜晚的灯光、壮丽的大厦……霍

---

① 埃比泽尼·霍华德.明日的田园城市.金经元，译.北京：商务印书馆，2006：7

华德看到的城市问题是:高地租、高物价、工作时间长、上班距离远、陌生的人际、空气被严重污染、凄惨的贫民窟……“乡村磁铁”的吸引力是:乡村是一切美丽与财富的源泉,“美丽的景色、高雅的园林、馥郁的森林、清新的空气和潺潺流水”,地租较低……霍华德看到的乡村问题是:社会圈子小、孤陋寡闻、“身无分文而寒酸拮据”、单纯农业听天由命、饮水不足、卫生条件差,有些地方被人遗弃,“犹如城市的贫民窟”。在霍华德看来,如果城市克服了乡村的问题,又创造吸纳了乡村的优点,把两者结合起来,这是一种美好的理想设计,因此霍华德得出“城市和乡村必须结婚”的结论,把城市和乡村的优点结合起来,可以迸发出“新的希望、新的生活、新的文明”,这一结果形式就是“城市—乡村磁铁”效应。[①] 无论如何,霍华德这一思想方法的初衷和设计类型都是有价值的,只是因为历史的局限在某些方面是无法操作的。

在现代社会科技和网络技术支持下,霍华德的理论可以在更好更高的层面展示和实践。城市“磁力”和乡村“引力”的另一个层面就是每一个个体都找到自己的归宿感,这一归宿感过去只有“乡愁”,现在归宿感的另一头是“城愁”。城市也称为社会关系变换的场域空间,“城愁”是城市急剧变迁的现代性隐喻,城市人找不到自己过去生活的空间、找不到孩提时代的场所、找不到可以怀旧的时空……所以乡村也是城市生活方式的转换场所,业已被现代化提到显性化地位。昂斯与霍华德有同样的主张:“城市可持续发展是一个城市不断追求其内在的自然潜力得以实现的过程,其目的是建立一个以生存容量为基础的绿色花园城市。”[②]霍华德的“花园城市”的首要一条是强调小尺度空间所规范的小镇,这也是现代特色小镇建设的理论前提和基础。“特定的地理尺度可以理解为特定社会活动的平台”,尺度化

---

① 埃比尼泽·霍华德. 明日的田园城市. 金经元,译. 北京:商务印书馆,2006:9

② 昂斯. *A capacity approach for sustainable urban development: an empirical study*[J]. *Regional studies*,1994

指“按照尺度确立地理分异——确立地理景观中权力与位置的次序”。[①] 而这一小尺度模式恰恰是中国城市化或缺的一部分，我们已经有了大城市发展的经验，如何在多梯度社会结构内，让小城镇成为大城市结构化的结构构成部分和社会发展合理均好性的一种手段，已经成为区域现代化的关键。我们在霍华德的这一理论基础上可以构建、再创造“现代理想类型”，即“可以实现的理想类型”。

建构“循环型城市社会发展模式”城市结构与特色，通过创造以人为核心的城市市民社会整体进化的过程，建构“零耗能的城市社会”。人类在经历农业革命、工业革命和知识经济革命后，对地球与人的关系已经有了新的认识，自然与社会的循环成为现代版的天人合一模式，也是社会运行的一种新模式。[②] 它比田园城市理论更高一层次，是具有整体性社会进化的理念，具有国家和区域层面整体社会现代化的建设思考。“城市一定要增长，但是其增长要遵循如下原则——这种增长将不降低或破坏，而是永远有助于提高城市的社会机遇、美丽和方便”。[③] 创造现代都市景观与城市田园风光共存的情境，使风能、地热能、电能、生物能、光能、植物能和人的自觉行为互动，并在整体政策层面加以通盘思考和设计。建设以“循环零耗能”为目标的花园小镇可预期，因为在发达国家已经有成功案例。

建构“社区如家”“小镇如家”到“城市如家”的发展理念，建构一种以充分就业为目标的城市和小镇生活。社区生活要有安全和社会福利保障；有合理的就业半径；有一定均好性的生态空间节点，如街心花园等；有社区照顾体系并延伸到整个城市；有社区文化并形成一种归宿感，进而成为共同体的模式。纵观全球，如果城市就业不充分，一切幸福感和抱负都会丧失基础。因此，在与环境相适应的产业

---

① Smith N, Scale[A]. Johnston RJ, Gregory D, Pratt G, Watts M. *The Dictionary of Human Geography*. Oxford: Blackwell Publishers Ltd, 2000

② 张鸿雁，等. 循环型城市社会发展模式——城市可持续创新战略. 南京：东南大学出版社，2007

③ 埃比尼泽·霍华德. 明日的田园城市. 金经元，译. 北京：商务印书馆，2006：111

发展优先的前提下，其本质是在追求民本经济、民生经济和民生福祉，创造城市生活的幸福指数。在大城市结构体系内，以小镇为单元，相关的民生经济的设施配套和配置到位，特色产业要落地并具有某种唯一性。彼得·霍尔在《更好的城市——寻找欧洲失落的城市生活艺术》一书中提出了“五个基本挑战”，第一个就是“通过重新平衡我们的城市经济，为每个人创造潜在的好的就业机会和新的工作来源”。[①] 显然，无论何种经济学理论，都应该这样认识：社会稳定和大众收入的提高是社会和谐稳定发展的基础。

从“城市田园”到“有机秩序空间”，再到后现代城市生活方式无中心化——城市文明的普及是特色小镇发展的生命历程。城市景观要素的文化资本化是现代城市的创新要点。霍华德引用罗斯金的话说：“让坚固、美观、构成组团的房屋与溪流、城墙保持良好的比例关系。因而不再有衰退、肮脏的关厢，只有街道浅露。”要把城市当成艺术品来打造，创造城市的生活品位，取决于城市人的现代性和文明程度。沙利宁说：“让我看看你的城市，我就能说出这个城市居民在文化上追求的是什么。”“城市是一本打开的书，从中可以看到它的目标与抱负。”[②]小镇的生活方式应该强调“开、敞、透、幽、静、清、洁、香、绿、安”的“十字原则”，城市空间要以文化艺术空间模式创新、赋予空间以生命，这就是“地点精神”的空间价值可以转化为“城市文化资本”的意义。“空间既是人类活动的产物，又反过来是对人类的行为和思想方式产生影响的源泉”。[③] 假设某一空间文化成为唯一性资源，自然就会成为垄断性的文化资源。如果某一文化资源具备垄断性、唯一性、历史性、规模性、集体记忆性和人文精神的代表性，就会成为典型的“城市文化资本”。因“城市文化资本”还具有思想性、创

① 彼得·霍尔. 更好的城市——寻找欧洲失落的城市生活艺术. 袁媛，译. 南京：江苏凤凰教育出版社，2015：6

② 伊利尔·沙利宁. 城市——它的发展、衰败与未来. 北京：中国建筑工业出版社，1986：18

③ 伊夫·格拉夫梅耶尔. 城市社会学. 徐伟民，译. 天津：天津人民出版社，2005：20

意性的意涵,所以它又具有历史性和价格刚性的特点,随着历史的发展会越来越具有城市整体价值意义,也必然成为城市发展的永续动力。针对这一发展理念,我们原创并构建了具有中国特色文化城市和特色小镇建设的"九原文化原则":以新文化、新思想、新生活方式和中国"文化根柢"为魂(为主题),并在"精准保护"与"精准开发"和整合治理的条件下提出"九原模式":(1) 原"文化根柢";(2) 原生态结构;(3) 原地点精神;(4) 原文化肌理;(5) 原住民生活方式;(6) 原地材料使用;(7) 原空间样态;(8) 原乡愁守望;(9) 原集体记忆。小镇建设的"九原文化原则"就是在尊重自然规律的前提下,构建地方性的"城市文化资本";在全球化认知的前提下强调地方性探索,从而创造中国式的特色文化小镇的特色竞争力。

培育和壮大"创意阶级",使其成为城市发展创新的主体和市民生活的样板阶层。中世纪城市文艺复兴和城市崛起的原因很多,其中有一条就是城市发展与资产阶级的孕育、发生与发展是同步进行的,这在马克思的《共产党宣言》中有明确说明:"从中世纪的农奴中产生了初期城市的城市市民;从这个市民等级中发展出最初的资产阶级分子。"新的城市文化兴起和城市变革一定是与新兴阶段联系在一起的。米尔斯的《白领——美国的中产阶级》描述了 1954 年的美国,白领阶层首次超蓝领阶层,"白领阶层悄无声息地步入了现代社会",①预示着后工业社会的来临,并创造了一种新的后工业社会的发展方式。2004 年,理查德·佛罗里达在其著作《创意阶层的崛起》中正式提出"创意阶层"的概念:"对创意的经济性需要已经催生了一个新阶层,我称之为'创意阶层',大约 3 800 万美国人属于这个新阶层,占全部就业人口的 30%。在我的定义中,创意阶层的核心成员包括科技、建筑和设计、教育、艺术、音乐以及娱乐领域的工作者,他们的经济职能是创造新理念、新技术或新的创意内容。"②"创造性专业人

① C. 赖特·米尔斯,著. 白领——美国的中产阶级. 杨小东,等译. 杭州:浙江人民出版社,1987

② 理查德·佛罗里达. 创意阶层的崛起. 司徒爱勤,译. 北京:中信出版社. 2010:9

员”分布在商业、金融、法律、卫生等方面。创意阶层概念的提出应对了当代经济格局与经济发展模式的改变，是典型的以社会阶层结构研究判断社会发展阶段的经验实践。这一概念的提出让学界对使用知识、文化、创意来创造价值的新兴群体有了较为完整的认识与较为清晰的定义。在这一范畴内，创意阶层能够形成社会发展的创新主体而引领城市的创新发展。①

当下，轰轰烈烈的城市化，如雨后春笋般涌现的特色小镇发展，正在实践霍华德的田园城市理论，并形成了浙江城镇化的特有模式。人们在论及浙江为什么能够在新的发展阶段总结出“特色小镇”新经验，包括当年的“义乌模式”“温州模式”，以及近年的“全域旅游”、安吉的“美丽乡村建设”等时，其理由大体有三：一是浙江存在着明清以来江南市镇文化传统的土壤；二是以杭州、宁波、泉州为代表的江浙文化，一直是海派文化的“连合体”，有深层次的社会关系和文脉传承关系，有着由浙江文化和上海文化的结合、冲撞形成的第三种文化基因；三是“中国式市民精神”萌芽的成长，外向型和契约精神的发展。先有创造，后有积累，积累之后，才能厚积薄发，这就是城市新兴的市民阶级的力量，是一种城市文化自觉。一个城市文化的再发展，新型“文化动力因”的再形成，需要一个主导城市的文化选择群体，即这个城市文化发展创新的选择主体。“人类的文明只‘择优’不能有效地‘劣汰’，是人类悲剧的发展之源。在所有的进化中，最具有新时代特色的‘择优’却不能成功‘劣汰’表现了人类文化惰性的一面”。“结论应该只有一个：作为每一个文明圈内的社会机体，都应该在文化与文明的演进中‘择优’发现并寻找自己的出路”。② 刘易斯·芒福德也指出：“城市是改造人类的场所。人类凭借城市发展这一阶梯逐步提高自己、丰富自己，甚至达到超越神灵的境地。”

---

① 张鸿雁.“社会精准治理”模式的理论与实践创新论.探索与争鸣，2016(1)

② 张鸿雁.民族偏见与文化偏见——中西文化比较新论.沈阳：辽宁教育出版社，1993：197～198

（三）特色小镇的文化自为与价值重构

“全球化不再是一个单纯的经济、政治和社会学问题，它同时也是一个文化认同问题”。[①] 能不能在纷杂的世界一体化发展格局中创造“世界身份”的识别和认同，关键就是创造特色文化优势，甚至可以说要在竞争中得以存活或获得很好的发展，就必须去寻找、创造“绝对优势”，这就是亚当·斯密所强调的“绝对优势论”。[②] “绝对优势”在以往更强调经济优势，而今天人们越来越清楚地认识到“文化优势认同”的价值和意义。文化优势本身包含三重意义：一是文化价值观的介入和影响，对经济、文化发展有直接推动作用。二是文化是产业，还是一种经济模式，同时还具有文化资本意义。文化优势所产生的文化产业（包括创意产业）的附加值远比一般工业的附加值高，而且产业链长、就业面宽、行业渗透性广、跨行业领域深，更重要的是文化产业包含着创意产业，而这一领域涵盖了高新技术产业、网络研发和设计。所以美国、英国、法国、德国和日本等发达国家都在走“创造文化绝对优势”优先的道路。三是这个优势是由特色经济、特色文化、特色竞争力等一系列“特色化”发展构成的“国家价值”“城市能级”“城市价值”，是一种世界范围的“身份识别”。黑格尔说，人有一种在“外在事物上面刻下自己内心生活的烙印”，“实现他自己”的冲动。[③] 这种个体的“冲动”可以整合为社会发展中的群体性“冲动”，转化为群体性的对新事物创造的能动性。中世纪以来的文艺复兴就是个体认知得到解放，从而形成群体性社会现代化的行动逻辑的最好例证。对当下中国而言，就是从乡村文化自觉上升到城市文化自觉，使社会整体形成一种自觉认知，从自觉到自为，创造中国式的城市文

---

① 包亚明. Sharon Zukin. 城市文化. 张廷佺，杨东霞，谈瀛洲，译. 上海教育出版社，2006：1

② 亚当·斯密，著. 国民财富的性质和起因的研究（下卷）. 郭大力，等译. 北京：商务印书馆，1974：28

③ 黑格尔. 美学（1）. 朱光潜，译. 北京：商务印书馆，1979：39

艺复兴和新型城市化模式。

霍华德提出的城市和乡村要"结婚"就是一种新的城市化认知视角。从现代科技发展和社会变迁的视角看,田园城市更可以赋予时代内容而使其从理想变成现实。特色小镇就是要汲取城市的优点与乡村的优化要素,并对两者进行创造性的结合构建。特色小镇既有时尚性、充分就业、良好的教育、创业环境和市民精神等城市现代性要素,又有乡村田园风光、自然景观、"乡绅生活"等回归乡土的风情与情怀,可以撷两者之精华、去两者之糟粕,形成新时代的小镇生活方式……这虽然具有理想色彩,但是,现代科学技术手段、现代交通方式、现代交往方式和现代工作方式的变革,使建设田园城市型的特色小镇已经成为可能。城市的主体是人,城市文化特色的本源来自以人为本的城市精神,这就是我们强调的"城市文化自觉",它可以发展而转化为城市的文化认同和"集体良知"。自觉就是"自省""自醒""自为",是从内心产生的动力和觉悟。费孝通先生论述文化自觉是从一连串的设问开始的:我们为什么这样生活?这样生活有什么意义?这样生活会为我们带来什么结果?[①] 这也是人类发展到现在一直在寻找的答案,但是,多数人很少这样扪心自问。现在我们要问的是:为什么要发展城市化?建设什么样的特色小镇?100年以后这样的小镇生活的集体记忆还会存在吗?城市化初期的文化环境和今天的文化环境已经有本质的不同,乡村文化自觉就是对乡村文化的一种"内视",就是对乡村的传统进行扬弃,自觉认识、识别哪些是优秀的传统,哪些是落后的文化,更要使乡村具有与城市同样的文化建构能力。同样,城市文化自觉要创造城市文化的"替代性文化选择机制",对优秀文化要发扬光大,对落后文化要有能力摒弃,自觉形成一种代表人类社会发展方向的城市文化价值取向和文化选择力,创造性地、自觉地形成城市文化创新的群体和主张,以引导市民社会的生活方式与行为向高雅、高尚方面发展。

---

① 费孝通.反思·对话·文化自觉.见:费孝通.论人类学与文化自觉.北京:华夏出版社,2004:184

维护城市的“场所精神”——城市文化特色的建构要保证城市自己的文化传承，就必须有意识地建构城市文化性格、独立的文化体系和文化识别性。除了城市物化层面和物化空间外（如城市环境特征和面貌、城市肌理、可观察的活动和功能、含义与象征等），还应该从中国本土化城市形态视角来创新城市建设模式，从传统城镇化理论模式中走出来，把城市化进程视为一种制度建构和社会治理的过程，而这一过程必须从传统城市规划学、地理学和区域经济学科领域的局囿中走出来，并上升至城市社会变迁、社会进化和现代性建设的广域角度与高度来研究，因为这个时代“全球城市化的发展动力正在转型为以智慧、知识——文化软实力为主体的时代，这也是全球新文化价值产业分工的时代……我们理解的这个世界文化劳动分工的主体特点是，‘文化劳动竞争的无边界性’、文化产业的知识性与工具性、文化资源的可创造性、文化生产方式的主体性和个性”。[①] 文化自觉取决于社会整体文化启蒙的深度，“城市决不仅仅是许多单个人的集合体，也不单单是各种社会设施，诸如街道、建筑物、电灯、电车、电话等的聚合体……城市是一种心理态度，是各种礼俗和传统构成的整体”。[②] 应该从更高的层面认识到城市作为一种生活方式，其发展的土壤是市民社会关系。2018 年，中国的城市化水平已经接近 60%，可是，为什么有的乡村能够较快地市民化，而有的地方还很贫穷？为什么有的城市能很快进入现代化和国际化进程，而有的城市仍然处于衰落的过程中？显然，中国社会已经到了乡村的文化自觉和城市的文化自觉同步发展的阶段，这是一个国家整体现代化的创新过程。

一个可见的事实就是：以西方文化为话语霸权的全球文化体系，使得多种文化变迁出现了“克里奥尔化”（Creolization），[③]这引起了

① 张鸿雁.论特色文化城市理论体系建构研究与实践创新——中国本土化特色文化核心价值的理论体系与范式建构.南京社会科学，2012(8)

② R.E.帕克，E.N.伯吉斯，R.D.麦肯齐.城市社会学.宋俊岭，等译.北京：华夏出版社，1987

③ 乔治·里茨尔.虚无的全球化.王云桥，宋兴无，译.上海：上海译文出版社，2006:110

许多被"侵入"地区对"他者"文化的担忧和恐慌。① 一个发展中的城市,或者一个具有现代性的城市,一定是创业成本低、市民选择机会多、生活多样性、社区生活安全、社会公共资源配置合理、创业空间充分,而市民社会的价值取向一定是有一个群体提倡和主张的。城市的发展动力是多元的,目前几乎所有的城市都提出了"创新发展"的理念,但是为什么不同城市其发展的样态和速度不同呢?这有很多具体原因,但是最主要的原因是创新的文化土壤。黑格尔曾说过:"中国不缺少文化,但缺少文化土壤。"我们认为,关键是缺少文化自觉的土壤,包括优秀人才趋之若鹜的土壤。

城市要创新发展必须解决三个问题:一是创新在哪几个领域实现,即创新什么。二是谁来创新,创新者和群体如何形成集聚效应。三是创新的可持续机制是什么。现代化的发展过程本身也是一种创新,要把握时代的前沿:互联网+、产业+、平台+、特色文化+、独立的 IP+、共享文化+、本地文化+……当城市已经成为一种地域生产关系的时候,"文化动力因"的建构就成了最重要的事情之一。如创造城市空间特色和特色空间是再生产的条件,是创造城市的可识别性的要素之一。② "在我们的时代,现代建筑的主要问题已经不再是纯体积的表演,而是创造人们能在其中生活的空间,要强调的已经不再是外壳而是内容,不再是孤立的建筑(不管有多美,多讲究),而是城市组织结构的连续性"。③ 城市文化自觉寓于城市的日常生活之中,寓于城市市民的学习文化之中,寓于城市市民的参与之中。"城市文化从根本上来说是参与性的,城市文化只有通过产生于城市与村镇的集聚和互相作用的环境中的活动得以表现。城市文化涵盖从普通的到有教养的,从日常的到特例的,从有趣的到深奥的一切,从在咖啡店中倾听热烈的意见交流,到在音乐厅聆听 Birtwistle,这些

① 何淼,张鸿雁.中国文化产业改革治理的创新突破点与行动逻辑——特色文化城市建构的产业转型视角.南京社会科学,2014(8)

② 凯文·林奇,著.城市意象.方益萍,何晓军,译.北京:华夏出版社,2001:60

③ Allan Jacobs, Donald Appleyard. 城市设计探新. 金广君,译.国外城市规划,1990(4)

活动都体现了一个城市的特征,给予城市社会以自豪感,它们凝聚人们的精神,并且紧密地把社会联系在一起”。[①] 理查德·罗杰斯等专门提出了城市现代可持续发展的一些特征,[②]这些特征可以理解为一种现代版的城市文化自觉:一是公正的城市。其中,正义、食物、居住、教育、健康和希望等得以公正地分配,所有的人都参与政府的管理。二是美丽的城市。艺术、建筑和景园激发人们的想象力,并振奋人们的精神。三是创造的城市。开放性思维和实验精神调动着人力资源的潜质,并且鼓励其对变化做出快速反应。四是生态的城市。对生态的破坏程度降至最低,景观和建筑形式相平衡,而且建筑和基础设施安全,资源利用率高。五是易于发生人际交往的城市。公共领域鼓励社区发展和便于人们在其中活动。六是紧凑型和多中心的城市。它保护乡村,把社区集中于邻里之中,使之结合为整体,并且使亲切感得到最突出的体现。七是丰富多彩的城市。广泛的、互相联系的活动创造生命力和灵感,并且培育生动的公共生活。

我们曾反复论及经典作家的观点:“市民社会是全部历史真正的发源地和舞台。”[③]爱德华·希尔斯认为,市民社会有三个主要要素,“其一是由一套经济的、宗教的、知识的、政治的自主性机构组成的,有别于家庭、家族、地域或国家的一部分社会。其二,这一部分社会在它自身与国家之间存在一系列特定关系以及一套独特的机构或者制度,以保障国家与市民社会的分离并维持二者之间的有效联系。其三是一整套广泛传播的文明的抑或市民的风范。第一个要素一直被称为市民社会;有时,具有上述特殊品质的整个社会被称为市民社会”。[④] 透过现象看本质,这一理论强调的也是城市文化自觉,就是

① 理查德·罗杰斯,等著.小小地球上的城市.仲德崑,译.北京:中国建筑工业出版社,2004:151

② 理查德·罗杰斯,等著.小小地球上的城市.仲德崑,译.北京:中国建筑工业出版社,2004:167

③ 中共中央马克思恩格斯列宁斯大林著作编译局.马克思恩格斯全集(第3卷).北京:人民出版社,1960:41

④ 邓正来,J.C.亚历山大,编.国家与市民社会——一种社会理论的研究路径.中央编译局,1999:33

"启民智""益民智""开民智""用民智"的一种社会结构，是典型的具有契约关系的社会体系。在这个体系内，法制被强化，权力体系被弱化，而社会民主、民生的需求被当成城市社会生活的重要内容，也被当成社会精英群体的日常行为方式和工作内容。爱德华·希尔斯曾用韦伯在1919年与鲁登道夫的对话及熊彼特等人的观点阐述道："市民社会不同于群众民主，因为它顾及人口中所有阶层，而不只是一个阶层的利益与理想。它也不同于追溯性民主，因为它不停地监视与评估政府，并不允许政府扩展其活动的深度与广度。"[①]事实上，中国城市存续了2 000多年，最缺少的就是市民社会的文化与关系和城市市民社会的人格铸造。如果有了这些，中国真正意义上的爱国主义精神和民族精神就会在新层面上发扬光大。

构建中国式的"特色文化城市模式"就是创造新时代的城市人格。[②] 让城市成为市民自己的家园，在城市社会整体创造文明载体的价值。"一个心理群体表现出来的最惊人的特点如下：构成这个群体的个人不管是谁，他们的生活方式、职业、性格或智力不管相同还是不同，他们变成了一个群体这个事实，便使得他们获得了一种集体心理，这使他们的感情、思想和行为变得与它们单独一个人时的感情、思想和行为颇为不同"。[③] 城市已经成为一个集体存在，必然形成一定意义上的集体人格，这样的城市文化所创造的城市精神与理性，就是城市文化的动力。"所有社会——无论它是高度分化的，还是相对同质的——在下述意义上都是利益冲突的场所：在任何特定时刻，当社会之一部分获得较多东西时其他部分就会获得较少。只要各部分追求的有价值的东西总需求不至于大大超过总供给，这些冲突与斗

① 邓正来，J. C. 亚历山大，编. 国家与市民社会——一种社会理论的研究路径. 中央编译局，1999：41

② 邓正来，J. C. 亚历山大，编. 国家与市民社会——一种社会理论的研究路径. 中央编译局，1999：181

③ 勒庞. 乌合之众：大众心理研究. 冯克利，译. 北京：中央编译出版社，2000：18

争就不会发生或不致激化”。①

(四)重塑“首属邻里”关系:打造百年经典,守望中国文化

特色文化城市内在自组织发展的过程中,会形成“文化综合治理机制”。我们一般用来描述这一事实的一句话就是“寻求特色小镇建设的百年大计”。打造百年特色小镇应该是我们这一代人的责任,中华民族曾经创造了很多特色小镇,如周庄、同里、角直、西塘、乌镇、南浔。这些江南小镇无不是百年经典,也是江南水乡文化的代表。当下,新型城镇化、特色小镇、美丽乡村建设、田园综合体以及“海绵城市”“智慧城市”“温度城市”“森林城市”等“新概念”“新模式”风起云涌,形成一个又一个建设高潮,尤以特色小镇为甚。如何使特色小镇建设摆脱那种“初期繁荣而可持续发展力不足”或者“初期投资巨大,以烂尾为结局”的怪圈,是当今特色小镇建设必须认真思考和无法回避的问题。如何打造百年小镇,追求小镇的千年故事?除了特色小镇合理的空间规划、产业规划、就业规划、社区生活规划等外,还必须建构特色小镇的文化之魂,创造别具一格的文化特质。特色小镇永续发展之动力来自小镇内在的“文化自觉”和“文化自为”,特色小镇应通过特色文化场域的打造,形成特色小镇的文化内生力的“自组织”过程。

在特色小镇的规划与建设中,很多人都知道如何运用货币资本、财富资本、权力资本、社会关系资本来追求小镇开发的剩余资本价值,但是,很少有人懂得如何运用“城市文化资本”来创造特色小镇的永恒价值,更不知道“城市文化资本”的再生产对于特色小镇建设的深刻意涵。从历史上看,无论是大城市的文化结晶,如北京的故宫和长城,西安的大雁塔、小雁塔、唐城,杭州的西湖和龙井,南京的中山陵和夫子庙等;还是小城镇的文化符号,如周庄的双桥和迷楼、同里

① 邓正来,J.C.亚历山大编.国家与市民社会——一种社会理论的研究路径.中央编译局,1999:45

的明清街和退思堂、角直的保圣寺和三官桥、西塘的石皮弄和烟雨长廊、乌镇的东栅和西栅……这些大小城镇所拥有的文化经过历史的洗礼后，已经不仅仅是城市的文化资源，而且已经成为这个城市和小镇的"城市文化资本"。以特色文化构成的城市文化资本，具有垄断性、唯一性、历史性、增值性，公共性、集体记忆性、历史价格的刚性和独立 IP 的社会属性，伴随着时间的推移，不仅表现出越来越高的经济价值和文化价值，还表现了这个城市的伟大与世界性文化认同。这些城市和小镇也由此成为人们向往的、可以宜居的和创业的地方，随着时间的推移，这类城市、小镇越来越具有"伟大文化"①"伟大城市"的历史价值，成为全人类的文化瑰宝。毫无疑问，创造"城市文化资本"的再生产，是城市和特色小镇建设的核心要素和方向。在此基础上，我们需要进行更深层次的思考：100 年后，我们建设的特色小镇还能存在吗？它们能够成为人们的集体记忆吗？

特色小镇建设要像做科学研究一样，来挖掘本地特色文化，并经过提炼创造优秀文化，成为优秀传统文化的继承者，不仅建构文化唯一性的特色，还要建构文化唯一性的 IP 和"统一性文化习得"的传统。任何一个小镇都要有一个文化的魂，这个魂是小镇的发展哲学和理念。"对这些传统文化特质的遴选和继承，直接构成了特定区域文化软实力的先赋性因素"。在此基础上我们应思考的是：100 年以后，这个小镇的存在价值是什么。

特色小镇建设要建构"文化认同"的价值凝聚力，对"这个地方"的主流文化加以提取和重新整合，使之成为一个区域性存在的"集体良知"，在这样的空间里，要有"地点精神"，在这样的小镇里，居住者会感觉荣耀，创业者会感觉有价值。在创造经济价值的同时，创造文化价值，并留下应该有的文化遗产：在创造小镇价值的同时，创造个人价值。在此基础上我们应思考的是：100 年以后，这个小镇能否成为人们回忆的故乡。

---

① 乔万尼·波特，著. 论城市伟大至尊之因由. 刘晨光，译. 上海：华东师范大学出版社，2006：3

特色小镇要以“后工业社会”“中轴理论”为“核”,以新兴产业为高新技术人才的纽带,搭建创新创业的平台,形成人才创业创新创意高地,实现科学、科技、文化的“网链产业群”。丹尼尔·贝尔认为,后工业社会可以概括为:“(1) 在经济方面,从产品生产经济转变为服务性经济。(2) 在职业分布方面,专业与技术人员阶级处于主导地位。(3) 中轴原理。理论知识处于中心地位,它是社会革新与制定政策的源泉。(4) 未来的方向。控制技术发展,对技术进行鉴定。(5) 制定决策,创造新的‘智能技术’。”①在此基础上我们应思考的是:100 年以后,这个小镇上会有百年品牌企业吗。

特色小镇要建构“文化软实力”,形成小镇的国际化竞争的“软力量”。想要从“文化软实力”的角度来追求特色小镇的“文化吸引力”,就必须建设高端技术产业、高端文化产业、特色旅游文化产业和民族文化品牌及产业。特色小镇应该是国际文化传播影响力和全球价值链的重要环节和节点:一个区域塑造国际品牌、进行国际传播、输出国际影响、获取国际认同的创新能力。在此基础上我们应思考的是:100 年以后,这个小镇还会成为国际文化的交流场所吗。

特色小镇要形成“小镇生活方式”,人们以居住在小镇生活为荣,这里不仅有难忘的邻里,有家族的故事与荣耀,还有难忘的社区生活,有童年的故事……更主要的是形成一种生活方式和后现代社会的中国样板,创造现代小镇的“首属邻里”关系,形成如《孟子·滕文公上》所述的“乡田同井,出入相友,守望相助,疾病相扶”的文化共同体新社区生活。在此基础上我们应思考的是:100 年以后,在这里还有世代居住的家族并有人以此为荣吗。

把特色小镇作为艺术品来打造,创造“居艺空间”,注入人文关怀,形成完全型社区生活体系,街区空间、建筑空间和公共空间具有浓郁的城市与田园结合的意味,这些空间具有正义与公平属性,即“主客共享”空间。如欧洲的一些小镇那样,进行全域文化艺术建构,

---

① 丹尼尔·贝尔.后工业社会的来临——对社会预测的一种探索.王宏周,等译,北京:商务印书馆,1984:15

使小镇既具有公共文化创新能力，又是市民社会的空间载体，同时又是生活、生产和生态融合的生活共同体。在此基础上我们应思考的是：100 年以后，这个小镇能够成为旅者来学习、休憩甚至膜拜的空间吗。

特色小镇建设说到底是中国"文化根柢"的一种重构过程，是中国式城市文艺复兴的一种方式，这里所建构的是民主文化土壤，既要唤起农民的"乡土文化自觉"，又要唤起城市人的"城市文化自觉"，从而形成合力，使特色小镇能够形成自我造血功能，进而创造现代化强可持续进化与发展。在此基础上我们应思考的是：100 年以后，人们还会讲述特色小镇建设的故事吗。

第七章
特色文化城市创新发展与“文化综合治理模式”

“全球本地化的另一个同义词就是克里奥尔化，克里奥尔这个术语一般指的是混种的人，但它已被延伸到‘语言的克里奥尔化’这一概念……克里奥尔化与混合化经常可以相互交换使用”。因此，下面的例子或许可以用来说明这两个概念（以及全球本地化的概念）：坐在伦敦的一家（星巴克）咖啡店里（现在，它们在那里非常普遍了），伴随美国的“海滩男孩”乐队演唱的《但愿她们都是加利福尼亚姑娘》，喝着一位阿尔及利亚的侍者送上来的意大利浓咖啡。

——乔治·里茨尔

恩格斯指出：“文化上的每一个进步，都是迈向自由的一步。”①文化发展的最高境界应当是人的全面而自由的发展。从个体视角来解读文化综合治理和文化改革的人本导向，则应当在文化实践中、在文化生活中，使得人自身得到全面的发展，使人的各种潜能得以充分发挥——在这一视角下，我们可以理解“文化综合治理模式”的“市民社会”面向的深刻意涵。

——张鸿雁

① 马克思恩格斯选集（第3卷）．北京：人民出版社，1972：154

中国文化产业务实创新必须从文化体制治理、市场体系治理与文化国际化治理中寻找突破口,创造“文化综合治理模式”,以文化立国,创造“城市文化自觉主体”,介入全球文化产业价值链的高端环节,进而全面参与“全球经济的新文化分工”。“文化综合治理模式”创新是一项复杂而巨大的系统工程,在现阶段可以从以下三个基本角度思考:(1) 从社会角度出发,建立核心文化价值观的社会整体认同及“世界文化认同的合理性”;(2) 从个体角度出发,建立兼具传统“文化根柢”与市民精神相结合的现代职业伦理规范和文化行为模式;(3) 从市场角度出发,建立以充分就业为内核的“文化民生经济模式”,通过“文化综合治理模式”的创新,创造深化改革的“文化自觉”和“文化自信”。

一、城市文化创新的动力源之一——“文化综合治理模式”

城市社会来临,相应的文化产业发展也面临着全新的矛盾和挑战,当然,大部分的文化产业在区位空间上都与城市有关系,竞争主体一般都是在城市里。在改革发展的过程中,城市文化的传统问题没有解决,新兴问题还层出不穷,城市文化产业改革的深化与创新已经成为影响中国社会整体发展的关键问题之一。因此,必须改变仅以工业生产推动城市化的传统发展方式,寻求一条适合中国国情的、可持续的政治生态、经济生态、文化生态、自然生态、社会生态和谐发展的道路。同时,适应国际发展潮流,真正将“文化立国”作为国家战略之一,建构文化创新型战略支柱产业,塑造社会综合发展“原生动力体系”。要达到此目的,必须创造城市文化产业发展改革创新的具体方式和行动逻辑,并以此实现国家“文化综合治理”能力的提升。

(一) 特色文化城市建设面临新挑战:产业“结构性失衡”与“结构性过剩”

中西文化的碰撞、融合、重组甚至某种冲突已经成为全球文化发展的“质”性表现。[①] 2000 年以来,中国开始将文化产业列入国家发展战略;2010 年又正式提出推动文化产业成为国民经济支柱性产业,近 20 余年是中国文化产业形态日益完善、产品类型日渐丰富、消费市场日趋活跃、经济社会效益日见凸显的新发展期。在此期间,文化产业在应对金融危机所表现出的逆势上扬,也使其重要性受到了前所未有的关注。但另一方面,中国文化产业在很多方面尚处于体系建立的摸索阶段,主要依靠行政手段推动文化产业增速发展,由此也伴生出一系列问题。如:支柱产业效应尚未凸显,对相关产业的带动性不足;依赖政策推动快速增长,忽视了对产业质量效益的追求;产业内部结构不合理且缺乏高端化、科技化和原创型的文化产品;文化产业主体多以国企为主,多元化市场结构尚未形成;文化产业发展“禁区”依旧;在国际文化产业市场中所占的市场份额小、介入层次低等。

纵观国际社会,全球范围的“文化立国”战略已构成提升国家“软实力”发展能级和参与全球产业分工的基本前提,文化产业不仅仅是经济与社会现代化的增长点,并业已成为推动社会可持续发展的核心动力源。与发达国家的文化产业发展模式相比,中国文化产业还缺乏国家顶层战略操作型的行动纲领,虽然出台了一系列国家层面的政策,但是还没有真正上升到“文化立国”的战略高度,导致一些地方政府对相关的文化产业改革政策、改革方案、改革措施及方法处于游离观望状态,缺乏解决问题的直接手段、方法和行动逻辑创新,特别是缺乏法制与法规意义上的建设和推进,在世界文化竞争中总是

① 迈克·克朗.文化地理学.杨淑华,宋慧敏,译.南京:南京大学出版社,2003:127,203

进行被动型的文化选择。在文化资源跨国界流动、全球经济进入以文化竞争为主的发展阶段的当下，中国文化产业面临如下挑战：一是增长方式的挑战。如何真正将市场作为产业增长的核心方式？如在日本，企业是文化产业发展的主体，文化和市场深入结合，而现阶段中国依靠政府的土地政策、税收政策、财政补贴、行政指令的增长方式明显不能适合全球时代中国文化产业的发展诉求。二是文化消费方式的挑战。如何扩大文化消费，增加中国文化产业的"内生性动力"。三是文化品牌创新能力的挑战。如何塑造具有国际影响力和强大核心竞争力系列品牌。四是文化产业价值诉求的挑战。如何建构全民就业、全民创业和全民职业道德提升的文化价值体系，塑造以文化民生为特色的诚信市场体系经济。五是国际文化分工的挑战。如何塑造世界认同的文化核心价值体系和对世界文化产业话语权的高端把控。

结构性缺失："偏态化过剩"与"结构性空洞"。中国文化产业虽然起步较晚，但因依托于国家政策的强劲支撑，多年来保持高速增长。2004年以来，文化产业年均增加值保持在22%以上。[①] 2012年文化产业增长速度达到16.5%，比同期GDP现价增速高6.8个百分点。[②] 文化产业不仅发展速度保持较快增长，而且在国民经济中的份额也稳步提高，2012年文化产业法人单位增加值与GDP的比值为3.48%。但反观西方发达经济体，由自由市场主导的美国文化产业平均增速为14%，英国为12%，[③]中国文化产业似乎呈现出了一种超常规快速增长。这一方面反映出中国文化产业的发展势头良好，但在另一方面也暴露了中国文化产业发展的"结构性失衡"，快速发展源于政策推力，更多地表现为行政行为，而市场对资源要素配置的决

① 张晓明，王家新，章建刚．中国文化产业发展报告(2012～2013)．北京：社会科学文献出版社，2013.2014

② 张晓明，王家新，章建刚．中国文化产业发展报告(2014)．北京：社会科学文献出版社，2014

③ 数据来源："设计未来：中国发展与知识产权"，中国日报，2011-05-03. http://www.chinadaily.com.cn/zgrbjx/2011-05/03/content_12431291.htm

定性作用尚未凸显。快速增长率亦带来了中国文化产品的数量倍增。早在2009年，中国电影以年产量456部跻身世界第三，电视节目播出总量高达1 577.68万小时，生产电视剧11 469集，[①]远远超越同期美国电视剧产量；[②]2010年，中国动漫年产量达到220 530分钟，已取代日本成为世界第一。[③] 中国已然以文化产品产量大国的姿态介入了国际文化产业市场。然而，由于文化产业发展中普遍存在市场开放程度不高的问题，使得产品生产结构不能真正面向市场需求，造成中国文化产业效益低下。如2012年，我国电影产业总收入209.6亿元，仅仅相当于同期美国电影产业总收入(507.2亿美元)的7%。[④] 虽然市场化问题在中国文化产业发展中由来已久，政府亦出台一系列政策以期解决市场化问题，但由于政府并非市场主体，其政策行为并不能真正发挥“市场手段”的作用，反而使得现阶段中国文化产业的资源整合、潜能释放、产能增量均过多地依赖于行政手段配置，导致出现产品总量大而效益不足的尴尬局面。

由于政策红利的连续性驱动，中国文化产业的发展已逐渐摆脱起步时单纯性短缺的问题。但由于政策依赖过强，市场配置资源能力受限，使得文化产业内部格局呈现出“结构性空洞”。所谓“偏态化过剩”是指由于政策导向带来的文化产业的不均衡发展。[⑤] 一是尚处于政策哺育期的中国文化产业出现了政策红利带来的投资趋向的“偏态化过剩”。从历年文化投资趋势来看，公共财政资金实现政府职能主导下的文化公共产品投资，拉动了文化艺术服务和文化休闲

① 国家广播电影电视总局发展研究中心. 2010年中国广播电影电视发展报告. 新华出版社，2010

② 电视剧年产量：美国5 000集，中国1.7万集. 南都网，2013-08-27. http://ndent.oeeee.com/html/2013/08/27/172844.html

③ 卢斌，郑玉明，牛兴侦. 中国动漫产业发展报告(2011). 北京：社会科学文献出版社，2011

④ 刘浩东. 2013中国电影产业研究报告. 北京：中国电影出版社，2013

⑤ 美国学者E.S.萨瓦斯为公共服务的民营化提供了10种制度安排：政府服务、政府出售、政府间协议、合同承包、特许经营、政府补助、凭单制、自由市场、志愿服务、自我服务。参见：E.S.萨瓦斯. 民营化与公私部门的伙伴关系. 周志忍，等译. 中国人民大学出版社，2002：69

娱乐服务行业的固定资产投资，[①]而部分领域则由于缺乏政策偏好而投资不足。二是由于市场开放度较低带来的市场结构的"偏态化"。开放度较低的领域由于价格信号机制不能发挥作用，导致竞争不完善，产品供不应求；而开放度较高的部分则竞争过度，如大量低俗、缺乏现代审美品位的文化内容产品打着"贴近大众"的旗号而呈泛滥之势。三是文化产品结构层次的"偏态化"。缺乏高端化、科技化的原创型文化产品，动漫领域、影视领域、图书出版领域的大量无效供给已是不争的事实，部分文化产品在低水平基础上迅速从短缺走向过剩，而另一部分具有原创价值的、高科技型的国际化文化产品则由于缺乏相应支撑力依旧处于短缺状态。所谓"结构性空洞"是指由于市场配置不合理而带来的文化产业结构性缺失。首先，城乡文化消费需求割裂发展形成"供给结构性空洞"。2004～2012 年，中国文化产值比由 2.15％提升至 3.48％，同期全国城乡居民文化消费率却由 2.76％下降到 2.20％。[②] 文化产品供给增加的同时，城乡居民文化消费在降低。这说明，现阶段文化产业的发展面向并没有真正切合城乡居民的现实文化消费需求，生产与消费尚未实现协同发展，亦说明现阶段文化产业的产业能力不足，GDP 支柱产业尚未构成满足城乡居民文化需求的真正意义上的民生性文化产业。其次，文化市场发展主体上存在"结构性空洞"。就现阶段而言，国营企业仍是中国文化产业的发展主体，是政府在土地、资金、资源等方面的重点倾斜对象，由大量小微企业、民营企业补充的中国文化市场的良好生态结构尚未形成，甚至是发展举步维艰。最后，政策限制导致文化产业发展存在"禁区"，文化产品的内容选择存在结构性空洞，某些相对"边缘化"和敏感性的文化内容尚未能够无禁区创作。

全球文化市场中的话语权力存在一个明显的"文化区隔"。虽然中国文化产业正逐渐成为支柱产业，但与同期世界先进国家相比，仍

---

① 张晓明，王家新，章建刚. 中国文化产业发展报告(2014). 北京：社会科学文献出版社，2014

② 王亚南. 中国文化产业供需协调增长测评报告(2014). 北京：社会科学文献出版社，2014

存在一定差距，产业的自我能力有待提升。一是表现在产业占GDP的比重不足，落后于世界发达国家，支柱产业的效应尚未彰显。2012年，美国的文化产业占到GDP的24%，日本的文化产业占GDP超过10%，韩国的文化产业占GDP超过7%，而同期中国为3.48%。①“2017年9月6日国家统计局发布文化产业最新数据，2016年全国文化及相关产业增加值为30 785亿元，同比增加13.0%，占GDP 4.14%”。② 2015年，上海文化产业占GDP的6.50%。二是表现在产业对总体就业贡献微弱，对照文化产业先进发展国家，中国文化产业促进就业、带动社会经济整体发展的效应尚未完全凸显。由此带来的则是在国际文化产业市场中的市场份额弱小、介入层次低下等一系列问题。目前世界文化市场份额，美国占43%，欧盟占34%，亚太地区占19%；在亚太地区所占份额中，日本占10%，韩国占5%，中国和其他亚太国家仅占4%。③ 在文化商品贸易领域，2012年，美、德、英、法、日共占据了世界65%的市场份额，其中，美国最高，占23%，德国占15%，日本占6%。在文化服务贸易领域，2012年发达国家在文化服务贸易方面均表现为高额顺差，其中美国最高，达811亿美元，英国165亿美元，日本76亿美元。而中国为逆差63.87亿美元，核心文化产品的输出引进比高达1∶3。④这表明，中国文化产业的世界版图还有待拓展，话语权还有待构建。

很显然，从“文化自觉”⑤的角度认识，现阶段中国文化产业没有形成自主、自觉、自为的文化发展体系和土壤，导致缺乏“国家级名片”式的文化自觉创新和创意，在国际文化市场中竞争力不足；“国家文化资本”效应尚未形成，更没有国家层面的国家文化资本再生产的

---

①④　国际文化产业发展报告及资讯(2013). 中国经济网，2013-09-10. http://www.ce.cn/culture/gd/201309/10/t20130910_1459242.shtml

②　2017年我国文化产业占GDP比重及相关产业企业营收增速分析. 中国产业信息网. https://www.chyxx.com/industry/201711/587273.html

③　张国祚. 中国文化软实力研究报告2010. 社会科学文献出版社，2011

⑤　邵颖萍，张鸿雁. 新型城镇化进程中的“城市文化自觉”与创新. 南京社会科学，2013(11)

文化场域；仅有一般意义上的文化产品输出，尚未形成真正意义上的文化资本和"中国文化价值"及文化核心理念的输出。目前我国的文化产品对外贸易中，艺术品和网游的市场份额较大，尤其网游的增长势头迅猛。另外，中国文化对外贸易的竞争优势主要体现在手工艺品、影视媒介、设计、视觉艺术品和新媒体这些外围的文化产品中，具有民族文化核心价值内容的影视媒介、音乐媒介、出版物及版权、文化休闲娱乐服务等文化出口比重低、竞争力弱；大部分为依托廉价劳动力而获得成本优势的"硬件产品"，属于内容和创意的"软件产品"则比例不高。①

除去在介入国际市场中的综合竞争力和特色竞争力不足外，中国固有的传统价值取向和意识形态战略带来的文化区隔也十分明显，观念性障碍、价值取向障碍已成为扩大海外文化市场的重要阻碍。政府往往从文化安全角度推动国际文化贸易，而非从纯粹的经济贸易角度鼓励文化产品和以占有国际市场的价值取向发展服务出口。② 另外，由于中国文化产业对外发展的主体仍是传统国有企业、国有部门，社会组织、团体以及个人的文化创造力被忽视，导致文化内部的生长动力不足。这种由单向度行政推力导致的文化区隔现象，也使得中国文化产业缺乏全球化时代的特色，外向竞争力不足。在全球竞争中确立本国的文化核心价值，创造本国和本民族文化的"生态位"，是全球各国的国家顶层设计的重要战略选择。中国改革开放40余年，经历了前所未有的、深刻与频繁的中西方文化交流和碰撞。在东西方文化的重组当中，我们既要看到中国文化在世界文化整合中主体性价值的提升和对人类文化的巨大贡献，也要清醒地认识到其在东西方文化碰撞、冲突中所面临的新挑战和新危机。有西方学者指出："在东西文化对话的世纪转折期，中国文化及其历史是以女性形象的扮演者而姗姗迟来，并且在西方强势文化的扩张中

① 朱春阳.中国文化"走出去"为何困难重重？——以文化产业国际贸易政策为视角的考察.中国文化产业评论，2012(2)

② 卫志民.建构中国文化产业"走出去"战略体系的设想.现代经济探讨，2013(4)

表现出接受与退守的弱势的。在国际舞台上，从历史上看‘扩张’，从不属于东方的中国。”[①]其观点虽然有些偏颇，但是，从这个角度看愈发需要深刻强调中国在全球化时代的文化重构与文化振兴的意义。从本质上说，中国的改革开放正酝酿着一个新的文化振兴时代的到来，这就是在中国社会历史发展进程中从未发生过的、西方已经走过的“文艺复兴”之路。在当代中国特有的由经济变革引发文化变革的“文化转向”[②]背景下，通过“文化综合治理”来创造改革发展的新动力，既是在全球范围内通过文化改革塑造中国的国家“文化身份”和国际文化话语权，也是在创造深化改革创新的土壤和深化改革的“文化场域”。

（二）特色文化城市深化改革：“文化综合治理模式”的时代价值

深化改革中的“文化综合治理”在本质上是治理现代化的核心内容之一，本轮改革尤其强调系统性与整体性，突出协调性与协同性，而“文化综合治理”能力的现代化在其中起着结构性的关键作用。即在“五位一体”改革总体结构中，需要建构一个系统化的动力集成，这个系统化的动力集成由五个最基本的动力来源要素汇聚而成，每一个动力要素最关键的就是要找准定位点、切入点和突破点，并实现与其他动力要素的互相配合和有机整合，而“文化综合治理”在整个全面深化改革的动力集成之中构成了自己的特殊功能。

“文化综合治理”成功与否决定着总体改革的成败。现代化国家都经历了从文化管理到文化综合治理的变革。特别是欧美发达国家在现代化过程中都明确提出了“文化综合治理”的战略和改革方案。从当代国家治理层面看，“文化综合治理”已经成为国家治理体系的

① 巴特·穆尔，吉尔·伯特，等. 后殖民批评. 杨乃乔，等译. 北京：北京大学出版社，2001：6

② 迈克·克朗. 文化地理学. 杨淑华，宋慧敏，译. 南京：南京大学出版社，2003：127～203

一部分，在很大程度上也反映了国家治理的文化转向，但是均没有明确提出“文化综合治理模式”的创新体系。“文化政策研究是文化研究自20世纪80年代末期到90年代的新发展，先是关于米歇尔·福柯著作中的‘治理性’（governmentality），而后与轰动国际的托尼·本尼特的研究联系起来”。① 前者明确了“文化治理”的关键概念来源——政府治理性②是文化综合治理的工具性阐释；后者将福柯的政府治理理论扩展到“文化综合治理”领域，将之作为“文化综合治理”的主体性生产。

1978年2月，福柯在法兰西学院教授《安全、领土与人口》课程，并首次提出“治理性”的概念。福柯指出，“governmentality”是在18世纪被发现的，由古老的基督教牧领模式、③一种新的外交—军事技术（这种技术随着威斯特伐利亚条约而在整个欧洲范围内达到顶点）和一系列特定的机制即治安中产生出来，包括三层意思：(1)由制度、程序、分析、反思以及使这种特殊而复杂的权力形式得以实施的计算和战术所组成的整体，目标是人口，主要的知识形式是政治经济学，而核心的技术手段则是安全机构。(2)整个西方在很长的一段时间中，这种称之为治理的权力形式日益凌驾于其他权力形式（主权、规训等）之上，这种稳定的趋势一方面促成了一系列特定的治理机构的形成，另一方面则发展了一整套复杂的知识。(3)通过这个过程，或者是这个过程的结果，中世纪的司法国家在15世纪和16世纪转变为行政国家并逐渐治理化。④ 这种同时内在和外在于国家的治理性，阐述了政府和属民之间的管理关系，如何去管理人并引导人的行为——这种管理关系是“知识”与“人”的互动关系。治理性是“一种关于管理

---

① Hartley, John. *A Short History of Cultural Studies*. London: Sage, 2003: 106

② 也有人译为管治、统理性、统治性、统治术、治理术等

③ 灵魂和生命的治理问题，是天主教和新教的牧领学说（pastoral doctrine）的整个主题

④ Foucault, Michel. “Governmentality” in G. Burchill, C. Gordon and P. Miller (eds.). *The Foucault Effect: Studies in Governmentality*. Chicago: University of Chicago Press, 1991. 101～102

儿童、一个家庭、一个领域、一个国家的权力方式"以及"使个体受最高的权力控制的一套复杂的行为方式"。[①] 随着对治理性思考的深入，1980 年福柯在法兰西学院"人的治理"的讲演中，已经表现出从"控制的技术"到"自我的技术"[②]的路径偏好，即从外在治理性对个体行为的引导转向个体内在自我的治理，与其"生存美学"的学说联系在一起。

本尼特进一步延伸了福柯对于现代性中"审美的人"的关注，将福柯政府治理的内涵扩展到了"文化综合治理"领域，把"文化综合治理"视为政府治理过程和现代过程中关于主体意识的市民化构成。[③] "治理性"是新自由政府与公民自我治理的关系，因为社会是公民行为的特定治理化的结果，是治理性形成了个体内在的规范、信仰、价值。简要地说，是文化形成了社会结构，而不是社会结构形成了规范、信仰、价值等文化形态。"文化进入治理性的视角中产生了一种'文化复合体'，它是指通过文化机构的运转，特定的知识和技术分类、整理、展览和分配文化资源及其他文化实践材料，转换和组织成作用于社会的个体的行为方式"。[④] 从治理性实践的角度出发，本尼特认为"文化通过审美方式能够培养出自我反思形式和改变个人行为方式的新型公民，它不仅规范公民的行为方式而且进入人的心灵"。[⑤]依据福柯和本尼特的观点，社会越来越需要置于"文化治理"的视域之下。[⑥] 中国台湾的学者王志弘一语中的："文化治理"概念的根本意涵，在于视其为文化政治场域，亦即透过再现、象征、表意作用

---

① Foucault，Michel. *Ethics*：*Subjectivity and Truth*. *Essential Works of Foucault*，1954～1984. Vol. I. Rabinow，P.（ed.）. New York：New Press，1997：68

② 福柯. 性经验史（增订版）. 佘碧平，译. 上海：上海人民出版社，2002：5

③ Hartley，John. *A Short History of Cultural Studies*. London：Sage，2003：106

④ Bennett，Tony. *Archaeological Autopsy*：*Objectifying Time and Cultural Governance*. Cultural Values6. 1～2，2002：29～48

⑤ 周海玲. 托尼·本尼特的文化政治美学研究. 全国优秀博士论文期刊库，2011：116

⑥ Barker，Chris. *The SAGE Dictionary of Cultural Studies*. London：SAGE，2004：78

而运作和争论的权力操作、资源分配,以及认识世界与自我认识的制度性机制。① 文化治理与政治、经济虽然无法分割,但需要一个新的文化"情境",一种以文化、艺术、价值为核心的论述氛围。这种文化氛围是一种取向,它不是排他性地取代政治权、经济资源分配的位置,而是重新找到一个能够共处的核心位置,一个可以对话或互为主体的包容论述。这象征着一个良好的发展趋势:"多元、多样、多层次、多中心的运作模式,和分权、参与、多元、合伙、共治、开放而网络化的多面向关系连结场域。"②在这个基础上,把一般意义上的文化治理理解为"文化综合治理",并创造出"文化综合治理模式"。难能可贵的是,文化综合治理对微观的系统关注,能够将大而泛的文化改革切实地落实成为文化调整计划,这使得文化综合治理能够直接表现为一种模式和行动逻辑。"文化治理放弃建构一个文化上层框架的要求,转而强调同文化的特殊情境,以及文化的内在动能与多样形式,等等,有助于治理运作的基本条件"。③ 既然我国的文化改革以实现国家文化综合治理的现代化为阶段性目标导向,我们关心的是,通过文化综合治理,我们能够达到的理想的文化改革是怎样的一种表现形态。

"文化综合治理模式"创新是全面深化改革的核心环节。文化综合治理一方面具有牵一发而动全身的枢纽效益;另一方面,又深刻体现了对历史维度和世界空间的深度把握,是极具战略眼光的长远发展布局。因为,文化对于一个国家的改造和提升不仅仅是文化产业以及衍生产业所带来的直接或间接经济效益,而且是文化本身作为"准公共产品"对特定区域活力的创新。"以文化艺术引导经济复兴的方式越来越受到追捧,其间的原因并不在于这种方式带来的直接

---

① 王志弘.台北市文化综合治理的性质与转变,1967~2002.台北:台湾社会研究季刊,2003(4)

② 刘俊裕.全球都市文化治理与文化策略:艺文节庆、赛事活动与都市文化形象.华品文创出版股份有限公司,2013

③ J. Valentine. *Governance and Cultural Authority*. Cultural Values 6.1~2, 2002: 47~62. M. Dillon and J. Valentine. Culture and Governance. Cultural Values 6.1~2, 2002: 5~9

经济效益与社会产出，而是因为这种方式能够通过塑造一个国家或地区富有创意的形象而间接提升经济影响力”。[①] 文化综合治理是一个社会整体现化性的建构过程，覆盖民族文化核心价值重树、文化产业升级、公共文化服务均等化、文化教育公平化等多领域，兼具社会各要素的整合功能，具有多样辐射的强大可能性与潜力。目前中国正面临着多重矛盾并发的改革深水期，在这种情况下，选择以“文化综合治理模式”创新作为关键环节实施突破，有其针对性和必要性。在全球化与城市化的大背景之下，文化所代表的综合软实力发展已经成为全球国家、地区、城市乃至公司竞争的战略高地和核心环节。作为一种新的“国家文化资本”形态，文化自身所蕴含的价值观输出、经济效益、发展的永续性等要素已经被发达资本主义国家率先意识到，并从国家整体层面进行全面、切实、系统的支持。因此，必须适时将“文化综合治理模式”创新作为全面深化改革的关键突破口，既为全面深化改革打下坚实的基础，确立明确的价值体系，同时又以文化改革为枢纽，带动多方相关领域的共同发展。

“文化综合治理模式”创新在本质上是在建构中国可持续发展动力机制，将发展的动力从单纯的经济因素转向经济、社会、文化、政治、生态多重要素共存的动力形态。在五位一体的全面深化改革逻辑当中，“文化综合治理”可以实现全民动员、全民影响、全面认同、全面参与改革的格局，让改革不仅仅在客观后果上成为惠及民众、惠及社会的顶层设计工程，更能够在谋划、实现、落实过程当中，真正实现民智、民思、民意的集聚和主动参与。这是文化综合治理区别于其他治理模式的特征之一。“文化综合治理模式”创新是全面深化改革的价值基础、驱动核心、思想高地、民族精神的建构和机制整合。只有在全面深化改革中提供坚实而弥久的文化自觉、文化价值自信、民族文化自为，并以此为核心全面深化中国特色文化城市软实力的提升，才能真正完成改革的重任。

---

① 克里斯·比尔顿.创意与管理——从创意产业到创意管理.向勇，译.北京：新世界出版社，2010：2

对于全球化竞争来讲，最为关键的是“谁掌握了全球化话语权”，而这个全球化的话语权有的学者认为应该理解为“全球主义的推动者”。① 全球化话语权的争夺具有很强的阶段性，从贸易全球化、经济全球化到资本全球化再到文化全球化，这种全球化发展趋势的变化也是推动全球话语权不断变化的一个基本动力。其在本质上是文化的全球化问题，而这一过程会加大地方独有文化继续留存的难度，“风险社会”概念的提出者贝克就曾经预言全球化社会之下会出现的九大风险，其中之一就是“全球文化产业席卷各地”②必然导致地方文化的某种消亡。

全球化对地方文化的冲击和“覆盖”主要表现为通过物化的文化载体——文化产业和产品输出的方式实现对特定地方文化的整合和吸收。③ 实际上，我们也不得不承认，在人类文化的进化与发展中，某些文化类型被消亡的事实是存在的。正如奈斯比特所说：“我们越是全球化并在经济上相互依存，我们就越是做着符合人性的事情；我们越是承认我们的特性，我们越想紧紧依靠我们的语言，越想紧紧抓住我们的根和文化。”④历史的发展证明，“文化向来是强者的武器”。⑤在当前世界范围的新文化产业分工和竞争中，其主题已经转化为“全球文化变革”的意义，本来多元化的世界文化正在趋于单一化。如，美国流行文化的传播就被认为是“长久以来人们为实现全球统一而做出的一连串努力的最近的一次行动”。⑥ 而这一切是如此的不可避免，因为这恰恰是经济全球化所带来的必然性后果。值得深思的是，

---

①② 薛晓源，刘国良.全球风险世界：现在与未来——德国著名社会学家、风险社会理论创始人乌尔里希·贝克教授访谈录.马克思主义与现实(双月刊)，2005(1)

③ C.卡尔霍恩，黄平.全球化研究的思考与问题.社会学研究，2001(3)：122

④ 转引自：林本椿.文化全球化和对外翻译.福建师范大学学报，1999(2)

⑤ Anthony D. King (ed.). *Culture, Globalization and the World-S y stem : contemporary conditions for the rep resentation of identity*, Minneapolis: University of Minneso ta Press, 1997

⑥ 张新华.信息时代国际政治的演变趋势.国际观察，1998(3)

西方文化强势东渐已经引起很多人的担忧。[①] 地方文化崛起，是进入现代进程必须深入思考和应对的核心问题。即必须立足地方性文化资源，以系统的文化产业打造路径来保存、凸显、创造地方文化当中的核心要素——文化传统、文化习俗、地方精神。在全球化的过程中，不同地区的资源流动、资本流动、人口流动、技术流动正在以一种极为生动的方式向我们阐释“世界是平的”这一全球化本质特征。文化全球化物化载体是文化产业在全球的推广，以形成全球统一的文化市场，因此，我们应对这种机遇和挑战的核心就是中国特有的“文化综合治理模式”创新。

上一轮改革无疑取得了巨大的成功，尤其是在经济增长层面。但这种粗放式的增长路径却衍生了许多显性或隐性的问题，包括数额巨大的地方政府债务、银行各类型金融不良资产、土地收入与高涨的房价、日渐拉大的社会贫富差距、社会多类型亚文化的渗透和扩展、产业结构的滞后与不优化等，很显然，这些问题的本质在某种意义上说是文化机制出了问题，是“文化堕距”和“社会堕距”形成的矛盾差。

在所有这些问题当中，文化发展滞后所隐藏的矛盾是最不显性，但却最需要引起重视和重点解决的。当下中国的发展，由于发展速度过快，地区、阶层、群体乃至个人之间的分化程度大大加深，因此各种文化冲突与矛盾不仅客观存在，而且多种多样。社会学家丹尼尔·贝尔曾经预言过资本主义社会必将出现的文化矛盾，他将整个社会分解为技术、经济和文化三个单独的领域，认为每个领域的运行都需要服从各自的“轴心原则”，而由于这些轴心原则之间不相协调，因此这三个领域之间也不会相互协调，甚至还会出现大相径庭、相互冲突的行为方式，而这就构成了社会可能出现的各种矛盾。对于这些矛盾可能出现的普遍性，贝尔是这样论述的：“资本主义矛盾来源于经济领域所要求的组织形式同现代文化所标榜的自我实现规范之间

① 欧阳桢. 传统未来的来临：全球化的想象. 载：王宁，薛晓源，主编. 全球化与后殖民批评. 北京：中央编译出版社，1998：57

的断裂……经济与文化领域的不同原则正引导人们走向相反的方向。这些矛盾主要产生在美国和其他西方国家。共产主义世界……是否也会遇到这些矛盾，目前尚不清楚。”①我们认为，贝尔虽然是对资本主义文化矛盾进行的阐释和剖析，但其分析手法和洞察视角有助于我们更好地审视当下中国所面临的文化矛盾问题。实际上，中国同样也面临着经济、技术和文化三大领域发展不协调的基本问题，但更为关键的是，中国正在经历典型的“多梯度差异化社会”，同时也处于不断改革的深水期和利益矛盾冲突的多发期，这实际上构成了中国文化矛盾乃至其他社会矛盾的一个核心现实语境。如果我们把转型视为“一只看不见的手”②——一种文化模式，那么这只“无形的手”对于社会各个领域的行动方式的影响和支配一定不亚于任何一方单独的力量。这种转型的大背景结合贝尔所指出的普遍存在的矛盾关系，引发了中国当下文化改革和“文化综合治理模式”创新的必要性与必然性。

丹尼尔·贝尔把解决西方现代社会的资本主义文化矛盾的希望寄托在宗教上，实际上就是恢复和重建社会学家马克斯·韦伯所说的“资本主义精神”——新教伦理。而当下中国情况要复杂得多，我们必须清醒地认识到当下中国的文化矛盾主要是在改革深化与社会转型的大背景中产生的，因此，也要从两个基本视角出发去探析缓解机制。转型期的中国，各类文化矛盾众多，而且非常容易与经济矛盾、社会矛盾发生冲突并构成对社会稳定和经济发展的阻碍。以地域文化歧视为例，安徽、江苏、四川等地的外来人口在上海的浦东新区和闵行区“表现出来不同程度的集聚”，在一定程度上反映了城市居民与外来人口间的敌意和歧视，以及外来人口“以自卫、精神支持和保护地方文化传统为目的”的身份认同过程。③ 其背后是快速城镇化过程中，不同“文化类属”的人们对于“他者”天然的排斥和抗拒，而

① 丹尼尔·贝尔，资本主义文化矛盾，赵一凡，等译．北京：生活·读书·新知三联书店，1989：61

② 李培林．另一只看不见的手：社会结构转型．中国社会科学，1992(5)

③ 孟庆杰．从社会地理学视角对上海市外来流动人口的居住空间研究．安徽教育学院学报，2007(6)

且这种排斥是相互的。[①] 相关的研究多半认为，这是中国经济飞速发展过程当中，在移民与城镇化互动视角下看似再寻常不过的一种地域偏见，或者是社会学意义上的“刻板印象”，但从整体深化改革的大视角出发，我们应该意识到，这种文化的固化所带来的不仅仅是群体的偏见，在当下这个改革深化、经济转型与矛盾多发期，诸如此类的文化矛盾实际上隐藏着更多问题，这种问题不解决，就很有可能会向其他领域进行“转移、扩散和恶化”，最终导致更深的社会矛盾。

在全球化不断深化与推进的过程之中，城市文化价值链分工参与的方式也已经发生了改变，以往那种各个地方依据自身区域的自然禀赋和产业比较优势参与国际分工并占据某一环节的时代正在逐渐消亡和没落，未来的国家产业分工将会更加强调以科技为基、以文化为魂，最终实现以人为本，即特定区域的科技进步、人才优势和文化创新将决定一个区域的发展程度，其中文化无疑是最为重要的分工价值链之一。早在 1998 年，英国政府就发布了全球第一个以政府力量推动文化产业发展的报告《英国创意工业路径文件》，明确提出了“创意工业”的概念，并指出未来的创意产业发展是全面振兴英国经济、提升英国产业、增强英国在全球化经济中的竞争力的最佳选择，政策导向与政府扶持必不可少，文化产业的发展可以进一步推进“英国在产业链垂直分工中占据更为有利的地位”。[②]

“文化综合治理模式”不仅是一场经济意义或是社会意义上的改革，而且是在迅速变化的当下社会，对中国“根柢文化”——特色城市文化的追寻与再造。因为我们必须认识到，“人们自己创造自己的历史，但是他们并不是随心所欲地创造，并不是在他们自己选定的条件下创造，而是在直接碰到的、既定的、从过去承继下来的条件下创造”。[③] 中国现代化是对中国未来发展命运的一次深度整合和建构，是对中国文明的创新和继承，“生产力的剩余、社会组织、人的愿望都

① 雷开春.城市新移民的社会认同研究.上海大学博士论文，2009：94

② 吕方.国际产业分工与中国文化产业.世界经济与政治论坛，2006(5)：116

③ 马克思恩格斯选集(第 1 卷).北京：人民出版社，601

是建设文明的素材，但它还不是文明应当具备的灵魂。也就是说，即使文明的素材已经齐备，这还不够，还要有更深的前提，即‘为什么而建设’这一思想意识。人力资源的动员，设计者的意图，都要从这一问题出发。而看准这一方向，掌握这一方向的智慧，是来自宗教，来自哲学”。[①] 这一认知的本质是来自民族“文化根柢”。

（三）特色文化城市建构的问题视角：“文化综合治理模式”建构

从文化全球化对地方文化冲击的视角看，“文化综合治理模式”创新具有社会治理、社会变革的意义，应当也必须成为可以决定中国未来改革的关键性工程和核心环节。但是，“文化综合治理模式”创新如同文化本身一样复杂而多样，必须寻找到一个可以牵一发而动全身的突破口和切入点。而要寻找到这样一个突破口，我们必须对“文化综合治理模式”与中国现实社会的关系进行整体思考和深度剖析。虽然文化改革千头万绪，任务繁多，但是我们应该形成一个总体的认知和文化综合治理范式，对于国家这个层面的文化体来说，情况也应当如此。当特定的文化体系没有外来文化入侵的时候，这个“文化体”会与其经济基础及上层建筑形成一个“逻辑自洽”体系。即“如果没有外来文化的冲击，在长期的实践中，每个文化体应该都会是器物、组织、价值三个层次自洽的实体”。[②] 我们对于文化改革核心突破口的甄选和抉择应当也必须考虑特定文化改革方向如何可以有效地与不同层次的实体进行对接和适配，并在一种互动更新的构成中实现整个文化的演进与进化。

落实到中国当下全面深化改革的语境当中，我们认为应该从三个层面来理解文化改革的突破口——“文化综合治理模式”。其一是在基础文化层面，文化改革应该形成被全社会统一认可的文化理论

① 汤因比，池田大作. 展望二十一世纪. 北京：国际文化出版公司，1987：362

② 林毅夫. 经济发展与中国文化的复兴. 北京大学学报（哲学社会科学版），2009（5）

基础与文化价值观体系，成为驱动整个社会不断进步、和谐共处的统一动力。其二是在核心文化层面，针对核心的社会文化价值观，应该形成与之相配合、相适应并能促进其发展的文化市场、文化组织和文化产业，不断扩大主流文化价值观的丰富程度与被认同程度。其三，在动态文化层面，要求随着时间的发展，文化在器物、组织、伦理三个层次联动的基础上互相进化和更新调整，形成文化价值观、文化产业、文化市场、文化服务、文化主体的生态演替路径。最终为中华民族的伟大复兴提供坚实的文化认同、正确的价值引领和强劲的发展动力。

当下全面深化改革语境之下的文化改革也应该在这样一个体系的视角之下进行再思考，大力推进并且谋求社会核心文化价值观与政治、经济、社会组织等相关领域之间的互动和不断演化，形成一个完整的包括器物、组织、伦理三个层次的“自洽”文化体系。其中的关键，就在于形成一个综合管控、综合调配、综合统筹的框架和创新视角——“文化综合治理模式”，以这个综合框架来协调文化改革不同部分之间的关系，并从系统本身发展的稳定性、目的性、创新性和整体性角度出发，对各个不同部分的重点突破领域进行创新思考和落地实施。福柯认为，“治理意味着精心组织他人行动的可能领域，它是行动之上的行动，对他人行为的行为。这意味着被治理者是积极的主体，在他们服从的同时，他们又可在行动的范围内自由地行动。在这个意义上，治理是批评态度（或反行为）的来源，它总是包括反对它的某种抵制，表达了不被治理或者至少不以这种方式被治理的意志”。①

我们所提出的“文化综合治理模式”创新，一方面融合了学界对于“文化治理”这个概念的特定思考和哲学辨析，突出强调概念本身的关系性和对等性；另一方面紧贴中国当下文化改革的核心任务与目标需求，强调与传统的“文化管理”相区别，通过文化的融合、增殖、跨界和自洽实现文化的“自觉”和“自为”发展的功能。惟其如此，我

① 焦瓦纳·普罗卡奇. 治理术和公民身份. 引自：凯特·纳什，阿兰·斯科特，编. 布莱克维尔政治社会学指南. 浙江人民出版社，2007：365

们才能更好地发挥文化改革在整个全面深化改革的五位一体动力系统中所必须承担的角色和作用；惟其如此，我们才能真正让文化改革成为牵一发而动全身的突破口和杠杆支点；惟其如此，具备创新和突破意味的文化改革才可以称之为全面“深化”改革的重要部分；惟其如此，文化改革才能够真正调动全社会力量、协调各方利益诉求，让全民参与这场决定中国未来发展命运的深化改革。“文化综合治理”的核心不仅仅是文化改革内部以一种提纲挈领的方式实现对文化整体改革的把控和掌握，更为重要的是，要将文化放在一个更大的范围内进行审视，深刻意识到文化与政治、经济、社会、生态乃至其他方面的关系。

纵观世界文化竞争舞台，但凡文化发展态势较好的国家，无一不是通过“文化综合治理模式”创新成功的国家。它们将国家文化价值观、个体文化价值文化、文化产业品牌价值文化、文化营销的民族文化符号价值和多类型的文化非营利组织等多个要素进行有机协调，充分整合，形成为全球市场所接受的文化产品或其他文化输出形态。美国好莱坞电影就是美国“文化综合治理”的成功案例，好莱坞之所以能够风靡全球，“就在于它突破了政治意识形态限制，从人类普适的价值观出发，生产出许多感动的影片。社会基本价值观超越了政治意识形态，是人类社会共同道德标准”。[①] 在“文化综合治理模式”的协调下，成功的文化产品可以将政治意识形态等文化内核进行很好的修饰与包装(但并不意味着就彻底抛弃了意识形态的内核)，经过市场化与产业化的紧密加工与精细运作之后，以一种谨小慎微而又震撼大众心灵的方式传达给生产场，并获取全球消费市场的大力认同。通过“文化综合治理”我们可以发现，其实文化改革的各个部分之间(比如文化产业、文化市场化与文化价值观以及文化传统之间)并不存在不可调和的矛盾，恰恰相反，市场经济与产业化使社会基本价值观通过产品得以更广泛的传播，获得更大的认同与传播力度。而立足中国现实的改革语境，“文化综合治理模式”应着力解决

① 林民书. 文化产业发展模式及其特点研究. 中国经济问题，2008(1)

的是文化整体性与个体性的关系，文化地方性与全球性的关系，文化统一性与文化活力性的关系，文化市场性与文化公共性的关系的创新。

二、国家核心价值文化认同：特色文化城市理性与理念

（一）文化治理与“集体良知”：“文化综合治理模式”创新切入点

从“国家文化综合治理体系”的建立到“国家文化综合治理能力”的提升，都强调文化在实现国家治理中的价值合理性与工具合理性，即文化既是治理的对象，又构成治理的工具。一方面强调在现代社会生活中，透过文化（道德教化、礼貌、行为准则）来进行行为举止与社会生活的规约与调控，将文化作为治理的工具；另一方面强调包括文化认同、文化活动、文化产业等在内的文化领域本身又是治理的对象，其目的是导向塑造核心文化强大的引领力、凝聚力、创造力、竞争力和智慧力作用。

在国家“文化综合治理”的过程中，如何基于文化认同的创造实现价值共识的不断扩大、国家文化认同的不断增强，则是其核心要义之一。从社会学的角度而言，“文化认同”是一种共同的信仰和情感，是民族、国家的一种文化心态。涂尔干称之为“集体良知”和帕森斯称之为“文化系统”①的重要内涵，是将一个共同体中不同个体有机整合起来的内在文化凝聚力。特别是“集体良知”在中国具有更深刻的重要意义，中国社会较为普遍存在的“群体失范”是当代中国社会缺

① Talcott. Parsons, *The Structure of Social Action*, New York: Free Press, 1937, pp. 319～320

乏核心价值认同的集中写照。

“文化认同”是由共同语言、民族血统、宗教信仰、文化价值观、伦理道德、历史地理、经济环境等因素相互作用形成的，是民族国家确立其存在正当性的重要依据。民族与国家的凝聚力是建立在全民认同的国家利益、文化传统和相对一致的社会道德价值观的基础上的。① 因此，可以说，对任何社会而言，文化认同都是不可或缺的。“集体良知”更不能缺，它既是“文化综合治理”的对象——形成思想共识、唤起文化认同是构建国家认同的基础，亦是“文化综合治理”的根基；还是“文化综合治理”的工具——文化认同有助于增强国家的凝聚力，创造良好的社会文化生态。文化认同感的重构，对于处于新一轮改革期的中国而言，不仅构成一种文化立场、文化态度与文化价值，对于国家认同感的培育更是具有重大的战略意义。

同时，不仅在文化领域，文化认同感的培植对于经济、社会的繁荣发展都具有典型的正向意义。国际国内的发展经验均表明，单纯的经济增长如果不能同时带动物质生活、民主生活、文化生活质量的整体提升，不能促进普遍的社会公正与社会进步，不能实现人口资源和环境的协调，则有可能加剧社会矛盾，导致经济社会发展断裂。② 社会学家贝尔指出，“最终为经济提供方向的并不是价格体系，而是经济生存于其中的文化价值体系”。③ 学者卜正民、施恩德等亦强调，民族国家在整合过程中，必须有一个使各民族“走向富裕和强大的未来的目的性动力”，这个动力能够“将所有民族放到同一叙述体系中”。④ 因此，如果一个涵盖核心价值、生活意义、身份认同、道德取向等高层次的社会文化生态滞后发展的话，则可能带来远比经济诉求更为剧烈的社会冲突和治理危机。一个微观上缺乏基本信任、丧失文化支撑、没有长久预

① 赵剑英. 文化认同危机与建构社会基本价值观的紧迫性. 马克思主义与现实(双月刊)，2005(2)

② 王颖. 构建和谐社会的文化生态环境. 武汉交通职业学院学报，2006(12)

③ 丹尼尔·贝尔. 后工业社会的来临. 高铦，等译. 北京：新华出版社，1997：305

④ 卜正民，施恩德. 民族的构建：亚洲精英及其民族身份认同. 陈城，等译. 长春：吉林出版集团有限责任公司，2008：8

期的社会，是难以承载“中国梦”的实现的。从这个意义上而言，为社会全体所共享的文化认同感正是“中国梦”的生长土壤。

当下中国正处于高速新陈代谢的社会转型期，既为文化的繁荣发展创造了前所未有的机遇，也使许多文化失范现象裹挟而至，出现了典型的“社会文化失范症候群”，如伴随着多元文化的现代社会而产生的低级文化泛滥现象，全球化时代带来的文化权威型的消解并由此引发的公民文化认同模糊的现象，终极价值理想的失落以及具体文化规范的失效及大量越轨行为的出现等，[①]这些文化失范现象的出现实则暗含着当下中国社会文化感的危机。

霍布斯鲍姆曾指出，基于文化认同感而形成的国家认同感“乃是他们个人安身立命最基本而不可或缺的认同所在，是他们赖以为生的社会价值所系”，[②]这种社会价值体系不仅代表着社会个体在心理上、感情上的趋同过程，更是对成员社会行为的价值指引，这种指引关系到社会合作关系的形成与公共秩序的稳定。[③] 因此，面对当下社会价值遭到破坏而引发的大量文化失范现象，文化认同感和“集体良知”的建构承担着群体社会价值重塑、文化权威重塑和现代人伦理重塑，并在此基础上培育具有民族共同价值内核的重任。可以认为，如何重构文化认同感，应当成为现阶段中国文化综合治理的核心问题与价值诉求，是实现国家治理能力现代化的具体行动。

在新全球化时代的世界格局中，文化与政治的关系发生了革命性变革，从国家战略意识形态的角度审视文化认同感问题已经成为一个普遍被接受的主题。[④] 全球化浪潮带来的文化空间扩展，使人们被“混置”于不同的制度、文化、思想和信仰环境之下，不同的文化、价

① 周德清.价值断裂与精神乱象：社会转型期文化失范的症候分析.山西师大学报(社会科学版)，2012(4)

② 埃里克·霍布斯鲍姆.民族与民族主义.李金梅，译.上海：上海世纪出版集团，2006：5

③ 周光辉，刘向东.全球化时代发展中国家的国家认同危机及治理.中国社会科学，2013(9)

④ 俞楠.“文化认同”的政治建构：当代中国公共文化服务战略研究.华东师范大学博士学位论文，2008(5)

值观念和生活方式产生了激烈的碰撞。在这种碰撞中，原有的文化认同会逐渐模糊，国家的文化向心力将面临严峻的考验。同时，全球化更使得文化逐渐成为国际竞争中的重要战略资源，对于任何一个国家的全球战略格局都具有深刻的意涵。全球化在带来了对传统文化认同的解构的同时，也会使新的文化价值和文化认同因为过快的文化更替而缺少生长的稳定条件，导致当下中国社会普遍存在文化认同的“结构空场”现象。

按照英国社会学家齐格蒙特·鲍曼的说法，文化认同问题基本上是一个“现代性问题”，是近代以启蒙运动和工业革命为特征的现代化潮流开始后才出现的。[①] 现代化转型不仅意味着经济结构的转型，更代表着社会系统内在结构的变迁，其中包含人们的生产生活方式、心理结构、价值观念等全面而深刻的变革。在现代化转型的过程中，由于生活世界的变迁和新文化要素的出现，引发了激烈的文化对立和冲突，一度使在人们精神生活中占主导地位的文化模式不能再有效地规范个体行为和社会运行，造成文化秩序的混乱。[②] 由此可以说，现代化转型虽然带来了生产方式的革新，但同时也诱发了空前的文化危机，使文化认同成为突出的时代课题。同时，对于“后发国家”中国而言，“现代化”更是一个西方话语体系的输入。在此过程中，西方的价值观念和社会构成方式自然成为现代化的一种标准形态，这种标准形态在进化的观念中被定格为“先进”。[③] 现代化进程将中国抛入了一个新的文化参照系之中，如何形成文化识别，则需要明确中国在现代化进程中的文化身份。

全球化、现代化、文化认同感构成了一个环环相扣的问题逻辑链。虽然全球化和现代化为中国带来了一个开放的、不可逆转的市场经济体制，但单纯的经济诉求无法为一个十几亿人口的民族共同

① 王成兵，张志斌.认同危机：一个现代性问题.新视野，2005(4)

② 周德清.价值断裂与精神乱象：社会转型期文化失范的症候分析.山西师大学报(社会科学版)，2012(4)

③ 赵剑英，干春松.现代性与近代以来中国人的文化认同危机及重构.学术月刊，2005(1)

体提供共同的文化价值意义，提供一种持续奋斗的精神价值。[①] 中国的社会及文化领域出现了哈贝马斯所谓的"合法化危机"，即社会文化系统不能为社会整合提供足够的合法性以确保社会成员对社会的信任。[②] 具体而言，在全球化和现代化的挑战中，这种"合法性危机"有如下三重表征。

一表征为"我们感"(we-ness)的缺失，即当下中国居民文化共识的模糊与文化失范现象的层出不穷。价值观领域新旧交替、多元并存的复杂状态可以说是我国现阶段价值观念的基本国情和重要表征，正如舍勒指出的，现代化与全球化带来的"价值颠覆"特性——"历史上没有一个时代像当前这样，人人对于自身这样的困惑不解"。[③] 我们曾于 2014 年 6 月在南京某大学进行过一次 300 人的随机访问，结果表明：社会主义核心价值观在南京大学学生中的知晓率较低(仅为 9.0%)；就"当下社会应推崇的核心价值"这一问题，表示"从未思考过这一问题"的学生高达 65%。虽然这次调查并不具有普适意义，但也在一定程度上反映了当下中国普遍存在"消极公民"现象——即对国家改革抱有一种"不关心、不参与"的态度，缺乏共有的"价值认同"以及基于公民共同价值而形成的"我们感"。《政治参与蓝皮书：中国政治参与报告(2013)》指出，在体制认同、政党认同、身份认同、文化认同、政策认同、发展认同六种认同中，以 5 分为满分计算，[④]文化认同和体制认同的得分最低(均为 3.44 分)；同时，公民政治参与行为的得分略低，显示出了"参与水平低"的基本态势。以上数据说明：一方面，社会主义核心价值观对于广大居民的整合与引导能力尚未形成，尚未成为现代公民意识之上的各阶层社会成员的文化自觉；另一方面，居民对于文化共识的重要性呈现漠视态度，由此

---

① 杨晓民. 全球化时代的地域文化. 读书，2010(11)

② 张鸿雁. "合法化危机"：中国城市化社会问题论. 探索与争鸣，2006(1)

③ 马克斯·舍勒. 资本主义的未来. 罗悌伦，译. 上海：上海三联书店，1997:57

④ 身份认同的得分最高(4.19 分)，其次是发展认同(3.74 分)，第三是政党认同(3.63 分)，第四是政策认同(3.59 分)

也导致了国家文化认同感的低下。文化共识的模式在宏观领域造成了社会群体文化认同感的低下，在微观领域则表现为"文化失范"现象的层出不穷。当下中国社会正处在快速的转型期，原先用于维系微观社区互动的地方性知识被挤压、被破坏，新的文化共识又尚未建立，一系列"规范真空"导致的"文化失范"现象不断滋生。食品安全、生产安全事故、精英整体公信力的丧失、尖锐的社会矛盾和众多的群体性冲突实则暴露的是高层次文化价值的巨大分歧。①

二表征为"中国国民性"的式微，即传统人文价值的危机与"文化身份"的寻求。在全球化、现代化、市场化对传统文化的洗礼中，传统文化是否能继续维持其生存和发展的独立性，中国是否正在失去中国之所以为中国的"中国性"，②亦是现阶段"合法化危机"或曰文化认同危机的重要表征。传统文化在当今中国社会的断裂已不言而喻。零点研究咨询集团曾进行的一项居民生活调查结果显示，中国居民普遍具有较强的传统文化优越感，但同时，与公众对中国传统文化认同感和优越感并存的还有对传统文化流失的危机感。③ 这种传统文化的日渐式微，使得居民对于"我们从哪里来"的身份认同产生了认知错乱，更无法确立"现处何地""去往何处"的问题。因此，这种传统人文价值的危机更多时候表现为对个性迷失在全球化世界的感伤，亦是学者们所谓的"文化乡愁"，即"一种伴随现代全球化运动而产生的文化传统的失落感和追忆情绪，它是'现代性'文明和文化的副产品，对于现代社会和现代人来说，具有'家'的意识形态的性质"。④ 由此，全球化对传统文化的侵蚀，是对中国传统伦理文化意义的结构和中国文化身份合法性的危机。⑤

三表征为全球文化格局中的文化边缘化趋势。从中华民族的生存与发展的高度去理解文化认同感、全球文化的交融、强弱势文化的

---

① 杨晓民. 全球化时代的地域文化. 读书，2010(11)

② 傅腾霄，陈定家. 关于全球化与文化认同危机. 社会科学战线，2003(6)

③⑤ 零点指标数据. http://www.horizonkey.com/c/cn/news/2008 - 03/19/news_720.html

④ 万俊人. 经济全球化与文化多元论. 中国社会科学，2001(2)

对抗，在参与文化全球化的过程中，中国文化认同的构建和国家文化安全面临着全面的挑战，中国文化认同、国家文化安全与国家安全成为突出的时代课题。[①] 进一步而言，在全球文化竞争中，由于中国社会核心文化认同感的模糊，导致其在国际文化格局中缺乏内聚力，在某种程度也导致了“中国威胁论”的滥觞。亨廷顿指出，“社会群体的冲突被称为‘认同战争’……相对于其他认同，文明的认同增强了，一种类似于国际关系中的‘安全困境’的‘仇恨动力’出现了，在其中，双方的恐惧、不信任和仇恨彼此增长”。[②] 因此，文化认同感关系到中国如何打破在世界文化格局中的边缘化境地，更关系到中国和平崛起的历史重任的完成。因此，如何创造一种建立在自己文化的价值基础上，又密切回应时代和中国发展中出现的重大问题，能够为中国人所接受，有感召力和凝聚力，同时又反映和吸收整个人类共同利益的新的价值体系——既是中国人文化认同感面临的挑战，又是对中国特色文化城市研究提出的新课题。

通过对现阶段中国“文化认同感”危机的再分析，似乎可以厘清全球化和现代化议题下中国“合法化危机”的基本脉络：时代背景的变迁导致激烈的文化重组，文化重组带来了传统文化权威的丧失、文化规范的失效、文化身份的模糊，由此带来了文化内聚力不足、国际竞争力不足的“文化认同感”危机，实则暗含着中国现阶段核心人文价值缺失的问题，深化改革在这一方面的突破点就是“文化综合治理模式”的建构。我们应该相信，这个危机是“危”，也是“机”，它预示着一种新的文化价值范式生成的可能。

（二）中国传统“文化根柢”再造：当代人文核心价值重树

需要强调的是，依托中国传统“文化根柢”重构文化认同并不是

① 李文君，基于国家文化安全的中国文化认同构建．湖南师范大学博士学位论文，2011

② 塞缪尔·亨廷顿．文明的冲突和世界秩序的重建．周琪，等译．北京：新华出版社，1998：301

对全球化取向的反叛。它更强调的是反思性(即对于传统文化价值的再认识与再评估)、选择性(即有意识地强调传统文化中的特定部分,为文化认同创造合理性空间)和创新性(即在与世界文化碰撞的过程中融会古今中外文化精华)的结合,是在全球化的建构事实中寻求"中国源文化",是直面中国当下的具体经验而形成的创造性思考,而非单纯地"回忆""回顾"与"回归"传统文化。必须经过"文化综合治理模式"的创新,形成一种新的富有时代特征的文化。① 不言而喻,以传统文化为"根柢"再造中国当代核心人文价值,既有助于维护文化认同的连续性,更指明了文化认同的方向和核心维度。具体而言,基于传统文化再造"文化认同感"应从如下三个切入点进行建构。

首先,建设"文化认同教育体系",在全社会积极倡导基于中国"文化根柢"的"中国核心价值观",让优秀传统文化成为中国人的日常认知与行动规范。发达国家大多将教育体制作为渗透国家文化认同的重要渠道。如在英国,学校在树立和落实"英国核心价值观"方面发挥着重要作用。英国教育部 2007 年 1 月 25 日提出了全国中小学教授英国传统价值观的教育计划,规定 11～16 岁的中小学生学习有关英国言论自由、多元文化、尊重法治等核心价值观以及英国不同群体对英国社会的贡献等内容。② 在新加坡,为了凝聚人心,形成共同的价值观念,1981 年和 1988 年举行了两次全国性的价值观讨论。1991 年,政府将讨论结果以《共同价值观白皮书》的形式公布,实则旨在强化人们的归属意识、国家利益至上意识和集体精神。不仅如此,为摆脱"现代新加坡人没有根、也没有文化"的危险,新加坡政府在 20 世纪 70 年代开展了"文化再生运动",聘请国际著名新儒学专家拟定儒家伦理教育大纲,在中小学开展《儒家伦理》教育,将以现代方式改造的儒家伦理作为中小学"核心价值观"加以讲授,以此抵御西方价

---

① 赵剑英,干春松.现代性与近代以来中国人的文化认同危机及重构.学术月刊,2005(1)

② 陈静,郝一峰.国外核心价值观建设路径的经验研究.黑龙江社会科学,2007(5)

值观的侵蚀。[①] 对于中国而言，可将基于传统文化之上的核心价值观的教育渗透于教育体系之中，通过课程的内容设置、经典文本的阅读等方式，使之成为当代中国人的“文化规范”。

其次，在传统文化要素与现代文明的整合创新中，建构当代中国人的国家荣誉感和日常生活伦理及生活礼仪秩序。在儒家思想家眼中，礼义的功能体现在“成德”与“治世”两个方面。礼仪作为礼义的实现手段，自外作用于人，约束人的“心”与“行”，如孔子所说，“约之以礼”（《论语·雍也》），即强调用礼仪来约束自己的行为，让人们的心灵有明白的依托可以追随，使人们的行为有明确的规范可以遵守。[②] 因此，在文化认同感模糊、文化失范现象泛滥的当下，在依托中国传统文化重建当代中国人文核心价值的时候，文化礼仪的重建显得颇为重要。落实到具体行动上，可积极开展“传统礼仪五进工程”，即进社区、进乡村、进学校、进企业、进机关，形成传统礼仪的文化普及之势，[③]实现礼仪教化的制度化，并在具体的活动中渗透礼仪文化，使其逐渐内化为中国人的行为伦理秩序。

第三，建设“中国民族风”的全球文化输出体系，重组中国在世界文化格局中的文化坐标——让传统文化成为中国人的身份象征。就本质而言，文化认同是关于自我身份以及身份正当性的问题。具体地说，一方面，要通过自我的扩大，把“我”变成“我们”，确认“我们”的

---

① 吴玉军，吴玉玲. 新加坡青少年国家认同教育及其启示. 外国中小学教育，2008(7)

② 任强. 在理念与礼仪之间——先秦儒家思想中的礼义与礼仪. 中山大学学报(社会科学版)，2002(5)

③ 山西太原、河北行唐等有关地区已在“儒学”领域进行了近 7 年的实践。中华圣诞节：每年在西历 9 月 28 日(或农历八月二十七日)前后 3～5 天，儒家组织在当地文庙、书院等组织以祭孔为主，辅以儒学研讨会、论坛、经典诵读表演、书画展、文艺表演等系列庆祝纪念活动，以隆重纪念先师。中华圣诞夜：每年在西历 9 月 28 日(或农历八月二十七日)晚，儒门同道聚于孔庙，在烛光摇曳中听雅乐、闻丝竹、品香茗、诵经典、谈心声，“缅怀先师，沐浴圣教，回归传统，和谐身心”。中国礼拜天：星期六或星期日，亲子共同走进当地孔庙、书院，进行 2 个小时的“听讲座、学国学、读经典、拜孔子、敦亲情、和身心”活动。引自：柳河东. 当代儒家社会组织的十大建设任务. 中国当代儒学网. 2013－05－26. 来源：http://www.cccrx.org/ddrx/html/? 2745.html

共同身份；另一方面，又要通过自我的设限，把“我们”同“他们”区别开来。[①] 在国家框架下而言，前者指涉的是一个国家的文化内聚力；后者则指涉的是一个国家在全球文化格局中的身份识别。可以说，中国传统文化正具有这种“让世界一眼认出中国”的功能。

(三) 市民社会精神人格：特色文化城市与“文化综合治理模式”面向

恩格斯指出：“文化上的每一个进步，都是迈向自由的一步。”[②]文化发展的最高境界应当是人的全面而自由的发展。从个体视角来解读文化综合治理和文化改革的人本导向，则应当在文化实践中、在文化生活中，使得人自身得到全面的发展，使人的各种潜能得以发挥、各种需要得以满足。在这种视角下，可以理解我们提出“文化综合治理”的“市民社会”面向的深刻意涵。马克思主义认为，市民社会是一种“契约型”社会，是一种社会文化资本再生产的场域，通过文化综合治理将使每一个公民的人格更健全，并把每一个公民道德感的升华与精神境界的提升作为实现公民地位再提升的重要路径。而在具体的现实生活中，我们应致力于让文化成为居民“饱口袋”和“富脑袋”的双重来源，进而形成有情趣、有品位、有修养、有境界、有道德、有优秀行为的现代市民文化与市民精神。

西方有关市民社会的讨论证明了伦理文化对公民社会发展的导向作用。[③] 如西方学界提出，国家—经济—市民社会的三分法，主张把经济领域从市民社会中分离出来，强调市民社会主要应该由社会和文化领域构成，注重它的社会整合和文化保存与传播功能，这一派

---

① 贺彦凤，赵继伦. 全球化时代中国文化认同的建构. 马克思主义与现实（双月刊），2007(1)

② 马克思恩格斯选集（第3卷）. 北京：人民出版社，1972：154

③ 余玉花. 公民社会形成过程中的伦理文化建设. 华东师范大学学报（哲学社会科学），2005(1)

别的代表人物主要有帕森斯、哈贝马斯、阿拉托等人。[①] 发达国家的发展历程也说明:“市民社会”文明深化过程“不是整个物质关系,而是思想文化关系,不是整个商业、工业关系,而是整个知识精神生活”。[②] 因此,“市民社会”与“文化领域”、文化综合治理具有先天的联合性,只有从现代意义上形成“市民文化”与“市民精神”,才能践行市民社会“主体人格”的价值意涵。必须提出,市民精神和市民文化的培育应是“文化综合治理”的应有之义;市民社会主体人格的培育应构成国家“文化综合治理”能力提升的重要面向。

职业伦理是特色文化城市的基石。中国的市民社会尚不成熟是一个不争的客观事实,[③]虽然在全球化和现代化的激发下中国开始了市民社会的萌发,但是其文化条件不足以致发育缓慢的问题是显而易见的。曾有学者尖锐地指出,“改革开放 20 多年,国民在急功近利思想的支配下,很快接受了流行歌曲、西装革履、化妆美容等浅层次的现代文明,但自由、民主、权利、理想取向和独立人格等深层次的文化观念却没有扎根”。[④] 其中,文化的历史原因不可忽视。遥观西方历史,从古罗马的“法律面前人人平等”的文化开始,公民意识源远流长。中国虽有上千年的道德伦理文化,但在历史上曾长期与市民法制文化无缘,因而也产生不了公民道德。文化的缺失既有制度方面的,也有非制度亦即观念方面的。[⑤] 如费孝通指出,“不但在我们传统道德体系中没有一个像基督教那种‘爱’的观念——不分差序的兼爱;而且我们也很不容易找到个人对团体的道德要素。在西洋团体格局的社会中,公务、履行义务是一个清楚明白的行为规范。而这在中国传统是没有的。”[⑥]同时,特定历史事件造成的文化断裂也对市民

① 武经伟,陈炳生. 公民、权利、道德及范式转换. 思想战线,2006(6)

② 萨尔沃·马斯泰罗内. 一个未完成的政治思索:葛兰西的《狱中札记》. 黄华光,徐力源,译. 北京:社会科学文献出版社,2000:49

③ 张鸿雁. 论中国封建城市经济发展的总体特征. 中国史研究,1997(3)

④ 魏子扬. 盲目迎从与独立思辨. 中国党政干部论坛,1999(10)

⑤ 肖雪慧. 公民社会的诞生. 上海:上海三联书店,2004:173

⑥ 费孝通. 乡土中国生育制度. 北京:北京大学出版社,1998:35

文化的发展造成了不小的创伤。从制度方面而言，这些年国家在制度文化建设方面有长足的进步，毋庸置疑推动了市民社会的发展，如法治国家对“公民”的强调，各类公共生活和各类公共组织的丰富等。但是，我们应该认识到市民社会的建立不仅仅依赖“自上而下”的“市民社会文化外壳式”的制度路径，更应该强调公民的市民文化和市民精神的彰显这一“自下而上”的“市民文化内核式”路径，这也是“文化综合治理模式”创新的精髓所在。

从传统基督教教义转化而来的“天职”观念引导着西方人在职业生活中承担起责任，由此而成为现代社会中的公民。韦伯认为：“一个人对天职负有责任——乃是资产阶级文化的社会伦理中最具有代表性的东西，而且在某种意义上说，它是资产阶级文化的根本基础。它是一种对职业活动内容的义务，每个人都应感到、而且也确实感到了这种义务。”[①]由此可以说，韦伯谈论的实际上是“市民的职业精神”模式与市场经济的现代社会相适应的现代人精神。[②] 涂尔干则认为，职业伦理是连通个人与社会、公民与国家的重要规范。他试图通过构建新的社会职业伦理以及在此基础之上的公民道德来整合社会失范，化解危机。[③] 他强调，“经济生活必须受到规定，必须提出道德标准，只有这样，扰乱经济生活的冲突才能得到遏制，个体才不至于生活在道德真空里”。[④] 我们这个时代的“文化使命”就是要通过职业伦理的构建，培育现代公民道德，由此构建符合时代发展的市民社会文化——这构成了国家“文化综合治理”能力全面提升的重要标志。

反观中国的当下，职业伦理的普遍低下已经成为国人愤慨与无奈的事实。《中国青年报》社会调查中心曾于2009年在全国就“哪些

① 马克斯·韦伯. 新教伦理与资本主义精神. 于晓，等译. 上海：上海三联书店，1987：38

② 崔宜明. 韦伯问题与职业伦理. 河北学刊，2005(4)

③ 尹曦. 涂尔干的职业伦理与法团的现实困境. 江苏社会科学，2007(1)

④ 爱弥尔·涂尔干. 职业伦理与公民道德. 渠东，等译. 上海：上海人民出版社，2006：12

职业失去操守的现象最严重”进行调查。共调查 12 575 名公众，结果排名依次为：医生（74.2%）、公安干警（57.8%）、教师（51.5%）、法律工作者（48.4%）、公务员（47.8%）、新闻工作者（37.6%）、会计师（30.7%）、学者（20.3%）、社会工作者（10.9%）。[①] 以“教师”为例，2009 年教师节，人民网做了一个网上调查，问“教师节，你最期待的是什么”，在由 50 772 名网友参加的投票中，竟有高达 62.9%的网民选择最期待“加强师德教育，提高教师素质”，而“强化尊师重教，延续中华传统”仅仅得到了 3.9%的投票率。[②] 以上的数据虽然不能代表全体中国民众，但却反映出职业伦理和道德领域正在出现的各类问题，而其所造成的后果不仅是文化领域真正的市民文化难以建立，更将对社会稳定、经济发展造成连带性的影响。因此，我们必须认识到，职业道德的“爬坡论”不再是学术文本中的危言耸听，更是当下中国文化改革不得不面临的“社会事实”。

中国的文化综合治理与文化改革是在市场经济和现代社会发展的背景下展开的，其在微观个体的诉求必然是一个有道德品格的，对主体、对社会负有责任的公民，只有这样的公民才能导向真正意义上的市民文化，才能为中国的文化综合治理形成热烈而生机勃勃的“草根智慧”，并成为“文化综合治理模式”创新的“文化动力因”。面对当下职业伦理的低下，及由此诱发的公民道德与公民社会发育不足的问题，中国人职业伦理的当代构建应成为文化改革的重中之重。

职业伦理的城市文化现代性建构就是自律、诚信、义务、责任。从官方话语到本次的学理性导论，我们应该将落脚点放在更高层次的“职业伦理”层面上来。西方国家的历史经验已经表明：合理稳定积极的职业伦理必然带来市民社会的稳定和繁荣。如在美国“自由、

① 数据来源：“哪些职业失去操守现象最严重？调查：医生公安居前”. 新华网. 2009－04－28，来源：http://news.xinhuanet.com/politics/2009－04－28/content_11269736.htm

② 数据来源：“超 6 成网友教师节最期待加强师德教育、提高教师素质”，人民网. 2009－09－11. 来源：http://rexian.people.com.cn/GB/56029/10031943.html

责任、诚实、平等、公证、守法”就是职业伦理中的核心价值观念，它借由职业团体而内化于个人，而构成所谓的“美国精神”。这在无论是实践证明还是理论观照上都启示我们：以独立人格为基础的市民心态、市民文化、市民精神的生成是中国“文化综合治理”的重要内容，而在其中，职业伦理应该发挥支点性的作用，建构“主体价值重构—法制建设—协会规范—学校教育”的四位一体的逻辑结构，由此撬动当代中国市民文化的创新发展。

首先，建构当代中国职业伦理的主体性价值：自律、自警、仁爱、革新。马克思指出，随着人们生产实践发生变化，“生产者也改变着，炼出新的品质，通过生产而发展和改造着自身，造成新的力量和新的观念”。① 因此，中国当代职业伦理的主体性价值也必须反映所处时代的特征。就现阶段而言，“自律、自强、人本、仁爱”应该成为主体性价值的必要内涵。“自律”强调责任意识。从词源学的角度来看，职业（profession）和工作职位（officium）也可以用“munus”（职务、职责、义务、责任）来表示，而“munus”最早就是“从古老的市民团体强制性的义务（中）派生出来的”。② 因此，责任意识是职业伦理的必备要素。“自警”强调诚信意识。诚信则和责任相伴而生，是履行责任的可靠性。当代哲学家埃米特指出，“一种职业……伴随它的是对其履行的标准的观念……实践者处于这种职业中，对于维持一定的标准，就有一种信用上的真诚”。③ 现阶段中国职业诚信的低下已不需赘言，因此，必须将“自警”作为中国“实践者”履行职业义务的“信用上的真诚”。“仁爱”强调服务意识。孙中山先生曾强调，“人类由于服务的道德心发达，必可使之成为平等了”。④ 现阶段中国职业服务意识的缺乏尤为明显，如某些职能部门的工作人员不送礼、不行贿就办不成事，医院亦如此。因此，从中国人传统的“仁爱”构建职业服务意义是

---

① 马克思恩格斯全集（第46卷上）．北京：人民出版社，1979：494

② 马克斯·韦伯．新教伦理与资本主义精神．于晓，等译．上海：上海三联书店，1987：168～169

③ 龚群．中国传统社会的职业及其伦理．孔子研究，2001(6)

④ 孙中山选集（下卷）．北京：人民出版社，1956：707

紧迫而必要的。“革新”强调创新意识。韦伯曾将资本主义精神归结为“勤勉敬业，敢于冒险，敢于创新，积极进取，并把创造财富视作生命的天职”。[①] 因此，在中国介入国家化竞争的过程中，必须汲取西方职业伦理的优秀要素并进行内化，即强调创新在中国居民职业伦理中的“天职”价值。

其次，快速推行职业法制化建设，建构职业伦理文化的诚信体系。马克斯·韦伯曾经指出法律制度在西方文明中的重要作用，“近代合理的资本主义，不仅需要生产的技术手段，还需要一种可靠的法律制度和一种依据于正式规章的行政管理制度，如果没有它们，一种不正常的、阴暗的、投机的和单纯以营利为目的的资本主义以及其他各种为政治所左右的资本主义便可能产生”。[②] 美国的实践证明了法律和制度建设在职业伦理形成中的重要作用。为了彰显政府和全社会对职业伦理的高度重视，美国最典型的反应是采取新的立法、制定新的规范或颁布新的制度。从20世纪50年代开始，美国政府部门就制定了一系列的职业伦理规范，并将道德要求在一定意义上法律化。如：1958年国会通过了共同决议《美国政府部门伦理准则》，并在此基础上先后以立法形式通过了《政府官员和雇员伦理行为准则》(1965年)、《美国政府伦理改革法案》(1989年)等诸多法律与制度条文。2002年7月，美国国会和政府出台了《2002年萨班斯—奥克斯莱法案》，该法案的主要内容包括对会计和审计监管等职业道德要求的具体法律规范。[③] 由此可以看出，美国当代职业伦理的建设是和职业伦理的法制化建设不可分割的。因此，对于中国而言，必须出台国家层面的针对各行各业的职业伦理的法制性规范，并针对不断出现的新的职业内容进行增补。同时，要防范执法过程中的“地方性空白”，真正使职业伦理的法制性建设深入基层。

---

① 崔宜明.韦伯问题与职业伦理.河北学刊，2005(4)

② 武经伟，方盛举.经济人、道德人、全面发展的社会人.北京：人民出版社，2002：88

③ 王正平.美国职业伦理的核心价值理念和基本特点.道德与文明，2014(1)

第三，以专业学会、行业协会自律为主体的，创造多元参与的职业伦理规范监督体系。鼓励公务员在复杂的道德环境中发挥道德想象力，按合理的价值尺度行事，这将在提升广大公务员的个人德行方面发挥不可取代的作用。在美国的工程技术领域，一些主要的工程师协会在自身专业领域制定了相关规范并加以实践。如美国计算机协会(ACM)执行委员会制定了《美国计算机协会(ACM)伦理与职业行为规范》，并制定了简明易懂的道德戒律——“计算机伦理十诫”等。① 涂尔干曾强调“职业群体”或曰“法人团体”的重要性，并把道德重建的使命赋予职业团体。因此，在中国当代职业伦理的培育中，必须重视各类行业协会的重要性，鼓励各个行业出台各自的《职业行为规范》，并成立“中国企事业征信行业监督委员会”，定期对从业人员的职业操守进行考核，坚持每年进行年检注册，考核不通过者则不予注册。

表 8-1　以学校为基地的美国“职业教育”课程模式表②

	认识阶段(小 1～3)	调节阶段(小 4～6)	确定方向阶段(初 1～2)	探索与准备阶段(初 3～高 3)
自我概念	理解自我	发展有关自我理解与自我评价的诸概念	明确自我概念	自我概念的成熟及其应用
有关职业、教育、经济的概念与技能	认识各种职业的意义	发展有关劳动世界的诸概念	理解美国经济、职业、技术诸体系的结构与相互关系	称心的职业所必需的资格与能力的培养计划及其实施
行为主体的感觉	认识自己行为的个人责任	承担对自己时间计划的日益增大的责任	承担有关职业计划的责任	专心实行有关职业的计划

① 王正平. 美国职业伦理的核心价值理念和基本特点. 道德与文明，2014(1)

② 崔相录. 今日发达国家教育改革导论. 北京：教育科学出版社，1992：133

续表

	认识阶段（小1～3）	调节阶段（小4～6）	确定方向阶段（初1～2）	探索与准备阶段（初3～高3）
情报处理技能	发展分类及抉择的基本技能	应用分类及抉择的能力	发展独立研究及解决问题的技能	应用（实行有关职业的计划）解决问题的能力
对人的关系	学习协作之社会行动	发展所希望的社会关系	发展负社会责任的行动及更为成熟的社会关系	理解劳动场所中集体行动之力量
对劳动的态度	增强对他人及他人劳动的关心	端正劳动态度，发展价值意识	认识劳动是有价值而永恒的社会制度	接受以劳动为目的的训练

当代中国职业伦理的公民教育体系应该是义务教育，也就是说它应该是一种强迫型教育。我们应积极在中小学开设各类职业道德教育的课程；同时，加强社会性的道德研究机构与知名院校相关专业的合作，开展职业伦理的实践教学，让职业伦理教育成为一种“连续性”的认知，为人们从“学校”走向“职场”，再从“职场”迈向“市民社会”奠定良好的基础。

三、“文化民本经济”：特色文化城市赖以发展的基础

为了更有效地实现“文化民本经济”的建构，必须通过拉动文化消费提升文化市场活力和社会稳定。相对于其他消费而言，文化消费的繁荣程度是社会进步的一个尺度，特别是大众文化消费水平的提升更是社会生活品质的一个表征。文化消费的差异化、“异质性”和个体性，为文化消费的“去阶层化”和个体生活品位的提升创造了

新路径和渠道。

(一)“充分就业”与“充分创业”:以“文化民本经济”为主导

哲学家布希亚指出,在文化消费中,市场提供的“消费物品成了标志品位、声望、奢华、权力和等级的符号”,①这也恰恰是现代文化消费最突出的特征,即商品的符号价值附加性不断凸显出来,参与者可以以自己选择的商品建构一个“可知的世界”。② 换言之,文化消费在这里具备了超越经济消费的意义,是一种基于区隔和分类基础之上的“自我意义”建构过程。“在大众市场支配下的消费实质上是一种新的现象,它直接参与到日常生活状况的连续重塑过程中”。③ 一方面,文化市场需要消费的刺激,另一方面,文化消费可以帮助人们形成特定阶层内的一致性和阶层间的差异性,继而具有形塑和重构的社会功能。德国社会学家凡勃伦曾经论证过炫耀性消费是如何帮助人们实现社会身份与地位符号展示的过程的,文化消费的分野实际上是“社会的分野、阶层的分野、社会行动领域的分野”,④是确立一定社会关系的过程,消费已经成为“启动经济的一个重要视点”。⑤ 这种文化分野是动态的、更新的、自由的,任何人都可以通过较小的代价迈入自己想要的、达成的社会分类当中去,当你去听歌剧、读书进修、学习一种文化技能……你就已经具备了高文化素养阶层的特征,即使你在其他维度上处于较低阶层,也有能改革自己的社会文化阶层的属性。这种阶层分类的多元性、交叉性、互补性和变化的灵活性有助于阶层的模糊化,进而可维护整个社会的稳定发展。因此,消费对

① 瑞泽尔.后现代社会理论.谢立中,等译.北京:华夏出版社,2003:109～112

② 罗钢,王中忱.消费文化读本.北京:中国社会科学出版社,2003:61

③ 安东尼·吉登斯.现代性与自我认同:晚期现代中的自我与社会.赵旭东,方文,译.北京:生活·读书·新知三联书店,1998:233

④ 王建平.消费革命:社会转型的非预期后果及其社会效应.宁夏社会科学,2007(5)

⑤ 李培林.消费分层:启动经济的一个重要视点.中国社会科学,2002(1)

于“文化民本经济”的发展有着重要意义，文化市场与整个社会消费主义或是消费文化的盛行密不可分。立足于中国现实发展的语境，扩大内需，在经济结构转型的过程当中以文化消费来引领文化市场的发展应当是切实有效的发展路径。

强调“文化综合治理模式”，就是强调政府角色从“管”到“治”的转变，即改变仅仅运用政策、规章等对文化产业的发展进行规范的方式，而是根据法律创造“以文化立国”的战略和文化综合治理的社会土壤。如日本由政府成立“知识财富战略本部”，由首相任部长，将“新文化产业”确定为国家发展战略的重要内容。① 对于中国而言，则可借鉴其经验，组建“国字头”的文化产业领导管理体系，制定切实可行的文化法律保障体系和行动纲领；强调国家干预方式向相对稳定性的法律制度转变。应尽快出台《文化产业振兴法》并以此为文化产业的基本法，完善文化产业门类的部门促进法，如电影产业促进法等，通过高质量的顶层立法实现国家干预方式的合理转型。强调改变原先“竖井式”的管理方式，以应对建立统一市场和实行融合发展的转型要求，建立起在全国范围内面向统一市场的综合文化管理机制，整合现阶段条块分割的文化行政管理资源。同时，逐渐转变“政府投入管理型”的方式，注重文化行业协会对政府职能的延伸和文化市场的机能性管理；强调文化产业的发展格局由一元主体管理向多元主体协同治理的发展，建立“多元、多层、多样、多渠道”的资本结构，解决长久困扰中国文化产业发展的资本问题。“多元资本”强调鼓励民营、外资投入文化产业发展，如美国的文化产业多是由跨国公司来运作的，泰坦尼克号由 7 个国家 30 多家公司协作完成；②“多层资本”强调社会资本可借道信托产品投资文化产业；“多样资本”强调鼓励地产、互联网、基金公司等多样主体涉足文化产业发展；“多渠道资本”强调通过鼓励行业内兼并重组、鼓励行业内企业上市发债、银行金融机构支持、股权投资市场等实现文化产业融资。由此，形成不

① 祁述裕. 中国文化产业发展战略研究. 北京：社会科学文献出版社，2008
② 余晓泓. 美国文化产业投融资机制及启示. 改革与战略. 2008(12)

同主体参与中国文化产业治理的局面，全方位多领域地推动社会合理有效地介入文化产业发展进程。

发展文化产业的目的之一是形成福民富民的文化民生产业体系。文化产业市场体系治理更强调从“政府推动创业”到“全民自主创业”的真正变革，让全民都有机会成为中国文化产业市场的生产者，分享文化产业的富民经济。

一是强调形成文化产业发展中的“全民自主创业”。建议由国家各部委联合颁布《小微型文化企业认证标准和审查办法》，在3～5年内在全国培育2 000万～3 000万个“非登记小微文化企业”，可享受“零门槛、零登记、零税收”的企业经营优惠。同时允许并鼓励在社区进行自主创业，包括“中华老字号”等民间特色传统技艺和服务型家庭手工业，真正在中国发挥民智和民资的作用，做到文化产业的全民创业，形成真正的“文化民本经济”。

二是强调形成“文化产业的就业网链”体系。推动文化产业与其他主要相关产业融合发展，通过文化产业的跨界融合，形成就业岗位的创新倍增。如：推动文化产业与高新技术、旅游产业的融合，开发新兴业态，提供就业机会；积极面向大学生培育“创意阶级”①并积极鼓励个体从事创意产业，在各类创意设计中形成全民创业的局面；扶持各地的非物质文化遗产的产业化发展，扩大传统行业内的文化就业等。

三是强调形成符合不同文化产业就业需求的梯度化人才结构模式，提高文化产业的就业创业能力。从人才培养入手，形成专业研究人才、技术技能人才、文化传承人才等合理性人才结构，并直接和相关文化产业龙头企业形成“订单式”人才培养模式，迅速促进就业。如：在985院校直接设立文化产业学科点，培养文化产业的专业型研究人才；实现非物质文化遗产传承人才的高校培养体系，培养一批具有原创能力的文化人才；形成文化企业、高校相关专业的共建式人才

---

① 理查德·佛罗里达.创意阶级的崛起——关于一个新阶层和城市的未来.司徒爱勤，译.北京：中信出版社，2010:79

基地，直接面向企业需求培养专业人才。由此，在文化产业发展中形成良好的就业供需结构，创造“全社会参与、全民总动员”的充分就业体系。

（二）城市文化品位与品质治理型建构：城市尊严与市民尊严

城市文化品位既是城市现代化的标志，也是特色文化城市内在气质的决定因素，也是城市人素质和气质的一种符号化隐喻。城市市民的品位决定城市的品位。城市人的品位来源于社会“集体良知”的文化认同与价值建构。1588 年，意大利著名的政治哲学家乔万尼·波特若在《论城市伟大至尊之因由》一书中首倡了创造“城市伟大文化”的概念。他说：“何谓城市，及城市的伟大被认为是什么？城市被认为是人民的集合，他们团结起来在丰裕和繁荣中悠闲地共度更好的生活。城市的伟大则被认为并非其处所或围墙的宽广，而是民众和居民数量及其权力的伟大。人们现在出于各种因由和时机移向那里并聚集起来：其源，有的是权威，有的是强力，有的是快乐，有的是复兴。”①虽然他的观点包含着对传统王权价值的认同，但是难能可贵的是，早在 400 多年前，他就能够从独立的视野出发，提出城市的价值及其伟大意义。波特若还说：“要把一座城市推向伟大，单靠自身土地的丰饶是不够的。”② 显然，这与当代中国很多“城市经营”主要以卖土地为主的城市发展模式和理念形成了鲜明的对照。无独有偶，斯宾格勒提出的“市镇”是指区别于传统乡村的城市，而只有区别于乡村的城市才能够创造“伟大的文化”。纵观历史发展，人类伟大的文化总是属于城市的，这是城市区别于乡村的真正价值和本质所在，也是人们对城市生活向往的主要原因，更是人类选择城市作为社会发展的主体的本质原因所在。

---

①② 乔万尼·波特若．论城市伟大至尊之因由．刘晨光，译．上海：华东师范大学出版社，2006：3

为什么从传统社会以来，我们的城市文化品位与品质建构一直被忽略？特别是与西方发达国家比较，我们的城市品位总是有多种多样的差距？或艺术价值，或空间质量，或民众意愿，或生态自然的要素，等等，都有不同差距，其本质区别是，城市空间政治属性属于王权，而不属于市民社会，是集权体制下的城市品质要求、适合于王权的城市生活，而不是大众的生活需要，即使到了唐代，偌大的长安城也只有“东市”和“西市”。我们要自省自问：城市文化的高品位化建设需要什么样的条件？通过什么样的土壤塑造才能呈现有品位的“城市伟大文化”？城市文化品位与城市进化的关系是什么？显然，有些是不言而喻的。

城市文化品位与城市进化、城市精英的增长方式及可持续的发展方式呈正相关，没有良好的城市文化品位，当然不会有城市的良好发展，更没有良好的市民生活。反过来，没有良好的市民社会结构和生活方式，现代意义上的城市品位是不可能建构出来的。诚然，城市文化品位的追求在某种意义上具有“理想类型”建构的意义，它既是一种思想与文化价值取向的追求，也是市民的生活方式与行动逻辑的建构，更是城市现代性和民主社会的模式。无论实现过程和方式如何，我们必须从中找到创造城市品位优化发展的切入点和行动路径。不得不这么说：城市品位必须在遵循城市社会发展规律的基础上，以充分发挥个体价值和内核，创造具有时代特征的城市品位与“城市文化基因”为主要内容，进而使城市品位建设成为推动城市社会进化与精英增长的“文化动力因”，让城市品位要素成为“城市文化资本”再生产的文化场域。

城市品位建设既需要顶层设计，也需要建构和培育“社会样板阶层”，还需要具体的行动规划和具体的空间景观文化表现，是一项典型的系统工程。在城市品位的建设上，很多人更多关注的是城市的空间、景观等外在物化的要素，而我们在关注空间、景观和外在要素的同时，更关注城市人、城市市民的品位培育，更关注城市社会总体制度设置的品位和群体性的“集体良知”文化认同的深化建构。

从社会公平到社会公平与正义的价值整合是城市品位建设的前提和土壤。城市的主体是城市市民，有优秀文化传统的城市，往往会有一种特有的“城市文化自觉”，这种自觉是一种文化熔炉，内部会生成社会整体的优秀文化传统的选择机制，这也是市民社会的本质所在，在此基础上产生市民社会共性的“善”的文化取向。如，从某种角度讲，有品位的城市应该没有典型的恒定的“底层社会群体”，或者说这类人数的比例会呈现逐渐降低的趋势，“底层社会群体”应该是所谓的“临时性群体”，不是固化的阶层，通过社会制度和个体努力可以改变阶层地位。城市的品位高低，在更深层次的意义上体现为是否具有充分的社会选择空间。从空间的公平与正义，到社会生活的公平与正义，是城市品位提升的原动力。其重要的创新在于，城市具有良好的社会发展环境，可以为个体或者群体提供能够改变落后文化和贫穷生活的社会机制。因此，也可以说，城市品位建构的内容之一就是要对城市贫困进行“社会精准治理”，①能够让“底层社会群体”通过社会机制改变现存的生活状况与阶层地位，让市民整体成为城市品位的践行者、创造者和享受者。

从“社区如家”到“城市如家”的人文关怀是城市品位建构的基础。在现阶段，中国的城市建设需要创造城市市民的心理归宿感和安全感。其中的目标之一是从“社区如家”到“城市如家”的文化转向，让城市人把城市当作自己的家园，并通过城市价值推进来提升个人价值，反过来，又通过个人和群体价值的创造，提升城市的品位与价值。特别是要重构城市社会的“邻里社区关系”、重构城市社区的人文情愫、重构传统邻里的文化守望，让传统的“乡村共同体”的人文情怀得以在城市里实现。让城市这一“陌生”的世界存有人间大爱，这是真正的品位。芒福德认为，城市与人格、空间和社会整体生活价值取向有深刻的社会关系：“威廉·詹姆斯(1842～1910，美国心理学家和哲学家)在其代表作《心理学原理》中很生动地描述了，一个人的住宅、财产也像他的知识、情感、观念和行为同样是其完整人格的组成部分。如果这个道理适用于个人，它就更适用于社区：因为城市正是凭借新奇优美的建筑来体现新形成的集体人格、展示自己的新面

① 张鸿雁.社会精准治理模式的理论与实践创新.探索与争鸣.2016(1)

貌的。”我们更要注意的是这样一个文化价值取向——城市社会历史的发展过程告诉我们：“最卑微的居民则可以将自己同城市的集体人格联系起来，同城市的权力和光彩联系起来。”[①]“我是上海人”“我是北京人”“我是深圳人”“我是纽约人”……这是我们建设“城市如家”这一理想家园的本质原因。

从学习型城市到“哲学型城市”，再到“特色文化的城市哲学”，是城市品位的内有价值。芒福德说，城市是改造人类的场所。这一观点的不足之处在于，不是所有的城市都具有改造人类的功能，一个伟大的城市才是改造人类的场所。一座好城市就是一所好学校，城市的市民要有文化品位，要有文化资本，进而转化为城市整体意义上的文化资本。“今天已经哲学过了吗?”这句话作为一种语法结构似乎有些不合理。但是，其意涵之深刻却可以告诉人们一个哲理：“城市哲学”可以成为“城市文化资本”，城市哲学可以让城市变得伟大起来。某个城市“哲学家小路”影响所酿造的城市文化土壤与市民社会的价值取向具有人类文化的结晶意义。德国的海德堡不仅是一个有哲学的城市，而且还是一个有“城市哲学”的城市。在内卡河北岸的山丘上有一条小路，历史上许多大家如黑格尔、歌德、亚斯培斯、康德、韦伯、海德格尔等经常在这里散步，这条小路几乎成了一条哲人之路，人们都称之为“哲学家小道”。在路旁的一个花园门口竖着一个向上平伸的手掌模型，掌心里写着简单的一句话：“HEUTE SCHON PHILOSOPHIERT?”直译为“今天已经哲学过了吗?”也有人翻译为“今天你哲学了吗?”[②]一个城市应该有自己的哲学，但中国的城市很少有自己的哲学，这不仅是因为中国缺少对世界有影响的哲学家，还缺少日常生活的哲学思维，但从本源上说是城市社会市民的主体对哲学修养的忘却。一个有自己城市哲学的城市，就是一个有无限创新力的城市。独有的“城市哲学”酝酿了这座城市成为现代

---

① 刘易斯·芒福德.城市发展史——起源、演变和前景.宋俊岭，等译.北京：中国建筑工业出版社，1989：53

② 《欧洲古堡游》编辑部.欧洲古堡游.北京：陕西师范大学出版社，2004：74.见：http://travel.sohu.com/20060329/n242529846.shtml《哲学家小道》

经典科技文化创新的土壤。

从城市精神理念到市民精神的生活实践转化为“常人生活”的品位素养是建构城市品位的灵魂。城市没有灵魂，就不可能千年不朽。城市和市民精神的核心，就是以利他主义为核心的自我生存价值取向，不仅让尊重和被尊重成为一种习惯，还让爱人利他成为一种生活方式，让荣誉和正义成为一种集体意识。在城市建设的实践中我们发现，只有敬畏自然，关爱环境，追求生活品质，礼貌而有职业操守，以向上的力量创造日常生活，才能够体现城市品位。抑或可以说，追求城市品位的一种境界，是一种集体行动逻辑，也是城市市民社会的终极价值。反之，是可想而知的。

从生态循环到社会循环，再到回归自然的城市发展方式，是城市品位建构的必由之路。城市是棵树，植根于自然，源于自然。城市是人类的造物，人类是自然的一部分，作为人类造物的城市也必然应该是自然的一部分。一个可以重新回归自然，并与自然融为一体的城市，能够让城市人自然而然地生活。在城市品位的外在表达上，城市应该生长在花园里，成长在森林里；花园和森林应该生长在城市里。天人合一，道法自然，是城市在重归自然中发展的现代法则。

从“城市格调”到“城市时尚”，再到城市作为一个艺术品的打造，是城市品位建设的“质性”隐喻。这一理念的核心词是“让优秀成为一种习惯”，让高雅的文明礼貌成为生活的最低标准，让追求时尚成为日常生活的一部分……有品位的城市一定是有格调的城市，有格调的城市一定是引领社会时尚的城市，如巴黎、伦敦、东京等。“巴黎有 101 种生活方式”，包括城市色彩、城市空间意向、城市文化精英群体的创造都需要从“质性”意义上发展创新。要培育出一个典型的社会样板阶层，成为城市品位建设的中坚力量，这个样板阶层是市民社会发展和契约精神建设的推动者及创新者，在日常生活中有追求高雅、追求清洁、追求文明、追求礼节、追求艺术的自然行为特质。

从生活空间到艺术空间，再到日常生活艺术空间再创造，是城市品位的时间切面。现代城市品位的建构，需要重新整合城市要素，如城市公共空间、城市角落、城市建筑、城市社区、城市街道、城市家庭，它们都应该是城市品位体现的载体。因此,一个重要的主题就是要把城市当作艺术品来打造,必须强调城市文化、空间艺术性的细节打造。在社会样板阶层的主导下,选择性地积累传统中的优秀文化要素,有意识地创造新的文化品位要素和符号,积极主动地摒弃低俗文化,用新的理性主义努力创造城市细节的品位与价值。“街道、拱廊、广场、院落、小区、柱廊、大街、林荫道、中心、核心区、聚集点、放射点……这样一个城市就能够徒步穿越,而且变成一个清晰、易懂的主题”。① 细节体现品质,也决定成败。在任何一个时代中,相应的城市时期都产生了多种多样的新角色和丰富多彩的新潜力。这些东西带来了法律规范、举止风度、道德标准、服装、建筑等各方面的相应变化,而这些新变化最后又将城市转变成一个活的整体。② 城市品位的塑造一定是每一个市民的自觉行为。犹如巴黎城市的花香……在阳台、在屋顶、在街角、在路边……到处都可看到花和闻到花香,可谓“闻香识巴黎”。从“中国式城市文艺复兴”的视角看,城市一定要有“第三空间”的“文化连续统”,即城市文化思想自由飞翔的空间,如在巴黎、伦敦、罗马、佛罗伦萨……街角咖啡馆文化,特别是巴黎左岸的咖啡馆公共空间文化已经成为有世界影响的特色文化空间。另外,在城市视觉系统品位的建构中,景观符号应该从一般意义上的艺术符号表达,上升到“城市文化资本”符号的价值转换。如城市的店招店牌、广告亮化、导览导视系统等要进行一体化、系统化设计,构成代表城市意向的艺术符号,如伦敦的红色电话亭、黑色出租车和红色双层巴士等——建构了世界特色文化城市的经典。

从大众创业到充分就业,再到大众创新的文化土壤培育,是城市品位建设的支点。充分就业是城市真正的活力源泉所在。对于城市人来说,生活的主要方式之一就是工作,或者说能够有一份理想、体面的工作,是市民日常生活能够得以高雅的物质基础,正所谓“仓廪

① 南·艾琳.后现代城市主义.张冠增,译.上海:同济大学出版社,2007:6

② 刘易斯·芒福德.城市发展史——起源、演变和前景.宋俊岭,等译.北京:中国建筑工业出版社,1989:87

实而知礼节，衣食足而知荣辱”。如果一个城市能够让多数人在“充满选择机会”的同时，也能够获得更多的创业机会，这个城市一定会成为人们向往的城市。

从城市文化资源挖掘到“城市文化资本”打造，再到城市品位文化符号的资本性转化，是城市品位提升的“文化动力因”。[①] 城市品位是“城市文化资本”的文化要素，一般会具有经济类资本所没有的意涵：一是公共性，即城市的公共财富；二是唯一性、垄断性和资本性；三是历史价值的传承性和价值的刚性；四是社会整体的认同性和集体记忆的存在性；五是对城市的可持续发展具有特色竞争力和综合竞争力双重意义。

城市品位是市民社会的整体诉求，强调的是契约精神和民主。我们认为，城市的创新机制和创新土壤比创新能力更重要。一个城市一旦形成良好的市民社会关系，就等于建构了一定意义上的科学与新文明创新的土壤，新的思想、新的文化、新的行为、新的科学技术和新的思维方式就可以如雨后春笋般涌现，创新就有可能成为城市自身内化的机能，有品位的城市一定会聚集众多的思想家、创新者和新社会文化与新经济思维发展的担当者和推动者。不妨用刘易斯·芒福德话结尾：“城市是地理的网织工艺品，是经济组织制度的过程，是社会行为的剧场，集中统一体的美的象征。一方面，它是一般家庭经济活动的物质基础；另一方面，它又是重大行为和表现人类高度文化的戏剧舞台。城市培育艺术的同时，它本身就是艺术。与创造剧场的同时，本身就是剧场一样。”

（三）城市文化资本再生产：特色文化城市全球化文化价值链创新

文化产业的改革与创新是国家意义上的文化综合治理，是国家与地方文化建设的战略模式。它既是一种产业类型的战略思维，也

---

① 张鸿雁.城市符号是文化资本.解放日报.2011－07－24

是在创造、振兴和再构中国文化的“根柢”。胡适曾论，文化“复兴的结晶看起来似乎使人觉得带着西方色彩。但剥开它的表层，你就可以看出，构成这个结晶的材料，在本质上正是那个饱经风雨侵蚀而可以看得更为明白的中国‘根柢’——正是因为接触新世界的科学、民主和文明而复活起来的人文主义与理智主义的中国”。① 在这个意义上，必须明确文化立国的战略意义，包括由“文化兴省”“文化兴市”“文化兴县”“文化兴镇”形成的梯度化文化发展战略与计划而塑造的国际文化市场中的“中国符号”。

一方面，从简单单一的文化产品输出转向能够体现中国优秀文化、展示当代中国形象的文化产品、文化价值和文化服务的输出，从“文化产品生产商”转型为“文化价值服务商”，创造具有中国特色的文化全产业链，形成文化服务市场的国际化文化价值链。开发一批具有中国文化内核，但同时超越文化差异的具有共同文化诉求的文化产品。特别是要明确提出国家级品牌的文化国际化战略模式和具体实施方案，以“华夏潮”“汉唐风”“中国风”为国家名片进行全球文化价值营销，打造符合国际市场的现代消费者需求的中国文化价值服务。从“民族文化价值输出”的视角，创造城市文化资本，推广“文化的跨国经营”，塑造民族化的世界强势文化话语权，建构中国文艺复兴意义上的中国文化核心价值，以开放的心态，形成与世界文化共同的、共享的文化语汇体系，在全球文化竞争中，直接介入全球文化价值链的高端环节。

另一方面，主动建构“世界文化的中国标准”，形成以文化认证为核心的“中国文化标准认证体系”。必须改变一般意义上对中国文化产业的补贴和政策优惠，不再以单一的产品和国界范围来进行发展的扶持，而是以“文化概念”取代“地域概念”，大力扶持与中国文化发展有关的文化产业作品，出台国家层面的现代《中国文化标准认证体系》，学习英国在电影领域应用的“文化测试”打分系统的理念，在认证体系当中将反映中国文化、在中国取景拍摄以及整个制作过程当中雇用相当比例中国人员等定量和定性要素作为评判标准，只要符

① 胡适.中国的文艺复兴.北京:外语教学与研究出版社,2001:151

合相应标准的文化作品都可以向文化管理部门进行申请，通过专家评审之后，就可以给予返税补贴和审批特权。由此，实现对单纯产业标准的超越和扩充，强调以文化影响力和文化表现力为核心，进行对全世界范围内的反映中国文化内核的作品进行支持和补贴。

文化产业的深化改革与创新具有很深刻的社会意义，其本身也是一种国家意义上的文化整体建设和中国传统“文化根柢”重构的文化新启蒙运动。文化产业的发展不仅仅关系到一个国家的经济现代化问题，更关系到一个民族文化价值取向的问题。文化产业的发展不仅和居民的幸福感相关，更影响着人们对国家现代化发展的文化认同度和参与度。我们以西方中世纪城市文化复兴为参照可以看出："18 世纪启蒙运动把一切都押在这样的一个信念上：如果每个个人的能量得到解放，它们的成就是无可限量的。""在理性计算照耀下的世界里，个人才能的无限制发挥能够在知识和技巧方面，在财富、福利和文明方面，产生空前的增长，而在一定时间以后，这种增长不仅在物质方面而且在道德方面也能把人类提高到以前未达到过的高水平。"[①]我们相信，中国文化产业发展所带来的一定是一种“财富、福利和文明方面产生空前的增长”。

一个国家能否繁荣，文化是一个重大的决定因素。文化价值观之所以重要，不仅因为其构成了人们组织经济活动和成长的土壤，关键是因为价值观影响着人类的进步方式与进程。[②] 注重文化和文化改革的思潮并不新鲜事物，社会学者马克斯·韦伯、[③]政治学者爱德

---

① 阿伦·布洛克. 西方人文主义传统. 董乐山，译. 北京：生活·读书·新知三联书店，1997：134～136

② 斯特斯·林赛. 文化，心理模式和国家繁荣. 见：塞缪尔·亨廷顿，劳伦斯·哈里森. 文化的重要作用：价值观如何影响人类进步. 程克雄，译. 北京：新华出版社，2013：43

③ 德国社会学家韦伯在其《新教伦理与资本主义精神》一书中，从文化价值体系的角度揭示了欧洲资本主义经济制度的发生，“一个人对天职负有责任乃是资产阶级文化的社会伦理中最具代表性的东西，而且在某种意义上说，它是资产阶级文化的根本基础”

华·班菲尔德、[1]经济学者约翰·康芒斯[2]都曾经从不同的方面论述文化对经济社会发展的作用,甚至明确说明文化改革是制度变迁和社会改革的幕后推手和发生土壤。相较于社会改革中的其他力量,文化所需要扮演的角色更加复杂而多变,它可能是改革的对象,也可能是改革的动力,更可能是改革的工具或最终的成果形式——它甚至随时随地表现为改革的方方面面。这不意味着文化因此(至少在逻辑上应然)只能成为政治、经济、社会治理的工具、策略与功能性论述,而是将文化视为政治、经济行为、策略与措施的价值诠释、意义赋予与内在逻辑思维的理性论述对话领域或空间。"文化综合治理"若要成为当代国家治理现代化的一种手段,就必须从人文价值的高度创造国家治理的典范和范式。美国政治学者塞缪尔·亨廷顿认为,关于文化在人世间的地位,最明智的说法或许就是丹尼尔·帕特里克·莫伊尼汉的两句话:"保守地说,真理的中心在于,对一个社会的成功起决定作用的是文化,而不是政治。开明地说,真理的中心在于,政治可以改变文化,使文化免于沉沦。"[3]某种意义上,这似乎更像是对文化和政治互动关系的形象描述。

改革由社会问题倒逼而产生。过去社会上发生的是——传统伦理被破坏、收入差距不断扩大的后果——文化掌握了倡导变革的主动权,经济则不断调试自己来满足这些新需求。[4] 正如非洲研究、开发和管理协会创办人和会长埃通加·曼格尔在研究非洲文化改革时

---

① 美国政治学者班菲尔德通过对在意大利南部为期9个月的社会调查,在其《落后社会的道德根据》一书中提出当地的贫穷和专制很大程度上源自"无道德家庭主义(Amoral Familism)"的文化形态

② 美国经济学者康芒斯在其《制度经济学:它在政治经济学中的地位》一书中提出,人们的经济活动,包括利益意识、利润意识、工作意识、工资意识、地租意识和职业意识等,是以他们共享的习俗文化资源为基础的,包括习俗文化的本质特征是一种集体的强制

③ 塞缪尔·亨廷顿.文化的作用.见:塞缪尔·亨廷顿,劳伦斯·哈里森.文化的重要作用:价值观如何影响人类进步.程克雄,译.北京:新华出版社,2010:7

④ 丹尼尔·贝尔.资本主义文化矛盾.严蓓雯,译.南京:江苏人民出版社,2007:16

提出的基本命题“文化是制度之母”，①城市文化资本是城市创新制度下的产物，城市文化资本集聚和再生产所创造的特色文化城市，将是世界城市化和现代化发展的主流。用奥斯瓦尔德·斯宾格勒的话说：“我看到的是一群伟大文化组成的戏剧，其中每一种文化都以原始的力量从它的土生土壤中勃兴起来，都在它的整个生活中坚实地和那土生土壤联系着；每一种文化都把自己的景象印在它的材料上，即它的人类身上；每一种文化各有自己的观念，自己的情欲，自己的生活、愿望和感情，自己的死亡。这里是丰富多彩、闪耀着光辉、充盈着运动的，但理智的眼睛至今尚未发现过它们。”②

① 埃通加·曼格尔. 见：塞缪尔·亨廷顿，劳伦斯. 哈里森. 文化的重要作用：价值观如何影响人类进步. 程克雄，译. 北京：新华出版社，2010：120

② 奥斯瓦尔德·斯宾格勒. 西方的没落. 齐世荣，等译. 北京：商务印书馆，1963：39

参考文献

1. Aldo Rossi. *The Architecture of the City*. Cambridge: MIT Press, 1984

2. Aldo, Rossi. *Architecture of the city*. MIT Press, Cambridge, Massachusetts / London, 1982

3. Anthony D. King (ed.), *Culture, Globalization and the World-System: contemporary conditions for the representation of identity*, Minneapolis: University of Minnesota Press, 1997

4. Antonio Paolo Russo. *The "Vicious Circle" of Tourism Development in Heritage Cities*. Annals of Tourism Research. 2002 (1)

5. Barber, Benjamin R. *Jihad vs. McWorld*. New York: Times Books, 1995

6. Barker, Chris. *The SAGE Dictionary of Cultural Studies*. London: SAGE, 2004

7. Bennett, Tony. *Archaeological Autopsy: Objectifying Time and Cultural Governance*. Cultural Values6. 1～2, 2002

8. C. 卡尔霍恩,黄平. 全球化研究的思考与问题. 社会学研究,

2001(3)

9. C. A. Doxiadis. *Ecumenopolis: The Inevitable City of the Future*. Athens Publishing Cebter,*1975*

10. Castells, M. *The Rise of the Network Society*. Oxford: Blackwell,1996

11. Castells, M. *The Urban Question*. London: Edward Arnold Publish Press. 1977

12. Crang, Mike and Thrift, Nigel. *Thinking Space*. London: Rutledge, 2000

13. D.保罗・谢弗,著.经济革命还是文化复兴.高广卿,陈炜,译.社会科学文献出版,2006

14. Davis, Deborah S. *The Consumer Revolution in Urban China*. Berkeley: University of California Press, 2000

15. Edward. W. Soja. 后大都市——城市和区域的批判性研究.包亚明,译.上海:上海教育出版社,2006

16. European Communities. *European Capitals of Culture: the road to success from 1985 to 2010* , European Communities, 2009 (1)

17. Foucault, Michel. "Governmentality" in G. Burchill, C. Gordon and P. Miller (eds.). *The Foucault Effect: Studies in Governmentality*. Chicago: University of Chicago Press,1991

18. Foucault, Michel. *Ethics: Subjectivity and Truth*. Essential Works of Foucault, 1954—1984. Vol. I. Rabinow,P (ed.). New York: New Press, 1997

19. Fred Siegel. *The Future Once Happened Here: New York, D. C., L. A. and the Face of America's Big Cities*. Free Press,1997

20. Friedman, J. The World City Hypothesis. Development and Change, Vol. 17, No. 1

21. Friedman, Thomas L. *The Lexus and the Olive Tree*.

New York: *Batman Books*, 2000

22. Gary Gereffi & Miguel Korzeniewicz. *Commodity chains and global capitalism*. London: Praeger, 1994

23. George, Susan. *Ill Fares the Land*. New York: Penguin, 1990

24. H.孟德拉斯.农民的终结.李培林,译.中国社会科学出版社,1991

25. H.佐巴夫.黄金海岸和贫民窟.北京:中国社会科学出版社,2009

26. Hall P, *Cities in Civilization*, New York: Fromm International, 2001

27. Hartley, John. *A Short History of Cultural Studies*. London: Sage, 2003

28. Harvey David, *Consciousness and the Urban Experience*. Oxford: Basil Blackwell and Johns Hopkins University Press, 1985

29. Harvey David. *The Urban Experience*. Oxford UK & Cambridge USA: Blackwell Publishers, 1989

30. Irwin Unger. *The Best of Intentions*: *The Triumph and Failure of the Great Society Under Kennedy*, Johnson, and Nixon. New York: Doubleday, 1996

31. J. Valentine. *Governance and Cultural Authority*. Cultural Values 6. 1～2, 2002

32. James L. Watson. *Golden Arches East*: *McDonald's in East Asia*. Stanford: Stanford University Press, 1997

33. Jessop, B. *Liberalism*, *neoliberalism*, *and urban governance*: *A state-theoretical perspective*. Antipode, 2002

34. John. Montgomery, *Cultural Quarters as Mechanisms for Urban Regeneration Part 1*: *Conceptualizing Cultural Quarters* [J]. Planning, Practice Research, 2003, Vol. 18, No. 4.

35. Joseph S. Nye. *Soft Power*. Foreign Policy, Fall 1990

36. Keith Bassett, Ron Griffiths, Iansmith. *Cultural industries, cultural clusters and the city: the example of natural historyfilm-makinginBristol*. Geoforum,2002(33)

37. Lefebvre, H. *Everyday Life in the Modern World*. Trans. by Sacha Rabinovitch. New Brunswick: Transaction Publishers, 1984

38. Lefebvre,H. *The Production of Space*. Trans. by Donald Nicholson-Smith. Malden, Oxford, Carlton: Blackwell Publishing Ltd, 1991

39. lOnishi T. *A capacity approach for sustainable urban development: an empirical study*. Regional studies, 1994

40. LuKe. *The Intensive Urbanization*. Development of Small Cities&Towns, 2005(12)

41. M. Dillon and J. Valentine. *Culture and Governance*. Cultural Values 6. 1—2, 2002

42. Merrifield, Andy. "Henri Lefebvre: A Socialist in Space." In Crang, M. & Thrift, N. (eds.). *Thinking Space*. London: Routledge, 2000

43. Micheal, Jean-Baptiste, Yuan KuiShen, Aviva Presser Aiden et al. *Quantitative Analysis of Culture Using Millions of Digital Books*. Science, 2011(331)

44. Miriam Greenberg. *Branding New York: how a city in crisis was sold to the world*, New York: Rutledge, 2008

45. Munford, Lewis. *The culture of cities*. London: martin Secker & Warburg ltd, 1938

46. P. Williams. "*Urban Managerialism: A Concept of Relevance?*". Area, 1978. Vol. 10, No. 3,1978

47. Pahl R. E. "*The Sociology of Urban and Regional Development as a Problem in Political Economy*", mimeo,1974

48. Paul L. Knox, Steven Pinch. *Urban Social Geography*.

Pearson Education Limited. 2000

49. Peter Saunders. *Social Theory and the Urban Question*. London and New York: Routledge, 1986(32)

50. Pierre Bourdieu. *The Form of Capita*. New York: Handbook of Theory and Research For the Sociology of Education, in J. G. Richardson(ed), 1986

51. Porter. *The Competitive Advantage*. New York: Free Press, 1985

52. R. E. 帕克,E. N. 伯吉斯 ,R. D. 麦肯齐. 城市社会学——芝加哥学派城市研究文集. 宋俊岭,等译. 华夏出版社,1987

53. Revel, Jean Francois. *Anti-Americanism*. California: Encounter Books, 2000

54. Ritzer, Jean Francois. *The Globalization of Nothing*. California: Pine Forge Press, 2004

55. Ritzer, Jean Francois. *The McDonaldization of Society*. California: Pine Forge Press, 2000

56. Saint Augustine. *The City of God*. New York: Modern Library, 1993.

57. Samuel P. Huntington. *The Clash of Civilizations*? Foreign Affairs, 1993, Vol. 72, No. 3

58. Sardar, Ziauddin and Merryl Wyn Davies. *Why Do People Hate America*? UK: Icon Book Ltd, 2002

59. Smith N, Scale[A]. Johnston RJ, Gregory D, Pratt G, Watts M. *The Dictionary of Human Geography*. Oxford: Blackwell Publishers Ltd, 2000

60. Soja E. *Third Space: Journeys to Los Angeles and Other Real-And-Imagined Places*. Oxford: Blackwell. 1996

61. Soja, E. *Postmodern Geographies: The Reassertion of Space in Critical Social Theory*. London: Verso, 1989

62. Talcott. *Parsons*, *The Structure of Social Action*, New

York: Free Press, 1937

63. Twenge, Jean M., Campbell W. K., and Brittany Gentile. *Increases in Individualistic Words and Phrases in American Books*. 1960～2008. PLoS ONE, 2012(7)

64. United Nations Center For Human Settlements(Habitat), *Cities in a Globalizing World: Global Report on Human Settlements 2001*. London and Sterling, VA. Earth-scan Publications Ltd., 2001

65. Urban Task Force. *Towards an Urban Renaissance*. Urban Task Force, 1998

66. Watson, James L. *Golden Arches East: McDonald's in East Asia*. Stanford: Stanford University Press, 1997

67. Yan, Yunxiang. "*McDonald's in Beijing: The Localization of Americans*." In Golden Arches East: McDonald's in East Asia, edited by James L. Watson. Stanford: Stanford University Press, 1997

68. Zukin, Sharon. "*A Decade of the New Urban Sociology*". Theory and Society, 1981(9)

69. Zukin, Sharon. *The Cultures of Cities*. Cambridge, MA: Blackwell, 1995

70. 阿尔蒙德,等. 比较现代化. 杨豫，陈祖洲,译. 上海:上海译文出版社,1987

71. 阿伦·布洛克. 西方人文主义传统. 董乐山,译. 北京:生活·读书·新知三联书店,1997

72. 阿摩斯·拉普卜特. 文化特性与建筑设计. 常青,等译. 北京:中国建筑工业出版社,2004

73. 阿摩斯·拉普特. 建成环境的意义——非言语表达方式. 黄兰谷,等译. 北京:中国建筑工业出版社,2003

74. 阿诺德·约瑟夫·汤因比. 历史研究(上、下). 萨默维尔,编. 郭小凌,等译. 上海:上海人民出版社,2010

75. 埃·M. 伍德. 资本帝国. 王恒杰等译. 上海:上海译文出版社,2006

76. 埃比泽尼·霍华德. 明日的田园城市. 金经元,译. 北京:商务印书馆,2006

77. 埃里克·霍布斯鲍姆. 民族与民族主义. 李金梅,译. 上海:上海世纪出版集团,2006

78. 埃利奥特·阿伦森. 社会性动物. 郑日昌,等译. 北京:新华出版社,2001

79. 艾伦·J. 斯科特. 城市文化经济学. 董树宝,等译. 中国人民大学出版社,2010

80. 爱德华·W. 苏贾. 后现代地理学——重申批判社会理论中的空间. 王文斌,译. 北京:商务印书馆,2004

81. 爱弥尔·涂尔干. 职业伦理与公民道德. 渠敬东,等译. 上海:上海人民出版社,2006

82. 安东尼·吉登斯. 失控的世界. 周红云,译. 南昌:江西人民出版社,2001

83. 安东尼·吉登斯. 现代性的后果. 田禾,译. 南京:译林出版社,2000

84. 安东尼·吉登斯. 现代性与自我认同:晚期现代中的自我与社会. 赵旭东,方文,译. 北京:生活·读书·新知三联书店,1998

85. 安东尼·奥罗姆. 城市的世界——地点的比较分析和历史分析. 陈向明,译,上海:上海人民出版社,2005

86. 安东尼·吉登斯. 社会学(第四版). 赵旭东,等译. 北京大学出版社,2003

87. 安华. 边疆少数民族地区社会保障问题研究——基于内蒙古四个人口较少民族聚居地的调查. 保险研究,2012(8)

88. 奥斯瓦尔·德斯宾格勒. 西方的没落. 齐世荣,等译. 北京:商务印书馆,2001

89. 巴特·穆尔,吉尔·伯特,等. 后殖民批评. 杨乃乔,等译. 北京:北京大学出版社,2001

90. 柏拉图. 理想国. 郭斌，张竹明，译. 北京：商务印书馆，1986

91. 包亚明，Sharon Zukin. 城市文化. 张廷佺，杨东霞，谈瀛洲，译. 上海教育出版社，2006

92. 保罗·利科. 历史与真理. 姜志辉，译. 上海：上海译文出版社，2004

93. 保罗·诺克斯，琳达·迈克卡西. 城市化. 顾朝林，等译，北京：科学出版社，2009：473

94. 鲍宗豪. 当代中国"文明论"研究的新视域. 学术月刊，2011(5)

95. 本尼迪克特. 菊花与刀. 孙志民，等译. 杭州：浙江人民出版社，1987

96. 彼得·狄肯斯. 社会达尔文主义——将进化思想与社会理论联系起来. 涂骏，译. 长春：吉林人民出版社，2005

97. 彼得·霍尔. 更好的城市——寻找欧洲失落的城市生活艺术. 袁媛，译. 南京：江苏凤凰教育出版社，2015

98. 彼得·卡尔索，威廉·富尔顿. 区域城市——终结蔓延的规划. 叶齐茂，倪晓晖，译. 北京：中国建筑工业出版社，2007

99. 波德·德鲁克. 社会的管理. 徐大建，译. 上海：上海财经大学出版社，2003

100. 卜正民，施恩德. 民族的构建：亚洲精英及其民族身份认同. 陈城，等译. 长春：吉林出版集团有限责任公司，2008

101. 布迪厄. 文化资本与社会炼金术——布迪厄访谈录. 包亚明，译. 上海：上海人民出版社，1997

102. 布尔迪厄，华康德. 实践与反思——反思社会学导引. 李猛，李康，译. 北京：中央编译局出版社，2004

103. 布罗代尔. 15 至 18 世纪的物质文明、经济和资本主义(第一卷). 顾良，等译. 上海：上海三联书店，1992

104. 蔡昉. 刘易斯转折点与公共政策方向的转变——关于中国社会保护的若干特征性事实. 中国社会科学，2010(6)

105. 蔡禾. 城市社会学：理论与视野. 广州：中山大学出版

社,2003

106. 蔡禾.都市社会学研究范式之比较——人类生态学与新都市社会学.学术论坛.2003(3)

107. 蔡宁,范明英.植根于传统文化与时代精神互动——城市文化建设之道.探索与争鸣,2012(7)

108. 曹宝明,顾松年.新苏南发展模式的演进历程与路径分析.中国农村经济,2006(2)

109. 查尔斯·K.威尔伯.发达与不发达问题的政治经济学.徐壮飞,等译.北京:中国社会科学出版社,1984

110. 查尔斯·赖特·米尔斯.白领——美国的中产阶级.杨小东,等译.杭州:浙江人民出版社,1987

111. 查尔斯·赖特·米尔斯.权力精英.王崑,等译.南京:南京大学出版社,2004

112. 陈飞,谷凯.西方建筑类型学和城市形态学:整合与运用.建筑师,2009(2)

113. 陈静,郝一峰.国外核心价值观建设路径的经验研究.黑龙江社会科学,2007(5)

114. 陈静.关于我国农村剩余劳动力转移的思考——由福建炼化一体化项目造成大量农村剩余劳动力转移引发的思考.现代农业,2007(1)

115. 陈军科.人的解放与文化自觉——现代人文精神论纲.银川:宁夏人民出版社,2007

116. 陈李波.城市美学四题.北京:中国电力出版社,2009

117. 陈柳钦.构建城市现代化指标体系新框架.江海纵横,2011(7)

118. 陈然,张鸿雁.特色文化视角下的城市软实力建构——以沪宁杭为例.城市问题,2014(12)

119. 陈先达.当代中国文化研究中的一个重大问题.中国人民大学学报,2009(6)

120. 陈晓华,张小林."苏南模式"变迁下的乡村转型.农业经济

问题,2008(8)

121. 陈一筠,主编. 城市化与城市社会学. 北京:光明日报出版社,1986

122. 陈云松,吴青熹,张翼. 近三百年中国城市的国际知名度——基于大数据的描述与回归. 社会,2015(5)

123. 陈云松. 大数据中的百年社会学——基于百万书籍的文化影响力研究. 社会学研究,2015(1)

124. 陈忠. 空间辩证法、空间正义与集体行动的逻辑. 哲学动态,2010

125. 成中英. 中国文化的现代化与世界化. 北京:中国和平出版社,1988

126. 仇保兴. 新型城镇化带动西部大开发的几点思考——以南疆为例. 城市规划,2010(6)

127. 崔相录. 今日发达国家教育改革导论. 北京:教育科学出版社,1992

128. 崔宜明. 韦伯问题与职业伦理. 河北学刊,2005(4)

129. 大卫·哈维. 时空之间——关于地理学思想的反思. 包亚明,主编. 现代性与空间的生产. 上海:上海世纪出版集团,2003

130. 大卫·哈维. 正义、自然和差异地理学. 胡大平,译. 上海:上海人民出版社,2010

131. 丹尼尔·贝尔. 后工业社会的来临. 高铦,王宏周,等译. 北京:新华出版社,1997

132. 单霁翔. 从"功能城市"走向"文化城市"发展路径辨析. 文艺研究,2007(3).

133. 道格拉斯·C. 诺思. 经济史中的结构与变迁. 陈郁,等译. 上海:上海人民出版社,1995

134. 邓智平,黄卓宁. 融入城市的仪式——麦当劳消费对青年民工的意义. 青年探索,2006(5)

135. 迪尔凯姆. 社会学方法的准则. 狄玉明,译. 北京. 商务印书馆,1995

136. 丁波,李雪萍. 新型城镇化背景下四川藏区城镇化动力机制研究. 党政研究,2014(1)

137. 段超. 再论民族文化生态的保护和建设. 中南民族大学学报,2005(4)

138. 厄里·J. 关于时间和空间的社会学. 载:布赖恩·特纳,主编. Blackwell 社会理论之南. 李康,译. 上海:上海人民出版社,2003

139. 凡勃伦. 有闲阶级论. 蔡受百,译. 北京:商务印书馆,1964

140. 方清云,黄忠彩,田长栋. 以人为本与民族地区城镇化发展战略选择——以湖南武陵山六县为例. 西南民族大学学报(人文社会科学版),2014(1)

141. 房冠辛,张鸿雁. 新型城镇化的核心价值与民族地区新型城镇化发展路径. 民族研究,2015(1)

142. 斐迪南·滕尼斯. 共同体与社会. 林荣远,译. 北京:商务印书馆,1999

143. 费孝通. 从实求知录. 北京大学出版社,1998

144. 费孝通. 对文化的历史性和社会性的思考. 思想战线,2004(2)

145. 费孝通. 反思·对话·文化自觉. 见:费孝通. 论人类学与文化自觉. 北京:华夏出版社,2004

146. 费孝通. 关于"文化自觉"的一些自白. 学术研究,2003(7)

147. 费孝通. 论人类学与文化自觉. 华夏出版社,2004

148. 费孝通. 乡土中国生育制度. 北京:北京大学出版社,1998

149. 冯华. 21 世纪的热点:发展小城镇推动城市化. 北京:科学出版社,2000

150. 冯伟. 城市发展模式研究:以我国副省级城市为例. 产经评论,2010(4)

151. 佛罗里达. 创意阶层的崛起. 司徒爱琴,译. 北京:中信出版社,2010

152. 弗朗索瓦·沙奈. 资本全球化. 齐建华,译. 北京:中央编译出版社,2001

153. 福柯.不同空间的正文与上下文.包亚明,主编.后现代性与地理学的政治.上海:上海教育出版社,2001

154. 福柯.福柯访谈录:权力的眼睛.严锋,译.上海:上海人民出版社,1997

155. 付宝华.城市主题文化与世界名城崛起.北京:中国经济出版社,2007

156. 傅腾霄,陈定家.关于全球化与文化认同危机.社会科学战线,2003(6)

157. 傅宗文.宋代草市镇研究.福建人民出版社,1989

158. 富永健一.社会结构与社会变迁.云南:人民出版社,1988

159. 高福民,花建.文化城市——基本理念与评估指标体系研究.北京:商务印书馆,2012

160. 高山岩男.日本民族の心:文化类型学.玉川大学出版社,1972.

161. 高永久,刘庸. 城市社区民族文化涵化的类型分析.中南民族大学学报(人文社会科学版),2006(3).

162. 格兰特.良好社区规划:新城市主义的理论与实践.叶齐茂,等译.北京:中国建筑工业出版社,2009

163. 龚群.中国传统社会的职业及其伦理.孔子研究,2001(6)

164. 郭家骥.云南省城市民族关系面临的问题与对策.云南民族大学学报(哲学社会科学版),2012(29)

165. 郭小燕.世界"新型"城镇化趋势及其对中原经济区新型城镇化的启示.小城镇建设.2011(2)

166. 国家统计局农村社会经济调查司,编.中国农村贫困监测报告 2010.北京:中国统计出版社,2010

167. 哈柏玛斯.合法化危机.刘北成,译.台北:桂冠图书股份有限公司,2001

168. 哈维.后现代的状况——对文化变迁之缘起的探究.阎嘉,译.北京:商务出版社,2003

169. 韩勃,江庆勇.软实力:中国视角.北京:人民出版社,2009

170. 郝凯. 蒙元文化在内蒙古城市建设中的传承与创新——以呼和浩特城市建设为例. 生产力研究,2012(6)

171. 郝寿义. 区域经济学原理. 上海:上海人民出版社,2007

172. 何传启. 第二次现代化——人类文明进程的启示. 北京:高等教育出版社,1999

173. 何传启. 中国现代化战略的新思维. 北京:科学出版社,2010

174. 何丽. 旅游经济下的民族语言文化传承——以云南大理古城和丽江古城为例. 云南民族大学学报(哲学社会科学版),2012(6)

175. 何淼,张鸿雁. 中国文化产业改革治理的创新突破点与行动逻辑——特色文化城市建构的产业转型视角. 南京社会科学,2014(8)

176. 何艳玲. 城市的政治逻辑:国外城市权力结构研究述评. 中山大学学报,2008(5)

177. 贺彦凤,赵继伦. 全球化时代中国文化认同的建构. 马克思主义与现实(双月刊),2007(1)

178. 赫茨勒. 世界人口的危机. 何新,译. 北京:商务印书馆,1963

179. 黑格尔. 美学(1). 朱光潜,译. 北京:商务印书馆,1979

180. 亨利·列斐伏尔. 空间的生产新版序言. 刘怀玉,译. 社会批判理论纪事(第一辑). 中央编译出版社,2006

181. 胡大平. 社会批判理论之空间转向与历史唯物主义的空间化. 江海学刊,2007(2)

182. 胡厚国. 县城规划存在的主要问题和基本对策. 城市规划,2004

183. 胡惠林. 2013:中国文化产业发展指数报告. 上海人民出版社,2013

184. 胡塞尔. 哲学与欧洲人的危机. 吕祥,译,现象学与哲学的危机. 国际文化出版社,1988

185. 胡适. 中国的文艺复兴. 北京:外语教学与研究出版

社,2001

186. 胡跃平,陈韦.武汉城市圈小城镇发展的路径选择与规划模式创新研究.小城镇建设,2010(8)

187. 花建.文化产业集的集聚发展.上海:上海人民出版社,2011

188. 花建.文化软实力——全球化背景下的强国之道.上海:上海人民出版社,2013

189. 黄柏权.论武陵文化.广西民族研究,2002(4)

190. 黄瓴,许剑峰.保护与建构城市空间文化的对策与途径.重庆大学学报(社会科学版),2006(14)

191. 黄新文.城市化过程中的县城建设与发展研究.小城镇建设,2009(11)

192. 霍克海默·阿道尔诺.启蒙辩证法.渠敬东,曹卫东,译.上海人民出版社,2005

193. 霍志钊.民族文化保护与文化自觉:兼论文化人类学者在民族文化变迁中的责任.广东社会科学,2006(4)

194. 简·雅各布斯.城市经济.项婷婷,译.北京:中信出版社,2007

195. 简·雅各布斯.美国大城市的死与生.金衡山,译.上海:译林出版,2005

196. 简修炜,张鸿雁.魏晋南北朝时期劳动者阶层的分析.历史研究,1986(6)

197. 蒋广学,朱剑,主编.世界文化词典.长沙:湖南出版社,1990

198. 金耀基.从传统到现代化.北京:中国人民大学出版社,1999.

199. 卡尔·艾博特.大城市边疆——当代美国西部城市.王旭,等译.北京:商务印书馆,1998

200. 凯文·林奇.城市形态.林庆怡,等译.北京:华夏出版社,2001

201. 凯文·林奇.城市意向.方益萍,何晓军,译.北京:华夏出版社,2001.

202. 康少邦,张宁,等编著. 城市社会学. 杭州:浙江人民出版社,1986.

203. 柯林·罗. 拼贴城市. 童明,译. 北京:中国建筑工业出版社,2003.

204. 科塞. 社会学思想名家. 石人,译. 北京:中国社会科学出版社,1990

205. 克·第亚尼. 非物质社会——后工业世界的设计、文化与技术. 滕首尧,译. 成都:四川人民出版社,1998

206. 克里斯·比尔顿. 创意与管理——从创意产业到创意管理. 向勇,译. 北京:新世界出版社,2010

207. 克里斯多夫·普罗夏松. 巴黎1900——历史文化散论. 王殿忠,译. 桂林:广西师范大学出版社,2005

208. 孔建华. 二十年来北京文化产业发展的历程、经验和启示. 文化产业,2011(2).

209. 库恩. 科学革命的结构. 金吾伦,胡新和,译. 北京大学出版社,2003

210. 莱斯利·怀特. 文化科学——人和文明的研究. 曹锦清,译. 杭州:浙江人民出版社,1988

211. 莱斯特·瑟罗. 资本主义的未来:当今各种经济力量如何塑造未来世界. 周晓钟,译. 北京:中国社会科学出版社,1998

212. 雷开春. 城市新移民的社会认同研究. 上海大学博士论文,2009

213. 黎明泽. 浅论城市融入过程中的社会认同内卷化:以沿海城市少数民族流动人口为例. 广州社会主义学院学报,2010(4)

214. 李炳坤. 论加快我国小城镇发展的基本思路. 管理世界,2000(3)

215. 李红波,曾文,周叶青,等. 中国沿海地区入境旅游经济的时空差异研究. 中国人口资源与环境,2013(1)

216. 李建,董卫. 古代城市地图转译的历史空间整合方法——

以杭州市古代城市地图为例. 城市规划学刊,2008(2)

217. 李俊清. 东部城市少数民族流动人口公共服务研究. 中国行政管理. 2012(11)

218. 李克强. 2010 年 6 月“关于调整经济结构　促进持续发展几个问题”的讲话. 求是,2016(6)

219. 李克强. 协调推进城镇化是实现现代化的重大战略选择. 行政管理改革,2012(11)

220. 李培林. 另一只看不见的手:社会结构转型. 中国社会科学,1992(5)

221. 李培林. 消费分层:启动经济的一个重要视点. 中国社会科学,2002(1)

222. 李强. 中国城市农民工劳动力市场研究. 学海. 2001(1)

223. 李文君,基于国家文化安全的中国文化认同构建. 湖南师范大学博士学位论文,2011

224. 李希光. 话语权视角下的中国文化软实力建设. 思想政治工作研究,2009(2)

225. 李迅. 关于中国城市发展模式的若干思考. 城市,2008(11)

226. 李友梅. 文化主体性及其困境——费孝通文化观的社会学分析. 社会学研究,2010(4)

227. 理查德·伊尔斯,克拉伦斯·沃尔顿,编著. 城市和城市问题. 香港:今日世界出版社,1975

228. 理查德·佛罗里达. 创意阶级的崛起——关于一个新阶层和城市的未来. 司徒爱勤,译. 北京:中信出版社,2010

229. 理查德·罗杰斯,等著. 小小地球上的城市. 仲德崑,译. 北京:中国建筑工业出版社,2004

230. 梁漱溟. 乡村建设理论. 梁漱溟全集(第 2 卷). 济南:山东人民出版社,2005

231. 梁漱溟. 乡村建设是什么. 梁漱溟全集(第 1 卷). 济南:山东人民出版社,2005

232. 梁漱溟. 自述. 梁漱溟全集(第 2 卷). 济南:山东人民出版

社,2005

233. 林本椿. 文化全球化和对外翻译. 福建师范大学学报,1999(2)

234. 林丹,洪晓楠. 中国文化软实力综合评价体系研究. 大连理工大学学报(社会科学版),2010(4)

235. 林民书. 文化产业发展模式及其特点研究. 中国经济问题,2008(1)

236. 林庆,李旭. 城市化进程与中国少数民族传统文化的生存前景. 云南民族大学学报(哲学社会科学版),2009(4)

237. 林庆,李旭. 城市化进程与中国少数民族传统文化的生存前景. 云南民族大学学报 (哲学社会科学版),2009(26)

238. 林毅夫. 经济发展与中国文化的复兴. 北京大学学报(哲学社会科学版),2009(5)

239. 刘昌寿. 生态现代化理论及其对我国城市可持续发展的启示. 城市规划学刊,2006(6)

240. 刘传江,刘洪辞. 生态文明时代的发展范式转型与低碳经济发展道路. 南京理工大学学报(社会科学版),2012(4)

241. 刘浩东. 2013 中国电影产业研究报告. 北京:中国电影出版社,2013

242. 刘俊杰. 县域经济发展与小城镇建设. 北京:社会科学文献出版社,2005

243. 刘俊裕. 全球在地文化:都市文化综合治理与文化策略的形构. 艺文节庆、赛事活动与都市文化形象. 台北:巨流出版社,2013

244. 刘士林. 特色文化城市与中国城市化的战略转型. 天津社会科学,2013(1).

245. 刘士林. 文化都市的界定与阐释. 上海大学学报(社会科学版),2008(3)

246. 刘曙光. 全球化与文化自觉. 山西大学学报(哲学社会科学版),2002(5)

247. 刘湘萍. 以公共空间的形式进入中国的麦当劳. 社会,

2003(35)

248. 刘易斯·芒福德. 城市发展史——起源、演变和前景. 宋俊岭,等译. 北京:中国建筑工业出版社

249. 刘易斯·芒福德. 城市文化. 宋峻岭,李翔宁,周鸣浩,译. 北京:中国建筑工业出版,2009

250. 柳建文. 新型城镇化背景下少数民族城镇化问题探索. 西南民族大学学报(人文社会科学版),2013(11)

251. 卢斌,郑玉明,牛兴侦. 中国动漫产业发展报告(2011). 北京:社会科学文献出版社,2011

252. 卢明华. 荷兰兰斯塔德地区城市网络的形成与发展. 国际城市规划,2010(6)

253. 卢山,江行舟,江可申. 江苏沿海地区产业同构测度与产业协同发展. 湖北经济学院学报,2010(2)

254. 鲁道夫·阿恩海姆. 艺术与视知觉. 滕守尧,等译. 北京:中国社会科学出版社,1984

255. 鲁迅. 中国人失掉自信力了吗. 且介亭杂文. 鲁迅全集(第六卷)。北京:人民文学出版社,1981

256. 陆大道,宋林飞,任平. 中国城镇化发展模式:如何走向科学发展之路. 苏州大学学报(哲学社会科学版),2007(2)

257. 路·阿尔都塞,艾蒂安·巴里巴尔. 读资本论. 李其庆,冯文光,译. 北京:中央编译出版社,2001

258. 露丝·本尼迪克特. 文化模式. 王炜,等译. 杭州:浙江人民出版社,1987

259. 罗伯森·罗兰. 全球化:社会理论和全球文化. 梁光严,译. 上海人民出版社,2000

260. 罗钢,王中忱. 消费文化读本. 北京:中国社会科学出版社,2003

261. 罗能生,郭更臣,谢里. 我国区域文化软实力评价研究. 经济地理,2010(10)

262. 吕方. 国际产业分工与中国文化产业. 世界经济与政治论

坛,2006(5)

263. 马东平.少数民族地区文化产业发展中的思考——以甘肃临夏回族自治州民族文化产业为例.开发研究,2009(3)

264. 马克·戈特迪纳.城市空间的社会生产.任晖,译.南京:江苏凤凰教育出版社,2014

265. 马克斯·舍勒.资本主义的未来.罗悌伦,译.上海:上海三联书店,1997:57

266. 马克斯·韦伯.新教伦理与资本主义精神.于晓,等译.上海:上海三联书店,1987

267. 马克斯·韦伯.非正当性的支配——城市的类型学.康乐,简惠美,译.桂林:广西师范大学出版社,2011

268. 马晓龙,吴必虎.历史街区持续发展的旅游业协同.城市规划,2005(9)

269. 马歇尔.经济学原理.朱志泰,译.北京:商务印书馆,1997

270. 马知遥.非遗保护中的悖论和解决之道.山东社会科学,2010(3)

271. 马志强.论软实力在城市发展中的地位与作用.商业经济与管理,2001(4)

272. 迈克·费瑟斯通.消费文化与后现代主义.刘精明,译.南京:译林出版社,2000

273. 迈克·克朗.文化地理学.杨淑华,宋慧敏,译.南京:南京大学出版社,2003

274. 迈克尔·詹姆斯,等.紧缩城市——一种可持续发展的城市形态.周玉鹏,译.北京:中国建筑工业出版社,2004

275. 迈克尔·波特.国家竞争优势.李明轩,邱如美,译.北京:中信出版社,2012

276. 曼弗雷德·费尔希,等.大都市创新体系——来自欧洲三个都市地区的理论和案例.上海:上海人民出版社,2006

277. 曼纽尔·卡斯泰尔斯.网络社会的崛起.夏铸九,等译.北京:社会科学文献出版社,2006

278. 曼纽尔·卡斯特. 发达资本主义的集体消费与城市矛盾. 姜珊,译. 国外城市规划,2006(5)

279. 毛刚,黄天其. 文化物种观与历史文化名城保护规划. 规划师,2001(3).

280. 毛燕. 彝族进城务工人员城市融入研究——以成都市为例. 人民论坛,2012(26)

281. 孟庆杰. 从社会地理学视角对上海市外来流动人口的居住空间研究. 安徽教育学院学报. 2007(25)

282. 米歇尔·博德. 资本主义史:1500—1988. 吴艾美,等译. 北京:东方出版社,1986.

283. 莫代山. 旅游背景下民族文化产业化与特色民族村寨保护. 湖北民族学院学报(哲学社会科学版),2014(31)

284. 莫什·萨夫迪. 后汽车时代的城市. 吴越,译. 北京:人民文学出版社,2001

285. 倪鹏飞. 新型城镇化的基本模式、具体路径与推进对策. 江海学刊,2013(1)

286. 倪鹏飞. 中国城市竞争力理论研究与实证分析. 北京:中国经济出版社,2001

287. 牛凤瑞,等. 中国城市发展 30 年(1978—2008). 北京:社会科学文献出版社,2009

288. 诺伯舒兹. 场所精神——迈向建筑现象学. 施植明,译. 台北:田园城市文化事业有限公司,1995

289. 欧阳桢. 传统未来的来临:全球化的想象. 载:王宁,薛晓源,主编. 全球化与后殖民批评. . 北京:中央编译出版社,1998

290. 潘天舒,洪浩瀚. 上海“麦工”意义世界的人类学解读——基于田野体验的视角与洞见. 社会,2011(5)

291. 潘泽泉. 当地社会学理论的社会空间转向. 江苏社会科学,2009(1)

292. 彭立勋,主编. 改革开放与城市文化发展. 2009 年深圳文化蓝皮书. 中国社会科学出版社,2009

293. 齐美尔·盖奥尔格.社会学——关于社会化形式的研究.林荣远,译.北京:华夏出版社,2002

294. 祁述裕.中国文化产业发展战略研究.北京:社会科学文献出版社,2008

295. 钱莉莉,贺颖洁.5A级旅游景区对城市知名度影响评析.经济研究导刊,2010(11)

296. 钱亚妍.谈塑造城市历史街区文化的"活性"——以天津五大道历史街区为例.现代城市研究,2012(10)

297. 乔健.论费孝通社会研究的方法.载:费孝通,主编.中华民族研究新探索.北京:中国社会科学出版社,1991

298. 乔纳森·弗里德曼.文化认同与全球性过程.郭健如,译.北京:商务印书馆,2004

299. 乔万尼·波特若.论城市伟大至尊之因由.刘晨光,译.上海:华东师范大学出版社,2006

300. 乔治·J.兰克维奇.纽约简史.辛亨复,译.上海:上海人民出版社 2005

301. 乔治·里茨尔.虚无的全球化.王云桥,宋兴无,译.上海:上海译文出版社,2006

302. 邱成利,冯杰."苏南模式"的发展及其路径依赖.中国工业经济,2000(7)

303. 饶会林,主编.城市文化与文明研究.北京:高等教育出版社,2005

304. 热若尔·罗兰.转型与经济学.张凯,译.北京:北京大学出版社,2002

305. 任强.在理念与礼仪之间——先秦儒家思想中的礼义与礼仪.中山大学学报(社会科学版),2002(5)

306. 任玉玲.地区现代化建设的问题和突破.见:何传启.中国现代化战略的新思维.北京:北京科学出版社,2010

307. 瑞泽尔.后现代社会理论.谢立中,等译.北京:华夏出版社,2003

308. 萨尔沃·马斯泰罗内. 一个未完成的政治思索:葛兰西的《狱中札记》. 黄华光,徐力源,译. 北京:社会科学文献出版社,2000

309. 萨特. 存在与虚无. 陈宣良,等译. 北京:生活·读书·新知三联书店,1987

310. 塞缪尔·亨廷顿,劳伦斯·哈里森. 文化的重要作用——价值观如何影响人类进步. 程克雄,译. 北京:新华出版社,2002

311. 塞缪尔·亨廷顿. 变化中的政治秩序. 王冠华,等译. 北京:生活·读书·新知三联书店,1989

312. 塞缪尔·亨廷顿. 文明的冲突和世界秩序的重建. 周琪,等译. 北京:新华出版社,1998

313. 赛诺·斯科特. 捆绑的世界:生活在全球化时代. 江立华,等译. 广州:广东人民出版社,2006

314. 沙朗·佐京. 城市文. 张廷,杨东霞,等译. 上海:上海教育出版社,2006

315. 邵颖萍. 全球化与场域精神:麦当劳在东亚城市的"文化定制"逻辑. 社会. 2013(3)

316. 邵颖萍. 中国城市现代化的内核与核心. 城市问题,2012(11)

317. 佘国平. 论城市功能重塑与文化发展. 社会科学. 1994(7)

318. 沈建国. 世界城市化的基本规律. 城市发展研究,2000(6)

319. 史蒂文·瓦格. 社会变迁. 王晓黎,译. 北京:北京大学出版社,2007

320. 司马云杰. 文化社会学. 北京:中国社会科学出版社,2001

321. 丝奇雅·沙森. 全球城市:纽约、伦敦、东京. 周振华,译. 上海:上海社会科学院出版社,2005

322. 斯宾格勒,著. 西方的没落. 陈晓林,译. 黑龙江教育出版社,1988

323. 苏贾. 后大都市:城市和区域的批判性研究. 李钧,译. 上海:上海人民出版社,2006

324. 孙施文. 现代城市规划理论. 北京:中国建筑工业出版

社,2007

325. 孙逊,杨剑龙,主编.阅读城市:作为一种生活方式的都市生活.上海:上海三联书店,2007

326. 孙志刚.城市功能论.北京:经济管理出版社,1998

327. 索亚.后大都市——城市和区域的批判性研究.包亚明,译.上海:上海教育出版社,2006

328. 汤姆林森·约翰.全球化与文化.郭英剑,译.南京:南京大学出版社,2002.

329. 汤因比,池田大作.展望二十一世纪.荀春生,朱继征,陈国栋,译.北京:国际文化出版公司,1987

330. 汤因比.历史研究(上).曹未风,等译.上海:上海人民出版社,1986

331. 陶伟,岑倩华.历史城镇旅游发展模式比较研究——威尼斯和丽江.城市规划,2006(5)

332. 特伦斯·霍克.结构主义和符号学.瞿铁鹏,译.上海:上海译文出版社 1997

333. 托马斯·科斯纳.资本之城.序言.万丹,译.北京:中信出版社,2004.

334. 万俊人.经济全球化与文化多元论.中国社会科学,2001(2)

335. 王成兵,张志斌.认同危机:一个现代性问题.新视野,2005(4)

336. 王承旭.城市文化的空间解读.规划师,2006(4)

337. 王海光.旋转的历史:社会运动论.上海:上海人民出版社,1995

338. 王建平.消费革命:社会转型的非预期后果及其社会效应.宁夏社会科学,2007(5)

339. 王廉.城市经营的规划与策划.广州:暨南大学出版社,2005

340. 王树生.全球化进程中的文化认同与传统复兴.黑龙江社会科学,2008(5)

341. 王伟年,张平宇. 城市文化产业园区建设的区位因素分析. 人文地理,2006(1)

342. 王文. 主要发达国家城市问题的产生和发展. 城市问题,1989(4)

343. 王亚南. 中国文化产业供需协调增长测评报告(2014). 北京:社会科学文献出版社,2014

344. 王颖. 构建和谐社会的文化生态环境. 武汉交通职业学院学报,2006(12)

345. 王颖. 全球化背景下中国文化产业竞争力研究. 长春:吉林大学博士学位论文,2010

346. 王正平. 美国职业伦理的核心价值理念和基本特点. 道德与文明,2014(1)

347. 王志弘. 台北市文化综合治理的性质与转变,1967—2002. 台北:台湾社会研究季刊,2003(4)

348. 威廉·阿瑟·刘易斯. 发展计划:经济政策的本质. 何宝玉,译. 北京:北京经济学院出版社,1988:78

349. 威廉·费尔丁·奥格本. 社会变迁——关于文化和先天的本质. 王晓毅,陈育国,译. 杭州:浙江人民出版社,1989

350. 韦幼芬. 文化全球化与构建中国先进文化. 南开学报(哲学社会科学版). 2002(3)

351. 卫志民. 建构中国文化产业"走出去"战略体系的设想. 现代经济探讨,2013(4)

352. 魏伟. 政治经济学视角下的中国城市研究:资本扩张、空间分化和都市运动. 社会,2007(2)

353. 吴江,王斌,申丽娟. 中国新型城镇化进程中的地方政府行为研究. 中国行政管理. 2009(3)

354. 吴良镛. 论中国建筑文化研究与创造的历史任务. 城市规划. 2003(1)

355. 吴宁. 列斐伏尔的城市空间社会学理论及其中国意义. 社会. 2008(2)

356. 吴庆华."经济增长联盟"的成因、影响及拆分路径探讨.理论导刊,2009(10)

357. 武剑,林金忠.马克思主义空间政治经济学:研究进展及中国启示.江苏社会科学,2013(4)

358. 武经伟,陈炳生.公民、权利、道德及范式转换.思想战线,2006(6)

359. 武经伟,方盛举.经济人、道德人、全面发展的社会人.北京:人民出版社,2002

360. 西蒙娜·薇依.扎根——人类责任宣言绪论.徐卫翔,译.北京:生活·读书·新知三联书店,2003

361. 夏建中.新城市社会学的主要理论.社会学研究,1998(4)

362. 相华.朝鲜族流动人口城市融入研究——以烟台、威海、青岛为例.黑龙江民族丛刊,2012(4)

363. 肖雪慧.公民社会的诞生.上海:上海三联书店,2004

364. 晓锋.非正式制度对中国经济制度变迁方式的影响.北京:经济科学出版社,1998

365. 薛晓源 ,曹荣湘,主编.全球化与文化资本.北京:社会科学文献出版社,2005

366. 薛晓源,刘国良.全球风险世界:现在与未来——德国著名社会学家、风险社会理论创始人乌尔里希·贝克教授访谈录.马克思主义与现实(双月刊),2005(1)

367. 亚当·斯密,著.国民财富的性质和起因的研究(下卷).郭大力,等译.北京:商务印书馆,1974

368. 严伟.建设"新农村"不是把农民留在农村——加快城市化进程是彻底解决农村问题的根本途径.社会科学战线,2006(2)

369. 杨俊宴,胡昕宇. 城市空间特色规划的途径与方法.城市规划,2013(6)

370. 杨鹍飞,刘庸.转型中国城市民族意识的概念、特征与功能探析.西南民族大学学报(人文社会科学版),2012(7)

371. 杨善华. 当代西方社会学理论. 北京:北京大学出版

社，1999

372. 杨上广，王春兰. 上海城市居住空间分异的社会学研究. 社会，2006(6)

373. 杨文炯. 互动、调适与重构：都市生境下的回族传统与现代化. 兰州大学学报(社会科学版)，2003(6)

374. 杨晓民. 全球化时代的地域文化. 读书，2010(11)

375. 叶涯剑. 空间社会学的缘起及发展——社会研究的一种新视角. 河南社会科学，2005(5)

376. 伊夫·格拉夫梅耶尔. 城市社会学. 徐伟民，译. 天津：天津人民出版社，2005

377. 伊利尔·沙利宁. 城市——它的发展、衰败与未来. 顾启源，译. 北京：中国建筑工业出版社，1986：18

378. 殷红敏. 民族村落社区视角的贵州土家族政治认同研究. 贵州民族研究，2013(6)

379. 尹曦. 涂尔干的职业伦理与法团的现实困境. 江苏社会科学，2007(1)

380. 英格尔斯. 人的现代化. 殷陆君，译. 四川人民出版社，1985

381. 英格尔斯，等. 从传统人到现代人——六个发展中国家中的个人变化. 顾昕，译. 北京：中国人民大学出版社，1992

382. 余晓泓. 美国文化产业投融资机制及启示. 改革与战略，2008(12)

383. 余玉花. 公民社会形成过程中的伦理文化建设. 华东师范大学学报（哲学社会科学），2005(1)

384. 俞楠. "文化认同"的政治建构：当代中国公共文化服务战略研究. 华东师范大学博士学位论文，2008(5)

385. 袁丰，魏也华，陈雯，郭垚. 无锡城市制造业企业区位调整与苏南模式重组. 地理科学，2012(4)

386. 约翰·彭特. 美国城市设计指南——西海岸五城市设计政策与指导. 庞玥，译. 北京：建筑工业出版社，2006

387. 约瑟夫. 皮珀. 闲暇文化的基础. 刘森尧，译. 北京：新星出

版社,2005

388. 约瑟夫·奈. 美国霸权的困惑——为什么美国不能独断专行. 郑志国,等译. 北京:世界知识出版社,2002

389. 约瑟夫·奈. 美国定能领导世界吗. 何小东,等译. 济南:山东教育出版社,1991

390. 约瑟夫·奈. 软力量:世界政坛成功之道. 吴晓辉,钱程,译. 北京:东方出版社,2005

391. 詹姆斯·E. 万斯. 延伸的城市——西方文明中的城市形态学. 凌霓,潘荣,译. 北京:中国建筑工业出版社,2013

392. 张国祚. 中国文化软实力研究报告 2010. 社会科学文献出版社,2011

393. 张鸿雁,何森. 地域生产力交汇点的空间再生产理论与实践创新——"宁镇扬同城化"的发展模式重构. 南京社会科学,2016(6)

394. 张鸿雁,邵颖萍. 率先基本实现现代化进程中的文化传承与创新——以江苏为例. 江苏社会科学,2013(1)

395. 张鸿雁,张登国. 城市定位论——城市社会学理论视野下的可持续发展战略. 南京:东南大学出版社,2008

396. 张鸿雁. 春秋战国城市经济发展史论. 沈阳:辽宁大学出版社,1988

397. 张鸿雁. "合法化危机":中国城市化社会问题论. 探索与争鸣,2006(1)

398. 张鸿雁. "社会精准治理"模式的理论与实践创新论. 探索与争鸣,2016(1)

399. 张鸿雁. "文化治理模式"的理论与实践创新——建构全面深化改革的"文化自觉"与"文化自为". 社会科学,2015(3)

400. 张鸿雁. "中国式城市文艺复兴"新论. 社会科学, 2009(3)

401. 张鸿雁. 城市空间的社会与"城市文化资本"论——城市公共空间市民属性研究. 城市问题. 2005(5)

402. 张鸿雁. 城市软实力提升与"城市文化资本"再生产 ——迪

士尼文化的全球化带给我们的反思.探索与争鸣,2016(1)

403. 张鸿雁.城市文化资本论(第二版).南京:东南大学出版社,2010

404. 张鸿雁.空间正义:空间剩余价值与房地产市场理论重构.社会科学,2017(1)

405. 张鸿雁.论城市现代化的动力与标志.江海学刊,2002(3)

406. 张鸿雁.论当代中国城市社区分异与变迁的现状及发展趋势.规划师,2002(8)

407. 张鸿雁.论当代中国城乡多梯度社会文化类型与社会结构变迁——依据"社会事实"对"二元结构"的重新认知.南京社会科学,2007(1)

408. 张鸿雁.论特色文化城市理论体系建构研究与实践创新——中国本土化特色文化核心价值的理论体系与范式建构.南京社会科学,2012(8)

409. 张鸿雁.论中国封建城市经济发展的总体特征.中国史研究,1997(3)

410. 张鸿雁.民族偏见与文化偏见——中西文化比较新论.沈阳:辽宁教育出版社,1993

411. 张鸿雁.农村人口都市化与社会结构变迁新论——孟德拉斯《农民的终结》带来的思考.民族研究,2002

412. 张鸿雁.侵入与接替:城市社会结构变迁新论.南京:东南大学出版社,2000

413. 张鸿雁.全球城市价值链理论建构与实践创新论——强可持续发展的中国城市化理论重构战略.社会科学,2011(11)

414. 张鸿雁.上海文化核心价值的缺失批判与"新海派文化"的建构研究——上海城市发展与规划战略纠谬与创新.中国名城,2011(10)

415. 张鸿雁.社会经济形态转型条件下"结构性农业经济"的构建.社会科学.1996(1).

416. 张鸿雁.社会精准治理模式的理论与实践创新.探索与争

鸣,2016(1)

417. 张鸿雁. 世界城市研究精品译丛(序). 南京:江苏教育出版社. 2013

418. 张鸿雁. 市民社会与城市社会结构变迁论——城市社会结构变迁社会因素分析. 学术季刊. 2002(3)

419. 张鸿雁. 特色小镇建设与城市化模式创新论. 南京社会科学,2017(12)

420. 张鸿雁. 西方城市化理论反思与中国本土化城市化理论模式建构论. 南京社会学科,2011(9)

421. 张鸿雁. 新型城镇化进程中的"城市文化自觉"与创新——以苏南现代化示范区为例. 南京社会科学,2013(11)

422. 张鸿雁. 循环型城市社会发展模式——社会学视角的理想类型建构. 社会科学,2006(11)

423. 张鸿雁. 中国"非典型现代都市病"的社会病理学研究. 社会科学,2010(10).

424. 张鸿雁. 中国城市化进程中的社会"解构"与"结构"——新城市社会学的视角. 社会科学,2012(10)

425. 张鸿雁. 中国城市化理论的反思与重构. 城市问题,2010(12)

426. 张鸿雁. 中国城市化理论模式创新的建构. 学术月刊,2012(8)

427. 张鸿雁. 中国古代的城市发展的特点. 中国史研究,1997(1)

428. 张鸿雁. 中国少数民族特色文化城市研究. 民族研究,2014(1)

429. 张鸿雁. 中国新型城镇化理论与实践创新. 社会学研究,2013(3)

430. 张鸿雁. 中国沿海城市群与内地城市"嵌入性结构关系"论——一个关于国家可持续安全发展的重大战略. 城市问题. 2007(11)

431. 张鸿雁,等. 城市·空间·人际——中外城市社会发展比较研究. 南京:东南大学出版社,2003

432. 张鸿雁,等. 城市化理论重构与城市化战略研究. 北京:经济科学出版社,2012

433. 张鸿雁,等. 循环型城市社会发展模式——城市可持续创新战略. 南京:东南大学出版社,2007

434. 张恺. 城市历史风貌区控制性详细规划编制研究——以"镇江古城风貌区控制性详细规划"为例. 城市规划,2003(11)

435. 张晓明,王家新,章建刚. 中国文化产业发展报告(2014). 北京:社会科学文献出版社,2014

436. 张新华. 信息时代国际政治的演变趋势. 国际观察,1998(3)

437. 张翼,李培林,陈光金. 社会蓝皮书:2014 年中国社会形势分析与预测. 北京:中国社会科学出版社,2013.

438. 张振华. 增长联盟:分析转型时期我国地方政府与经济利益集团关系的一种视角. 天津社会科学,2011(1)

439. 章仁彪,李春敏. 大卫·哈维的新马克思主义空间理论探析. 福建论坛(人文社会科学版),2010(1)

440. 赵冈. 明清市镇发展综论. 汉学研究,1989(7)(2)

441. 赵剑英,干春松. 现代性与近代以来中国人的文化认同危机及重构. 学术月刊,2005(1)

442. 赵剑英. 文化认同危机与建构社会基本价值观的紧迫性. 马克思主义与现实(双月刊),2005(2)

443. 赵新平,周一星,曹广忠. 小城镇重点战略的困境与实践误区. 城市规划,2002(10)

444. 郑信哲,陈春霞. 藏族流动人口在城市的生存适应调查——以甘肃省甘南藏族自治州合作市为例. 中南民族大学学报(人文社会科学版),2012(5)

445. 中共中央马克思恩格斯列宁斯大林著作编译局. 马克思恩格斯全集(第 3 卷). 北京:人民出版社,1960

446. 中国大百科全书总编辑委员会. 中国大百科全书(社会学). 北京:中国大百科全书出版社,1992

447. 周本顺. 走中国特色社会管理创新之路. 求是,2011(10)

448. 周大鸣.社会建设视野中的城市社区治理和多民族参与.思想战线,2012(5)

449. 周德清.价值断裂与精神乱象:社会转型期文化失范的症候分析.山西师大学报(社会科学版),2012(4)

450. 周光辉,刘向东.全球化时代发展中国家的国家认同危机及治理.中国社会科学,2013(9)

451. 周晓虹.芝加哥社会学派的贡献与局限.社会科学研究.2004(6)

452. 周星.中国民族学的文化研究面临的基本问题.开放时代,2005(12)

453. 朱春阳.中国文化“走出去”为何困难重重?——以文化产业国际贸易政策为视角的考察.中国文化产业评论,2012(2)

454. 朱铁臻. 城市现代化研究. 北京:红旗出版社,2002

455. 左大康.现代地理学词典.北京:商务印书馆,1990

456. 左璇.论以少数民族文化产业为先导的城市开发.山西建筑,2009(2)